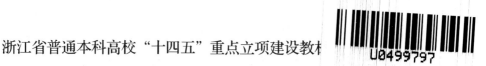 浙江省普通本科高校"十四五"重点立项建设教材

AUDITING

审计学

林素燕 ◎主　编
雷新途 ◎副主编

中国财经出版传媒集团
经济科学出版社
Economic Science Press
·北京·

图书在版编目（CIP）数据

审计学 / 林素燕主编；雷新途副主编 . -- 北京 ：经济科学出版社，2025.3. --（浙江省普通本科高校"十四五"重点立项建设教材）. -- ISBN 978 - 7 - 5218 - 6894 - 4

Ⅰ. F239.0

中国国家版本馆 CIP 数据核字第 2025VR6260 号

责任编辑：刘　莎
责任校对：郑淑艳
责任印制：邱　天

审　计　学

SHENJI XUE

林素燕　主　编

雷新途　副主编

经济科学出版社出版、发行　新华书店经销

社址：北京市海淀区阜成路甲 28 号　邮编：100142

总编部电话：010 - 88191217　发行部电话：010 - 88191522

网址：www. esp. com. cn

电子邮箱：esp@ esp. com. cn

天猫网店：经济科学出版社旗舰店

网址：http：//jjkxcbs. tmall. com

固安华明印业有限公司印装

787×1092　16 开　25.25 印张　430000 字

2025 年 3 月第 1 版　2025 年 3 月第 1 次印刷

ISBN 978 - 7 - 5218 - 6894 - 4　定价：76.00 元

前　言

2025 年 1 月，习近平总书记对审计工作作出重要指示指出，审计是党和国家监督体系的重要组成部分①。近年来，审计机关围绕党和国家工作大局，立足经济监督定位，在促进经济健康发展、维护国家经济安全、揭示风险隐患、推动反腐治乱等方面发挥了积极作用。习近平总书记强调，新征程上，要以新时代中国特色社会主义思想为指导，坚持党中央对审计工作的集中统一领导，聚焦主责主业，深化改革创新，加强自身建设，着力构建集中统一、全面覆盖、权威高效的审计监督体系，不断提高审计监督质效，以高质量审计监督护航经济社会高质量发展，为以中国式现代化全面推进强国建设、民族复兴伟业作出新的贡献②。因此，审计工作要紧紧围绕高质量发展这个首要任务，聚焦构建新发展格局、推进共同富裕、防范化解风险等重大任务，更好服务中国式现代化建设。

审计工作离不开审计人才培养。作为浙江省普通本科高校"十四五"重点教材建设项目，本教材以培养服务中国式现代化建设的审计人才为导向，以注册会计师财务报表审计为主线，嵌入国家审计和内部审计及智慧审计，构建融合审计基础知识、思政元素、技术革新的三位一体的知识体系，在审计人才培养中实现知识传授、价值塑造与能力培养目标。

本教材具有以下特点：

第一，审计知识与思政教育同向同行。教材在系统体现审计知识的基础上，将思政元素融入各章节，尤其通过分析资本市场典型审计失败案例，将诚信、职业道德、社会责任感、制度自信、法治意识等思政元素以润物细无声的方式嵌入审计专业知识。

---

① 新华社. 习近平对审计工作作出重要指示强调：聚焦主责主业深化改革创新加强自身建设 以高质量审计监督护航经济社会高质量发展. 中华人民共和国中央人民政府网，2025 - 01 - 11.

② 中华人民共和国审计署. https：//www. audit. gov. cn/n4/n18/c10493662/content. html.

第二，强化案例教学。本教材各章节都设置了与该章或该节内容高度相关的引导性案例，并且在正文中也嵌入了大量情景化案例。这些案例为教师与学生提供了丰富的素材，引导学生在案例教学中去提高运用知识与实践的能力。

第三，强化现代信息技术赋能审计。信息技术的发展使得审计工作发生了巨大变化，人工智能、大数据、云计算等现代信息技术与审计专业知识深度融合将成为必然。本教材既阐述在现代风险导向审计下信息技术的应用，同时专题分析智慧时代大数据对审计的影响及其应用，为开展审计信息化提供新思路、新方法、新工具。

第四，侧重审计与其他学科交叉融合。教材重视审计学与社会学、政治学、逻辑学、经济学等学科的交叉，以拓宽审计人才培养口径及知识能力结构。

第五，教学资源丰富。目前已形成教材配套案例集、拓展阅读材料等课程配套资料，并以二维码形式嵌入教材中，便于学习使用。

本教材由浙江工业大学会计系四位教师组成的编写组完成。林素燕担任主编，雷新途担任副主编，其他参编者为赵珊珊和王治皓。林素燕拟订全书提纲和内容要点，编写第一、四、五、七、八、九、十、十三章；雷新途编写第十一、十二、十四章；赵珊珊编写第二、三、六章；王治皓编写第十五章；林素燕和雷新途负责全书的统纂与修改工作。感谢浙江工业大学会计硕士研究生石吴越参与部分资料的收集。

限于作者水平，书中难免存在不足甚至错误，恳请广大读者和同仁批评指正。本教材编写过程中得到浙江工业大学管理学院领导和同仁的很多支持和帮助，在此一并致谢。

目 录
CONTENTS

| 第一章 |

审 计 概 述

 【教学内容与思政目标】

➡] **教学内容**

- 掌握审计的定义，理解审计系统过程及其核心要素。了解审计的分类，熟悉国家审计、社会审计、内部审计三位一体的审计监督体系。
- 了解审计产生的前提条件，并熟悉其发展历程。
- 掌握审计相关业务。熟悉鉴证业务的特点，了解相关服务的常见类型，掌握鉴证业务与相关服务的区别。
- 理解审计风险的定义与构成，掌握审计风险模型，并理解审计风险模型对审计实务的作用。
- 基于审计风险模型理解审计过程。

➡] **思政目标**

- 理解习近平总书记对于审计工作的讲话精神，认识审计在推动国家治理体系和治理能力现代化过程中的重要作用，培养家国情怀和责任担当。
- 基于审计风险深刻体会习近平总书记关于防范化解重大风险的重要论述，自觉树立风险意识、责任意识，坚定底线思维，提高风险识别与应对能力。
- 理解审计独立性，遵循独立、客观、公正的职业道德要求。
- 坚定道路自信、理论自信、制度自信、文化自信。

第一节 审计的定义与分类

 本章引例

中央电视台曝光审计报告造假

2024 年 8 月 29 日中午，中央电视台新闻频道（CCTV13）《法治在线》栏目曝光了关于虚假审计报告、评估报告的造假链条。

开会计事务所的左某，仅一年多就接单制售虚假审计报告 3 万余份。这些网络上大肆兜售的审计报告价格便宜，不仅能够迅速出报告，而且能够根据客户要求任意修改数据，每增加 1 亿元，收费只需增加 100 元。在售出的审计报告中，亿元级乃至十亿元级的报告比比皆是。

经警方调查，截至案发，左某实际掌控了 3 家会计师事务所、1 家资产评估事务所、7 家淘宝店铺。累计销售各类虚假审计报告 47 000 余份，涉及我国 31 个省、自治区、直辖市，非法销售所得高达 5 100 余万元。

《法治在线》视频

最终，左某等 8 人因其违法行为，承担了严重的法律后果。

资料来源：根据 https：//mp. weixin. qq. com 与潮新闻客户端整理而成。

左某等人无视法律，铤而走险伪造审计报告最终承担严重法律责任。这让人思考：什么是审计？为什么有人需要审计报告？审计报告有什么价值？应该如何出具审计报告？什么是会计师事务所？会计师事务所的审计和企业内部审计及政府部门的审计是否一样？

一、审计的定义

在众多审计定义中，最具权威性的是美国会计学会基本审计概念委员会在

《基本审计概念说明》（*Statement of Basic Auditing Concepts*）中对审计的界定，认为"审计是客观地收集、评价有关对经济活动和事项的认定的证据，以确定这些认定与既定标准之间相符程度，并将结果传递给预期使用者的系统化过程"。该定义不仅涵盖了审计的核心要素，而且将其融合于一个有机的系统（如图 1 - 1 所示）。在这个系统中，审计人员从审计目标出发，收集评价审计证据以判断认定和既定标准的相符程度，并根据不同的相符程度出具不同意见类型的审计报告，最后将结果传递给预期使用者。

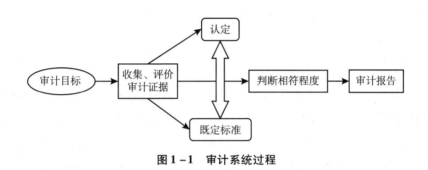

图 1 - 1　审计系统过程

审计系统中涉及的核心要素包括五个方面。

（一）审计主体

审计主体是审计的执行者。审计是一项专业工作，涉及大量复杂的职业判断，因此执行审计的人员应具备相应的专业胜任能力。同时为了保证审计结果的客观公正，审计主体应该和被审计单位保持独立。

（二）审计客体

审计客体即审计对象，也往往称为被审计单位。审计客体既可能涉及营利组织（如企业），也可能涉及非营利组织（如行政事业单位）。更具体地说，审计客体最终体现为被审计单位的经济活动和事项信息。在财务报表审计中，反映被审计单位的经济活动和事项信息的是财务报表，因此审计客体是被审计单位的财务报表。财务报表代表了管理层对报表各项目的认定，比如 A 公司 2024 年 12 月 31 日资产负债表披露"存货 2 000 万元"，代表 A 公司管理层认为 2024 年 12 月 31 日公司存在 2 000 万元的存货，这 2 000 万元的金额既没多计也没少计，而且这些存货都是公司所有。因此，在财务报表的具体审计工作中，审计客体即为管理层认定，其与审计的关系如图1-2所示。

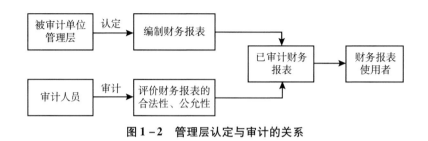

图 1-2　管理层认定与审计的关系

（三）审 计 目 标

审计目标是确定审计客体对经济活动和事项的认定与既定标准之间相符程度。判断相符程度的关键在于：（1）收集、评价充分（sufficient）、适当（appropriate）的审计证据以使审计主体足以据此进行判断；（2）存在既定标准且审计人员对既定标准有清晰准确的理解。审计人员对既定标准的准确理解是其基本的职业素养，这直接决定了审计质量的高低。

（四）审 计 证 据

审计证据是审计人员为了得出审计结论、形成审计意见而使用的所有信息。客观地收集、评价审计证据既是实现审计目标的关键，也是审计过程的核心，它贯穿于审计全过程。

在形成审计意见之前，审计人员应当保持职业怀疑态度，运用职业判断，评价审计证据的充分性和适当性。审计证据的充分性是指审计证据的数量必须足以支持审计目标的实现；审计证据的适当性是指审计证据的可靠性（reliable）和相关性（relevant），前者是指审计证据是客观的、可验证的，后者是指审计证据与审计目标应当相关。

（五）审 计 报 告

以审计报告的形式将审计结果传递给预期使用者是审计系统过程的最后一步。在财务报表审计中，审计人员出具的审计报告的主要意见类型有4类：无保留意见、保留意见、无法表示意见和否定意见。如图1-3所示，不同意见类型的审计报告代表了审计人员认为的被审计单位管理层认定与既定标准之间不同的相符程度。

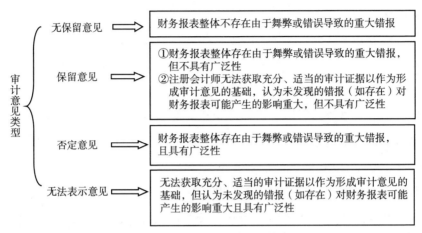

图 1-3　财务报表审计意见类型

出具恰当的审计报告是审计人员的责任，一旦审计人员未能勤勉尽责履行其审计责任，出具虚假审计报告，按照相关规定需承担相应的法律责任。

财政部对普华永道作出行政处罚决定

2024 年 9 月 13 日，财政部发布了对普华永道中天会计师事务所（以下简称"普华永道"）的行政处罚决定。

经财政部查实，普华永道及其广州分所在恒大地产集团有限公司（以下简称"恒大地产"）2018~2020 年财务报表审计过程中，明知恒大地产财务报表存在重大错报而不予指明，发表不恰当的审计意见，出具虚假审计报告。主要问题包括：一是 2018~2020 年对恒大地产收入相关的主要审计程序，设计、实施存在严重缺陷，多项程序得出不实结论；2020 年明知恒大地产提前确认收入而不予指明。二是丧失独立性，为恒大地产编制合并财务报表，并在合并财务报表层面编制调整分录以虚增利润。三是明知或应当知道恒大地产存在大量货币资金受限，对财务报表中的重大错报不予指明，并通过各种方式隐瞒或掩盖。四是对恒大地产 2020 年虚增开发成本、随意确认投资性房地产的重大会计差错不予指明。五是未保持职业怀疑，未发现恒大地产"明股实债"方式融资、合并财务报表范围不准确导致的重大会计差错。六是对恒大地产未按规定披露重大诉讼仲裁事项不予指明，其他应收款及审计抽样、持续经营等审计程序执行不到位，项目质量控制失效等。

针对检查发现的问题，2024 年 9 月，财政部依据《中华人民共和国注册会计师法》《中华人民共和国行政处罚法》，对普华永道及相关注册会计师作出行政处罚决定。

会计师事务所方面，按照《中华人民共和国行政处罚法》有关规定，考虑到中国证监会依据《中华人民共和国证券法》对普华永道涉及恒大地产 2019 年、2020 年审计项目的违法行为，给予没收违法所得并处罚款共 3.25 亿元的行政处罚，财政部依据《中华人民共和国注册会计师法》，对普华永道涉及恒大地产 2018 年审计项目的违法行为，给予没收违法所得并处罚款共 1.16 亿元的行政处罚。同时，财政部依据《中华人民共和国注册会计师法》，给予普华永道警告、暂停经营业务 6 个月、撤销普华永道广州分所的行政处罚。

注册会计师方面，财政部依据《中华人民共和国注册会计师法》，对恒大地产 2018~2020 年相关财务报表审计报告的 4 名签字注册会计师汤振峰、魏泽、朱立为、蔡秀娟，给予吊销注册会计师证书的处罚；依据《会计师事务所执业许可和监督管理办法》（财政部令第 97 号），对陈耘涛、吴德恩、潘国威、陈智杰、陈君瑜、卢玉捷、金莹 7 名参与编制恒大地产合并财务报表的注册会计师，给予警告或罚款的行政处罚。

资料来源：https://jdjc.mof.gov.cn/jianchagonggao/202409/t20240913_3943763.htm。

二、审计的分类

（一）按审计主体分类

如前文所述，审计主体是审计的执行者。按照主体不同，审计分为国家审计、社会审计和内部审计。

国家审计也称为政府审计，是政府审计机关代表国家依法进行的审计。政府审计机关包括审计署及其派出机构、地方各级人民政府设立的审计厅（局）等，他们所组织和实施的审计，均属于国家审计。国家审计主要监督和检查各级政府和部门的财政收支和公共资金的收支和运用情况，其审计目标是评价被审计单位的财政收支或财务收支的真实性、合法性、效益性。国家审计具有强制性，是党和国家监督体系的重要组成部分，是推进国家治理体系和治理能力现代化的重要力量。国家审计的内容包括预算执行审计、社保资金审计、金融审计、扶贫资金审计、绩效审计、重大政策落实情况跟踪审计、经济责任审计等。

社会审计又称民间审计、注册会计师审计、独立审计，是由民间审计组织（如会计师事务所）接受委托而实施的审计。不同于国家审计的强制性，民间审计是一种受托审计，因此民间审计组织需要和委托人签订协议（比如审计业务约定书）以明确委托受托关系。民间审计的业务包括鉴证业务与相关服务，鉴证业务可以进一步分为审计业务、审阅业务和其他鉴证业务。

内部审计是组织内部审计部门执行的一项为了改善组织自身的经营和管理的独立性监督活动。它有利于促进组织完善治理、增加价值和实现组织目标。通常，内部审计包括财务审计、建设项目审计、信息系统审计、绩效审计、物资采购审计等。

三类审计既相互联系又各自独立在各自领域执行审计业务，它们各有侧重，不可相互替代，不存在主导和从属关系。国家审计专注于国有机构和行政事业单位的法定监督，社会审计定位于企业的外部监督，内部审计聚焦于组织内部监督。三类审计分别从不同领域、不同层次构建全覆盖的审计监督体系，共同推进国家治理体系和治理能力现代化。

（二）按审计内容分类

按内容不同，审计分为财务报表审计、经营审计和合规性审计。

财务报表审计是对被审计单位财务报表是否在所有重大方面按照适用的财务报告编制基础编制并使其实现公允反映发表审计意见。为实现这一目标，审计人员应当执行审计程序收集充分、适当的审计证据以确定财务报表是否不存在由于舞弊或错误导致的重大错报。

经营审计也称为绩效审计，是审计人员为了评价被审计单位经营活动的效率和效果而执行的审计。通常，经营审计是政府审计和内部审计的主要审计形态，注册会计师有时也会对被审计单位经营活动的效率和效果进行审计。

合规性审计是指审计人员确定被审计单位在执行业务过程中是否遵循了相关的法律、法规、程序或规则，或者是否遵守有关合同的要求。合规性审计的既定标准可以是相关法律法规，也可以是单位内部管理部门规定的规章制度，或者是有关的合同条款。

第二节 审计的产生与发展

审计是社会经济发展到一定阶段的产物，经历了从简单到复杂、由低级向高级的发展过程。了解审计的产生和发展历史有助于更好地理解审计本质。

一、审计产生的前提条件

审计的产生和发展是为了满足社会的特定需求，这种需求直接源于财产所有者和经营者之间的受托经济责任关系。所谓受托经济责任关系是指当财产的所有权与经营权相分离时，出现的因授权或委托经营而发生在所有者与经营者之间的一种委托受托关系。在这种关系下，受托人需要向委托人报告经营情况，委托人需要对受托人提供报告的真实性以及履行受托责任的情况进行检查，以便确认或解除受托责任。由于财产所有者受到能力、技术、法律、地域等限制，通常无法亲自检查受托者履行受托责任情况，这就需要具有相应专业知识能力的独立第三方对受托者履行受托责任情况进行审查，于是逐渐产生了民间审计。

同样，在企业内部，经营者难以亲力亲为地经营管理企业所有经营活动，必然会将一部分管理权、经营权授予下级，从而形成了多层次的经营管理分权制。在这种情况下，下级机构对上级管理机构负有受托管理或受托经营的经济责任。因此，对受托经济责任的监督检查，也应由与他们无利益关系的第三方完成，这是内部审计产生的前提。

在奴隶社会和封建社会中，奴隶主和封建主为了维护其统治地位，需要设置各级代理官员，这时奴隶主和封建主是授权者，代理官员是受权者，两者之间也产生了受托经济责任关系。在社会主义市场经济体制下，同样存在这种受托经济责任关系，国家为了维护全体人民利益，必须由独立的审计机构监督各级行政事业单位、国有企业等财政收支、财务收支以及有关经济活动的真实性、合法性、效益性，维护国家经济安全，推进民主法治，促进廉政建设，保障国家经济和社会健康发展。

综上，受托经济责任关系是审计产生的前提条件。当审计人员介入受托经济责任关系后，他们与委托人及受托人构成了如图 1-4 所示的审计关系。

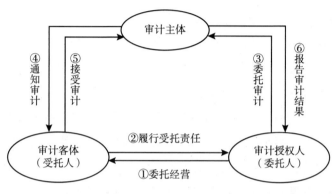

图 1-4 审计三方关系

审计关系是指在审计过程中，与审计活动有关的单位或人员之间的责任关系。审计关系人包括审计委托人、审计客体（被审计单位）和审计主体（审计人员）。由于财产经营者对作为审计委托人的财产所有者负有经济责任（图中①②），委托人委托审计主体审计（图中③），审计主体接受委托后对经营者受托经济责任的履行情况进行审计（图中④⑤），经营者接受审查后，审计主体向委托人递交审计结果（图中⑥）。因此，作为鉴证业务之一的审计业务，必然由三方关系人构成。

二、审计的发展历程

英文的"审计"（audit）来源于拉丁文的"听"的意思。研究表明，审计产生最早源于东方，古代埃及、巴比伦王国，就已经产生了税收审计。公元前 11 世纪的中国西周，审计制度已具雏形。与国家审计和内部审计相比，民间审计的发展历程较短，本部分主要介绍民间审计的起源与发展。

民间审计源于 16 世纪的意大利。在文艺复兴时期，意大利城市威尼斯、热那亚、佛罗伦萨商品经济发展较快，出现了合伙制企业。一部分合伙人并不直接参加合伙企业的生产经营，而是将自己的财产委托给另外一些合伙人经营，于是出现了所有权和经营权的分离。参与企业经营的合伙人需要向不参加经营的合伙人报告经营情况，证明合伙契约得到了认真执行；不参加企业经营的合伙人为了了解资金的使用情况，监督利润计算及分配情况，需要聘用精通复式簿记的独立第三人进行核算监督。因此在 16 世纪的意大利，出现了一批具有良好会计知识、专门从事查账的专业人员。1581 年威尼斯会计师协会成立，这是世界审计史上最早的民间审计组织。

民间审计真正产生于英国。英国工业革命后出现了股份有限公司，股份公司的组织形式导致所有权与经营权分离成为一种常态。这种分离蕴含着经营管理人员背离甚至损害所有者的利益、谋取私利的风险。1720 年，英国南海公司事件成了民间审计的"催产剂"。南海公司以欺骗手段虚构经营业绩和发展前景，吸引大量投资，最后公司经营失败，宣告破产，使成千上万的人遭受损失。迫于压力，英国议会聘请会计师查尔斯·斯耐尔（Charles Snell）对该公司诈骗案进行审计，他被认为是世界上第一位具有现代意义的民间审计人员。

1853 年，在苏格兰的爱丁堡成立了世界上第一个执业会计师团体"爱丁堡会计师协会"，它的成立标志着民间审计职业的诞生。

一般认为，西方国家民间审计的发展经历了以下几个阶段：

1. 查错防弊阶段

这一阶段从 18 世纪末期到 20 世纪初，它以英国早期的股份公司为主要服务对象，由于当时英国民间审计没有系统的审计程序和方法，所以早期获取审计证据的方法比较简单，注册会计师将大部分精力投向会计凭证和账簿的详细检查，这种审计方法称为账项基础审计，通常也称为详细审计。它有利于发现原始凭证和数据的造假，但是审计方法简单，审计成本高，审计资源分配平均，不适合较大规模企业的审计。

2. 资产负债表审计阶段

随着美国经济持续发展，世界经济重心渐渐转移到美国，审计在美国得到了空前的发展，从英国式审计发展到美国式审计。20 世纪初期，美国的短期信用发达，企业的融资主要依赖从银行举债。银行为了自身利益，需要对企业的资产负债表进行分析，借以判断企业的偿债能力，于是产生了证明企业偿债能力的资产负债表审计。审计方法也从英国式的详细审查初步转向抽样审查，这是抽样审计的开端，它给民间审计的发展带来了新的思维方式和新的技术方法。

3. 财务报表审计阶段

1929 年美国出现了经济大危机，大批企业破产倒闭，广大投资者遭受严重的损失，使得投资者更加关注企业的盈利能力，纯粹的资产负债表审计已经不能满足社会的需求。同时美国政府也在 1933 年、1934 年连续颁布了《证券法》和《证券交易法》，规定凡股票、债券上市买卖的公司，必须披露经注册会计师审计的财务报表，并向社会公众披露审计报告。20 世纪 40 年代后，西方国家民间审计进入了现代审计阶段，很多国家制定了独立审计准则，在审计准则的制约下，审计程序开始迈向规范化、制度化。制度基础审计和风险导向审计先后成为广泛使用的审计技术。

综上，从财务报表审计的技术方法看，经历了从账项基础审计到制度基础审计再到风险导向审计的发展过程。制度基础审计是继账项基础审计之后的审计方法，审计人员在对被审计单位内部控制评价的基础上，确定抽样规模大小及样本选择。由于企业内部控制制度与企业会计信息质量息息相关，即企业的内部控制制度越健全有效，财务报表发生错误和舞弊的可能性越低，因此审计人员需要实施审计测试的范围就越小。相比账项基础审计，制度基础审计降低了审计成本并提高了审计效率。然而，由于内部控制固有局限的存在（包括管理层凌驾于内部控制之上、内部串通与合谋、内部控制的成本效益权衡等），内部控制只能为被审计单位财务报告的可靠性提供合理保证。另外，信息使用者对信息需求不断加大，使得审计范围与审计风险逐渐扩大，这就要求审计人员从更全面的视角识别与评估被审计单位的重大错报风险，于是产生了风险导向审计。风险导向审计的原理与逻辑集中体现在审计风险模型中，将在本章第四节予以介绍。

我国民间审计的历史比较短。它起源于 1918 年，当年 9 月北洋政府农商部颁布了我国第一部民间审计法规——《会计师暂行章程》，并于同年批准著名会计学家谢霖先生为中国的第一位注册会计师。1921 年谢霖创立了我国第一家会计师事务所——正则会计师事务所。20 世纪 30 年代以后，"一些"大城市也相继成立了会计师事务所，接受委托开始查账事项，但是由于旧中国在社会政治、经济的落后状态，民间审计一直没有得到长足的发展。

中华人民共和国成立之后，尤其随着改革开放的开始，我国于 20 世纪 80 年代初恢复了民间审计制度。伴随着经济改革的深入，社会主义市场经济的确立和发展，在过去的 40 年中，我国民间审计发展非常迅速。1986 年颁布了新中国第一部注册会计师法规——《中华人民共和国注册会计师条例》，1993 年 10 月颁布了新中国第一部注册会计师的专门法律——《中华人民共和国注册会计师法》，1996 年开始实施中国独立审计准则。一系列法律法规和独立审计准则的颁布实施，使得我国的民间审计逐步走向标准化、法治化、规范化。尤其是 2006 年 2 月 15 日颁布、2007 年 1 月 1 日实施的《中国注册会计师执业准则》及其应用指南，更使我国的民间审计技术、方法与国际接轨，掀开了民间审计发展的新篇章。

第三节　审计相关业务概述

前文提到，审计业务是一项鉴证业务。除了审计业务，注册会计师执行的业务还包括审阅业务和其他鉴证业务以及相关服务。其中，审计业务、审阅业务和其他鉴证业务统称鉴证业务。

一、鉴证业务

鉴证业务是指注册会计师对鉴证对象信息提出结论，以增强除责任方之外的预期使用者对鉴证对象信息信任程度的业务。根据不同标准，鉴证业务可以分为以下类型。

（一）直接报告业务和基于责任方认定的业务

按照鉴证对象信息是否以责任方认定的形式为预期使用者所获取，鉴证业务分为直接报告业务和基于责任方认定的业务。

直接报告业务是指注册会计师直接对鉴证对象进行计量或评价，或者从责任方获取的对鉴证对象评价或计量的认定无法为预期使用者获取，预期使用者只能通过阅读鉴证报告获取鉴证对象信息。比如我国的内部控制审计是注册会计师直接对被审计单位的内部控制有效性发表审计意见，因此是直接报告业务。

基于责任方认定的业务是指责任方对鉴证对象进行评价或者计量，鉴证对象信息以责任方认定的形式为预期使用者获取，注册会计师对鉴证对象信息提出结论。比如财务报表审计是一种基于责任方认定的鉴证业务，责任方认定的形式是财务报表，注册会计师对财务报表发表审计意见。

（二）合理保证的鉴证业务和有限保证的鉴证业务

根据鉴证业务提供的保证程度不同，鉴证业务分为合理保证的鉴证业务和有限保证的鉴证业务。合理保证是高水平的保证，但并不能保证按照审计准则执行的审计在某一重大错报存在时总能发现。有限保证的保证程度低于合理保证，但是注册会计师仍要提供一种适度、有意义水平的保证。以财务报表审计与财务报表审阅为例，两类鉴证业务的差异对比见表1-1。

鉴证业务基本准则

表1-1　　　　　　　　合理保证的鉴证业务和有限保证的鉴证业务

项目	合理保证（财务报表审计）	有限保证（财务报表审阅）
鉴证业务目标	在可接受的低审计风险下，以积极方式对财务报表整体发表审计意见，提供高水平保证	在可接受的审阅风险下，以消极方式对财务报表整体发表审阅意见，提供有意义水平的保证
证据收集程序	综合运用各种审计程序获取审计证据，使风险降至可接受水平	有意识地限制审计程序，主要运用询问、分析程序等方法获取证据
所需证据数量	较多	较少
鉴证业务风险	较低	较高
财务报表可信性	较高	较低
提出结论方式	积极方式提出结论。例如，"我们认为，ABC公司的财务报表在所有重大方面按照企业会计准则的规定编制，公允反映了ABC公司202×年12月31日的财务状况以及202×年的经营成果和现金流量。"	消极方式提出结论。例如："根据我们的审阅，我们没有注意到任何事项使我们相信，ABC公司财务报表在所有重大方面没有按照企业会计准则的规定编制，未能在所有重大方面公允反映被审阅单位的财务状况、经营成果和现金流量。"

二、相关服务

与鉴证业务不同，注册会计师在提供相关服务时不提供任何程度的保证。相关服务包括但不限于对财务信息执行商定程序、代编财务信息、税务服务和管理咨询服务等。

（一）对财务信息执行商定程序

对财务信息执行商定程序的目标，是注册会计师对特定财务数据、单一财务报表或整套财务报表等财务信息执行与特定主体商定的具有审计性质的程序，并就执行的商定程序及其结果出具报告。这里的特定主体是指委托人和业务约定书中指明的报告致送对象。

注册会计师执行商定程序业务，仅报告执行的商定程序及其结果，并不提出鉴证结论。报告使用者自行对注册会计师执行的商定程序及其结果作出评价，并根据注册会计师的工作得出自己的结论。商定程序业务报告仅限于参与协商确定程序的特定主体使用。

注册会计师执行商定程序业务，应当遵守相关职业道德规范，恪守客观、公正的原则，保持专业胜任能力和应有的关注，并对执业过程中获知的信息保密，但不对商定程序业务提出独立性要求，如果业务约定书或委托目的对注册会计师的独立性提出要求，注册会计师应当从其规定。

（二）代编财务信息

代编财务信息的目标是注册会计师运用会计而非审计的专业知识和技能，代客户编制一套完整或非完整的财务报表，或代为收集、分类和汇总其他财务信息。注册会计师执行代编业务使用的程序并不旨在、也不能对财务信息提出任何鉴证结论。在任何情况下，如果注册会计师的姓名与代编的财务信息相联系，注册会计师应当出具代编业务报告。

注册会计师执行代编业务，应当遵守相关职业道德规范，恪守客观、公正的原则，保持专业胜任能力和应有的关注，并对执业过程中获知的信息保密，但是不对代编业务提出独立性要求。

（三）税务服务

通常，注册会计师提供的税务服务包括税务代理和税务筹划。税务代理一般是会计师事务所帮助其客户编制企业和个人纳税申报表并办理纳税事项。税务筹划是会计师事务所根据相关法律法规的规定，从客户的利益出发为客户制订的纳税方案，这些方案通常能够使客户尽量少缴纳税金。

（四）管理咨询服务

管理咨询服务是多数会计师事务所向客户提供的咨询服务，其目的是帮助客户改善经营管理提高经营效率。管理咨询服务的范围较广，包括对公司的治理结构、组织架构、信息系统、生产经营、预算管理，人力资源管理等方面提供意见和建议。

综上，注册会计师执行的业务及其保证程度与独立性要求如表1-2所示。

表1-2　　　　　　注册会计师执行的业务及其保证程度与独立性要求

业务类型	具体业务	保证程度	独立性
鉴证业务	审计业务	合理保证：高水平保证，但不等于100%保证	要求独立性
	审阅业务	有限保证：低于高水平，属于有意义水平的保证	
	其他鉴证业务	合理保证或有限保证	
相关服务	对财务信息执行商定程序	不涉及保证程度	不要求独立性
	代编财务信息		
	税务服务		
	管理咨询服务		

第四节　审计风险

任何审计项目中均存在审计风险，且审计风险贯穿于审计全过程，忽视审计风险可能导致审计失败。

一、审计风险的定义与构成

（一）审计风险的定义

审计风险，是指当财务报表存在重大错报时，注册会计师发表不恰当审计意见的可能性。审计风险客观存在，不应期望注册会计师将审计风险降至零，事实上，注册会计师也不可能将审计风险降至零，因此不能对财务报表不存在舞弊或错误导致的重大错报获取绝对保证。

需要注意的是，审计风险是一个与审计过程相关的技术术语，并不是指注册会计师的业务风险，如因诉讼、负面宣传或其他与财务报表审计相关的事项而导致损失的可能性。

（二）审计风险的构成

在现代风险导向审计模式下，审计风险取决于重大错报风险和检查风险。审计风险模型如下：

$$审计风险 = 重大错报风险 \times 检查风险$$

审计风险的构成如表 1 - 3 所示。

表 1 - 3　　　　　　　　　　　　审计风险的构成

风险归属	风险类型		
与被审计单位有关的风险	重大错报风险	财务报表层次的重大错报风险	
		认定层次的重大错报风险	固有风险
			控制风险
注册会计师控制的风险	检查风险		

1. 重大错报风险

重大错报风险，是指财务报表在审计前存在重大错报的可能性。对于会计师事务所来说，一旦接受被审计单位的业务委托，重大错报风险就是客观存在的，因为这是与被审计单位有关的风险，注册会计师只能设计审计程序识别与评估重大错报风险，但是无法改变之。

重大错报风险分为财务报表层次重大错报风险和认定层次重大错报风险。

（1）财务报表层次重大错报风险。

财务报表层次的重大错报风险，是指与财务报表整体存在广泛联系并潜在影响多项认定的重大错报风险。此项风险通常与控制环境有关，但也可能与其他因素有关，它增大了认定层次发生重大错报的可能性，与注册会计师考虑由于舞弊导致的重大错报风险尤其相关。

（2）认定层次重大错报风险。

在评估财务报表层次的重大错报风险的同时，注册会计师还需要评估各类交易、账户余额和披露认定层次的重大错报风险。评估认定层次重大错报风险的目的，是确定所需实施的进一步审计程序的性质、时间安排和范围以获取充分、适当的审计证据。这种证据使注册会计师能够在审计风险处于可接受的低水平时，对财务报表发表意见。

认定层次的重大错报风险由固有风险和控制风险两部分组成。固有风险和控制风险是被审计单位的风险，独立于财务报表审计而存在。

①固有风险，是指在不考虑控制的情况下，交易类别、账户余额和披露的某一认定易于发生错报（无论该错报是舞弊还是错误导致）的可能性。

固有风险受到固有风险因素的影响。固有风险因素可以是定性的，也可以是定量的。比如事项或情况的复杂性、主观性、不确定性、变化以及管理层偏向和其他舞弊风险因素都是固有风险因素。例如，复杂的计算或金额来源于涉及高度不确定性的会计估计的账户余额，固有风险较高。外部环境引起的经营风险也可能影响固有风险，例如，技术进步可能导致某项产品陈旧，进而导致存货易于高估。

②控制风险，是指交易类别、账户余额和披露的某一认定发生了错报，该错报单独或连同其他错报可能是重大的，但内部控制没有及时防止或发现并纠正这个错报的可能性。

控制风险取决于内部控制设计、执行和维护的有效性。管理层采用内部控制，旨在应对识别出的影响被审计单位实现与财务报表编制相关的目标的风险。然而，由于内部控制的固有局限性，无论其设计和运行如何有效，也只能降低而不能消除财务报表的重大错报风险。内部控制的固有局限性包括诸如人为差错的可能性、因串通舞弊或管理层不适当地凌驾于控制之上而使控制被规避的可能性等。因此，无论内部控制多有效，控制风险始终存在。

2. 检查风险

检查风险，是指如果存在某一错报，该错报单独或连同其他错报可能是重大的，注册会计师为将审计风险降低到可接受的低水平而实施程序后没有发现这种错报的可能性。

检查风险与注册会计师为将审计风险降至可接受的低水平而确定的审计程序

的性质、时间安排和范围相关。因此，它取决于审计程序及其执行的有效性。下列措施有助于提高审计程序及其执行的有效性，降低注册会计师选取不适当的审计程序、错误执行适当的审计程序或错误解释审计结果的可能性：（1）制订恰当的计划；（2）为项目组分派合适的人员；（3）保持职业怀疑；（4）监督和复核已执行的审计工作。然而，由于审计的固有限制，检查风险只能降低而无法消除。因此，检查风险也始终存在。

3. 检查风险与重大错报风险的关系

在既定的审计风险水平下，注册会计师针对某一认定确定的可接受检查风险水平与注册会计师对重大错报风险的评估结果呈反向关系。即评估的重大错报风险越高，可接受的检查风险越低；评估的重大错报风险越低，可接受的检查风险就越高。

假设针对某一认定，注册会计师将可接受的审计风险水平设定为 5%，实施风险评估程序后将重大错报风险评估为 25%，根据审计风险模型，可接受的检查风险为 20%。当然，实务中，注册会计师不一定用绝对数量表达这些风险水平，可能会选用"高""中""低"等文字进行定性描述。

注册会计师应当合理设计审计程序的性质、时间安排和范围，并有效执行审计程序以控制检查风险。上例中，注册会计师应该根据确定的可接受检查风险（20%），设计审计程序的性质、时间安排和范围。

第五节　审计过程

现代风险导向审计模式要求注册会计师在执行审计过程中，以重大错报风险的识别、评估和应对为工作主线。因此，注册会计师执行财务报表审计的审计过程大致可以分成以下几个阶段。

一、接受业务委托

会计师事务所应当按照审计准则等职业准则的相关规定，谨慎决策是否接受或保持某客户关系和具体审计业务，以切实履行执业责任和防范职业风险。在接受新客户的业务前，或决定是否保持现有业务或考虑接受现有客户的新业务时，会计师事务所应当执行有关客户接受与保持的程序，以获取如下信息：（1）考虑客户的诚信，没有信息表明客户缺乏诚信；（2）具有执行业务必要的素质、专业胜任能力、时间和资源；（3）能够遵守相关职业道德要求。

会计师事务所执行客户接受与保持程序的目的，旨在识别和评估会计师事务所面临的风险。例如，如果会计师事务所发现潜在客户正面临财务困难，或者发现现有客户曾作出虚假陈述，那么可以认为接受或保持该客户的风险非常高，甚至是不可接受的。会计师事务所除考虑客户的风险外，还需要考虑自身执行业务的能力，如是否具有相应专业胜任能力的员工，能否获得专业化协助，是否存在任何利益冲突，能否对客户保持独立性等。

会计师事务所需要作出的最重要的决策之一就是接受和保持客户。一项低质量的决策会导致不能准确确定计酬的时间或未被支付的费用，增加项目合伙人和员工的额外压力，使会计师事务所声誉遭受损失，或者涉及潜在的诉讼。

一旦决定接受业务委托，会计师事务所应当与客户就审计约定条款达成一致意见。对于连续审计，会计师事务所应当根据具体情况确定是否需要修改业务约定条款，以及是否需要提醒客户注意现有的业务约定书。

二、计划审计工作

计划审计工作十分重要。如果没有恰当的审计计划，不仅无法获取充分、适当的审计证据，影响审计目标的实现，而且还会浪费有限的审计资源，影响审计工作的效率。因此，对于任何一项审计业务，注册会计师在执行具体审计程序之前，都必须根据具体情况制订科学、合理的计划，使审计业务以有效的方式得到执行。一般来说，计划审计工作主要包括：在本期审计业务开始时开展的初步业务活动，制定总体审计策略，制订具体审计计划等。需要指出的是，计划审计工作不是审计业务的一个孤立阶段，而是一个持续的、不断修正的过程，贯穿于整个审计过程的始终。

三、识别和评估重大错报风险

审计准则规定，注册会计师必须实施风险评估程序，以此作为评估财务报表层次和认定层次重大错报风险的基础。风险评估程序是指注册会计师为了解被审计单位及其环境、适用的财务报告编制基础和内部控制体系各要素，以识别和评估财务报表层次和认定层次的重大错报风险（无论该错报是舞弊或错误导致）而实施的审计程序。风险评估程序是必要程序，了解被审计单位及其环境、适用的财务报告编制基础和内部控制体系各要素为注册会计师在许多关键环节作出职业判断提供了重要基础。了解被审计单位及其环境等方面的情况，实际上是一个连续和动态地收集、更新与分析信息的过程，贯穿于整个审计过程的始终。

四、应对重大错报风险

注册会计师实施风险评估程序本身并不足以为发表审计意见提供充分、适当的审计证据，还应当实施进一步审计程序，包括实施控制测试（必要时或决定测试时）和实质性程序。因此，注册会计师在评估财务报表重大错报风险后，应当运用职业判断，针对评估的财务报表层次重大错报风险确定总体应对措施，并针对评估的认定层次重大错报风险设计和实施进一步审计程序，以将审计风险降至可接受的低水平。

五、编制审计报告

注册会计师在完成进一步审计程序后，应当按照有关审计准则的规定做好审计完成阶段的工作，并根据所获取的审计证据，合理运用职业判断，形成适当的审计意见编制审计报告。

| 第二章 |

审计目标、审计证据与审计工作底稿

 【教学内容与思政目标】

➡] 教学内容

- 掌握审计总体目标及其核心概念，理解审计总体目标与具体目标之间的关系及其对审计工作的指导。
- 理解审计具体目标，深刻理解认定与具体审计目标之间的内在关联。
- 理解审计证据的概念、特征及其种类；理解审计程序与审计证据的关系，深入掌握收集审计证据的7种审计程序。
- 理解审计工作底稿的功能，了解审计工作底稿的编制、归档等要求。
- 深刻理解审计目标、审计证据与审计工作底稿之间的逻辑联系。

➡] 思政目标

- 理解习近平总书记的战略思维方法，培养在实现审计目标过程运用战略整体观、全局观和敏锐洞察力、预见性。
- 弘扬社会主义核心价值观，以应有的专业胜任能力收集评价审计证据，并将诚实守信贯穿于审计取证的全过程。

　　审计目标是指在特定的环境下，通过审计实践活动所期望达到的根本目的和要求。如第一章所述，客观地收集、评价审计证据是实现审计目标的关键。对于注册会计师来说，设计恰当的审计程序收集充分、适当的审计证据以形成审计意见，实现审计目标是审计的核心工作。

第 一 节　审 计 目 标

一、审计总体目标

审计目标包括审计总体目标和具体审计目标。审计总体目标是注册会计师为完成整体审计工作而需要实现的最终目标。注册会计师执行财务报表审计的总体审计目标是：（1）对财务报表是否不存在由于舞弊或错误导致的重大错报获取合理保证，使得注册会计师能够对财务报表是否在所有重大方面按照适用的财务报表编制基础编制发表审计意见；（2）按照审计准则的规定，根据审计结果对财务报表出具审计报告，并与管理层和治理层沟通。

理解注册会计师执行财务报表审计的总体审计目标需要掌握以下核心概念。

（一）错报

错报是指某一财务报表项目的金额、分类或列报，与按照适用的财务报告编制基础应当列示的金额、分类、列报存在差异；或根据注册会计师的判断，为使财务报表在所有重大方面实现合法、公允反映，需要对金额、分类或列报作出必要的调整。错报可能由于舞弊或错误导致，包括：（1）事实错报，这是毋庸置疑的错报。这类错报产生于被审计单位收集和处理数据的错误，对事实的忽略或误解，或者故意舞弊行为；（2）判断错报，由于注册会计师认为管理层对财务报表中的确认、计量和列报（包括对会计政策的选择和运用）作出不合理或者不恰当的判断导致的差异；（3）推断错报，是注册会计师根据审计抽样识别的错报推断总体中存在的错报的最佳估计数。

注册会计师在评价识别出的错报和未更正的错报（如有）对财务报表的影响时，应当运用重要性概念——如果合理预期错报（包括漏报）单独或汇总起来可能影响财务报表使用者依据财务报表作出的经济决策，则通常认为错报是重大的。注册会计师针对财务报表整体发表审计意见，因此没有责任发现对财务报表整体影响并不重大的错报。

（二）合理保证

合理保证是一种高水平保证。当注册会计师获取充分、适当的审计证据将审计风险降低到可接受的低水平时，就获取了合理保证。由于审计存在固有限制，注册会计师据以得出结论和形成审计意见的大多数审计证据是说服性而非结论性的，因此，审计只能提供合理保证，不能提供绝对保证。在任何情况下，如果不能获取合理保证，并且在审计报告中发表保留意见不足以实现向预期使用者报告的目的，注册会计师应当按照审计准则的规定出具无法表示意见的审计报告，或者在法律法规允许的情况下终止审计业务或解决业务约定。

（三）按照审计准则的规定

审计准则作为一个整体，为注册会计师执行审计工作以实现总体目标提供了标准。审计准则规范了注册会计师的一般责任以及在具体方面履行这些责任时的进一步考虑。注册会计师应当遵守与审计工作相关的所有审计准则。注册会计师应当掌握审计准则及应用指南的全部内容，以理解每项审计准则的目标并恰当地遵守其要求。为了实现注册会计师的总体目标，在计划和实施审计工作时，注册会计师应当运用相关审计准则规定的目标。如果不能实现相关审计准则规定的目标，注册会计师应当评价这是否使其不能实现总体目标。如果不能实现总体目标，注册会计师应当按照审计准则的规定出具非无保留意见的审计报告，或者在法律法规允许的情况下解除业务约定。

（四）职业判断

在计划和实施审计工作时，注册会计师应当运用职业判断。职业判断，是指在审计准则、财务报告编制基础和职业道德要求的框架下，注册会计师综合运用相关知识、技能和经验，作出适合审计业务具体情况、有根据的行动决策。

职业判断对于适当地执行审计工作是必不可少的。在作出下列决策时尤其需要注册会计师的职业判断：（1）确定重要性，识别和评估重大错报风险；（2）为满足审计准则的要求和收集审计证据的需要，确定所需实施的审计程序的性质、时间安排和范围；（3）为实现审计准则规定的目标和注册会计师的总体目标，评价是否已获取充分、适当的审计证据以及是否还需执行更多的工作；（4）评价管理层在应用适用的财务报告编制基础时作出的判断；（5）根据已获取的审计证据得出结论，如评估管理层在编制财务报表时作出的估计的合理性；（6）运用职业道德概念框架识别、评估和应对影响职业道德基本原则的不利因素。

注册会计师需要在整个审计过程中运用职业判断，并作出适当记录，使未曾接触该项审计工作的有经验的专业人士了解在对重大事项得出结论时作出的重大职业判断。

（五）职业怀疑

在计划和实施审计工作时，注册会计师应当保持职业怀疑，认识到可能存在导致财务报表发生重大错报的情形。

职业怀疑，是指注册会计师执行审计业务的一种态度，包括采取质疑的思维方式，对可能表明由于错误或舞弊导致错报的迹象保持警觉，以及对审计证据进行审慎评价。

职业怀疑要求对诸如下列情形保持警觉：（1）存在相互矛盾的审计证据；（2）引起对作为审计证据的文件记录和对询问的答复的可靠性产生怀疑的信息；（3）表明可能存在舞弊的情况；（4）表明需要实施除审计准则规定外的其他审计程序的情形。

职业怀疑对于审慎评价审计证据是必要的。审慎评价审计证据包括质疑相互矛盾的审计证据、文件记录和对询问的答复以及从管理层和治理层获得的其他信息的可靠性。同时包括考虑已获取的审计证据在具体情形下（例如，存在舞弊风险因素的情况下，易于发生舞弊的某一文件，是支持某一财务报表重大金额的唯一证据）的充分性和适当性。

除非存在相反的理由，注册会计师可以将文件和记录作为真品。尽管如此，注册会计师仍需要考虑用作审计证据的信息的可靠性。在怀疑信息的可靠性或存在舞弊迹象时（例如，在审计过程中识别出的情况使注册会计师认为文件可能是伪造的或文件中的某些条款可能已被篡改），注册会计师应作出进一步调查，并确定需要修改哪些审计程序或实施哪些追加的审计程序以解决疑问。

注册会计师可以考虑过去对管理层和治理层诚实、正直形成的看法。然而，即使注册会计师认为管理层和治理层是诚实、正直的，也不能降低保持职业怀疑的要求，不允许在获取合理保证的过程中满足于说服力不足的审计证据。

二、具体审计目标

具体审计目标与认定紧密相关。注册会计师的基本职责是确定被审计单位管理层对财务报表的认定是否恰当（是否存在重大错报）。

（一）认定

认定，是指管理层针对财务报表要素的确认、计量和列报作出一系列明确或暗含的意思表达。

当管理层声明财务报表已按照适用的财务报告编制基础编制，在所有重大方面作出了公允反映时，就意味着管理层对各类交易和事项、账户余额以及披露的确认、计量和列报作出了认定。管理层在财务报表上的认定有些是明确表达的，有些则是暗含的。例如，管理层在资产负债表中列报存货及其金额，意味着作出下列明确的认定：（1）记录的存货是存在的；（2）存货以恰当的金额包括在财务报表中，与之相关的计价或分摊调整已恰当记录。同时，管理层也作出下列暗含的认定：（1）所有应当记录的存货均已记录；（2）记录的存货都由被审计单位所有。

管理层认定可以分为两类：关于所审计期间各类交易、事项及相关披露的认定和关于期末账户余额及相关披露的认定。

1. 关于所审计期间各类交易、事项及相关披露的认定

关于所审计期间各类交易、事项及相关披露的认定通常分为下列类别：

（1）发生：记录或披露的交易和事项已发生，且这些交易和事项与被审计单位有关。

（2）完整性：所有应当记录的交易和事项均已记录，所有应当包括在财务报表中的相关披露均已包括。

（3）准确性：与交易和事项有关的金额及其他数据已恰当记录，相关披露已得到恰当计量和描述。

（4）截止：交易和事项已记录于正确的会计期间。

（5）分类：交易和事项已记录于恰当的账户。

（6）列报：交易和事项已被恰当地汇总或分解且表述清楚，相关披露在适用的财务报告编制基础上是相关的、可理解的。

2. 关于期末账户余额及相关披露的认定

关于期末账户余额及相关披露的认定通常分为下列类别：

（1）存在：记录的资产、负债和所有者权益是存在的。

（2）权利和义务：记录的资产由被审计单位拥有或控制，记录的负债是被审计单位应当履行的偿还义务。

（3）完整性：所有应当记录的资产、负债和所有者权益均已记录，所有应当包括在财务报表中的相关披露均已包括。

（4）准确性、计价和分摊：资产、负债和所有者权益以恰当的金额包括在财务报表中，与之相关的计价或分摊调整已恰当记录，相关披露已得到恰当计量和描述。

（5）分类：资产、负债和所有者权益已记录于恰当的账户。

（6）列报：资产、负债和所有者权益已被恰当地汇总或分解且表述清楚，相关披露在适用的财务报告编制基础上是相关的、可理解的。

注册会计师可以按照上述分类运用认定，也可按其他方式表述认定，但应涵盖上述所有方面。例如，当"发生"和"完整性"认定包含了对交易是否记录于正确会计期间的恰当考虑时，就可能不存在与交易和事项"截止"相关的单独认定。

（二）具体审计目标

注册会计师了解认定后，应当相对应地确定每个项目的具体审计目标，并以此作为识别和评估重大错报风险以及设计和实施应对措施的基础。

1. 与所审计期间各类交易、事项及相关披露相关的审计目标

（1）发生：由"发生"认定推导的审计目标，是确认已记录的交易是真实发生的。如在销售日记账中记录了一笔没有发生过的销售，则违反了该目标。该目标所要解决的问题是管理层是否把那些不曾发生的项目列入财务报表，它主要与财务报表组成要素的高估有关。

（2）完整性：由"完整性"认定推导的审计目标，是确认已发生的交易确实都已记录，所有应包括在财务报表中的相关披露均已包括。如果发生了销售交易，但没有在销售明细账和总账中记录，则违反了该目标。

发生和完整性两者强调的是不同的关注点。发生目标针对多记、虚构交易

（高估），完整性目标则针对漏记交易（低估）。

（3）准确性：由"准确性"认定推导出的审计目标，是确认已记录的交易是按正确金额反映的，相关披露已得到恰当计量和描述。违反该目标将导致"金额"问题。如果在销售交易中，发出商品的数量与账单上的数量不符，或是开账单时使用了错误的销售价格，或是账单中的乘积或加总有误，或是在销售明细账中记录了错误的金额，则违反了该目标。

准确性与发生、完整性之间存在区别。例如，若已记录的销售交易是尚未发生不应当记录的，即使发票金额是准确计算的，仍违反了发生目标。再如，若已入账的销售交易是对已发生交易的记录，但金额计算错误，则违反了准确性目标，而没有违反发生目标。在完整性与准确性之间也存在同样的关系。

（4）截止：由"截止"认定推导出的审计目标，是确认接近于资产负债表日的交易记录于恰当的期间。如果本期交易推到下期，或下期交易提到本期，均违反了截止目标。

（5）分类：由"分类"认定推导出的审计目标，是确认被审计单位记录的交易经过适当分类。例如，如果将出售经营性固定资产所得的收入记录为营业收入，则导致交易分类的错误，违反了分类的目标。

（6）列报：由"列报"认定推导出的审计目标，是确认被审计单位的交易和事项已被恰当地汇总或分解且表述清楚，相关披露在适用的财务报告编制基础上是相关的、可理解的。

2. 与期末账户余额及相关披露相关的审计目标

（1）存在：由"存在"认定推导的审计目标，是确认记录的金额确实存在。例如，如果不存在某客户的应收账款，在应收账款明细表中却列入了对该客户的应收账款，则违反了存在目标。

（2）权利和义务：由"权利和义务"认定推导的审计目标，是确认资产归属于被审计单位，负债属于被审计单位的义务。例如，将他人寄售商品列入被审计单位的存货中，违反了权利目标；将不属于被审计单位的债务记入账内，违反了义务目标。

（3）完整性：由"完整性"认定推导的审计目标，是确认已存在的金额均已记录，所有应包括在财务报表中的相关披露均已包括。例如，如果存在某客户的应收账款，而应收账款明细表中却没有列入，则违反了完整性目标。

（4）准确性、计价和分摊：确认资产、负债和所有者权益以恰当的金额包括在财务报表中，与之相关的计价或分摊调整已恰当记录，相关披露已得到恰当计量和描述。

（5）分类：确认资产、负债和所有者权益已记录于恰当的账户。

（6）列报：确认资产、负债和所有者权益已被恰当地汇总或分解且表述清楚，相关披露在适用的财务报告编制基础上是相关的、可理解的。

综上可见，认定是确定具体审计目标的基础。注册会计师通常将认定转化为能够通过审计程序予以实现的审计目标。针对财务报表每一项目所表现出的各项认定，注册会计师相应地确定具体审计目标，然后通过执行一系列审计程序获取充分、适当的审计证据以实现审计目标。认定、具体审计目标与审计程序之间的关系举例如表2-1所示。

表2-1　　　　　认定、具体审计目标与审计程序之间的关系举例

认定	具体审计目标	审计程序
存在	资产负债表列示的存货存在	实施存货监盘程序
完整性	销售收入包括了所有已发货的交易	检查发货单和销售发票的编号以及销售明细账
准确性	销售业务是否基于正确的价格和数量，计算是否准确	比较价格清单与发票上的价格、发货单与销售订购单上的数量是否一致，重新计算发票上的金额
截止	销售业务记录在恰当的期间	比较上一年度最后几天和下一年度最初几天的发货单日期与记账日期
权利与义务	资产负债表中的固定资产确实为公司所有	资产负债表中的固定资产确实为公司所有查阅所有权证书、购货合同、结算单和保险单
准确性、计价和分摊	以净值记录应收款项	检查应收账款账龄分析表、评估计提的坏账准备是否充足

第二节　审　计　证　据

关键审计证据缺失导致无法实现审计目标

2024年1月，中国证券监督管理委员会（以下简称"证监会"）对瑞

华会计师事务所（特殊普通合伙）（以下简称"瑞华所"）在康得新复合材料集团股份有限公司（以下简称"康得新"）2015～2017年年报审计中未勤勉尽责行为进行了处罚，没收业务收入594万元和罚款1 189万元；对于相关注册会计师处以警告并罚款。

经证监会查实，瑞华所对康得新2015年、2016年和2017年年报审计中均存在关键审计证据缺失的问题。以2016年年报审计为例，其关键审计证据缺失具体表现为：（1）销售与收款循环穿行测试证据缺失：多个关键检查点无证据支持，如公司相关控制制度等仅有索引号而无对应底稿和内容；缺失销售订单、销售合同审批信息、客户信用额度审批信息、已审批的销售审批单和销售通知单、装运单、成品发运跟踪表等关键文件。（2）控制测试证据不足：康得新光电客户出货单中关键信息部分空白，无法验证交易的真实性。（3）营业收入实质性程序问题：康得菲尔出货单没有客户签收，康得新光电出货单缺少送货地址及联系方式；涉及虚假销售客户的销售合同单与审计工作底稿中复印的《产品购销合同》内容不符。（4）应收账款实质性程序不到位：外销客户MUSASHITRADING（H. K.）LIMITED的应收账款回函日期晚于审计报告日，但瑞华所未实施替代审计程序；多家外销客户2016年函证地址与2015年不一致，涉及虚假外销客户。

注册会计师未对以上关键审计证据缺失或矛盾证据存在的问题执行进一步审计程序或替代程序，致使无法实现审计目标，给被审计单位财务报告利益相关者带来了巨大的损失。

资料来源：中国证监会网站，http：//www.csrc.gov.cn。

上述案例中，证监会查实瑞华所在审计康得新2015～2017年年报时，执行审计程序不恰当，未收集到充分、适当的审计证据，导致无法实现审计目标。那么什么是审计证据、审计程序与审计工作底稿？他们对于实现审计目标起什么作用？

关于审计证据，注册会计师的目标是，通过恰当的方式设计和实施审计程序，获取充分、适当的审计证据，以得出合理的结论，作为形成审计意见的基础。因此，获取审计证据是审计工作中非常重要的环节，贯穿于审计的全过程。

一、审计证据的概念

审计证据是指注册会计师为了得出审计结论和形成审计意见而使用的信息。审计证据包括构成财务报表基础的会计记录所含有的信息和从其他来源获取的信息。

（一）会计记录中含有的信息

会计记录，是指对初始会计分录形成的记录和支持性记录。会计记录中含有的信息是审计证据的重要组成部分。会计记录中含有的信息包括但不限于支票、电子资金转账记录、发票和合同；总分类账、明细分类账、会计分录以及对财务报表予以调整但未在账簿中反映的其他分录；支持成本分配、计算、调节和披露的手工计算表和电子数据表。但是，会计记录包含的信息本身不足以提供充分的审计证据作为对财务报表发表审计意见的基础，注册会计师还应当获取用作审计证据的其他信息。

（二）其他的信息

可用作审计证据的其他的信息包括注册会计师从被审计单位内部或外部获取的会计记录以外的信息，如被审计单位会议记录、内部控制手册、询证函的回函、分析师的报告、与竞争者的比较数据等；通过询问、观察和检查等审计程序获取的信息，如通过检查存货获取存货存在的证据等；以及自身编制或获取的可以通过合理推断得出结论的信息，如注册会计师编制的各种计算表、分析表等。

注册会计师在审计过程中，需要综合考量来自不同渠道、具有不同性质的审计证据，以确保这些证据能够相互印证，从而佐证会计记录中含有的信息。一旦发现审计证据之间存在可能构成重大影响的不一致性，注册会计师应当扩大审计程序的范围，持续深入调查直至解决这些不一致，并针对账户余额及各类交易获得必要保证。

二、审计证据的特征

注册会计师应当根据具体情况设计和实施恰当的审计程序，以获取充分、适当的审计证据。充分性和适当性是审计证据的两大特征。

（一）充分性

审计证据的充分性是对审计证据数量的衡量，主要与注册会计师确定的样本量有关。例如，对某个审计项目实施某一选定的审计程序，从 200 个样本项目中获得的证据要比从 100 个样本项目中获得的证据更加充分。注册会计师获取的审计证据应当充分，足以将每个重要认定相关的审计风险控制在可接受的水平。

审计证据的充分性并非意味着审计证据的数量越多越好。注册会计师需要获取的审计证据的数量受其对重大错报风险评估的影响（评估的重大错报风险越高，需要的审计证据可能越多），并受审计证据质量的影响（审计证据质量越高，需要的审计证据可能越少）。然而，注册会计师仅靠获取更多的审计证据可能无法弥补其质量上的缺陷。

（二）适当性

审计证据的适当性是对审计证据质量的衡量，即审计证据在支持审计意见所依据的结论方面具有的相关性和可靠性。只有相关且可靠的审计证据才是高质量的。

1. 相关性

相关性是指用作审计证据的信息与审计程序的目的和所考虑的认定之间的逻辑联系。用作审计证据的信息的相关性可能受测试方向的影响。例如，如果某审计程序的目的是测试应付账款的计价高估，则测试已记录的应付账款可能是相关的审计程序。另外，如果某审计程序的目的是测试应付账款的计价低估，则测试已记录的应付账款不是相关的审计程序，相关的审计程序可能是测试期后支出、未支付发票、供应商结算单以及发票未到的收货报告单等。

特定的审计程序可能只为某些认定提供相关的审计证据，而与其他认定无关。例如，检查期后应收账款收回的记录和文件可以提供有关存在和计价的审计证据，但未必提供与截止测试相关的审计证据。类似地，有关某一特定认定（如存货的存在认定）的审计证据，不能替代与其他认定（如该存货的计价认定）相关的审计证据。但另一方面，不同来源或不同性质的审计证据可能与同一认定相关。

2. 可靠性

审计证据的可靠性是指审计证据的可信程度。审计证据的可靠性受其来源和性质的影响，并取决于获取审计证据的具体环境。判断审计证据可靠性的一般原则包括：

（1）从被审计单位外部独立来源获取的审计证据比从其他来源获取的审计证据更可靠；

（2）相关控制有效时内部生成的审计证据比控制薄弱时内部生成的审计证据更可靠；

（3）直接获取的审计证据比间接获取或推论得出的审计证据更可靠；

（4）以文件记录形式（包括纸质、电子或其他介质）存在的审计证据比口头形式的审计证据更可靠；

（5）从原件获取的审计证据比从复印、传真或通过拍摄、数字化或其他方式转化成电子形式的文件获取的审计证据更可靠。

通常情况下，注册会计师以函证方式直接从被询证者获取的审计证据，比被审计单位内部生成的审计证据更可靠。通过函证等方式从独立来源获取的相互印证的信息，可以提高注册会计师从会计记录或管理层书面声明中获取的审计证据的保证水平。

但是有关各种审计证据可靠性的原则受重要例外情况的影响。即使用作审计证据的信息从独立于被审计单位的外部来源获得，一些可能存在的情况也会影响其可靠性。例如，从独立于被审计单位的来源获取的信息，如果来自不知情者，则该信息也可能是不可靠的。

（三）充分性和适当性的关系

审计证据的充分性和适当性缺一不可，只有充分且适当的审计证据才具有证明力和说服力。

注册会计师获取的审计证据的数量受审计证据质量的影响。审计证据的质量越高，需要的审计证据数量可能越少。但如果审计证据的质量存在缺陷，那么注册会计师仅靠获取更多的审计证据可能无法弥补其质量上的缺陷。例如，注册会计师应当获取与销售收入完整性相关的证据，实际获取到的却是有关销售收入真实性的证据，审计证据与完整性目标不相关，即使获取的证据再多，也证明不了收入的完整性。

另外，即使审计证据适当，但如果数量不足，注册会计师仍然无法形成正确的审计结论。适当的审计证据需要足够的数量来覆盖所有重要的审计领域和认定。

审计证据的特征及其相互关系如图 2-1 所示。

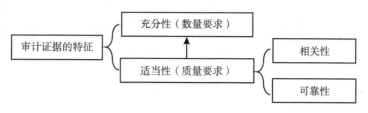

图 2-1 审计证据的特征及其关系

三、审计证据的种类

对审计证据进行分类的核心目的在于优化证据的选取过程，确保注册会计师能够识别并利用那些更加合理、高效且具备更强证明力的信息。审计证据按照不同的标准，可以进行多种分类。按照审计证据的表现形式不同，可以分为书面证据、实物证据、口头证据、环境证据。

1. 书面证据

书面证据是指注册会计师获取的各种以书面文件为形式的证据。书面证据是审计证据的主要组成部分，也是审计工作中收集最多、运用最广的证据，包括记账凭证、原始凭证、各类账簿、调整分录、会议记录、内部控制手册、函证回函、分析师报告、合同、契约、支票、汇票、发货单、收货报告等。注册会计师对于收集到的书面证据，需要对其进行整理归类，其证明力也需要进一步证实。

2. 实物证据

实物证据是指用以确定某些实物资产是否确实存在的证据。实物证据对诸如库存现金、存货、固定资产等实物资产的存在性具有最强的证明力，但它不能保证资产的所有权归属被审计单位所有，而且它也难以确保这些实物资产的质量。

3. 口头证据

口头证据是由被审计单位的员工或其他有关人员对审计人员的询问所作出的口头答复形成的审计证据。口头证据虽然可靠性较低，需要其他证据的支持和佐证，但注册会计师往往通过口头证据发现一些重要线索，从而有利于进一步调查，以收集到其他更为可靠的审计证据。

4. 环境证据

环境证据是指对被审计事项产生影响的各种环境事实，如内部控制情况、管理人员诚信与否的品德等。环境证据虽然不属于基本证据，但它有助于注册会计师了解被审计单位及其经济活动所处的环境状况，从而更全面地评估重大错报风险。

第三节 审计程序

一、审计程序的概念

财务报表审计的核心任务是通过实施审计程序，获取充分、适当的审计证据，以支持对财务报表发表的审计意见。审计程序是指注册会计师在审计过程中的某个时间，对将要获取的某类审计证据如何进行收集的详细指令。注册会计师利用审计程序获取审计证据涉及以下 4 个方面的决策：（1）选用审计程序的种类；（2）对选定的审计程序，应当选取多大的样本规模；（3）如何从总体中选取样本；（4）何时执行这些审计程序。

审计程序决策示例——应收账款函证

注册会计师为了验证被审计单位 A 公司应收账款在 20×4 年 12 月 31 日的存在情况，取得 A 公司编制的应收账款明细账，对应收账款进行函证。

注册会计师在选定了审计程序的种类——函证之后，确定的样本规模可能在所测试的总体范围内随机变化。假定应收账款明细账合计有 500 家客户，注册会计师对应收账款明细账中 300 家客户进行函证。

在确定样本规模之后，注册会计师应当确定测试总体中的哪个或哪些项目。例如，注册会计师对应收账款明细账中余额较大的前 200 家客户进行函证，其余客户按一定规律抽取函证。抽取方法是从第 10 家客户开始，每隔 20 家抽取一家，与选取的大额客户重复的顺序递延。

注册会计师执行函证程序的时间可选择在资产负债表日（20×4 年 12
月 31 日）后的任意时间，但通常受审计完成时间、审计证据的有效性和审
计项目组人力充足性的影响。

二、审计程序的种类

在形成审计意见的过程中，注册会计师的大部分工作是获取和评价审计证
据。为获取审计证据而实施的审计程序包括检查、观察、询问、重新计算、重新
执行、函证和分析程序。注册会计师通常将这些程序进行组合运用。

1. 检查

检查是指注册会计师对被审计单位内部或外部生成的，以纸质、电子或其他
介质形式存在的记录和文件进行审查，或对资产进行实物审查。检查记录或文件
可以提供可靠程度不同的审计证据，审计证据的可靠性取决于记录或文件的性质
和来源，而在检查内部记录或文件时，其可靠性则取决于生成该记录或文件的内
部控制的有效性。

检查有形资产可为其"存在"认定提供可靠的审计证据，但不一定能够为
"权利和义务"或"准确性、计价和分摊"等认定提供可靠的审计证据。

2. 观察

观察是指注册会计师察看相关人员正在从事的活动或实施的程序。例如，注
册会计师对被审计单位人员执行的存货盘点或控制进行观察。观察可以提供执行
有关过程或程序的审计证据，但观察所提供的审计证据仅限于观察发生的时点，
而且被观察人员的行为可能因被观察而受到影响，这也会使观察提供的审计证据
受到限制。

3. 询问

询问是指注册会计师以书面或口头方式，向被审计单位内部或外部的知情人
员获取财务信息和非财务信息，并对答复进行评价的过程。作为其他审计程序的
补充，询问广泛应用于整个审计过程中。

尽管询问可以提供重要的审计证据，甚至可以提供某项错报的证据，但询问
本身通常并不能为认定层次不存在重大错报和内部控制运行的有效性提供充分的
审计证据。

知情人员对询问的答复可能为注册会计师提供尚未获悉的信息或佐证证据。另外，对询问的答复也可能提供与注册会计师已获取的其他信息存在重大差异的信息，例如，关于被审计单位管理层凌驾于控制之上的可能性的信息。在某些情况下，对询问的答复为注册会计师修改审计程序或实施追加的审计程序提供了基础。

针对某些事项，注册会计师可能认为有必要向管理层和治理层（如适用）获取书面声明，以证实对口头询问的答复。

4. 重新计算

重新计算是指注册会计师对记录或文件中的数据计算的准确性进行核对。重新计算可通过手工方式或电子方式进行。通过重新计算，注册会计师可以验证被审计单位的数据是否准确，是否存在计算错误或舞弊行为。重新计算可以针对单个数据项，也可以针对整个财务报表或特定账户进行。

5. 重新执行

重新执行是指注册会计师独立执行原本作为被审计单位内部控制组成部分的程序或控制，旨在收集证明内部控制有效性的审计证据。

6. 函证

《中国注册会计师审计准则第 1312 号——函证》要求注册会计师恰当设计和实施函证程序，以获取相关、可靠的审计证据。

函证是指注册会计师直接从第三方（被询证者）获取书面答复以作为审计证据的过程，书面答复可以采用纸质、电子或其他介质等形式。函证程序通常用于确认或填列有关账户余额及其要素的信息。但是，函证不仅仅局限于账户余额。例如，注册会计师可能要求对被审计单位与第三方之间的协议和交易条款进行函证。注册会计师可能在询证函中询问协议是否做过修改，如果做过修改，要求被询证者提供相关的详细信息。此外，函证程序还可以用于获取不存在某些情况的审计证据，如不存在可能影响被审计单位收入确认的"背后协议"。

通常情况下，注册会计师以函证方式直接从被询证者获取的审计证据，比被审计单位内部生成的审计证据更可靠。因此，针对评估的认定层次重大错报风险，注册会计师应当确定是否有必要实施函证程序以获取认定层次的相关、可靠的审计证据。注册会计师在作出是否有必要实施函证程序的决策时，应当考虑评估的认定层次重大错报风险，以及通过实施其他审计程序获取的审计证据如何将检查风险降至可接受的水平。

尽管函证可以对某些认定提供相关审计证据，但对于其他一些认定，函证提供审计证据的相关性并不高。例如，函证针对应收账款余额的可回收性提供的审计证据，比针对应收账款余额的存在认定提供的审计证据的相关性要低。

（1）函证对象。

①银行存款、借款及与金融机构往来的其他重要信息。注册会计师应当对银行存款（包括零余额账户和在本期内注销的账户）、借款及与金融机构往来的其他重要信息实施函证程序，除非有充分证据表明某一银行存款、借款及与金融机构往来的其他重要信息对财务报表不重要且与之相关的重大错报风险很低；如果不对这些项目实施函证程序，注册会计师应当在审计工作底稿中说明理由。

②应收账款。注册会计师应当对应收账款实施函证程序，除非有充分证据表明应收账款对财务报表不重要，或函证很可能无效；如果认为函证很可能无效，注册会计师应当实施替代审计程序，获取相关、可靠的审计证据。如果不对应收账款函证，注册会计师应当在审计工作底稿中说明理由。

③注册会计师可以根据具体情况和实际需要对包括但不限于下列项目实施函证：交易性金融资产、应收票据、其他应收款、预付账款、应付账款、预收账款、长期股权投资、由其他单位代为保管（或加工、销售）的存货、保证或质押或抵押、或有事项、重大或异常的交易。

（2）函证范围。

注册会计师可以采用审计抽样或其他选取测试项目的方法选择函证样本。如果采用审计抽样方式确定函证程序的范围，选取的样本应当足以代表总体。根据对被审计单位的了解、评估的重大错报风险以及所测试总体的特征等，注册会计师可以从总体中选取特定项目进行测试。选取的特定项目可能包括：

①金额较大的项目；

②账龄较长的项目；

③交易频繁但期末余额较小的项目；

④重大关联方交易；

⑤重大或异常的交易；

⑥可能存在争议、舞弊或错误的交易。

（3）函证时间。

注册会计师通常以资产负债表日为截止日，在资产负债表日后适当时间内实施函证。如果重大错报风险评估为低水平，注册会计师可选择资产负债表日前适当日期为截止日实施函证，并对所函证项目自该截止日起至资产负债表日止发生的变动实施实质性程序。

（4）函证类型。

①积极式函证。积极式函证，是指要求被询证者直接向注册会计师回复，表明是否同意询证函所列示的信息，或填列所要求的信息的一种询证方式。只有注册会计师收到回函，才能为财务报表认定提供审计证据，否则无法证明所函证的信息是否正确。

②消极式函证。消极式函证，是指要求被询证者只有在不同意询证函所列示的信息时才直接向注册会计师回复的一种询证方式。对消极式询证函而言，未收到回函并不能明确表明预期的被询证者已经收到询证函或已经核实了询证函中包含的信息的准确性。因此，未收到消极式询证函的回函提供的审计证据，远不如积极式询证函的回函提供的审计证据有说服力。如果询证函中的信息对被询证者不利，则被询证者更有可能回函表示其不同意；相反，如果询证函中的信息对被询证者有利，回函的可能性就会相对较小。例如，被审计单位的供应商如果认为询证函低估了被审计单位的应付账款余额，则其更有可能回函；如果高估了该余额，则回函的可能性很小。因此，注册会计师在考虑这些余额是否可能低估时，向供应商发出消极式询证函可能是有用的程序，但是，利用这种程序收集该余额高估的证据就未必有效。

由于消极式函证比积极式函证提供的审计证据的说服力低，因此除非同时满足下列条件，注册会计师不得将消极式函证作为唯一实质性程序，以应对评估的认定层次重大错报风险：

——注册会计师将重大错报风险评估为低水平，并已就与认定相关的控制运行的有效性获取了充分、适当的审计证据；

——需要实施消极式函证程序的总体由大量小额、同质的账户余额、交易或事项构成；

——预期不符事项的发生率很低；

——没有迹象表明接收询证函的人员或机构不认真对待函证。

在实务中，注册会计师也可将这两种方式结合使用。

（5）函证控制。

当实施函证程序时，注册会计师应当对询证函保持控制，包括：确定需要确认或填列的信息；选择适当的被询证者；设计询证函，包括正确填列被询证者的姓名和地址，以及被询证者直接向注册会计师回函的地址等信息；发出询证函并予以跟进，必要时再次向被询证者寄发询证函。

注册会计师可以采取下列措施对函证实施过程进行控制：①将被询证者的姓名、单位名称和地址与被审计单位有关记录核对；②将询证函中列示的账户余额或其他信息与被审计单位有关资料核对；③在询证函中指明直接向接受审计业务委托的会计师事务所回函；④询证函经被审计单位盖章后，由注册会计师直接发出；⑤将发出询证函的情况形成审计工作底稿；⑥将收到的回函形成审计工作底稿，并汇总统计函证结果。

（6）管理层不允许寄发询证函。

如果管理层不允许寄发询证函，注册会计师应当：①询问管理层不允许寄发询证函的原因，并就其原因的正当性及合理性收集审计证据；②评价管理层不允许寄发询证函对评估的相关重大错报风险（包括舞弊风险），以及其他审计程序的性质、时间安排和范围的影响；③实施替代程序，以获取相关、可靠的审计证据。

如果认为管理层不允许寄发询证函的原因不合理，或实施替代程序无法获取相关、可靠的审计证据，注册会计师应当按照规定，与治理层进行沟通。注册会计师还应当按照《中国注册会计师审计准则第 1502 号——在审计报告中发表非无保留意见》的规定，确定其对审计工作和审计意见的影响。

（7）函证结果的评价。

注册会计师应当评价实施函证程序的结果是否提供了相关、可靠的审计证据，或是否有必要进一步获取审计证据。在评价某项函证程序的结果时，结果分为以下几类：①询证函由适当的被询证者回复，回函同意询证函中包含的信息或提供了不存在不符事项的信息；②回函被认为不可靠；③未回函；④回函显示存在不符事项。如果结果是后三者，注册会计师需要进一步获取审计证据。

如果存在对询证函回函的可靠性产生疑虑的因素，注册会计师应当进一步获取审计证据以消除这些疑虑。如果认为询证函回函不可靠，注册会计师应当评价其对评估的相关重大错报风险（包括舞弊风险），以及其他审计程序的性质、时间安排和范围的影响。

当在合理的时间内没有收到询证函回函时，注册会计师可以联系被询证方予以跟进，必要时再次发出询证函。例如，在重新核实原地址的准确性后，注册会计师再次发出询证函。如果仍未收到回函，注册会计师需要实施替代程序以获取相关、可靠的审计证据。注册会计师应对所有未回函明细账户实施替代程序，而不能仅在未回函明细账户中再抽样实施替代程序。注册会计师可能实施的替代审计程序举例如下：①对应收账款，将发票核对至期后的收款单据（例如现金收据、银行存单、支票复印件、银行对账单），如果期后未收到应收账款，根据公司的销售确认政策，将所选取的发票核对至销售合同、销售订单和提单（装运单/发货单）等；②对应付账款，检查期后付款或与供应商的往来函件、其他记录，如入库单/订单/货物收讫凭证等。

在某些情况下，注册会计师可能识别出认定层次重大错报风险，且取得积极式询证函回函是获取充分、适当的审计证据的必要程序。在这种情况下，替代程序不能提供注册会计师所需的审计证据。如果未获取回函，注册会计师应当按照审计准则的规定，确定其对审计工作和审计意见的影响。

不符事项，是指被询证者提供的信息与询证函要求确认的信息不一致，或与被审计单位记录的信息不一致。注册会计师应当调查不符事项，检查差异是否为确认方的时间性错误，还是需要被审计单位调整的错误，特别是由舞弊引起的错误。

询证函回函中指出的不符事项可能显示财务报表存在错报或潜在错报。当识别出错报时，注册会计师需要评价该错报是否表明存在舞弊。不符事项可以为注册会计师判断来自类似的被询证者回函的质量及类似账户回函质量提供依据。不符事项还可能显示被审计单位与财务报告相关的内部控制存在缺陷。

某些不符事项并不表明存在错报。例如，询证函回函的差异可能是由于函证程序的时间安排、计量或书写错误造成的。

在函证过程中，注册会计师需要始终保持职业怀疑，对舞弊风险迹象保持警觉。与函证程序有关的舞弊风险迹象的例子包括但不限于：①管理层不允许寄发询证函；②管理层过度热情配合函证程序，如希望提前获悉函证样本，帮助催促回函等；③管理层试图干预、拦截、篡改询证函或回函，如坚持以特定的方式发送询证函，管理层提供的内部信息含糊、矛盾、不完整或有缺失；④被询证者将回函寄至被审计单位，被审计单位将其转交注册会计师；⑤注册会计师跟进访问被询证者，发现回函信息与被询证者记录不一致，例如，对银行的跟进访问表明提供给注册会计师的银行函证结果与银行的账面记录不一致，又如，从银行支行获取的信息和银行总行提供的信息不一致；⑥从私人电子信箱发送的回函；⑦收到同一日期发回的、相同笔迹的多份回函；⑧位于不同地址的多家被询证者的回函邮戳显示的发函地址或时间相同；⑨回函上签名与被询证者的公司印鉴不符，或印鉴缺失；⑩收到不同被询证者用快递寄回的回函，但快递的交寄人或发件人是同一个人或是被审计单位的员工，或者虽然寄件人名字不同，但手机号相同，或者不同被询证者回函单号相连或相近；⑪回函邮戳显示的发函地址与被审计单位记录的被询证者的地址不一致；⑫不正常的回函率，例如与以前年度相比，回函率异常偏高或回函率重大变动；向被审计单位债权人发送的询证函回函率很低；或过于完美的回函，所有回函均能收回且表明没有差异；⑬被询证者缺乏独立性，例如被审计单位及其管理层具有强大的背景和地位，能够对被询证者（包括银行和其他第三方）施加重大影响以使其向注册会计师提供虚假或误导信息（如被审计单位是被询证者唯一或重要的客户或供应商）；⑭管理层对与函证所涉及财务报表项目相关的内部控制缺陷长期不予改正，尤其是靠近财务报表期间截止日前后的控制缺陷；⑮管理层不愿意提高函证所涉及信息（如抵押、担保等信息）的披露质量，使其更为完整透明。

【例2-1】ABC会计师事务所的A注册会计师负责审计甲公司2022年度财务报表。与函证相关的部分事项如下：

（1）甲公司持有乙公司40%股权，2022年通过与持有乙公司20%股权的丙公司签署一致行动协议，取得对其公司的控制权。A注册会计师向乙公司函证了其股东持股情况以及股东间的一致行动协议，回函结果满意。

（2）A注册会计师在知悉多份回函被直接寄至甲公司后，要求甲公司不得拆封，并将其转寄至ABC会计师事务所。A注册会计师收到了未拆封的函件，回函相符，据此认可了函证结果。

（3）在A注册会计师以邮寄方式向甲公司境外客户丁公司的财务部发出应收账款余额询证函后，收到丁公司业务部的电子邮件回函。A注册会计师比对了回函邮箱地址后缀，并向丁公司业务部电话确认了回函信息，结果满意，据此认可了函证结果。

（4）A注册会计师向戊公司函证了2022年度甲公司向戊公司的销售金额，回函相符。因在随后实施的收入截止测试中发现，甲公司将一笔应在2023年度确认的收入计入2022年度，A注册会计师根据调整后的金额再次向戊公司函证，回函相符，据此认可了函证结果。

（5）A注册会计师对甲公司应付己公司账款实施函证，因临近审计报告日未收到回函，通过电话向己公司确认了函证信息，要求己公司将回函直接寄回，并实施了替代审计程序，结果满意。审计报告日后，A 注册会计师收到己公司确认无误的书面回函，将其归入审计工作底稿。

要求：针对上述第（1）至（5）项，逐项指出 A 注册会计师的做法是否恰当。如不恰当，简要说明理由。

（2023 年注册会计师全国统一考试试题）

■ **参考答案：**

（1）不恰当。乙公司可能对股东间的一致行动协议不了解/被询证者可能不适当/应向丙公司函证一致行动协议。

（2）不恰当。未保持对回函全过程的控制/存在舞弊风险迹象，需要采取应对措施。

（3）不恰当。回函来源存疑/应当向丁公司财务部核实回函信息。

（4）不恰当。被询证者的客观性存疑/可能存在串通舞弊风险/回函不可靠/被询证者不认真对待回函，应当评价其对评估的相关重大错报风险，以及其他审计程序的性质、时间安排和范围的影响。

（5）恰当。

7. 分析程序

分析程序是指注册会计师通过分析不同财务数据之间以及财务数据与非财务数据之间的内在关系，对财务信息作出评价。分析程序还包括在必要时对识别出的、与其他相关信息不一致或与预期值差异重大的波动或关系进行调查。《中国注册会计师审计准则第 1313 号——分析程序》及其应用指南作出了进一步规定并提供了指引。

在实施分析程序时，注册会计师需要考虑将被审计单位的财务信息与下列信息进行比较：（1）以前期间的可比信息；（2）被审计单位的预期结果，如预算或预测等，或注册会计师的预期数据，如折旧的估计值；（3）可比的行业信息，例如，将被审计单位的应收账款周转率（销售收入/应收账款）与行业平均水平或与同行业中规模相近的其他单位的可比信息进行比较。

注册会计师可以使用各种不同的方法实施分析程序。这些方法包括从简单的比较到使用高级统计技术的复杂分析。在实务中，可使用的方法主要有趋势分析法、比率分析法、合理性测试法和回归分析法。

注册会计师实施分析程序的目的包括：

（1）用作风险评估程序，以了解被审计单位及其环境等方面情况。实施分析程序有助于注册会计师识别不一致的情形、异常的交易或事项，以及可能对审计产生影响的金额、比率和趋势。识别出的异常或未预期到的关系可以帮助注册会计师识别重大错报风险，特别是舞弊导致的重大错报风险。

注册会计师在实施风险评估程序时，应当运用分析程序，以了解被审计单位及其环境等情况。

（2）当使用分析程序比细节测试能更有效地将认定层次的审计风险降至可接受的低水平时，分析程序可以用作实质性程序。注册会计师在认定层次实施的实质性程序可以是细节测试、实质性分析程序，或两者的结合。在确定实施何种审计程序（包括是否实施实质性分析程序）时，注册会计师需要判断各种可供使用的审计程序在将认定层次的审计风险降至可接受的低水平时的预期效果和效率。

（3）在临近审计结束时对财务报表进行总体复核。在临近审计结束时，注册会计师应当设计和实施分析程序，帮助其对财务报表形成总体结论，以确定财务报表是否与其对被审计单位的了解一致。此时实施分析程序的结果可能有助于注册会计师识别出以前未识别的重大错报风险。在这种情况下，注册会计师应按照审计准则的要求修正重大错报风险的评估结果，并相应修改进一步审计程序。这有助于注册会计师形成合理的结论，作为审计意见的基础。

值得说明的是，注册会计师在风险评估阶段和在临近审计结束时的总体复核阶段必须运用分析程序，在实施实质性程序阶段可选用分析程序。

【例2-2】 ABC会计师事务所的A注册会计师负责审计甲公司20×4年度财务报表。与分析程序相关的部分事项如下：

（1）A注册会计师对于运输费用实施实质性分析程序，确定已记录金额与预期值之间可接受的差异额是200万元，实际差异350万元。A注册会计师就超出可接受差异额的150万元询问了管理层，并对其答复收集了充分、适当的审计证据。

（2）A注册会计师在审计过程中未提出审计调整建议，已审财务报表与未审财务报表一致，因此认为无须在临近审计结束时运用分析程序对财务报表进行总体复核。

要求：针对上述两项，逐项指出 A 注册会计师的做法是否恰当。如不恰当，请说明恰当的做法。

参考答案：

（1）不恰当。应针对全部实际差异额 350 万元进行调查。

（2）不恰当。在临近审计结束时，应当运用分析程序对财务报表进行总体复核/在临近审计结束时的总体复核阶段必须运用分析程序。

第四节　审计工作底稿

证据不证明？——审计工作底稿失真

2024 年 5 月 31 日，中国证券监督管理委员会（以下简称"证监会"）发布公告，依法对恒大地产集团有限公司（以下简称"恒大地产"）债券欺诈发行及信息披露违法案作出行政处罚决定，对恒大地产责令改正、给予警告并罚款 41.75 亿元，对恒大地产时任董事长、实际控制人许家印处以顶格罚款 4 700 万元并采取终身证券市场禁入措施。同年 9 月 13 日，证监会依法对恒大地产的审计机构普华永道中天会计师事务所（以下简称"普华永道"）作出行政处罚，没收普华永道涉案期间全部业务收入 2 774 万元，并处以顶格罚款 2.97 亿元，合计罚没 3.25 亿元。

调查发现，普华永道在执行恒大地产 2019 年、2020 年年报审计工作中未勤勉尽责，在审计过程中违反多项审计准则，违背多项审计要求，多项审计程序失效，未保持应有的职业怀疑，未作出正确的职业判断，未发现恒大地产大金额、高比例财务造假。审计失责行为之一是审计工作底稿失真。

普华永道审计工作底稿失真主要体现在底稿记录与实际执行情况存在大量不一致情形，工作底稿可靠性存疑。（1）2019 年，审计工作底稿共记录由 18 名审计人员分为 7 组对恒大地产分布在 38 个城市的 65 个地产项目进行了现场观察，形成 65 条记录。经查，65 条地产项目观察记录中的观察日期、执行人员等信息，57 条实际执行情况与审计工作底稿记录不一致，占记录总数的 87.69%。（2）2019 年、2020 年，普华永道对恒大地产项目执行现场观察程序，相关审计工作底稿中仅记录了未发现异常情况的结论，未记录观察过程，未见据以作出判断结论的审计证据。审计人员实际观察时发现存在尚未完工的楼盘，但审计工作底稿未如实记录实际观察结果。审计人员对无法有效观察的楼盘，执行中采用了外围观察、登高眺望等替代方法，但工作底稿未予记录，也未对替代方法的有效性进行评估。

资料来源：中国证监会网站，http：//www.csrc.gov.cn。

什么是审计工作底稿？为什么需要编制审计工作底稿？审计工作底稿与审计证据有什么关系？注册会计师该如何编制审计工作底稿？下文将具体阐述之。

一、审计工作底稿的概念及编制目的

（一）审计工作底稿的概念

审计工作底稿，是指注册会计师对制订的审计计划、实施的审计程序、获取的相关审计证据，以及得出的审计结论作出的记录。审计工作底稿是审计证据的载体，是注册会计师在审计过程中形成的审计工作记录和获取的资料。它反映整个审计过程，是审计过程的全记录。

（二）审计工作底稿的编制目的

审计工作底稿在计划和执行审计工作中发挥着关键作用。它提供了审计工作实际执行情况的记录，是形成审计报告的基础。审计工作底稿也可用于项目质量复核、监督会计师事务所对审计准则的遵循情况以及第三方的检查等。在会计师事务所因执业质量而涉及诉讼或有关监管机构进行执业质量检查时，审计工作底稿能够提供证据，证明会计师事务所是否按照审计准则的规定执行了审计工作。

因此，注册会计师应当及时编制审计工作底稿，以实现下列目的：

（1）提供证据，作为注册会计师得出实现总体目标结论的基础；

（2）提供证据，证明注册会计师按照审计准则和相关法律法规的规定计划和执行了审计工作。

除上述目的外，编制审计工作底稿还可以实现下列目的：

（1）有助于项目组计划和执行审计工作；

（2）有助于负责督导的项目组成员按照相关规定，履行指导、监督与复核审计工作的责任；

（3）便于项目组说明其执行审计工作的情况；

（4）保留对未来审计工作持续产生重大影响的事项的记录；

（5）便于会计师事务所实施项目质量复核、其他类型的项目复核以及质量管理体系中的监控活动；

（6）便于监管机构和注册会计师协会根据相关法律法规或其他相关要求，对会计师事务所实施执业质量检查。

二、审计工作底稿编制要求

注册会计师编制的审计工作底稿，应当使得未曾接触该项审计工作的有经验的专业人士清楚了解：（1）按照审计准则和相关法律法规的规定实施的审计程序的性质、时间安排和范围；（2）实施审计程序的结果和获取的审计证据；（3）审计中遇到的重大事项和得出的结论，以及在得出结论时作出的重大职业判断。

有经验的专业人士，是指会计师事务所内部或外部的具有审计实务经验，并且对下列方面有合理了解的人士：（1）审计过程；（2）审计准则和相关法律法规的规定；（3）被审计单位所处的经营环境；（4）与被审计单位所处行业相关的会计和审计问题。

在记录已实施审计程序的性质、时间安排和范围时，注册会计师应当记录：（1）测试的具体项目或事项的识别特征；（2）审计工作的执行人员及完成审计工作的日期；（3）审计工作的复核人员及复核的日期和范围。

三、审计工作底稿的内容

审计工作底稿可以以纸质、电子或其他介质形式存在。

审计工作底稿通常包括总体审计策略、具体审计计划、分析表、问题备忘录、重大事项概要、询证函回函和声明、核对表、有关重大事项的往来函件（包括电子邮件）。注册会计师还可以将被审计单位文件记录的摘要或复印件（如重大的或特定的合同和协议）作为审计工作底稿的一部分。

除了上述内容，审计工作底稿还包含审计业务约定书、管理建议书、项目组内部会议或与被审计单位的沟通记录、与其他人士（包括其他注册会计师、律师、专家等）的沟通文件和错报汇总表等。

然而，需要明确的是，审计工作底稿虽全面，但并不代替于被审计单位的会计记录。会计记录是反映被审计单位日常经济活动的原始资料，而审计工作底稿则是注册会计师在审计过程中形成的专业记录和判断，两者各有其独特的功能和作用。

审计工作底稿通常不包括已被取代的审计工作底稿的草稿或财务报表的草稿、反映不全面或初步思考的记录、存在印刷错误或其他错误而作废的文本，以及重复的文件记录等。由于这些草稿、错误的文本或重复的文件记录不直接构成审计结论和审计意见的支持性证据，因此，注册会计师通常无须保留这些记录。

四、审计工作底稿的要素

通常，审计工作底稿包括下列全部或部分要素：

1. 审计工作底稿的标题

每张审计工作底稿都应当包括被审计单位的名称、审计项目的名称以及资产负债表日或审计工作底稿覆盖的会计期间。

2. 审计过程记录

审计过程记录是审计工作底稿的核心部分，应详细记录审计过程中实施的步骤、方法、获取的审计证据及其来源。记录应客观、真实、完整，能够反映审计工作的全过程。对于重要的审计事项，应记录详细的事实和证据，以便后续审计结论的形成。

3. 审计结论

审计工作每一部分都应包含与已执行审计程序所得的结果及其是否实现既定审计目标的明确结论，还需涵盖审计过程中发现的所有例外情况及重大事项如何得到解决的结论。在记录审计结论时需注意，在审计工作底稿中记录的审计程序和审计证据是否足以支持所得出的审计结论。

4. 审计标识及其说明

标识是注册会计师用以表达各种审计含义的书面符号。审计标识的使用可以缩短工作时间，提高工作效率，注册会计师应在审计工作底稿中明确其含义，并确保标识的唯一性和一致性。审计常用标识示例如表 2 - 2 所示。

表 2 - 2   审计常用标识示例

标识符号	代表已审核程序
∧	表示纵向相加核对，即检查某一列数据的总和是否正确
<	表示横向相加核对，即检查某一行数据的总和是否正确
B	表示与上年结转数核对一致，用于验证本期数据与上期数据的衔接性
T	表示与原始凭证核对一致，确保账面记录与实际发生的经济业务相符
G	表示与总分类账核对一致，验证明细账与总账的一致性
S	表示与明细账核对一致，通常用于核对某一具体科目的详细记录
T/B	表示与试算平衡表核对一致，确保所有账户的借贷方余额平衡
√	表示与银行对账单核对相符
C	表示已发询证函，用于向第三方确认某项经济业务的真实性
CB	表示经函证相符
RD	表示回函不符
RP	表示原函证退回
NR	表示未收到回函

5. 索引号及编号

一般而言，审计工作底稿需要标注索引号及连续编号，以使相关工作底稿间存在明确且易于追踪的逻辑联系。为了有效汇总、交叉引用及复核，各会计师事务所均会设立一套特定的审计工作底稿归档体系。在此体系中，每份表格或记录均分配有唯一的索引号，用以指示其在整套底稿中的具体位置。此外，审计工作底稿所含信息需与其他相关底稿的信息相互参照，例如，现金盘点表与列示所有现金余额的导引表进行交叉索引。利用计算机编制审计工作底稿时，可以采用电子索引和链接。随着审计工作的推进链接表还可予以自动更新。

不同审计工作底稿之间相互索引，例如，固定资产的原值、累计折旧及净值的总额应分别与固定资产明细表的数字互相勾稽。以下节选自固定资产汇总表工作底稿（见表 2 - 3）及固定资产明细表工作底稿（见表 2 - 4），以作相互索引的示范。

表2-3　　　　　　　固定资产汇总表（工作底稿索引号：C1）（节选）

工作底稿索引号	固定资产	20×4年12月31日	20×3年12月31日
C1-1	原值	×××G	×××
C1-1	累计折旧	×××G	×××
	净值	×××T/B∧	×××B∧

表2-4　　　　　　　固定资产明细表（工作底稿索引号：C1-1）（节选）

工作底稿索引号	固定资产	期初余额	本期增加	本期减少	期末余额
	原值				
C1-1-1	1. 房屋建筑物	×××		×××	×××S
C1-1-2	2. 机器设备	×××	×××		×××S
C1-1-3	3. 运输工具	×××			×××S
C1-1-4	4. 其他设备	×××			×××S
	小计	×××B∧	×××∧	×××∧	×××＜C1∧
	累计折旧				
C1-1-1	1. 房屋建筑物	×××			×××S
C1-1-2	2. 机器设备	×××	×××		×××S
C1-1-3	3. 运输工具	×××			×××S
C1-1-4	4. 其他设备	×××			×××S
	小计	×××B∧	×××∧	×××∧	×××＜C1∧
	净值	×××B∧			×××C1∧

6. 编制者姓名及编制日期

编制者姓名和编制日期是审计工作底稿的基本信息，用于明确底稿的责任人和编制时间。编制者应对底稿的内容负责，确保其真实、准确、完整。编制日期则反映了底稿的时效性，有助于评估底稿的参考价值。

7. 复核者姓名及复核日期

复核者姓名和复核日期是审计工作底稿质量控制的重要环节。复核者应对底稿的内容进行复核，确保其符合相关规定。复核日期则反映了复核工作的完成时间，有助于评估复核工作的及时性。

8. 其他应说明事项

除了上述内容外，审计工作底稿还可能包含其他需要说明的事项。这些事项可能涉及审计过程中的特殊情况、审计方法的调整、审计证据的补充等。对于这些事项，应在底稿中予以明确说明，以便查阅者能够全面理解底稿的内容。

五、审计工作底稿的归档与保存

（一）审计工作底稿的归档要求

在审计报告日后将审计工作底稿归整为最终审计档案是一项事务性的工作，不涉及实施新的审计程序或得出新的结论。审计档案，是指一个或多个文件夹或其他存储介质，以实物或电子形式存储构成某项具体业务的审计工作底稿的记录。

注册会计师应当在审计报告日后及时将审计工作底稿归整为审计档案，并完成归整最终审计档案过程中的事务性工作。审计工作底稿的归档期限为审计报告日后60天内。这一规定旨在促进审计工作的时效性，确保审计记录能够及时得到妥善保存。然而，若审计项目因故未能完成，例如客户撤销委托或审计范围发生重大变更导致审计工作中止，那么审计工作底稿的归档期限为审计业务中止后的60天内。这一调整体现了对审计档案管理灵活性的考虑，同时也强调了无论审计项目最终结果如何，其工作底稿都应得到适当且及时的保存。

如果在归档期间对审计工作底稿作出的变动属于事务性工作，注册会计师可以作出变动，主要包括：（1）删除或废弃被取代的审计工作底稿；（2）对审计工作底稿进行分类、整理和交叉索引；（3）对审计档案归整工作的完成核对表签字认可；（4）记录在审计报告日前获取的、与项目组相关成员进行讨论并达成一致意见的审计证据。

（二）审计工作底稿归档后的变动

1. 需要变动审计工作底稿的情形

注册会计师发现需调整或增加现有审计工作底稿的情形主要涵盖以下两类：

（1）注册会计师已完成必要的审计流程，搜集了充足、适当的审计证据，并据此得出了恰当的审计结论，但审计工作底稿的记录不够充分。

（2）审计报告日后，发现例外情况要求注册会计师实施新的或追加审计程序，或导致注册会计师得出新的结论。例外情况的例子包括在审计报告日后获知但在审计报告日已存在的事实，如果注册会计师在审计报告日已获知该事实，可能导致财务报表需要作出修改或者发表非无保留意见。例外情况可能是在审计报告日后发现，也可能是在财务报表报出日后才发现。针对此类情况，注册会计师应遵循《中国注册会计师审计准则第 1332 号——期后事项》的相关规定，对例外事项实施新的或追加的审计程序。

2. 变动审计工作底稿时的记录

在完成最终审计档案的归整工作后，如果发现有必要修改现有审计工作底稿或增加新的审计工作底稿，无论修改或增加的性质如何，注册会计师均应当记录下列事项：（1）修改或增加审计工作底稿的理由；（2）修改或增加审计工作底稿的时间和人员，以及复核的时间和人员。

（三）审计工作底稿的保存期限

会计师事务所应当自审计报告日起，对审计工作底稿至少保存 10 年。如果注册会计师未能完成审计业务，会计师事务所应当自审计业务中止日起，对审计工作底稿至少保存 10 年。

在完成最终审计档案的归整工作后，注册会计师不应在规定的保存期限届满前删除或废弃任何性质的审计工作底稿。

| 第三章 |

审 计 计 划

【教学内容与思政目标】

➡] 教学内容

· 理解初步业务活动的目的、内容及审计的前提条件，熟悉审计业务约定书。

· 理解总体审计策略与具体审计计划及其关联。

· 深刻理解重要性的含义，掌握重要性和实际执行的重要性，能够将重要性概念熟练运用于审计全过程。

· 深刻理解审计目标、审计风险、重要性、审计证据、审计程序之间的逻辑联系。

➡] 思政目标

· 以习近平总书记的战略思维方法，在编制审计计划时运用战略整体观、全局观和敏锐洞察力、预见性。

· 党的十八大以来，以习近平同志为核心的党中央治国理政的一个重要关键词是"关键少数"。在审计工作中需要以"关键少数"思维深刻理解审计重要性及其对审计实务的影响。

审计计划是审计过程的开始，也是审计工作的基石，它决定了审计活动的方向和效率。科学合理的审计计划不仅能确保审计目标的实现，还能最大限度地提高审计工作的质量和效率。通过系统地规划审计程序、合理分配审计资源、明确审计重点，恰当的审计计划能够有效地控制审计风险，保证审计流程的连贯性和逻辑性。因此，制订详尽周密的审计计划不仅是审计成功的前提，更是注册会计师专业素养的体现。计划审计工作是一项持续的过程，注册会计师通常在前一期审计工作结束后即开始开展本期的审计计划工作，并直到本期审计工作结束为止。在计划审计工作时，注册会计师需要进行初步业务活动、制定总体审计策略和具体审计计划。在此过程中，需要作出很多关键决策，包括确定可接受的审计风险水平和重要性、配置项目人员等。

第一节　初步业务活动

一、初步业务活动的目的和内容

（一）初步业务活动的目的

在正式签订审计业务约定书之前，注册会计师需开展初步业务活动，识别和评估可能对计划和执行审计工作产生负面影响的事项或情况，以确保其在开展审计工作时满足以下3个要求：（1）具备执行业务所需的独立性和能力；（2）不存在因管理层诚信问题而可能影响注册会计师保持该项业务的意愿的事项；（3）与被审计单位之间不存在对业务约定条款的误解。这也是注册会计师开展初步业务活动的目的。

（二）初步业务活动的内容

注册会计师应当开展下列初步业务活动：（1）针对保持客户关系和具体审计业务实施相应的质量管理程序；（2）评价遵守相关职业道德要求的情况；（3）就审计业务约定条款达成一致意见。

针对保持客户关系和具体审计业务实施质量管理程序，并根据实施相应程序的结果作出适当的决策是注册会计师控制审计风险的重要环节。注册会计师应当按照相关规定开展初步业务活动。

评价遵守相关职业道德要求的情况也是一项非常重要的初步业务活动。在安排其他审计工作之前，注册会计师需要就保持客户关系和具体审计业务及遵守职业道德要求的情况作出评价并将之贯穿审计业务的全过程，以确保注册会计师已具备执行业务所需要的独立性和专业胜任能力，且不存在因管理层诚信问题而影响注册会计师保持该项业务的意愿等情况。在连续审计的业务中，这些初步业务活动通常是在上期审计工作结束后不久或将要结束时就已经开始了。

在决定接受或保持客户关系及具体审计业务后，注册会计师应当按照《中国注册会计师审计准则第 1111 号——就审计业务约定条款达成一致意见》的规定，在审计业务开始前，与被审计单位就审计业务约定条款达成一致意见，签订或修改审计业务约定书，以避免双方对审计业务的理解产生分歧。

二、审计的前提条件

审计的前提条件是指被审计单位管理层在编制财务报表时采用可接受的财务报告编制基础，以及管理层对注册会计师执行审计工作的前提的认可。审计的前提条件构成了审计工作的基础，确保了审计的独立性、公正性和有效性。

（一）财务报告编制基础

审计的前提条件之一是被审计单位管理层在编制财务报表时采用可接受的财务报告编制基础。在确定编制财务报表所采用的财务报告编制基础的可接受性时，注册会计师需要考虑下列相关因素：（1）被审计单位的性质（如企业、公共部门实体、非营利组织等）；（2）财务报表的目的（如满足广大财务报表使用者共同的财务信息需求，还是满足财务报表特定使用者的财务信息需求）；（3）财务报表的性质（如整套财务报表还是单一财务报表）；（4）法律法规是否规定了适用的财务报告编制基础（如我国财政部发布的企业会计准则）。

（二）就管理层的责任达成一致意见

按照审计准则的规定执行审计工作的前提是管理层已认可并理解其承担的责任，双方就管理层的责任达成一致意见。具体地说，管理层的责任包括：（1）按照适用的财务报告编制基础编制财务报表，并使其实现公允反映。在与管理层达成一致意见的执行审计工作的前提中需要特别提及公允列报，或需要特别提及管理层负有确保财务报表根据财务报告编制基础编制并使其实现公允反映的责任。（2）设计、执行和维护必要的内部控制，以使财务报表不存在由于舞弊或错误导致的重大错报。（3）向注册会计师提供必要的工作条件，包括允许注册会计师接触与编制财务报表相关的所有信息，以及允许注册会计师在获取审计证据时不受限制地接触其认为必要的内部人员和其他相关人员。

按照《中国注册会计师审计准则第 1341 号——书面声明》的规定，注册会计师应当要求管理层就其已履行的某些责任提供书面声明。因此，注册会计师需要获取针对管理层责任的书面声明。如果管理层不认可其责任，或不同意提供书面声明，注册会计师将视为不能获取充分、适当的审计证据。在这种情况下，注册会计师承接此类审计业务是不恰当的，除非法律法规另有规定。如果法律法规要求承接此类审计业务，注册会计师可能需要向管理层解释这种情况的重要性及其对审计报告的影响。

三、审计业务约定书

审计业务约定书是会计师事务所与客户之间的一份正式书面协议，它明确了双方的责任、权利以及审计工作的范围。

（一）审计业务约定书的基本内容

会计师事务所承接任何审计业务，都应签订审计业务约定书。以财务报表审计为例，审计业务约定书的具体内容和格式可能因被审计单位的不同而各异，但应当包括以下主要内容：

（1）财务报表审计的目标与范围。审计业务约定书应明确审计目标。财务报表审计目标是确定财务报表是否在所有重大方面按照适用的财务报告编制基础编制，并公允反映了被审计单位的财务状况、经营成果和现金流量。同时，审计业务约定书需要确定审计的范围，包括审计的具体报表、期间等。

（2）注册会计师的责任。注册会计师的责任是根据审计准则的要求执行审计工作，对财务报表发表审计意见。

（3）管理层的责任。管理层的责任包括按照适用的财务报告编制基础编制财务报表，设计、执行和维护必要的内部控制，以使财务报表不存在由于舞弊或错误而导致的重大错报。

（4）财务报告编制基础。审计业务约定书应明确用于编制财务报表所适用的财务报告编制基础，如企业会计准则等。

（5）审计报告的预期形式和内容。提及注册会计师拟出具的审计报告的预期形式和内容，以及对在特定情况下出具的审计报告可能不同于预期形式和内容的说明。

（二）审计业务约定书的特殊考虑

在签订审计业务约定书时，还需要考虑以下特殊因素：

（1）连续审计。对于连续审计业务，如果审计环境、被审计单位情况或法律法规等发生变化，注册会计师可能需要修改审计业务约定条款或提醒被审计单位注意现有的业务约定条款。

（2）组成部分的审计。如果母公司的注册会计师同时也是组成部分注册会计师，需要考虑是否向组成部分单独致送审计业务约定书，以及是否需要修改约定条款或增加特别条款。

（3）特定需要。根据被审计单位的特定需要，审计业务约定书可能需要包含额外的条款或条件。

《审计业务约定书》签署不规范

依据我国《证券法》的有关规定，中国证券监督管理委员会（以下简称"证监会"）于2022年9月对希格玛会计师事务所（特殊普通合伙）（以下简称"希格玛所"）在对永城煤电控股集团有限公司（以下简称"永煤控股"）审计执业中未勤勉尽责的违法违规行为进行了立案调查，依法没收希格玛所审计业务收入343.87万元，并处以343.87万元罚款，对相关负责人予以警告并处以罚款。

经证监会查明，希格玛所存在以下违法事实：（1）希格玛所出具的审计报告存在虚假记载。在审计过程中，希格玛所分别与永煤控股及其子公司单独签订《审计业务约定书》，2017年至2019年三年审计费用分别为122万元、122万元、120.5万元，合计364.5万元（含税，税率6%）。（2）未获取合理保证，重大错报风险评估错误。（3）审计程序不恰当，没有获取充分审计证据，审计意见错误。（4）希格玛所项目复核工作存在缺陷。（5）希格玛所2018年《审计业务约定书》签署不规范：经查，希格玛所于2019年3月30日出具永煤控股《2018年度审计报告》，但希格玛所与永煤控股《审计业务约定书》上的签署时间为2019年4月10

日，与河南能源化工集团（以下简称"河南能化"）《业务约定书》上签署时间为 2019 年 6 月 12 日（永煤控股货币资金收支全部纳入河南能化管理）。

希格玛所及其审计负责人在听证会上和申辩材料中提出：审计业务收费认定与事实不符，没收收入和罚款金额缺乏依据。希格玛所与永煤控股及其子公司分别签订《审计业务约定书》，执行审计程序并出具了审计报告及财务决算情况专项审计报告。其中，希格玛所对永煤控股约定的年度审计费用为 1 万元，三年合计 3 万元，与证监会认定的审计费用 343.87 万元金额存在重大差异。

对于上述申辩意见，证监会不予采纳，证监会认为 2017 年至 2019 年希格玛所审计业务收入应为 364.5 万元，扣除相关税费后为 343.87 万元。其一，永煤控股整体的审计业务量与每年 1 万元的审计费用明显不匹配；其二，永煤控股的审计报告涵盖永煤控股以及纳入合并财务报表的子公司，永煤控股及其子公司分别与希格玛所另行签订《审计业务约定书》中所约定的服务费用，应当视为永煤控股及其子公司对各期审计费用的分摊约定；其三，拆分签署《审计业务约定书》不应成为会计师事务所规避行政处罚责任、减轻罚款金额的手段。

资料来源：中国证监会网站，http：//www.csrc.gov.cn。

第二节　总体审计策略与具体审计计划

审计计划包括总体审计策略和具体审计计划两个层次，它们相辅相成，共同构成了审计工作的基本框架和指导方针。如图 3-1 所示，总体审计策略为审计工作设定了总体的方向和框架，而具体审计计划则详细描述了为获取充分、适当的审计证据而计划实施的审计程序，二者相互关联、相互影响，共同构成了审计计划的核心内容。

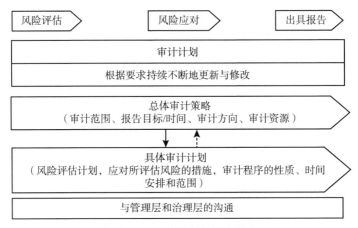

图 3 - 1　审计计划的两个层次

一、总体审计策略

总体审计策略是对审计工作的整体规划，用以确定审计范围、时间安排和方向，并指导具体审计计划的制订。

总体审计策略通常包括以下 4 个方面：

（1）审计范围：考虑管理层编制拟审计的财务信息所依据的财务报告编制基础；考虑特定行业的报告要求；预期审计工作涵盖的范围，包括应涵盖的组成部分；由组成部分的注册会计师审计组成部分的范围等。

（2）报告目标、时间安排及沟通：明确审计业务的报告目标；确定审计报告的提交日期和格式要求；安排与管理层和治理层的沟通会议，明确沟通的目的、内容和时间安排；确保审计团队内部的有效沟通，以便及时分享审计进展和发现的问题。

（3）审计方向：评估可能影响审计的重要因素以确定项目组的工作方向，如确定适当的重要性水平，初步识别重大错报风险领域，评价内部控制的有效性，识别被审计单位、所处行业、财务报告要求及其他相关方面最近发生的重大变化等。

（4）审计资源：注册会计师应当在总体审计策略中清楚地说明审计资源的规划和调配，包括确定执行审计业务所必需的审计资源的性质、时间安排与范围。

二、具体审计计划

具体审计计划是在总体审计策略的基础上制订的，其内容包括为获取充分、适当的审计证据以将审计风险降至可接受的低水平，注册会计师拟实施的审计程序的性质、时间安排和范围。具体审计计划的内容包括风险评估程序、计划实施的进一步审计程序和其他审计程序。

1. 风险评估程序

具体审计计划应当包括按照《中国注册会计师审计准则第 1211 号——重大错报风险的识别和评估》的规定，为了充分识别和评估财务报表重大错报风险，注册会计师计划实施的风险评估程序的性质、时间安排和范围。

2. 进一步审计程序

具体审计计划应当包括按照《中国注册会计师审计准则第 1231 号——针对评估的重大错报风险采取的应对措施》的规定，针对评估的认定层次的重大错报风险，注册会计师计划实施的进一步审计程序的性质、时间安排和范围。进一步审计程序包括控制测试和实质性程序。

控制测试是指用于评价内部控制在防止或发现并纠正认定层次重大错报方面的运行有效性的审计程序。实质性程序是指用于发现认定层次重大错报的审计程序，包括对各类交易、账户余额和披露的细节测试和实质性分析程序。

3. 其他审计程序

具体审计计划应当包括根据审计准则的规定，注册会计师针对审计业务需要实施的其他审计程序。计划的其他审计程序可以包括上述进一步程序的计划中没有涵盖的、根据其他审计准则要求注册会计师应当执行的既定程序。包括针对舞弊、持续经营、关联方交易等特殊项目的审计程序。这些程序旨在识别并评估这些特殊项目对财务报表的影响，并获取相应的审计证据。

三、审计计划的更改

审计计划并非一成不变，而是一个持续的、不断修正的过程。由于未预期事项、条件的变化或在实施审计程序中获取的审计证据等原因，注册会计师在必要时应当对总体审计策略和具体审计计划作出更新和修改。这些更新和修改可能涉及重要的事项，如重要性水平的修改以及对某类交易、账户余额和披露的重大错报风险的评估和进一步审计程序的更新等。一旦计划被更新和修改，审计工作也就应当进行相应的修正。

在修改审计计划时，注册会计师需要遵循以下原则：

（1）及时性和准确性：一旦发现需要修改审计计划的情况，注册会计师应立即采取行动，确保审计计划的准确性和有效性。

（2）充分沟通：与被审计单位的管理层和治理层进行充分沟通，解释修改审计计划的原因和必要性。

（3）保持独立性：在修改审计计划时，注册会计师应保持独立性，不受被审计单位或其他利益相关方的影响。

（4）记录修改过程：详细记录审计计划的修改过程、原因和结果，以便后续审计和质量控制。

四、指导、监督与复核

注册会计师应当制订计划，确定对项目组成员的指导、监督以及对其工作进行复核的性质、时间安排和范围。这主要取决于下列因素：（1）被审计单位的规模和复杂程度；（2）审计领域；（3）评估的重大错报风险；（4）执行审计工作的项目组成员的专业素质和胜任能力。

注册会计师应在评估重大错报风险的基础上，计划对项目组成员工作的指导、监督与复核的性质、时间安排和范围。当评估的重大错报风险增加时，注册会计师应扩大指导与监督的范围，增强指导与监督的及时性，执行更详细的复核工作。在计划复核的性质、时间安排和范围时，注册会计师还应考虑单个项目组成员的专业素质和胜任能力。

第三节　重　要　性

未充分考虑重要性导致的审计失败

2024 年 9 月，中国证监会处罚大信会计师事务所（特殊普通合伙）（以下简称"大信所"）对金正大生态工程集团股份有限公司（以下简称"金正大"）2015 ~ 2017 年年报审计未勤勉尽责，没收业务收入 201.8 万元，罚款 403.7 万元，对相关注册会计师予以警告并处以 5 万元的罚款。

经证监会查实，注册会计师审计过程中对部分业务未充分运用重要性水平，对部分审计证据的异常情况，未保持合理的职业怀疑并予以充分关注，最终出具不恰当的审计意见。具体事项包括：

1. 询证函处理不当

大信所在处理往来款和主营业务收入的询证函时，未对回函中存在的异常情况给予充分关注。多份回函的快递单上笔迹相似度高，且月结账号相同，这些回函确认的金额大多超过了单体报表的重要性水平，甚至部分超过了合并报表的重要性水平。然而，大信所未能识别这些异常，也未实施进一步的审计程序以消除疑虑。

2. 访谈记录审查不严

在进行访谈时，大信所选择了部分新增客户或异常客户进行访谈。然而，在访谈记录中，大信所未能发现供应商山东嘉稷峰农资集团有限公司（以下简称"嘉稷峰"）和烟台市利农生产资料股份有限公司（以下简称"烟台利农"）的业务模式与营业执照经营范围不符的异常情况。根据审计底稿记载，嘉稷峰、烟台利农两家供应商与金正大母公司、金正大诺泰尔交易金额较大，均超过单体和合并报表重要性水平，具有重要性。对于被访谈人介绍的业务模式，大信所直接予以采信，未保持合理的职业怀疑。

3. 忽视业务异常情况

在审计金正大与大庆谷丰复混肥有限公司（以下简称"大庆谷丰"）的业务时，大信所未能关注到发货仓库和客户名称中都包含"庆丰"字样的异常情况。该笔业务涉及的金额超过了金正大母公司单体的重要性水平，但大信所未能核实该笔业务的上下游是否存在关联关系，也未进一步判断该笔业务的商业合理性。经后续调查，该笔销售收入系虚假贸易。

资料来源：中国证监会网站，http：//www.csrc.gov.cn。

大信会计师事务所在审计金正大生态工程集团股份有限公司 2015～2017 年年报过程中，对部分业务未充分运用重要性水平，最终导致审计失败。什么是"重要性"？为什么未充分考虑重要性会导致审计失败？

另外，如第一章所述，注册会计师执行财务报表审计的总体审计目标是对财务报表是否不存在由于舞弊或错误导致的重大错报获取合理保证，使得注册会计师能够对财务报表是否在所有重大方面按照适用的财务报表编制基础编制发表审计意见。何为重大错报？区分重大错报与非重大错报是否需要一个"分界线"？如何确定这个"分界线"？这些都与审计中的重要性概念相关。

一、重要性的定义

在计划审计工作中，通过合理设定和应用重要性水平，注册会计师可以有效地分配审计资源，集中精力关注最有可能影响财务报表使用者决策的重大错报。重要性是一个多维度、相对性的概念，通常可以从下列方面进行理解：

（1）如果合理预期错报（包括漏报）单独或汇总起来可能影响财务报表使用者依据财务报表作出的经济决策，则通常认为错报是重大的；

（2）对重要性的判断是根据具体环境作出的，并受错报的金额或性质的影响，或受两者共同作用的影响；

（3）判断某事项对财务报表使用者是否重大，是在考虑财务报表使用者整体共同的财务信息需求的基础上作出的。由于不同财务报表使用者对财务信息的需求可能差异很大，因此不考虑错报对个别财务报表使用者可能产生的影响。

审计准则规定，在计划和执行审计工作，评价识别出的错报对审计的影响，以及未更正错报对财务报表和审计意见的影响时，注册会计师需要运用重要性概念。重要性包括财务报表整体的重要性和特定类别交易、账户余额或披露的重要性。

二、重要性水平的确定

过高或过低的重要性水平都会影响审计工作的效率和效果。重要性水平过高可能导致注册会计师忽视一些潜在的重大错报，而重要性水平过低则会增加审计工作量和成本，导致审计资源的浪费。因此，注册会计师需合理设定重要性水平。

（一）金额和性质的双重考虑

在确定审计重要性水平时，注册会计师不仅要考虑错报的金额大小，还要考虑错报的性质。金额较大的错报固然重要，但某些金额较小但性质严重的错报，如涉及违法行为或管理层舞弊的情况，同样可能对财务报表使用者的决策产生重大影响，因此也应予以充分关注。

在评估错报性质时，注册会计师需要综合考虑以下因素：（1）法律法规：错报是否违反了相关的法律法规。如虚开发票、非法资金转移、违反环保法规等；（2）管理层意图：错报是否是管理层有意为之，是否存在舞弊行为。如人为调整收入或费用、虚构交易、隐瞒负债、操纵财务报表等；（3）影响范围：错报是否影响了财务报表使用者的决策，特别是投资者、债权人和监管机构；（4）持续性：错报是否具有持续性，是否会影响多个会计期间。如未披露的会计政策变更、不合理的会计估计等；（5）内部控制：错报是否反映了内部控制的缺陷，是否表明存在系统性的风险。如重复发生的错报、未经授权的交易等。

（二）财务报表整体的重要性水平的确定

注册会计师在制定总体审计策略时，应当确定财务报表整体的重要性。确定多大错报会影响到财务报表使用者所作决策，是注册会计师运用职业判断的结果。通常注册会计师会根据被审计单位情况，结合会计师事务所及自身经验，考虑重要性。

注册会计师确定重要性需要运用职业判断。通常先选定一个基准，再乘以某一百分比作为财务报表整体的重要性。

适当的基准取决于被审计单位的具体情况，包括各类收益（如税前利润、营业收入、毛利和费用总额），以及所有者权益或净资产。对于以营利为目的的实体，通常以经常业务的税前利润作为基准。如果经常性业务的税前利润不稳定，选用其他基准可能更合适，如毛利或营业收入。

表3-1举例说明了一些实务中较为常用的基准。

表3-1　　　　　　　　　　　　　　常用的基准

被审计单位的情况	可能选择的基准
企业的盈利水平保持稳定	经常性业务的税前利润
企业近年来经营状况大幅度波动，盈利和亏损交替发生，或者由正常盈利变为微利或微亏，或者本年度税前利润因情况变化而出现意外增加或减少	过去3~5年经常性业务的平均税前利润或亏损（取绝对值），或其他基准，例如营业收入
企业为新设企业，处于开办期，尚未开始经营，目前正在建造厂房及购买机器设备	总资产
企业处于新兴行业，目前侧重抢占市场份额、扩大企业知名度和影响力	营业收入

被审计单位的情况	可能选择的基准
开放式基金，致力于优化投资组合、提高基金净值、为基金持有人创造投资价值	净资产
国际企业集团设立的研发中心，主要为集团下属各企业提供研发服务，并以成本加成的方式向相关企业收取费用	成本与营业费用总额
公益性质的基金会	捐赠收入或捐赠支出总额

为选定的基准确定百分比需要运用职业判断。百分比和选定的基准之间存在一定的联系，如经常性业务的税前利润对应的百分比通常比营业收入对应的百分比要高。例如，对以营利为目的的制造企业，注册会计师可能认为经常性业务的税前利润的 5% 是适当的；而对非营利组织，注册会计师可能认为总收入或费用总额的 1% 是适当的。百分比无论是高一些还是低一些，只要符合具体情况，都是适当的。

（三）特定交易类别、账户余额或披露的重要性水平

根据被审计单位的特定情况，下列因素可能表明存在一个或多个特定交易类别、账户余额或披露、其发生的错报金额虽然低于财务报表整体的重要性，但合理预期将影响财务报表使用者依据财务报表作出的经济决策：（1）法律法规或适用的财务报告编制基础是否影响财务报表使用者对特定项目（如关联方交易、管理层和治理层的薪酬及对具有较高估计不确定性的公允价值会计估计的感性分析）计量或披露的预期；（2）与被审计单位所处行业相关的关键性披露（如制药企业的研究与开发成本）；（3）财务报表使用者是否特别关注财务报表中单独披露的业务的特定方面（如关于重大企业合并的披露）。

（四）实际执行的重要性水平

实际执行的重要性，是指注册会计师确定的低于财务报表整体重要性的一个或多个金额，旨在将未更正和未发现错报的汇总数超过财务报表整体的重要性的可能性降至适当的低水平。

确定实际执行的重要性并非简单机械地计算，需要注册会计师运用职业判断，并考虑下列因素的影响：（1）对被审计单位的了解（这些了解在实施风险评

估程序的过程中得到更新）；（2）前期审计工作中识别出的错报的性质和范围；（3）根据前期识别出的错报对本期错报作出的预期。

通常而言，实际执行的重要性为财务报表整体重要性的50%～75%。计划的重要性与实际执行的重要性之间的关系如图3－2所示。

计划的
重要性

实际执行
的重要性

图3－2 实际执行的重要性

如果存在下列情况，注册会计师可能考虑选择较低的百分比确定实际执行的重要性：（1）首次接受委托的审计项目；（2）连续审计项目，以前年度审计调整较多；（3）项目总体风险较高，例如处于高风险行业、管理层能力欠缺、面临较大市场竞争压力或业绩压力等；（4）存在或预期存在值得关注的内部控制缺陷。

如果存在下列情况，注册会计师可能考虑选择较高的百分比确定实际执行的重要性：（1）连续审计项目，以前年度审计调整较少；（2）项目总体风险为低到中等，例如处于非高风险行业、管理层有足够能力、面临较低的市场竞争压力和业绩压力等；（3）以前期间的审计经验表明内部控制运行有效。

（五）审计过程中修改的重要性

由于存在下列原因，注册会计师可能需要修改财务报表整体的重要性和特定类别的交易、账户余额或披露的重要性水平：（1）审计过程中情况发生重大变化；（2）获取新信息；（3）通过实施进一步审计程序，注册会计师对被审计单位及其经营所了解的情况发生变化。

审计过程中修改重要性是一个动态且必要的环节，它要求注册会计师保持应有的职业判断能力，以应对审计中可能出现的新情况和新挑战，确保审计工作质量。

三、重要性在审计中的运用

在审计工作中，重要性运用于审计的全过程。

（一）计划审计工作时对重要性的运用

在计划审计工作时，注册会计师需要运用重要性，为确定风险评估程序的性质、时间安排和范围，识别和评估重大错报风险以及确定进一步审计程序的性质、时间安排和范围提供基础。

注册会计师在计划审计工作时可以根据实际执行的重要性确定需要对哪些类型的交易、账户余额和披露实施进一步审计程序，即通常选取金额超过实际执行的重要性的财务报表项目，因为这些财务报表项目可能导致财务报表出现重大错报。但是，这不代表注册会计师可以对所有金额低于实际执行的重要性的财务报表项目不实施进一步审计程序。这主要出于以下考虑：（1）单个金额低于实际执行的重要性的财务报表项目汇总起来可能金额重大（可能远远超过财务报表整体的重要性），注册会计师需要考虑汇总后的潜在错报风险；（2）对于存在低估风险的财务报表项目，不能仅仅因为其金额低于实际执行的重要性而不实施进一步审计程序；（3）对于识别出存在舞弊风险的财务报表项目，不能因为其金额低于实际执行的重要性而不实施进一步审计程序。

（二）执行审计工作时对重要性的运用

在执行审计阶段，注册会计师需要运用实际执行的重要性确定进一步审计程序的性质、时间安排和范围。例如，在实施实质性分析程序时，注册会计师确定的已记录金额与预期值之间的可接受差异额通常不超过实际执行的重要性；在运用审计抽样实施细节测试时，注册会计师可以将可容忍错报的金额设定为等于或低于实际执行的重要性。

（三）评价审计结果时对重要性的运用

评价审计结果阶段，评价识别出的错报对审计的影响，以及未更正错报对财务报表的影响时，注册会计师需要运用重要性概念。在这个阶段，重要性不仅是判断错报是否重大的基准，也是决定审计意见类型的关键因素。

四、错报

如第一章所述，错报是指某一财务报表项目的金额、分类或列报，与按照适用的财务报告编制基础应当列示的金额、分类、列报存在差异；或根据注册会计师的判断，为使财务报表在所有重大方面实现合法、公允反映，需要对金额、分类或列报作出必要的调整。

错报可能由下列事项导致：

（1）收集或处理用以编制财务报表的数据时出现错误；

（2）遗漏某项金额或披露，包括不充分或不完整的披露，以及为满足特定财务报告编制基础的披露目标而被要求作出的披露（如适用）；

（3）由于疏忽或明显误解有关事实导致作出不正确的会计估计；

（4）注册会计师认为管理层对会计估计作出不合理的判断或对会计政策作出不恰当的选择和运用；

（5）信息的分类、汇总或分解不恰当。

《中国注册会计师审计准则第1251号——评价审计过程中识别的错报》第十六条规定，注册会计师应当在审计工作底稿中记录设定的某一金额，低于该金额的错报视为明显微小。因此在编制审计计划时，注册会计师需要确定一个明显微小错报的临界值，低于该临界值的错报视为明显微小的错报，可以不累积。因为注册会计师认为这些错报的汇总数明显不会对财务报表产生重大影响。"明显微小"不等同于"不重大"。明显微小错报的金额的数量级，与按照审计准则确定的重要性的数量级完全不同，明显微小错报的数量级更小，或其性质完全不同。这些明显微小的错报无论单独或者汇总起来，无论从金额、性质或其发生的环境来看都是明显微不足道的。确定该临界值需要注册会计师运用职业判断。如果不确定一个或多个错报是否明显微小，就不能认为这些错报是明显微小的。

在确定明显微小错报的临界值时，注册会计师可能考虑：（1）以前年度审计中识别出的错报（包括已更正和未更正错报）的数量和金额；（2）重大错报风险的评估结果；（3）被审计单位治理层和管理层对注册会计师与其沟通错报的期望；（4）被审计单位的财务指标是否勉强达到监管机构的要求或投资者的期望。

注册会计师对上述因素的考虑，实际上是在确定审计过程中对错报的过滤程度。注册会计师的目标是要确保低于临界值的不累积的错报连同累积的未更正错报不会汇总成为重大错报。如果注册会计师预期被审计单位存在数量较多、金额较小的错报，可能考虑采用较低的临界值，以避免大量低于临界值的错报积少成多构成重大错报。如果注册会计师预期被审计单位错报数量较少，则可能采用较高的临界值。

通常，注册会计师可能将明显微小错报的临界值确定为财务报表整体重要性的3%～5%，也可能低一些或高一些，但一般不超过财务报表整体重要性的10%，除非注册会计师认为有必要单独为重分类错报确定一个更高的临界值。

错报可能不会孤立发生，一项错报的发生可能表明存在其他错报。注册会计师应保持职业谨慎，合理估计其他错报存在的可能性。

│ 第四章 │
风 险 评 估

【教学内容与思政目标】

➡] 教学内容

- 掌握风险评估程序及其要求，理解风险评估在风险导向审计中的目的与意义。
- 掌握了解被审计单位及其环境和适用的财务报告编制基础的意义和内容，了解固有风险因素如何影响认定易于发生错报的可能性。
- 掌握内部控制的概念与要素，理解内部控制的固有局限性，深刻理解了解内部控制的性质、程度和内容。
- 掌握识别和评估财务报表层次和认定层次的重大错报风险的方法，理解需要特别考虑的重大错报风险。

➡] 思政目标

- 进一步体会习近平总书记关于防范化解重大风险的重要论述，在审计过程中树立风险意识、责任意识，坚定底线思维，提高风险识别能力。
- 培养规则意识、制度意识、法治意识，企业经营应当循序的制度要求与行为规范，审计过程中也需要依法行使权力履行义务。

注册会计师实施审计的目的是对财务报表整体是否不存在舞弊或错误导致的重大错报获取合理保证。在现代风险导向审计模式下，注册会计师以重大错报风险的识别和评估以及应对为审计工作的主线，最终将审计风险降至可接受的低水平。

第一节　风险评估程序概述

《中国注册会计师审计准则第 1211 号——重大错报风险的识别和评估》规定，注册会计师应当设计和实施风险评估程序，以获取审计证据，为识别和评估财务报表层次及认定层次重大错报风险，设计进一步审计程序提供依据。

一、风险评估程序

（一）风险评估程序的概念

现代风险导向审计模式下，注册会计师应当实施风险评估程序，了解被审计单位及其环境、适用的财务报告编制基础和内部控制体系各要素，并识别和评估财务报表层次及认定层次的重大错报风险，为设计和实施总体应对措施和进一步审计程序，应对评估的重大错报风险提供依据。

风险识别和评估是一个不断修正的、动态的过程。注册会计师了解被审计单位及其环境、适用的财务报告编制基础以及内部控制体系为识别和评估重大错报风险提供了依据，同时，识别和评估重大错报风险也有助于更好地了解上述方面。通过上述了解，注册会计师可以建立对风险的初始预期。随着风险识别和评估过程的开展，这种预期将越来越准确。

风险评估程序，是指注册会计师为识别、评估财务报表层次和认定层次的重大错报风险，而设计和实施的审计程序。

注册会计师在设计和实施风险评估程序时，不应当偏向于获取佐证性的审计证据，也不应当排斥相矛盾的审计证据。不带倾向性地设计和实施风险评估程序以获取支持重大错报风险识别和评估的审计证据，可以帮助注册会计师识别潜在的相矛盾的信息，进而帮助注册会计师在识别和评估重大错报风险时保持职业怀疑。职业怀疑对于审慎评价实施风险评估程序所收集的审计证据是必要的。注册会计师保持职业怀疑可能包括：

（1）质疑相矛盾的信息以及文件的可靠性；

（2）考虑管理层和治理层对询问的答复以及从管理层和治理层获取的其他方

面的信息；

（3）对可能表明存在舞弊或错误导致的错报的情况保持警觉；

（4）根据被审计单位的性质和具体情况，考虑获取的审计证据是否支持注册会计师对重大错报风险的识别和评估。

（二）风险评估程序的类型

注册会计师应当实施下列风险评估程序：（1）询问管理层和被审计单位内部其他合适人员，包括内部审计人员；（2）分析程序；（3）观察和检查。

1. 询问管理层和被审计单位内部其他合适人员

注册会计师可以通过询问管理层和负责财务报告的人员来获取相关信息，以为识别和评估重大错报风险以及设计进一步审计程序提供依据。注册会计师可以询问以下事项：（1）管理层所关注的主要问题。如新的竞争对手、主要客户和供应商的流失、新的税收法规的实施以及经营目标或战略的变化等；（2）被审计单位最近的财务状况、经营成果和现金流量；（3）可能影响财务报告的交易和事项，或者目前发生的重大会计处理问题。如重大的购并事宜等；（4）被审计单位发生的其他重要变化。如所有权结构、组织结构的变化，以及内部控制的变化等。

注册会计师在识别和评估重大错报风险时，可以询问管理层和负责财务报告的人员，也可以询问被审计单位内部其他合适人员，或者询问不同层级的员工。询问不同的人员可能为注册会计师提供不同的视角。例如：

（1）直接询问治理层，可能有助于注册会计师了解治理层对管理层编制财务报表的监督程度；

（2）询问负责生成、处理或记录复杂或异常交易的员工，可能有助于注册会计师评价被审计单位选择和运用某项会计政策的恰当性；

（3）直接询问内部法律顾问，可能有助于注册会计师了解诉讼、遵守法律法规的情况、影响被审计单位的舞弊或舞弊嫌疑、产品保证、售后责任、与业务合作伙伴的安排（如合营企业）以及合同条款的含义等事项的有关信息；

（4）直接询问营销人员，可能有助于注册会计师了解被审计单位营销策略的变化、销售趋势或与客户的合同安排等；

（5）直接询问风险管理职能部门或人员，可能有助于注册会计师了解可能影响财务报告的运营和监管风险；

（6）直接询问信息技术人员，可能有助于注册会计师了解系统变更、系统或控制失效的情况，或与信息技术相关的其他风险；

（7）如果被审计单位设有内部审计部门、岗位或人员，询问合适的内部审计人员，可能有助于注册会计师在识别和评估风险时，了解被审计单位及其环境以及被审计单位的内部控制体系。

2. 实施分析程序

分析程序是指注册会计师通过研究不同财务数据之间以及财务数据与非财务数据之间的内在关系，对财务信息作出评价。实施分析程序有助于注册会计师识别不一致的情形、异常的交易或事项，以及可能对审计产生影响的金额、比率和趋势。识别出的异常或未预期到的关系可以帮助注册会计师识别重大错报风险，特别是舞弊导致的重大错报风险。

注册会计师将分析程序用作风险评估程序，来识别注册会计师未注意到的被审计单位某些方面的情况，或了解固有风险因素（如相关变化）如何影响相关认定易于发生错报的可能性，可能有助于识别和评估重大错报风险。

注册会计师在将分析程序用作风险评估程序时，可以：

（1）同时使用财务信息和非财务信息，如分析销售额（财务信息）与卖场的面积（非财务信息）或已出售商品数量（非财务信息）之间的关系；

（2）使用高度汇总的数据，实施分析程序的结果可能大体上初步显示发生重大错报的可能性。例如，在对许多被审计单位（包括业务模式、流程和信息系统较不复杂的被审计单位）进行审计时，注册会计师可以对相关信息进行简单的比较，如中期账户余额或月度账户余额与以前期间的余额相比发生的变化，以发现潜在的较高风险领域。

3. 观察和检查

观察和检查程序可以支持、佐证或反驳对管理层和其他相关人员的询问结果，并可以提供有关被审计单位及其环境的信息。风险评估程序可能包括观察或检查下列事项：

（1）被审计单位的经营活动。例如，观察被审计单位人员正在从事的生产活动和内部控制活动，增加注册会计师对被审计单位人员如何进行生产经营活动及实施内部控制的了解。

（2）内部文件、记录和内部控制手册。例如，检查被审计单位的经营计划、策略、章程，与其他单位签订的合同、协议，各业务流程操作指引和内部控制手册等，了解被审计单位组织结构和内部控制制度的建立健全情况。

（3）管理层编制的报告和治理层编制的报告。例如，阅读被审计单位年度和中期财务报告，股东大会、董事会会议、管理层会议的会议记录或纪要，管理层的讨论和分析资料，对重要经营环节和外部因素的评价，被审计单位内部管理报告以及其他特殊目的的报告（如新投资项目的可行性分析报告）等，了解自上一期审计结束至本期审计期间被审计单位发生的重大事项。

（4）被审计单位的生产经营场所和厂房设备。通过现场访问和实地察看被审计单位的生产经营场所和厂房设备，可以帮助注册会计师了解被审计单位的性质及其经营活动。在实地察看被审计单位的厂房和办公场所的过程中，注册会计师有机会与被审计单位管理层和担任不同职责的员工进行交流，可以增强注册会计师对被审计单位的经营活动及其重大影响因素的了解。

（5）从外部来源获取的信息，如贸易与经济方面的期刊，分析师、银行或评级机构的报告，法规或金融出版物，或其他与被审计单位财务业绩相关的外部文件。

（6）管理层或治理层的行为和行动（如观察审计委员会会议）。

尽管注册会计师在了解被审计单位及其环境、适用的财务报告编制基础以及被审计单位的内部控制体系的过程中需要实施上述所有风险评估程序，但无须在了解每个方面时都实施所有的风险评估程序。如果实施其他审计程序获取的信息有助于识别重大错报风险，注册会计师也可以实施这些程序。例如，询问被审计单位的外部法律顾问、相关监管机构或被审计单位聘用的评估专家等。

注册会计师在实施风险评估程序时，可以使用自动化工具和技术，如对大批量数据（如总账、明细账或其他经营数据）进行自动化分析，使用远程观察工具（如无人机）观察或检查资产等。

（三）从其他来源获取的信息

注册会计师从其他来源获取的与以下方面相关的信息及对这些信息的深入了解，可能与识别和评估重大错报风险相关：（1）被审计单位的性质和经营风险，以及自以前期间可能发生的变化；（2）管理层和治理层的诚信、道德和价值观，这也可能与注册会计师了解内部环境相关；（3）适用的财务报告编制基础，以及根据被审计单位的性质和情况对其的运用。

信息的其他相关来源包括：（1）注册会计师实施的与客户关系和审计业务的

接受与保持相关的程序，包括得出的结论；（2）项目合伙人为被审计单位执行的其他业务。项目合伙人可能在为被审计单位执行其他业务时，获取了与审计相关的信息，包括与被审计单位及其环境相关的信息。

对于连续审计业务，注册会计师如果利用以前服务被审计单位的经验，或者利用以前审计时实施审计程序获取的信息，应当评价将这些经验和信息作为审计证据是否仍然相关和可靠。

二、项目组内部的讨论

项目组内部的讨论在所有业务阶段都非常必要，可以保证所有事项得到恰当的考虑。通过安排具有较丰富经验的成员（如项目合伙人）参与项目组内部的讨论，其他成员可以分享其见解和以往获取的被审计单位的经验。《中国注册会计师审计准则第 1211 号——重大错报风险的识别和评估》要求项目合伙人和项目组其他关键成员应当讨论被审计单位财务报表易于发生重大错报的可能性，并讨论如何根据被审计单位的具体情况运用适用的财务报告编制基础的规定。对于未参与项目组讨论的项目组成员，项目合伙人应当确定向该成员通报的内容。作为项目组内部讨论的一部分，考虑适用的财务报告编制基础中的披露要求，有助于注册会计师在审计工作的初期识别可能存在的与披露相关的重大错报风险领域。

第二节　了解被审计单位及其环境和适用的财务报告编制基础

一、总体要求

注册会计师应当实施风险评估程序，以了解下列三个方面。

1. 被审计单位及其环境

（1）组织结构、所有权和治理结构、业务模式（包括该业务模式利用信息技术的程度）；

（2）行业形势、法律环境、监管环境和其他外部因素；

（3）财务业绩的衡量标准，包括内部和外部使用的衡量标准。

2. 适用的财务报告编制基础、会计政策以及变更会计政策的原因

在了解上述第 1 项和第 2 项的基础上，注册会计师也应了解被审计单位在按照适用的财务报告编制基础编制财务报表时，固有风险因素怎样影响各项认定易于发生错报的可能性以及影响的程度。

3. 被审计单位内部控制体系各要素

上述了解的第 1 项中第（2）点是被审计单位的外部环境，第 1 项中第（1）点、第 2 项、第 3 项是被审计单位的内部因素，第 1 项中第（3）点既有外部因素也有内部因素。值得注意的是，上述了解的各个方面可能会互相影响。例如，被审计单位的行业形势、法律环境、监管环境和其他外部因素可能影响到被审计单位的目标、战略以及相关经营风险，而被审计单位的性质、目标、战略和相关经营风险可能影响到被审计单位对会计政策的选择和运用，以及内部控制的设计和执行。因此，注册会计师在对上述各方面进行了解和评价时，应当考虑各因素之间的相互关系。

了解被审计单位及其环境、适用的财务报告编制基础和被审计单位的内部控制体系是一个动态和不断修正地收集、更新与分析信息的过程，贯穿于整个审计过程的始终。因此，注册会计师的预期可能随着获取的新信息而发生变化。

本节阐述如何了解被审计单位及其环境和适用的财务报告编制基础，第三节阐述如何了解被审计单位内部控制体系各要素。

注册会计师对被审计单位及其环境和适用的财务报告编制基础的了解，有助于其了解与被审计单位相关的事项和情况，并识别被审计单位在按照适用的财务报告编制基础编制财务报表时，固有风险因素怎样影响各项认定易于发生错报的可能性以及影响的程度。这些信息为注册会计师识别和评估重大错报风险提供了重要依据。这有助于注册会计师计划审计工作，并在贯穿于审计工作的关键环节中运用职业判断和保持职业怀疑。注册会计师还应当评价被审计单位的会计政策是否适当、是否符合适用的财务报告编制基础的规定。

二、了解被审计单位及其环境

（一）组织结构、所有权和治理结构、业务模式

1. 组织结构和所有权结构

了解被审计单位的组织结构和所有权结构有助于注册会计师了解下列事项：

（1）被审计单位组织结构的复杂程度。例如，被审计单位可能是单一实体，也可能在多个地区拥有子公司、部门或其他组成部分。此外，法律上的组织结构可能与经营上的组织结构不同。通常来说，组织结构越复杂，越容易出现导致重大错报风险的可能性有所增加的因素。相关问题可能包括对商誉、合营企业、投资或特殊目的实体的会计处理是否恰当，以及财务报表是否已对这些事项作出充分披露。

（2）所有权结构，以及所有者与其他人员或实体之间的关系，包括关联方。了解这些方面有助于注册会计师确定关联方交易是否已得到恰当识别和处理，并在财务报表中得到充分披露。例如，注册会计师应当了解被审计单位是属于国有企业、外商投资企业、民营企业，抑或属于其他类型的企业，还应当了解其直接控股母公司、间接控股母公司、最终控股母公司和其他股东的构成，以及所有者与其他人员或实体（如控股母公司控制的其他企业）之间的关系。同时，注册会计师可能需要对其控股母公司（股东）的情况作进一步的了解，包括控股母公司的所有权性质、管理风格及其对被审计单位经营活动及财务报表可能产生的影响；控股母公司与被审计单位在资产、业务、人员、机构、财务等方面是否分开，是否存在占用资金等情况；控股母公司是否施加压力，要求被审计单位达到其设定的财务业绩目标；等等。

（3）所有者、治理层、管理层之间的分离。例如，在较不复杂被审计单位，所有者可能参与管理被审计单位，因此，所有者、治理层、管理层之间较少分离或没有分离。相反，在某些上市实体，管理层、所有者、治理层之间可能存在明确的分离。

（4）被审计单位信息技术环境的组织结构和复杂程度。例如，被审计单位可能：①在不同的业务中拥有多个旧版信息技术系统，这些系统无法很好地集成整合，从而导致信息技术环境较为复杂；②在信息技术环境的各个方面使用外部或内部服务提供商（例如，将信息技术环境的管理外包给第三方或者使用共享服务中心进行集团内信息技术流程的集中管理）。

2. 治理结构

了解被审计单位的治理结构可能有助于注册会计师了解被审计单位监督内部控制体系的能力。但是，这一了解也可能提供内部控制体系存在缺陷的证据，从而表明被审计单位的财务报表产生重大错报风险的可能性有所增加。

注册会计师可以考虑下列事项，以了解被审计单位的治理结构：

（1）治理层人员是否参与对被审计单位的管理；

（2）董事会中的非执行人员（如有）是否与负责执行的管理层相分离；

（3）治理层人员是否在被审计单位法律上的组织结构下的组成部分中任职，例如担任董事；

（4）治理层是否下设专门机构，例如审计委员会，以及该专门机构的责任；

（5）治理层监督财务报告的责任，包括批准财务报表。

注册会计师应当考虑治理层是否能够在独立于管理层的情况下对被审计单位事务包括财务报告作出客观判断。

3. 业务模式

注册会计师了解被审计单位的目标、战略和业务模式有助于从战略层面了解被审计单位，并了解被审计单位承担和面临的经营风险。由于多数经营风险最终都会产生财务后果，从而影响财务报表，因此了解影响财务报表的经营风险有助于注册会计师识别重大错报风险。

不同业务模式对经营风险与重大错报风险的影响

不同业务模式的被审计单位可能以不同方式依赖信息技术：

（1）被审计单位在实体店销售 A 商品，并使用先进的库存和销售终端系统记录 A 商品的销售；

（2）被审计单位在线销售 A 商品，所有销售交易均在信息技术环境中处理，包括通过网站发起交易。

对于以上两类被审计单位，尽管二者都从事 A 商品销售，但由于业务模式明显不同，因此产生的经营风险也有显著差异，从而导致财务报表重大错报风险也存在显著差异。

注册会计师并非需要了解被审计单位业务模式的所有方面。经营风险包括财务报表重大错报风险但比重大错报风险范围更广，因此注册会计师没有责任了解或识别所有的经营风险，因为并非所有的经营风险都会导致重大错报风险。

导致财务报表产生重大错报风险的可能性有所增加的经营风险可能来自下列事项：（1）目标或战略不恰当，未能有效实施战略，环境的变化或经营的复杂性。（2）未能认识到变革的必要性也可能导致经营风险。例如：①开发新产品或服务可能失败；②即使成功开拓了市场，也不足以支撑产品或服务；③产品或服务存在瑕疵，可能导致法律责任及声誉方面的风险。（3）对管理层的激励和压力措施可能导致有意或无意的管理层偏向，并因此影响重大假设以及管理层或治理层预期的合理性。

注册会计师在了解可能导致财务报表重大错报风险的业务模式、目标、战略及相关经营风险时，可以考虑下列事项：

（1）行业发展，例如缺乏足以应对行业变化的人力资源和业务专长；

（2）开发新产品或提供新服务，这可能导致被审计单位的产品责任增加；

（3）被审计单位的业务扩张，被审计单位对市场需求的估计可能不准确；

（4）新的会计政策，被审计单位可能对其未完全执行或执行不当；

（5）监管要求，这可能导致法律责任增加；

（6）本期及未来的融资条件，例如被审计单位由于无法满足融资条件而失去融资机会；

（7）信息技术的运用，例如新的信息技术系统的实施将影响经营和财务报告；

（8）实施战略的影响，特别是由此产生的需要运用新的会计政策的影响。

（二）行业形势、法律环境、监管环境及其他外部因素

1. 行业形势

了解行业形势有助于注册会计师识别与被审计单位所处行业有关的重大错报风险。被审计单位经营所处的行业可能由于其经营性质或监管程度导致产生特定的重大错报风险。例如，在建造行业中，长期合同可能涉及对收入和费用作出重要估计，从而导致重大错报风险。在这种情况下，项目组中包括具有适当胜任能力的成员是很重要的。

相关行业因素包括行业形势，如竞争环境、供应商和客户关系、技术发展情况等。注册会计师可能需要考虑的事项包括：（1）市场与竞争，包括市场需求、生产能力和价格竞争；（2）生产经营的季节性和周期性；（3）与被审计单位产品

相关的生产技术；（4）能源供应与成本。

2. 法律环境和监管环境

法律环境和监管环境包括适用的财务报告编制基础、法律和社会环境及其变化等。注册会计师可能需要考虑的事项包括：（1）受管制行业的法规框架，如与审慎监管相关的监管框架，包括相关披露；（2）对被审计单位经营活动产生重大影响的法律法规，如劳动法和相关法规；（3）税收相关法律法规；（4）目前对被审计单位开展经营活动产生影响的政府政策，如货币政策（包括外汇管制）、财政政策、关税或贸易限制政策等；（5）影响行业和被审计单位经营活动的环保要求。

《中国注册会计师审计准则第 1142 号——财务报表审计中对法律法规的考虑》包含了与适用于被审计单位及其所在行业或领域的法律法规框架相关的特定要求。

3. 其他外部因素

注册会计师考虑的影响被审计单位的其他外部因素可能包括总体经济情况、利率、融资的可获得性、通货膨胀水平或币值变动等。

具体而言，注册会计师可能需要了解以下情况：（1）当前的宏观经济状况以及未来的发展趋势如何？（2）目前国内或本地区的经济状况（如增长率、通货膨胀率、失业率、利率等）怎样影响被审计单位的经营活动？（3）被审计单位的经营活动是否受到汇率波动或全球市场力量的影响？

注册会计师对上述外部因素了解的范围和程度，因被审计单位所处行业、规模以及其他因素（如市场地位）的不同而不同。例如，对从事计算机硬件制造的被审计单位，注册会计师可能更关心市场和竞争以及技术进步的情况；对金融企业，注册会计师可能更关心宏观经济走势以及货币、财政等方面的宏观经济政策；对化工等产生污染的行业，注册会计师可能更关心相关环保法规。注册会计师可以考虑将了解的重点，放在对被审计单位的经营活动可能产生重要影响的关键外部因素，以及与前期相比发生的重大变化上。

注册会计师应当考虑被审计单位所在行业的性质或监管程度是否可能导致特定的重大错报风险，并考虑项目组是否配备了具有相关知识和经验的成员。例如，建筑行业长期合同涉及收入和成本的重大估计，可能导致重大错报风险；银行监管机构对商业银行的资本充足率有专门规定，不能满足这一监管要求的商业银行可能有操纵财务报表的动机和压力。

（三）被审计单位财务业绩的衡量标准

了解被审计单位财务业绩的衡量标准有助于注册会计师考虑这些内部或外部的衡量标准是否会导致被审计单位面临实现业绩目标的压力。这些压力可能促使管理层采取某些措施，从而提高易于发生管理层偏向或舞弊导致的错报的可能性，如改善经营业绩或故意歪曲财务报表。

衡量标准还可能向注册会计师表明相关财务报表信息存在重大错报风险的可能性。例如，业绩衡量可能表明，被审计单位与同行业其他实体相比具有异常快速的增长率或盈利水平。

在了解被审计单位财务业绩衡量和评价情况时，注册会计师可关注下列用于评价财务业绩的关键指标：

（1）关键业绩指标（财务或非财务的）、关键比率、趋势和经营统计数据；

（2）同期财务业绩比较分析；

（3）预算、预测、差异分析，分部信息和分部、部门或其他不同层次的业绩报告；

（4）员工业绩考核与激励性报酬政策；

（5）被审计单位与竞争对手的业绩比较。

外部机构或人员也可能评价和分析被审计单位的财务业绩，特别是针对可以公开获得财务信息的被审计单位。注册会计师可以考虑获取这些可公开获得的信息，以帮助其进一步了解业务并识别相矛盾的信息。

三、了解适用的财务报告编制基础

注册会计师应当了解被审计单位适用的财务报告编制基础、会计政策以及变更会计政策的原因，并评价其会计政策是否适当、是否符合适用的财务报告编制基础的规定。

在了解被审计单位适用的财务报告编制基础，以及如何根据被审计单位及其环境的性质和情况运用该编制基础时，注册会计师可能需要考虑的事项包括：

（1）被审计单位与适用的财务报告编制基础相关的财务报告实务，例如：①会计政策和行业特定惯例，包括特定行业财务报表中的相关交易类别、账户余额和披露（如银行业的贷款和投资、医药行业的研究与开发活动）；②收入确认；

③金融工具以及相关信用损失的会计处理；④外币资产、负债与交易；⑤异常或复杂交易（包括在有争议或新兴领域的交易）的会计处理（如对加密货币的会计处理）。

（2）就被审计单位对会计政策的选择和运用（包括发生的变化以及变化的原因）获得的了解，可能包括下列事项：①被审计单位用于确认、计量和列报（包括披露）重大和异常交易的方法；②在缺乏权威性标准或共识的争议或新兴领域采用重要会计政策产生的影响；③环境变化，例如适用的财务报告编制基础的变化或税制改革可能导致被审计单位的会计政策变更；④新颁布的财务报告准则、法律法规，被审计单位采用的时间以及如何采用或遵守这些规定。

了解被审计单位及其环境可能有助于注册会计师考虑被审计单位的财务报告预期发生变化的领域，如相比以前期间预期发生变化的领域。例如，如果被审计单位在本期发生重大企业合并，则注册会计师可以预期与该企业合并相关的各类交易、账户余额和披露发生变化。相反，如果财务报告编制基础在本期未发生重大变化，则注册会计师的了解可能有助于其确认上期获取的了解仍然适用。

四、了解固有风险因素如何影响认定易于发生错报的可能性

（一）了解固有风险因素的作用

固有风险因素，是指在不考虑内部控制的情况下，导致交易类别、账户余额和披露的某一认定易于发生错报（无论该错报是舞弊还是错误导致）的因素。固有风险因素可以是定性的，也可以是定量的。固有风险因素包括事项或情况的复杂性、主观性、变化、不确定性以及管理层偏向和其他舞弊风险因素。

注册会计师在了解被审计单位及其环境和适用的财务报告编制基础时，要了解固有风险因素。了解被审计单位及其环境和适用的财务报告编制基础有助于注册会计师识别出一些事项和情况，这些事项和情况的特征可能影响各类交易、账户余额和披露的认定易于发生错报的可能性，这些特征即为固有风险因素。

固有风险因素可能通过影响错报发生的可能性和严重程度来影响认定易于发生错报的可能性。了解固有风险因素怎样影响认定易于发生错报的可能性有助于

注册会计师初步了解错报发生的可能性和严重程度，并帮助注册会计师识别认定层次的重大错报风险。了解固有风险因素在何种程度上影响认定易于发生错报的可能性，还有助于注册会计师在评估固有风险时评估错报发生的可能性和严重程度。因此，了解固有风险因素也可以帮助注册会计师规定设计和实施进一步审计程序。

（二）固有风险因素对某类交易、账户余额和披露的影响

某类交易、账户余额和披露由于其复杂性或主观性而导致易于发生错报的可能性，通常与其变化或不确定性的程度密切相关。例如，如果被审计单位存在一项基于假设的会计估计，其假设的选择涉及重大判断，则这项会计估计的计量可能受到主观性和不确定性的影响。

某类交易、账户余额和披露由于其复杂性或主观性而导致易于发生错报的可能性越大，注册会计师越有必要保持职业怀疑。如果某类交易、账户余额和披露由于其复杂性、主观性、变化或不确定性而导致易于发生错报，这些固有风险因素可能为管理层偏向（无论无意或有意）创造了机会，并影响由管理层偏向导致的易于发生错报的可能性。注册会计师识别重大错报风险和评估认定层次固有风险，受到固有风险因素之间相互关系的影响。

某些事项或情况影响由管理层偏向导致易于发生错报的可能性，这些事项也可能影响由其他舞弊风险因素导致易于发生错报的可能性。因此，这些信息可能与《中国注册会计师审计准则第1141号——财务报表审计中与舞弊相关的责任》相关，该准则要求注册会计师评价通过其他风险评估程序和相关活动获取的信息，是否表明存在舞弊风险因素。

（三）可能表明财务报表存在重大错报风险的事项和情况

如前文所述，固有风险因素包括事项或情况的复杂性、主观性、变化、不确定性以及管理层偏向和其他舞弊风险因素。表4-1是按照固有风险因素分类，说明可能导致财务报表存在财务报表层次或认定层次重大错报风险的事项和情况（包括交易）的示例。这些事项和情况涵盖范围广泛，但不一定完整，且并非所有的事项和情况都与每项审计业务相关。这些事项和情况按照对相关情形影响最大的固有风险因素分类列示。需要注意的是，由于固有风险因素之间的相互关系，以下事项和情况的示例也可能在不同程度上受到其他固有风险

因素的影响。

其他可能表明存在财务报表层次重大错报风险的事项或情况包括：（1）缺乏具备会计和财务报告技能的员工；（2）控制缺陷，尤其是内部环境、风险评估和内部监督中的控制缺陷和管理层未处理的内部控制缺陷；（3）以往发生的错报或错误，或者在本期期末出现重大会计调整。

表 4 –1　可能表明存在认定层次重大错报风险的事项或情况示例

相关固有风险因素	可能表明存在认定层次重大错报风险的事项或情况示例
复杂性	监管：在高度复杂的监管环境中开展业务； 业务模式：存在复杂的联营或合资企业； 适用的财务报告编制基础：涉及复杂过程的会计计量； 交易：使用表外融资、特殊目的的实体以及其他复杂的融资安排
主观性	适用的财务报告编制基础：（1）某项会计估计具有多种可能的衡量标准，例如，管理层确认折旧费用或建造收入和费用；（2）管理层对非流动资产（如投资性房地产）的估值技术或模型的选择
变化	经济情况：在经济不稳定（如货币发生重大贬值或经济发生严重通货膨胀）的国家或地区开展业务； 市场：在不稳定的市场开展业务，如期货交易； 客户流失：持续经营和资产流动性出现问题，包括重要客户流失； 行业模式：被审计单位经营所处的行业发生变化； 业务模式：（1）供应链发生变化；（2）开发新产品或提供新服务，或进入新的业务领域； 地理：开辟新的经营场所； 被审计单位组织结构：（1）被审计单位发生变化，如发生重大收购、重组或其他非常规事项；（2）拟出售分支机构或业务分部 人力资源的胜任能力：关键人员变动，包括核心执行人员的离职； 信息技术：（1）信息技术环境发生变化；（2）安装新的与财务报告有关的重大信息技术系统； 适用的财务报告编制基础：采用新的会计准则； 资本：获取资本或借款的能力受到新的限制； 监管：（1）经营活动或财务业绩受到监管机构或政府机构的调查；（2）与环境保护相关的新法规的影响
不确定性	报告：（1）涉及重大计量不确定性（包括会计估计）的事项或交易及相关披露；（2）存在未决诉讼和或有负债，如售后质量保证、财务担保和环境补救
管理层偏向和其他舞弊风险因素	报告：管理层和员工编制虚假财务报告的机会，包括遗漏披露应包含的重大信息或信息晦涩难懂； 交易：（1）从事重大的关联方交易；（2）发生大额非常规或非系统性交易，包括公司间的交易和在期末发生大量收入的交易；（3）按照管理层特定意图记录的交易，如债务重组、资产出售和交易性债券的分类

第三节　了解被审计单位内部控制体系各要素

一、内部控制体系的概念和要素

（一）内部控制概念

在《中国注册会计师审计准则第 1211 号——重大错报风险的识别和评估》的框架下，内部控制体系是指由治理层、管理层和其他人员设计、执行和维护的体系，以合理保证被审计单位能够实现财务报告的可靠性，提高经营效率和效果，以及遵守适用的法律法规等目标。

从内部控制概念可以看出，被审计单位的内部控制目标相当广泛。针对财务报表审计的目的和需要，注册会计师只应当了解与审计相关的控制。与审计相关的控制，按照其防止、发现或纠正认定层次错报发挥作用的方式，分为直接控制和间接控制。这种分类有助于注册会计师识别和评估财务报表层次以及认定层次的重大错报风险。

直接控制是指足以精准防止、发现或纠正认定层次错报的内部控制。间接控制是指不足以精准防止、发现或纠正认定层次错报的内部控制。也就是说，直接控制和间接控制对防止、发现或纠正认定层次错报分别产生直接影响和间接影响。

（二）内部控制体系各要素

根据《中国注册会计师审计准则第 1211 号——重大错报风险的识别和评估》，内部控制体系包含 5 个相互关联的要素：（1）内部环境（控制环境）；（2）风险评估；（3）内部监督；（4）信息与沟通（信息系统与沟通）；（5）控制活动。

1. 内部环境（控制环境）

内部环境包括治理职能和管理职能，以及治理层和管理层对内部控制体系及其重要性的态度、认识和行动。内部环境设定了被审计单位的内部控制基调，影响员工的内部控制意识，并为被审计单位内部控制体系中其他要素的运行奠定了总体基础。

2. 风险评估

被审计单位风险评估工作的目的是识别、评估和管理影响其实现经营目标的各种风险。这构成了管理层和治理层如何确定拟管理的风险的基础，是一个不断修正的过程。

就财务报告的目的而言，被审计单位的风险评估工作包括管理层如何识别与按照适用的财务报告编制基础编制财务报表相关的经营风险，评估其重要性和发生的可能性，并采取措施以管理这些风险及其导致的结果。例如，被审计单位的风险评估工作可能针对的是如何考虑交易未被记录的可能性，或识别并分析财务报表中反映的重要估计。

与财务报告的可靠性相关的风险包括可能发生的并会对被审计单位生成、记录、处理和报告财务报表中与管理层认定相一致的财务信息的能力产生不利影响的外部和内部事项、交易或情况。管理层可能会制订计划、执行程序或采取措施以应对特定风险，或者出于成本或其他考虑决定承担某些风险。下列情况可能会产生此类风险：

（1）经营环境的变化。监管环境、经济环境和经营环境的变化会导致竞争压力的变化并产生显著不同的风险。

（2）新员工。新员工可能对被审计单位的内部控制体系有不同的关注点或认识。

（3）新的或升级的信息系统。信息系统重大、快速的变化会改变与被审计单位的内部控制体系相关的风险。

（4）快速增长。重要、快速的业务扩张可能使控制难以应对，从而增加了控制失效的风险。

（5）新技术。将新技术运用于生产过程或信息系统可能改变与被审计单位的内部控制体系相关的风险。

（6）新业务模式、产品或活动。进入新的业务领域和发生新的交易，可能因被审计单位具有较少的经验而带来新的与被审计单位的内部控制体系相关的风险。

（7）公司重组。重组可能带来裁员，以及监督及职责分离方面的变化，可能改变与被审计单位的内部控制体系相关的风险。

（8）扩张海外经营。在海外扩张或收购海外企业会产生新的并且往往是独特的风险，进而可能影响内部控制，如由于外币交易产生的额外风险或风险变化。

（9）新的会计政策。采用新的会计政策或变更会计政策可能影响财务报表编制过程中的风险。

（10）运用信息技术。包括与下列事项相关的风险：①维护处理的数据和信息的完整性、准确性和有效性；②如果被审计单位的信息技术战略不能有效地支持其经营战略，则会产生经营战略风险；③被审计单位的信息技术环境的变化或中断，信息技术人员的流动，或被审计单位未对信息技术环境进行必要的更新或更新不及时。

3. 内部监督

被审计单位监督内部控制体系的工作是指被审计单位评价内部控制体系的有效性，并及时采取必要的整改措施的持续过程。

被审计单位监督内部控制体系的工作可能包括持续的监督活动、单独的评价活动（定期执行）或两者相结合。持续的监督活动通常贯穿于被审计单位日常重复的活动中，包括常规管理和监督工作。监督内部控制体系的工作的范围和频率可能根据被审计单位对风险的评估结果而发生变化。

被审计单位监督内部控制体系的工作可能包括管理层对是否及时编制银行存款余额调节表进行复核，内部审计人员评价销售人员是否遵守被审计单位关于销售合同条款的政策，法律部门监控被审计单位的道德规范和商业行为政策是否得到遵守，等等。监督也用于保证控制的持续有效运行。例如，如果缺乏对编制银行存款余额调节表的及时性和准确性的监督，则相关人员可能不编制该调节表。

4. 信息与沟通（信息系统与沟通）

与财务报表编制相关的信息系统由一系列的活动和政策、会计记录和支持性记录组成。被审计单位设计和建立这些活动、政策和记录旨在：

（1）生成、记录和处理交易，获取、处理和披露与交易以外的事项和情况相关的信息，以及为相关资产、负债和所有者权益明确受托责任；

（2）解决不正确处理交易的问题，如自动生成暂记账户文件，以及及时按照程序清理暂记项目；

（3）处理并解释凌驾于控制之上或规避控制的情况；

（4）将从交易处理系统中获取的信息过入总账，例如，将明细账中的累计交易过入总账；

（5）针对除交易以外的事项和情况获取并处理与财务报表编制相关的信息，如资产的折旧和摊销、可回收性的改变等；

（6）确保适用的财务报告编制基础规定披露的信息得到收集、记录、处理和汇总，并适当包含在财务报表中。

由于被审计单位业务流程产生的交易由其信息系统记录、处理和报告，因此与财务报表编制相关的信息系统应当与业务流程相适应。业务流程是被审计单位开发、采购、生产、销售、配送产品和提供服务、确保遵守法律法规、记录信息（包括会计和财务报告信息）的一系列活动。

与财务报表编制相关的信息系统所产生的信息的质量影响管理层在管理和控制被审计单位活动时作出恰当的决策以及编制可靠的财务报告的能力。

沟通包括使员工了解各自在被审计单位内部控制体系中的角色和岗位职责，其可以采用政策手册、会计和财务报告手册以及备忘录等形式。沟通也可以采用电子方式或口头方式，以及通过管理层的行动来实现。

被审计单位就与财务报告相关的岗位职责和相关人员的角色以及与财务报告相关的重大事项的沟通，包括使员工了解各自的、与财务报告相关内部控制体系的角色和岗位职责。这可能包括使员工了解其在信息系统中的活动与其他员工工作之间关联的程度，以及向适当的更高层级的管理层报告例外事项的方式。

5. 控制活动

控制活动是指有助于确保管理层的指令得以执行的政策和程序。注册会计师需要按照审计准则的规定识别控制活动要素中的控制。这些控制包括信息处理控制和信息技术一般控制，两类控制均可能属于人工控制或自动化控制。管理层利用和依赖的与财务报告相关的自动化控制或涉及自动化方面的控制的程度越高，被审计单位执行信息技术一般控制（应对信息处理控制自动化方面的持续运行）可能就越重要。控制活动要素中的控制可能与下列事项相关：

（1）授权和批准。授权确认交易是有效的，即交易具有经济实质或符合被审计单位的政策。授权的形式通常为较高级别的管理层批准或验证并确定交易是否有效。例如，主管在复核某项费用是否合理且符合政策后批准该费用报告单。自动批准的一个举例是自动将发票单位成本与相关的采购订单单位成本（在预先确定的可容忍范围内）进行比较，单位成本在可容忍范围内的发票将自动批准付款，对单位成本超出可容忍范围的发票将进行标记以执行进一步调查。

（2）调节，即将两项或多项数据要素进行比较。如果发现差异，则采取措施使数据相一致。调节通常应对所处理交易的完整性或准确性。

（3）验证，即将两个或多个项目互相进行比较，或将某个项目与政策进行比较，如果两个项目不匹配或者某个项目与政策不一致，则可能对其执行跟进措施。验证通常应对所处理交易的完整性、准确性或有效性。

（4）实物或逻辑控制。这包括针对资产安全的控制，以防止未经授权的访问、获取、使用或处置资产。实物或逻辑控制包括下列控制：①保证资产的实物安全，包括恰当的安全保护措施，如针对接触资产和记录的安全设施；②对接触计算机程序和数据文档设置授权，即逻辑访问权限；③定期盘点并将盘点记录与控制记录相核对，如将会计记录与现金、有价证券和存货的定期盘点结果相比较。用于防止资产盗窃的实物控制，在多大程度上与财务报表编制的可靠性相关，取决于资产被侵占的风险。

（5）职责分离，即将交易授权、交易记录以及资产保管等职责分配给不同员工。职责分离旨在降低同一员工在正常履行职责过程中实施并隐瞒舞弊或错误的可能性。例如，授权赊销的经理不负责维护应收账款记录或处理现金收入。如果某员工能够执行上述所有活动，则该员工可以创建难以被发现的虚假销售。类似地，销售人员也不应具有修改产品价格文件或佣金比率的权限。

在某些情况下，职责分离可能不切实际、成本效益低下或不可行。例如，小型和较不复杂被审计单位可能缺乏充分的资源以实现理想的职责分离，并且雇用额外员工的成本可能很高。在这种情况下，管理层可以设置替代控制。在上述示例中，如果销售人员可以修改产品价格文件，则可以设置检查性的控制活动，让与销售职能无关的员工定期复核销售人员是否对价格进行修改以及修改价格的情形。

实务中，某些控制可能取决于管理层或治理层是否制定了适当的监督控制。例如，可能按照既定的指导方针（如治理层制定的投资标准）进行授权控制，或者非常规交易（如重大收购或撤资）可能需要特定的高级别人员的批准，包括在某些情况下由股东批准。

总体看，内部环境、风险评估和内部监督中的控制主要是间接控制，该类控制不足以精准地防止、发现或纠正认定层次的错报，但可以支持其他控制，因此可能间接影响及时防止或发现错报发生的可能性。但是，这些要素中的某些控制也可能是直接控制。信息与沟通以及控制活动要素中的控制主要为直接控制，即它们是能够精准防止、发现或纠正认定层次错报的控制。

二、内部控制的固有局限性

无论被审计单位的内部控制体系如何有效，都只能为被审计单位实现财务报告目标提供合理保证。被审计单位内部控制体系实现目标的可能性受其固有局限性的影响。这些局限性包括：

（1）在决策时人为判断可能出现错误，以及可能因人为失误而导致被审计单位的内部控制体系失效。例如，控制的设计和修改可能存在错误。同样地，控制的运行可能无效，比如，由于负责复核信息的人员不了解复核的目的或没有采取适当的措施，被审计单位的内部控制体系生成的信息（如例外报告）没有得到有效使用。

（2）控制可能因两个或更多的人员串通或管理层不当地凌驾于控制之上而被规避。例如，管理层可能与客户签订"背后协议"，修改标准的销售合同条款和条件，从而导致不适当的收入确认。再如，信息技术应用程序中的用于识别和报告超过赊销信用额度的交易的编辑检查控制，可能会被凌驾或不能得到执行。

（3）在设计和执行控制时，管理层可能会对拟执行的控制的性质和范围以及承担的风险的性质和程度作出判断。

此外，如果被审计单位内部行使控制职能的人员素质不适应岗位要求，也会影响内部控制功能的正常发挥。被审计单位实施内部控制的成本效益问题也会影响其效能，当实施某项控制成本大于控制效果而发生损失时，就没有必要设置该控制环节或控制措施。内部控制一般都是针对经常而重复发生的业务设置的，如果出现不经常发生或未预计到的业务，原有控制就可能不适用。

三、了解内部控制的性质、程度和内容

（一）了解内部控制的性质

注册会计师了解被审计单位的内部控制体系的目的是评价控制设计的有效性以及控制是否得到执行。在评价控制设计的有效性以及控制是否得到执行时，注

册会计师了解被审计单位内部控制体系各项要素有助于其初步了解被审计单位如何识别和应对经营风险。这些了解也可能以不同方式影响注册会计师对重大错报风险的识别和评估。这有助于注册会计师设计和实施进一步审计程序，包括计划测试控制运行的有效性。例如：

（1）注册会计师了解被审计单位的内部环境、风险评估和内部监督要素，更有可能影响财务报表层次重大错报风险的识别和评估；

（2）注册会计师了解被审计单位的信息与沟通以及控制活动要素，更有可能影响认定层次重大错报风险的识别和评估。

注册会计师为了解内部控制体系实施的程序包括：

（1）询问被审计单位人员；

（2）观察特定控制的运用；

（3）检查文件和报告；

（4）选取交易并追踪交易在信息系统中的处理过程（穿行测试）。

这些程序是风险评估程序在了解被审计单位内部控制方面的具体运用。询问本身并不足以评价控制设计的有效性以及确定其是否得到执行，注册会计师当将询问与其他风险评估程序结合使用。

了解内部控制的程序不包括分析程序。如前所述，了解被审计单位的内部控制体系的目的是评价控制设计的有效性以及控制是否得到执行，不涉及对财务信息的评价。

（二）了解内部控制的程度

对内部控制了解的程度，是指注册会计师在实施风险评估程序时，了解被审计单位内部控制的范围及深度。包括评价控制设计的有效性，并确定其是否得到执行，但不包括对控制是否得到一贯执行的测试。

（1）评价控制设计的有效性以及控制是否得到执行。注册会计师在了解内部控制时应当评价控制设计的有效性，并确定其是否得到执行。评价控制设计的有效性，涉及考虑该控制单独或连同其他控制是否能够有效防止或发现并纠正重大错报。控制得到执行是指某项控制存在且被审计单位正在使用。评估一项无效控制的运行没有什么意义，因此，需要首先考虑控制的设计。设计不当的控制可能表明存在值得关注的内部控制缺陷。

（2）了解内部控制与测试控制运行有效性的关系。值得注意的是，评价设计有效的控制是否得到执行，与测试控制运行的有效性即控制是否得到一贯执行，是有区别的。前者是了解内部控制的目的，后者是控制测试的目的。

除非存在某些可以使控制得到一贯运行的自动化控制，否则，注册会计师对控制的了解并不足以测试控制运行的有效性。例如，获取某一人工控制在某一时点得到执行的审计证据，并不能证明该控制在所审计期间内的其他时点也有效运行。但是，信息技术可以使被审计单位持续一贯地对大量数据进行处理，提高被审计单位监督控制活动运行情况的能力，信息技术还可以通过对应用软件、数据库、操作系统设置安全控制来实现有效的职责划分。由于信息技术处理流程的内在一贯性，实施审计程序确定某项自动化控制是否得到执行，也可能实现对控制运行有效性测试的目标，这取决于注册会计师对控制（如针对程序变更的控制）的评估和测试。

了解内部控制的程度与流程如图 4-1 所示。

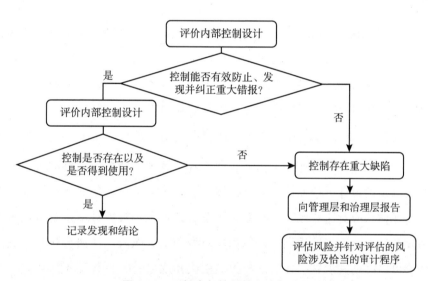

图 4-1 了解内部控制的程度与流程

（三）了解内部控制的内容

注册会计师通过实施风险评估程序了解和评价内部控制体系的每个要素，从而了解被审计单位的内部控制体系。

1. 了解与财务报表编制相关的内部环境

内部环境为内部控制体系其他要素的运行奠定了总体基础。注册会计师评价被审计单位的行为与其诚信、道德和价值观是否相一致、内部环境是否为内部控制体系的其他要素奠定了适当基础、针对内部环境识别出的控制缺陷是否会削弱被审计单位内部控制体系的其他要素，有助于注册会计师识别内部控制体系其他要素中的潜在问题。注册会计师评价内部环境还有助于其了解被审计单位面临的风险，以识别和评估财务报表层次和认定层次重大错报风险。

注册会计师为了解与财务报表编制相关的内部环境，应当实施以下风险评估程序：

（1）了解涉及下列方面的控制、流程和组织结构：①管理层如何履行其管理职责，例如，被审计单位的组织文化，管理层是否重视诚信、道德和价值观；②在治理层与管理层分离的体制下，治理层的独立性以及治理层监督内部控制体系的情况；③被审计单位内部权限和职责的分配情况；④被审计单位如何吸引、培养和留住具有胜任能力的人员；⑤被审计单位如何使其人员致力于实现内部控制体系的目标。

（2）评价下列方面的情况：①在治理层的监督下，管理层是否营造并保持了诚实守信和合乎道德的文化；②根据被审计单位的性质和复杂程度，内部环境是否为内部控制体系的其他要素奠定了适当的基础；③识别出的内部环境方面的控制缺陷是否会削弱被审计单位内部控制体系的其他要素。

2. 了解与财务报表编制相关的风险评估工作

注册会计师评价风险评估工作，有助于其了解被审计单位识别的可能发生风险的领域以及被审计单位如何应对这些风险。评价被审计单位如何识别经营风险以及如何评估和应对这些风险，有助于注册会计师了解被审计单位是否已根据其性质和复杂程度，适当地识别、评估和应对所面临的风险。注册会计师对这些事项的评价可以帮助其识别、评估财务报表层次和认定层次的重大错报风险。

注册会计师为了解被审计单位与财务报表编制相关的风险评估工作，应当实施以下风险评估程序：

（1）了解被审计单位的下列工作：①识别与财务报告目标相关的经营风险；②评估上述风险的重要程度和发生的可能性；③应对上述风险。

（2）根据被审计单位的性质和复杂程度，评价其风险评估工作是否适合其具体情况。

如果注册会计师识别出重大错报风险，而管理层未能识别出这些风险，注册会计师应当：（1）判断这些风险是否是被审计单位风险评估工作应当识别出的风险。如果注册会计师认为，这些风险是被审计单位风险评估工作应当识别出的风险，则应当了解被审计单位风险评估工作未能识别出这些风险的原因。（2）考虑对前述的注册会计师"评价其风险评估工作是否适合其具体情况"的影响。

3. 了解对与财务报表编制相关的内部控制体系的监督工作

注册会计师评价被审计单位如何持续和单独地评价其对控制有效性的监督，有助于注册会计师了解被审计单位是否存在内部控制体系的其他要素并发挥作用，进而对这些要素加深了解。注册会计师对此事项的评价还有助于识别、评估财务报表层次和认定层次的重大错报风险。

注册会计师为了解被审计单位对与财务报表编制相关的内部控制体系的监督工作，应当实施以下风险评估程序：

（1）了解被审计单位实施的持续性评价和单独评价，以及识别出控制缺陷的情况和整改的情况；

（2）了解被审计单位的内部审计，包括内部审计的性质、职责和活动；

（3）了解被审计单位在监督内部控制体系的过程中所使用信息的来源，以及管理层认为这些信息足以信赖的依据；

（4）根据被审计单位的性质和复杂程度，评价被审计单位对内部控制体系的监督是否适合其具体情况。

由于内部环境、风险评估和内部监督是被审计单位内部控制体系的基础，其运行中的任何缺陷都可能对财务报表的编制产生广泛的影响。因此，注册会计师对这些要素的了解和评价，影响其对财务报表层次重大错报风险的识别和评估，也可能影响其对认定层次重大错报风险的识别和评估。

4. 了解与财务报表编制相关的信息与沟通

了解被审计单位与交易流程相关的政策以及与财务报表编制相关的信息处理活动的其他方面，并评价信息与沟通要素是否适当地支持财务报表的编制，能够支持注册会计师识别和评估认定层次重大错报风险。因此，注册会计师需要了解被审计单位的信息与沟通。如果注册会计师实施程序的结果，与其根据业务接受或保持过程中获取的信息确定的对内部控制体系的预期不一致，则上述了解和评价还可能导致注册会计师识别出财务报表层次重大错报风险。

注册会计师为了解被审计单位与财务报表编制相关的信息与沟通，应当实施以下风险评估程序：

（1）了解被审计单位的信息处理活动（包括数据和信息），在这些活动中使用的资源，针对相关交易类别、账户余额和披露的信息处理活动的政策。具体包括：①信息在被审计单位信息系统中的传递情况，包括交易如何生成，与交易相关的信息如何进行记录、处理、更正、结转至总账、在财务报表中报告，以及其他方面的相关信息如何获取、处理、在财务报表中披露；②与信息传递相关的会计记录、财务报表特定项目以及其他支持性记录；③被审计单位的财务报告过程；④与上述第①点至第③点相关的被审计单位资源，包括信息技术环境。

（2）了解被审计单位如何沟通与财务报表编制相关的重大事项，以及信息系统和内部控制体系其他要素中的相关报告责任。具体包括：①被审计单位内部人员之间的沟通，包括就与财务报告相关的岗位职责和相关人员的角色进行的沟通；②管理层与治理层之间的沟通；③被审计单位与监管机构等外部各方的沟通。

（3）评价被审计单位的信息与沟通是否能够为被审计单位按照适用的财务报告编制基础编制财务报表提供适当的支持。

5. 了解控制活动

注册会计师需要识别控制活动要素中的特定控制，评价其设计并确定其是否得到执行。这有助于注册会计师了解管理层应对特定风险的方法，从而为注册会计师设计和实施应对这些风险的进一步审计程序提供依据。即使注册会计师不拟测试所识别控制的运行有效性，注册会计师的了解仍可能影响应对相关重大错报风险的实质性审计程序的性质、时间安排和范围。

注册会计师为了解控制活动，应当实施以下风险评估程序：

（1）识别用于应对认定层次重大错报风险的控制，包括：①应对特别风险的控制；②与会计分录相关的控制，这些会计分录包括用以记录非经常性的、异常的交易，以及用于调整的非标准会计分录；③注册会计师拟测试运行有效性的控制，包括用于应对仅实施实质性程序不能提供充分、适当审计证据的风险的控制；④注册会计师根据职业判断认为适当的、能够有助于其实现与认定层次重大错报风险有关目标的其他控制。

（2）基于上述第（1）项中识别的控制，识别哪些信息技术应用程序及信息技术环境的其他方面，可能面临运用信息技术导致的风险。

（3）针对上述第（2）项中识别的信息技术应用程序及信息技术环境的其他方面，进一步识别：①运用信息技术导致的相关风险；②被审计单位用于应对这些风险的信息技术一般控制。

（4）针对上述第（1）项以及第（3）项第②点识别出的每项控制：①评价控制的设计是否有效，即这些控制能否应对认定层次重大错报风险或为其他控制的运行提供支持；②询问被审计单位内部人员，并实施其他风险评估程序，以确定控制是否得到执行。

如前文所述，信息与沟通以及控制活动要素中的控制主要为直接控制，即能够精准防止、发现或纠正认定层次错报的控制。因此，注册会计师了解、评价信息与沟通和控制活动更能影响其对认定层次重大错报风险的识别与评价。实务中，注册会计师需要投入充足的资源对这类要素中的控制进行了解与评价。

注册会计师应当根据对被审计单位内部控制体系各要素的评价，确定是否识别出控制缺陷。在评价被审计单位内部控制体系的各要素时，注册会计师可能认为某一要素中的某些政策不适合被审计单位的性质和具体情况，这可能有助于注册会计师识别内部控制缺陷。注册会计师如果已识别出一项或多项内部控制缺陷，则可以考虑这些控制缺陷对设计进一步审计程序的影响。同时，针对已识别出一项或多项内部控制缺陷，注册会计师需要确定该缺陷单独或连同其他缺陷是否构成值得关注的内部控制缺陷。注册会计师在确定某项缺陷是否构成值得关注的内部控制缺陷时涉及运用职业判断。表明存在值得关注的内部控制缺陷的情况举例如下：（1）识别出涉及高级管理人员的任何程度的舞弊；（2）对内部审计所提出的控制缺陷进行报告和沟通的内部流程不充分；（3）管理层未及时纠正以前沟通过的内部控制缺陷；（4）管理层未能应对特别风险，例如未执行与特别风险相关的控制；（5）重述以前期间出具的财务报表。

第四节 识别和评估重大错报风险

注册会计师识别和评估重大错报风险，以确定用于获取充分、适当的审计证据的进一步审计程序的性质、时间安排和范围。这些证据使得注册会计师能够以可接受的审计风险的低水平对财务报表发表意见。

通过实施风险评估程序收集的信息可以作为审计证据，为识别和评估重大错报风险提供依据。例如，在评价识别的控制活动要素中的控制的设计并确定这些控制是否得到执行时获取的审计证据，可以作为支持风险评估的审计证据。这些证据还可以为注册会计师设计用于应对评估的财务报表层次重大错报风险的总体应对措施，以及设计和实施用于应对评估的认定层次重大错报风险的进一步审计程序的性质、时间安排和范围提供依据。

注册会计师应当识别重大错报风险，并确定其存在于财务报表层次，还是各类交易、账户余额和披露的认定层次。

一、识别和评估财务报表层次的重大错报风险

（一）识别财务报表层次的重大错报风险

财务报表层次的重大错报风险是指与财务报表整体存在广泛联系并潜在影响多项认定的风险。这种性质的风险不限定于某类交易、账户余额和披露层面的特定认定，如管理层凌驾于控制之上的风险，而在一定程度上代表了可能广泛增加认定层次重大错报风险的情况。注册会计师评价识别的风险是否与财务报表存在广泛联系，能够支持其对财务报表层次重大错报风险的评估。注册会计师可能识别出多个易于发生错报的认定，并因此影响对认定层次重大错报风险的识别和评估。例如，被审计单位面临经营亏损且资产流动性出现问题，并依赖于尚未获得保证的资金。这种情况下，注册会计师可能确定持续经营假设产生了财务报表层次重大错报风险，可能需要使用清算基础，这可能对所有认定产生广泛影响。

（二）评估财务报表层次的重大错报风险

对于识别出的财务报表层次重大错报风险，注册会计师应当从下列两方面对其进行评估：

（1）评价这些风险对财务报表整体产生的影响；

（2）确定这些风险是否影响对认定层次风险的评估结果。

注册会计师对财务报表层次重大错报风险的识别和评估受到其对被审计单位内部控制体系的了解的影响，特别是对内部环境、风险评估和内部监督的了解。此外，财务报表层次的风险还可能源于内部环境存在的缺陷或某些外部事项或情况，如经济下滑。

舞弊导致的重大错报风险可能与注册会计师对财务报表层次重大错报风险的考虑尤其相关。例如，注册会计师通过询问管理层了解到被审计单位的财务报表将用于与贷款人进行讨论，从而确保被审计单位获得进一步融资以维持营运资本。注册会计师可能因而认为影响固有风险的舞弊风险因素导致易于发生错报的可能性（虚假财务报告风险导致的财务报表易于发生错报的可能性，如为了确保被审计单位能够获得融资，多计资产和收入以及少计负债和费用）更高。

注册会计师在了解（包括相关评价）被审计单位的内部环境和内部控制体系的其他要素后，可能对发表审计意见或解除业务约定（在适用的法律法规允许解除约定的情况下）所依据的审计证据的可获得性产生怀疑。例如：

（1）注册会计师基于对被审计单位内部环境的评价结果，对管理层的诚信产生严重疑虑，以至于注册会计师认为管理层在财务报表中作出故意虚假陈述的风险非常大而无法进行审计。

（2）注册会计师基于对被审计单位信息与沟通的评价结果，认为被审计单位对信息技术环境的重大变化管理不善，管理层和治理层仅实施了很有限的监督，注册会计师因而对被审计单位会计记录的状况和可靠性存在重大疑虑。在这种情况下，注册会计师可能确定很难获取充分、适当的审计证据，以支持对财务报表发表无保留意见。

注册会计师识别财务报表层次重大错报风险，以确定风险是否对财务报表具有广泛的影响，因而需要按照《中国注册会计师审计准则第 1231 号——针对评估的重大错报风险采取的应对措施》的规定采取总体应对措施。

财务报表层次重大错报风险还可能影响某些认定，识别这些风险可以帮助注册会计师评估认定层次重大错报风险，并设计进一步审计程序以应对识别的风险。

二、识别和评估认定层次的重大错报风险

（一）识别认定层次的重大错报风险

注册会计师在识别和评估重大错报风险时使用认定来考虑可能发生的错报的不同类型。认定层次重大错报风险是指与财务报表整体不存在广泛联系的重大错报风险。如果判断某固有风险因素可能导致某项认定发生重大错报，但与财务报表整体不存在广泛联系，注册会计师应当将其识别为认定层次的重大错报风险。例如，审计单位存在复杂的联营或合资，这一事项表明长期股权投资账户的认定

可能存在重大错报风险。又如，被审计单位存在重大的关联方交易，该事项表明关联方及关联方交易的披露认定可能存在重大错报风险。

审计准则规定，注册会计师应当识别确定哪些认定是"相关认定"，进而确定哪些交易类别、账户余额和披露是"相关交易类别、账户余额和披露"。如果注册会计师识别出交易类别、账户余额和披露的某项认定存在重大错报风险，那么该项认定是"相关认定"。存在相关认定的交易类别、账户余额和披露则被称为"相关交易类别、账户余额和披露"。确定相关认定和相关交易类别、账户余额和披露，为注册会计师确定按照审计准则的要求了解被审计单位信息系统的范围提供了基础，这些了解可以进一步帮助注册会计师识别和评估重大错报风险。

（二）评估认定层次的重大错报风险

对于识别出的认定层次重大错报风险，注册会计师应当分别评估固有风险和控制风险。

1. 评估固有风险

对于识别出的认定层次重大错报风险，注册会计师应当通过评估错报发生的可能性和严重程度来评估固有风险。因为错报发生的可能性和严重程度综合起来的影响程度决定了所评估风险的固有风险等级，从而影响注册会计师设计进一步审计程序以应对重大错报风险。在评估固有风险时，注册会计师应当考虑：

（1）固有风险因素如何以及在何种程度上影响相关认定易于发生错报的可能性；

（2）财务报表层次重大错报风险如何以及在何种程度上影响认定层次重大错报风险中固有风险的评估。

某类交易、账户余额和披露越易于发生错报，评估的固有风险可能越高。注册会计师考虑固有风险因素在何种程度上影响认定易于发生错报的可能性，有助于其适当评估认定层次重大错报风险的固有风险，并设计更精确的风险应对措施。因此，在评估固有风险时，注册会计师应当运用职业判断确定错报发生的可能性和严重程度综合起来的影响程度。

注册会计师评估与特定认定层次重大错报风险相关的固有风险，是指对固有风险等级在一个区间范围内作出的从低到高的判断。注册会计师对评估的固有风险等级的判断，可能因被审计单位的性质、规模和复杂程度而异，并基于对评估的错报发生的可能性和严重程度以及固有风险因素的考虑。

在考虑错报发生的可能性时，注册会计师基于对固有风险因素的考虑评估错报发生的概率。

在考虑错报的严重程度时，注册会计师考虑错报的定性和定量两个方面。注册会计师根据错报的金额大小、性质或情况，判断各类交易、账户余额和披露在认定层次的错报可能是重大的。

注册会计师使用错报发生的可能性和严重程度综合起来的影响程度确定评估的固有风险等级，即固有风险在风险区间范围中所处的位置。错报发生的可能性和严重程度综合起来的影响程度越高，评估的固有风险越高，反之亦然。

评估的固有风险等级较高，并不意味着评估的错报发生的可能性和严重程度都较高。错报发生的可能性和严重程度在固有风险等级上的交集，确定了评估的固有风险在固有风险等级中是较高点还是较低点。评估的固有风险等级较高也可能是错报发生的可能性和严重程度的不同组合导致的，例如较低的错报发生的可能性和极高的严重程度可能导致评估的固有风险等级较高。

为了制定应对重大错报风险的适当策略，注册会计师可以基于其对固有风险的评估，将重大错报风险按固有风险等级的类别进行划分。注册会计师可以以不同的方式描述这些类别。不管使用的分类方法如何，如果旨在应对识别的认定层次重大错报风险的进一步审计程序的设计和实施能够适当应对固有风险的评估结果和形成该评估结果的依据，则注册会计师对固有风险的评估就是适当的。

评估识别的重大错报风险的固有风险还有助于注册会计师确定特别风险。

2. 评估控制风险

注册会计师在拟测试控制运行有效性的情况下，应当评估控制风险。如果拟不测试控制运行的有效性，则应当将固有风险的评估结果作为重大错报风险的评估结果。

注册会计师对测试控制运行有效性的计划基于其对控制运行有效的预期，这也是注册会计师评估控制风险的基础。对控制运行有效性的初始预期，基于注册会计师对识别的控制活动要素中的控制的设计作出的评价，以及确定这些控制是否得到执行的结果。

注册会计师按照《中国注册会计师审计准则第 1231 号——针对评估的重大

错报风险采取的应对措施》的规定对控制运行有效性进行测试后，就可以确认其对控制运行有效性作出的初始预期。如果控制未如预期有效运行，则注册会计师需要修正对控制风险的评估。

注册会计师可以根据自身偏好的审计技术或方法，以不同的方式实施和体现对控制风险的评估。注册会计师拟测试控制运行有效性时，可能有必要测试多个控制的组合，以确认注册会计师对控制运行有效性的预期。注册会计师可能拟测试直接控制和间接控制，包括信息技术一般控制，并在评估控制风险时考虑这些控制的综合预期效果。如果拟测试的控制无法应对评估的固有风险，注册会计师需要确定对设计进一步审计程序的影响，以将审计风险降低到可接受的低水平。

注册会计师拟测试自动化控制运行的有效性时，可能还计划测试用于支持自动化控制持续有效运行的相关信息技术一般控制运行的有效性，以应对运用信息技术导致的风险，从而为注册会计师预期自动化控制在整个期间内的有效运行提供依据。如果注册会计师预期相关信息技术一般控制无效，那么该预期可能影响其对认定层次控制风险的评估，并且进一步审计程序可能需要包括应对运用信息技术导致的相应风险的实质性程序。

三、需要特别考虑的重大错报风险

注册会计师应当确定评估的重大错报风险是否为特别风险。在确定特别风险时，注册会计师可能首先识别评估的固有风险等级较高的重大错报风险，作为考虑哪些风险可能达到或接近固有风险等级最高级的依据。

注册会计师确定评估的哪些重大错报风险达到或接近固有风险等级的最高级，从而被识别为特别风险，通常需要注册会计师运用职业判断。

注册会计师还需要在评估固有风险时考虑固有风险因素的相对影响。固有风险因素的影响越低，评估的风险水平可能也越低。以下事项可能导致重大错报风险被评估为具有较高的固有风险，并因此将其确定为特别风险：

（1）交易具有多种可接受的会计处理方法，因此涉及主观性；

（2）会计估计具有高度估计不确定性或涉及使用复杂的模型；

（3）支持账户余额的数据收集和处理较为复杂；

（4）账户余额或定量披露涉及复杂的计算；

（5）对会计政策存在不同的理解；

（6）被审计单位业务的变化涉及会计处理发生变化，如合并和收购。

在判断哪些风险是特别风险时，注册会计师不应考虑识别出的控制对相关风险的抵消作用。

特别风险判断示例

（1）对于超市零售商的现金，通常确定错报发生的可能性较高（由于现金易被盗用的风险），但是严重程度通常非常低（由于商店中处理的实物现金较少）。这两个因素的组合在固有风险等级中不太可能导致现金的存在性被确定为特别风险。

（2）被审计单位正在洽谈出售业务分部。注册会计师在考虑该事项对商誉减值的影响时，可能认为由于主观性、不确定性、管理层偏向或其他舞弊风险因素等固有风险因素产生的影响，错报发生的可能性和严重程度均较高。这可能导致注册会计师将商誉减值确定为特别风险。

确定特别风险可以使注册会计师通过实施特定应对措施，更专注于那些达到或接近固有风险等级的最高级的风险。

四、仅实施实质性程序无法应对的重大错报风险

在某些情况下，鉴于重大错报风险的性质以及应对该风险的控制活动，为获取充分、适当的审计证据，注册会计师必须测试控制运行的有效性。针对该认定层次重大错报风险，仅实施实质性程序无法为其提供充分、适当的审计证据，注册会计师应当确定评估出的重大错报风险是否属于该类风险。

如果日常交易采用高度自动化的处理，不存在或存在很少的人工干预，那么针对风险仅实施实质性程序可能不可行。如果被审计单位的大量信息在信息技术应用程序高度集成的信息系统中仅以电子方式生成、记录、处理或报告，注册会计师可能认为会出现以上情况。在这种情况下：

（1）获取的审计证据可能仅以电子形式存在，其充分性和适当性通常取决于针对准确性和完整性的控制的有效性；

（2）如果适当的控制没有正在有效运行，信息不当生成或对信息进行不当修

改而没有被发现的可能性将会增加。

例如，对于电信业实体的收入，仅实施实质性程序通常不太可能获取充分、适当的审计证据。这是因为通话或数据活动的证据不存在可观察的形式。因此，注册会计师通常执行相当程度的控制测试，以确定通话的发起和完成以及数据活动（例如，通话时间或下载量）已被正确获取，并已正确记录在被审计单位的计费系统中。

注册会计师应当评价实施风险评估程序获取的审计证据能否为识别和评估重大错报风险提供适当依据，如果不能提供适当依据，注册会计师应当实施追加的风险评估程序，直至获取的审计证据能够提供这样的依据。在识别和评估重大错报风险时，注册会计师应当考虑通过实施风险评估程序获取的所有审计证据，无论这些证据是佐证性的还是相矛盾的。

五、修正风险识别或评估结果

在审计过程中，注册会计师可能注意到某些新信息或其他信息，其明显不同于风险评估所依据的信息。

例如，被审计单位的风险评估可能基于预期特定控制运行有效这一判断，但在测试控制运行有效性时，注册会计师获取的证据可能表明这些控制在审计期间内并未有效运行。又如，在实施实质性程序时，注册会计师可能发现错报的金额或频率高于在风险评估时预计的金额或频率。在这种情况下，风险评估可能没有恰当地反映被审计单位的真实状况，原计划的进一步审计程序对于发现重大错报可能无效。

如果注册会计师新获取的信息与之前识别或评估重大错报风险时所依据的审计证据不一致，注册会计师应当修正之前对重大错报风险的识别或评估结果。

六、审计工作底稿

注册会计师应当遵守《中国注册会计师审计准则第 1131 号——审计工作底稿》的规定，并就下列事项形成审计工作底稿：

（1）项目组内部进行的讨论以及得出的重要结论；

（2）注册会计师根据《中国注册会计师审计准则第 1211 号——重大错报风险的识别和评估》的规定了解到的要点和信息来源，以及实施的风险评估程序；

（3）根据《中国注册会计师审计准则第 1211 号——重大错报风险的识别和评估》的规定，对所识别的控制的设计进行的评价，以及如何确定这些控制是否得到执行；

（4）识别、评估的财务报表层次和认定层次重大错报风险，包括特别风险和仅实施实质性程序不能提供充分、适当的审计证据的风险，以及作出有关重大判断的理由。

第五章

风 险 应 对

【教学内容与思政目标】

➡️ **教学内容**

- 掌握并理解针对财务报表层次重大错报风险的总体应对措施。
- 掌握并理解针对认定层次重大错报风险的进一步审计程序,理解进一步审计程序的性质、时间安排、范围。
- 理解控制测试的概念与要求,掌握控制测试的性质、时间安排与范围。
- 理解实质性程序的概念与要求,掌握实质性程序的性质、时间安排与范围。

➡️ **思政目标**

- 坚定诚信为本、操守为重、恪守准则的信念,保持应有的职业怀疑态度,提高风险应对能力。
- 获取并保持应有的专业知识和技能,确保为客户提供具有专业水准的服务;在审计过程做到勤勉尽责。

基于现代风险导向审计,注册会计师需要围绕重大错报风险的识别、评估和应对,计划和实施审计工作。因此,风险应对是风险识别和评估之后的重要环节。关于风险应对,注册会计师的目标是针对评估的重大错报风险,通过设计和实施恰当的应对措施,获取充分、适当的审计证据。

第一节　针对重大错报风险的应对措施

《中国注册会计师审计准则第 1231 号——针对评估的重大错报风险采取的应

对措施》要求注册会计师应当针对评估的财务报表层次重大错报风险，设计和实施总体应对措施，并针对评估的认定层次重大错报风险，设计和实施进一步审计程序，以将审计风险降至可接受的水平。

一、针对财务报表层次重大错报风险的总体应对措施

（一）总体应对措施

如上一章所述，在风险评估环节，注册会计师已识别与评估了重大错报风险，并确定了识别的重大错报风险是与财务报表整体广泛相关，还是与特定的某类交易、账户余额和披露的认定相关。如果是前者，则属于财务报表层次的重大错报风险。

注册会计师应当针对评估的财务报表层次重大错报风险，设计和实施总体应对措施。注册会计师实施的总体应对措施可能包括：

（1）向项目组强调保持职业怀疑的必要性。保持职业怀疑有助于注册会计师在审计过程中秉持谨慎的态度，对任何可能引起疑虑的情形保持警觉，提高审计程序设计和执行的有效性，从而保障审计质量。

（2）指派更有经验或具有特殊技能的审计人员，或利用专家的工作。由于各行业具备特殊性，审计过程中需要重点关注的领域各不相同。指派具有相关行业审计经验或具有特殊技能的审计人员，能够更好应对行业特殊性，提高审计质量和效率。必要时，可以利用在特定领域具有专长的专家的工作辅助审计。

（3）对指导和监督项目组成员并复核其工作的性质、时间安排和范围作出调整。对于财务报表层次重大错报风险较高的项目，项目合伙人、项目经理等经验丰富的人员要更详细、更经常、更及时地指导和监督项目组其他成员开展审计工作，并加强对项目质量复核。

（4）在选择拟实施的进一步审计程序时融入更多的不可预见的因素。被审计单位人员，尤其是管理层，可能熟悉注册会计师的审计方法和流程并采取各种规避手段掩盖财务报告中的舞弊行为。因此，注册会计师在设计进一步审计程序时，应当考虑增强某些审计程序的不可预见性，以降低被审计单位由于对审计流程的了解而采取相应措施掩盖舞弊行为的可能性。增强审计程序的不可预见性的方式包括但不限于：

①对某些未测试过的低于设定的重要性水平或风险较小的账户余额和认定实

施实质性程序。注册会计师可以关注以前未曾关注过的审计领域，尽管这些领域可能重要程度比较低。如果这些领域可能被用于掩盖舞弊行为，注册会计师就要针对这些领域实施具有不可预见性的测试。

②调整实施审计程序的时间，使被审计单位不可预期。比如，如果注册会计师以前年度对被审计单位的大多数审计工作都围绕着12月前后进行，那么被审计单位可能把一些舞弊行为放在6月、7月或8月等，以避免被注册会计师发现。因此，注册会计师可以考虑调整实施审计程序时测试项目的时间，从测试12月的项目调整到测试年度中间6月、7月或8月的项目，以提高发现舞弊行为的可能性。

③采取不同的审计抽样方法，使当期抽取的测试样本与以前有所不同。

④选取不同的地点实施审计程序，或预先不告知被审计单位所选定的测试地点。比如在存货监盘程序中，注册会计师可能到未事先通知被审计单位的盘点现场实施监盘。

（5）按照《中国注册会计师准则第1201号——计划审计工作》的规定，对总体审计策略或拟实施的审计程序作出调整，可能包括以下方面：

①注册会计师按照《中国注册会计师审计准则第1221号——计划和执行审计工作时的重要性》的规定确定实际执行的重要性。

②注册会计师测试控制运行有效性的计划，以及为支持对控制运行有效性的信赖而需获取的审计证据的说服力，特别是在识别出内部环境或被审计单位对内部控制体系的监督工作存在缺陷时。

③实质性程序的性质、时间安排和范围。例如，当注册会计师将重大错报风险评估为较高等级时，于财务报表日或接近财务报表日实施实质性程序可能是适当的。

注册会计师对内部环境的了解影响其对财务报表层次重大错报风险的评估，从而影响所采取的总体应对措施。有效的内部环境可以增强注册会计师对内部控制的信心和对被审计单位内部生成的审计证据的信赖程度。例如，如果内部环境有效，注册会计师可以在期中而非期末实施某些审计程序；如果内部环境存在缺陷，则产生相反的影响。为应对无效的内部环境，注册会计师可以采取的措施举例如下：（1）在期末而非期中实施更多的审计程序；（2）通过实施实质性程序获取更广泛的审计证据；（3）增加拟纳入审计范围的经营地点的数量。

（二）总体应对措施对拟实施进一步审计程序的总体审计方案的影响

财务报表层次重大错报风险与财务报表整体存在广泛联系，往往难以限于某类交易、账户余额和披露，可能影响财务报表的多项认定。因此，注册会计师评估的财务报表层次重大错报风险以及采取的总体应对措施，对拟实施进一步审计程序的总体审计方案具有重大影响。

拟实施进一步审计程序的总体审计方案包括实质性方案和综合性方案。其中，实质性方案是指注册会计师实施的进一步审计程序以实质性程序为主；综合性方案是指注册会计师在实施进一步审计程序时，将控制测试与实质性程序结合使用。当评估的财务报表层次重大错报风险处于高水平（并相应采取更强调审计程序不可预见性以及重视调整审计程序的性质、时间安排和范围等总体应对措施）时，注册会计师往往更倾向于采取实质性方案而非综合性方案。

二、针对认定层次重大错报风险的进一步审计程序

（一）进一步审计程序的概念及要求

进一步审计程序是指注册会计师针对评估的各类交易、账户余额和披露认定层次的重大错报风险实施的审计程序，包括控制测试和实质性程序。

注册会计师应当针对评估的认定层次重大错报风险，设计和实施进一步审计程序，包括审计程序的性质、时间安排和范围。注册会计师设计和实施的进一步审计程序的性质、时间安排和范围，应当与认定层次重大错报风险评估结果之间具备明确的对应关系。

在设计拟实施的进一步审计程序时，注册会计师应当针对每项相关交易类别、账户余额和披露，考虑评估出认定层次重大错报风险的依据。这些依据包括：(1) 因相关交易类别、账户余额和披露的具体特征而导致的发生错报的可能性和严重程度（固有风险）；(2) 风险评估是否考虑了应对重大错报风险的控制（控制风险），从而要求注册会计师获取审计证据以确定控制是否有效运行（注册会计师在确定实质性程序的性质、时间安排和范围时拟测试控制运行的有效性）。

评估的风险越高，注册会计师需要获取越有说服力的审计证据。因此，注册会计师对认定层次重大错报风险的评估直接影响进一步审计程序的设计和实施。

当评估的风险较高时,注册会计师可能需要增加所需审计证据的数量,或获取更具相关性或可靠性的证据,如更多地从第三方获取证据或从多个独立渠道获取互相印证的证据。

综上所述,注册会计师对认定层次重大错报风险的评估为确定进一步审计程序的总体审计方案奠定了基础。注册会计师应当根据对认定层次重大错报风险的评估结果,恰当选用实质性方案或综合性方案。通常情况下,注册会计师出于成本效益的考虑可以采用综合性方案设计进一步审计程序,即将测试控制运行的有效性与实质性程序结合使用。但在某些情况下(如仅通过实质性程序无法应对重大错报风险),注册会计师必须通过实施控制测试,才可能有效应对评估出的某一认定的重大错报风险;而在另一些情况下(如注册会计师的风险评估程序未能识别出与认定相关的任何控制,或注册会计师认为控制测试很可能不符合成本效益原则),注册会计师可能认为仅实施实质性程序就是适当的。

需要特别说明的是,注册会计师对重大错报风险的评估是一种主观判断,可能无法充分识别所有的重大错报风险,同时内部控制存在固有局限性(特别是存在管理层凌驾于内部控制之上的可能性)。因此,无论选择何种方案,注册会计师都应当对所有重大交易类别、账户余额和披露设计和实施实质性程序。

(二) 进一步审计程序的性质

进一步审计程序的性质是指进一步审计程序的目的和类型。其中,进一步审计程序的目的包括实施控制测试以评价内部控制在防止、发现并纠正认定层次重大错报方面运行的有效性,实施实质性程序以发现认定层次重大错报。进一步审计程序的类型包括检查、观察、询问、函证、重新计算、重新执行和分析程序。在应对评估的风险时,确定审计程序的性质是最重要的,因为不同性质的审计程序在应对特定认定错报风险的效力不同。例如,实施函证程序可以为某一时点被审计单位应收账款的存在认定提供审计证据,但是通常无法为应收账款的准确性、计价和分摊认定提供审计证据。

《中国注册会计师审计准则第1211号——重大错报风险的识别和评估》要求对于识别出的认定层次重大错报风险,注册会计师应当分别评估固有风险和控制风险。注册会计师通过评估错报发生的可能性和严重程度来评估固有风险。在评估时,注册会计师应当考虑固有风险因素如何以及在何种程度上影响相关认定易于发生错报的可能性。注册会计师评估的风险(包括评估的依据)可能影响拟实施的审计程序的类型及综合运用。例如，当评估的风险较高时，注册会计师除检查文件外，还可能决定向交易对方函证合同条款的完整性。此外，对于与某些认定相关的错报风险，实施某些审计程序可能比其他审计程序更适当。例如，在测试收入时，对于与收入完整性认定相关的重大错报风险，控制测试可能最能有效应对；对于与收入发生认定相关的重大错报风险，实质性程序可能最能有效应对。

在确定审计程序的性质时，注册会计师需要考虑形成风险评估结果的依据。例如，对于某类交易，注册会计师可能判断即使在不考虑相关控制的情况下发生错报的风险仍较低，此时仅实施实质性分析程序就可以获取充分、适当的审计证据。又如，对于在被审计单位信息系统中进行日常处理和控制的、常规且不复杂的交易，如果注册会计师预期在拟测试控制运行有效性的情况下发生错报的风险较低，且拟基于这一评估的低风险设计实质性程序，则注册会计师需要实施控制测试。

（三）进一步审计程序的时间安排

进一步审计程序的时间安排是指注册会计师何时实施进一步审计程序，或审计证据适用的期间或时点。因此，在考虑进一步审计程序的时间安排时，注册会计师一方面需要考虑在什么时候实施审计程序，另一方面需要考虑获取什么期间或什么时点的审计证据。妥善处理好这两个问题有助于提高审计工作效率和效果。

关于注册会计师在什么时候实施审计程序的问题，注册会计师可以在期中或期末实施控制测试或实质性程序。当重大错报风险越高时，注册会计师可能认为在期末或接近期末而非期中实施实质性程序，或采用不通知的方式（如在不通知的情况下对选取的经营地点实施审计程序），或在管理层不能预见的时间实施审计程序更有效。这在考虑应对舞弊风险时尤为相关。例如，如果识别出故意错报或操纵会计记录的风险，注册会计师可能认为将期中得出的结论延伸至期末而实施的审计程序是无效的。

在期中（期末之前）实施审计程序可能有助于注册会计师在审计工作初期识别重大事项，并在管理层的协助下及时解决这些事项，或针对这些事项制订有效的审计方案。

值得注意的是，某些审计程序只能在期末或期后实施，例如：（1）将财务报表中的信息与其所依据的会计记录进行核对或调节，包括核对或调节披露中的信息，无论该信息是从总账和明细账中获取，还是从总账和明细账之外的其他途径获取；（2）检查财务报表编制过程中作出的会计调整；（3）为应对被审计单位可能在期末签订不适当的销售合同的风险，或交易在期末可能尚未完成的风险而实施的程序。

影响注册会计师考虑在何时实施审计程序的其他相关因素包括：

（1）内部环境。良好的内部环境是有效实施内部控制的基础，可以抵消在期中实施审计程序的一些局限性，使得注册会计师能够更加灵活地选择审计程序的实施时间。

（2）何时能得到相关信息。某些审计证据并非随时可以获得，例如，某些电子文档如未能及时取得，可能被覆盖；再如，某些拟观察的程序可能只在特定时点发生。

（3）错报风险的性质。例如，如果存在被审计单位为了保证盈利目标的实现而伪造销售合同以虚增收入的风险，注册会计师可能需要检查截至期末的所有销售合同。

（4）审计证据适用的期间或时点。注册会计师应当根据特定的审计证据适用的期间或时点安排审计程序实施的时间。例如，核对或调节披露中的信息只能在期末或期后实施。

（5）编制财务报表的时间，尤其是编制某些披露的时间，这些披露为资产负债表、利润表、所有者权益变动表或现金流量表中记录的金额提供了进一步解释。

（四）进一步审计程序的范围

进一步审计程序的范围是指实施进一步审计程序的数量，如抽取的样本量、对某项控制的观察次数等。

在确定必要的审计程序的范围时，注册会计师需要考虑下列因素：

（1）确定的重要性水平。确定的重要性水平越低，需要收集的审计证据越多，注册会计师实施进一步审计程序的范围越广。

（2）评估的重大错报风险。评估的重大错报风险越高，对获取的审计证据的充分性和适当性的要求越高，注册会计师实施进一步审计程序的范围越广。

（3）计划获取的保证程度。计划获取的保证程度越高，对测试结果可靠性要求越高，注册会计师实施进一步审计程序的范围越广。

如果需要通过实施多个审计程序实现某一目的，注册会计师需要分别考虑每个程序的范围。一般而言，审计程序的范围随着重大错报风险的增加而扩大。例如，在应对评估的舞弊导致的重大错报风险时，增加样本量或实施更详细的实质性分析程序可能是适当的。但是，只有当审计程序本身与特定风险相关时，扩大审计程序的范围才是有效的。

综上所述，应对评估的重大错报风险如图 5-1 所示。

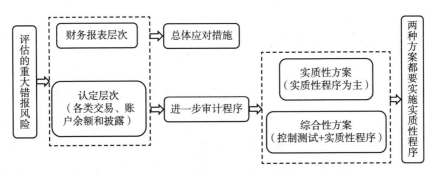

图 5-1　应对评估的重大错报风险

第二节　控制测试

一、控制测试的概念及要求

（一）控制测试的概念

控制测试，是指用于评价内部控制在防止或发现并纠正认定层次重大错报方面的运行有效性的审计程序。

"控制测试"与第四章的"了解内部控制体系"不同。"了解内部控制体系"包含两层含义：一是评价控制的设计；二是确定控制是否得到执行。测试控制运行的有效性与确定控制是否得到执行所需获取的审计证据是不同的。

在实施风险评估程序以获取控制是否得到执行的审计证据时，注册会计师应当确定某项控制是否存在，被审计单位是否正在使用。

控制运行有效性强调的是控制能够在各个不同时点按照既定设计得以一贯执行。因此，在测试控制运行的有效性时，注册会计师获取的有关控制运行有效性的审计证据应当包括：

（1）控制在所审计期间的相关时点是如何运行的；

（2）控制是否得到一贯执行；

（3）控制由谁或以何种方式执行。

综上，在了解控制是否得到执行时，注册会计师只需抽取少量的交易进行检查或观察某几个时点。但在测试控制运行的有效性时，注册会计师需要抽取足够数量的交易进行检查或对多个不同时点进行观察。

"了解内部控制" 与 "控制测试" 的区别示例

某被审计单位针对销售收入和销售费用的业绩评价控制如下：财务经理每月审核实际销售收入（按产品细分）和销售费用（按费用项目细分），并与预算数和上年同期数比较，对于差异金额超过5%的项目进行分析并编制分析报告；销售经理审阅该报告并采取适当跟进措施。

注册会计师抽查了最近3个月的分析报告，并看到上述管理人员在报告上的签字确认，证明该控制已经得到执行。然而，注册会计师在与销售经理的讨论中发现他对分析报告中明显异常的数据并不了解其原因，也无法作出合理解释，从而显示该控制并未得到有效的运行。

虽然测试控制运行的有效性与了解和评价控制的设计和执行对获取的审计证据的要求不同，但是两者所采用的审计程序的类型是相同的。例如，在风险评估过程中，注册会计师可能询问管理层对预算的使用，观察管理层对月度预算费用与实际费用的比较，并且检查预算金额与实际金额之间的差异报告。这些程序设计的目的是了解被审计单位预算管理制度的设计及是否得到执行，但是同时也能够为这些制度在防止或发现费用的重大错报方面运行的有效性获取相关的审计证据。因此，注册会计师可以决定在评价控制的设计以及确定其是否得到执行的同时测试控制运行的有效性，以提高审计效率。

（二）控制测试的要求

根据审计准则的规定，当存在下列情形之一时，注册会计师应当设计和实施控制测试，针对控制运行的有效性，获取充分、适当的审计证据：

（1）在评估认定层次重大错报风险时，预期控制的运行是有效的；

（2）仅实施实质性程序并不能够提供认定层次充分、适当的审计证据。

只有认为控制设计合理，能够防止、发现并纠正相关认定的重大错报，并且注册会计师拟测试这些控制，注册会计师才实施控制测试。如果被审计单位在所审计期间内的不同时期使用了显著不同的控制，注册会计师要分别考虑不同时期的控制。

如果认为仅通过实施实质性程序无法获取认定层次的充分、适当的审计证据，注册会计师应当实施相关的控制测试，以获取控制运行有效性的审计证据。例如，在被审计单位对日常交易或与财务报表相关的其他数据采用高度自动化处理的情况下，审计证据可能仅以电子形式存在，此时审计证据是否充分和适当通常取决于自动化信息系统相关控制的有效性。如果信息的生成、记录处理和报告均通过电子格式进行而没有适当有效的控制，则生成不正确信息或信息被不恰当修改的可能性就会大大增加。在认为仅通过实施实质性程序不能获取充分、适当的审计证据的情况下，注册会计师必须实施控制测试。

二、控制测试的性质

控制测试的性质是指控制测试的目的和类型。如前所述，控制测试是为了评价内部控制在防止或发现并纠正认定层次重大错报方面的运行有效性。控制测试的类型包括询问、观察、检查和重新执行。

（1）询问。注册会计师通过向被审计单位员工询问的方式获取与内部控制运行情况相关的信息。例如，向负责复核银行存款余额调节表的人员询问如何复核，包括复核的要点是什么，发现不符事项如何处理等。在询问过程中，注册会计师应当保持职业怀疑。

（2）观察。观察是测试不留下书面记录的控制（如职责分离）的运行情况的有效方法。例如，观察存货盘点控制的运行情况。观察也可用于实物控制，比如查看仓库门窗是否锁好。尽管通过观察直接获取的证据比间接获取的证据更加可靠，但是注册会计师需要考虑其所观察到的控制在注册会计师不在场时可能未被执行的情况。

（3）检查。检查适用于测试运行留下书面证据的控制。例如，检查赊销订单是否有信用管理部门相关人员的签字。

（4）重新执行。注册会计师通过重新执行某项控制获取该项控制运行的信息。例如，注册会计师选取部分发票，核对发票金额是否与销售合同约定的金额一致。

值得注意的是，询问本身并不足以测试控制运行的有效性。因此，注册会计师往往将询问与其他审计程序结合使用，以获取有关控制运行有效性的审计证据。而观察提供的证据仅限于观察发生的时点，因此，将询问与检查或重新执行结合使用，可能比仅实施询问和观察获取更高水平的保证。

在确定实施哪种程序以获取有关控制运行是否有效的审计证据时，注册会计师需要考虑特定控制的性质。例如，某些控制通过文件记录证明其运行的有效性，在这种情况下，注册会计师可能需要检查这些文件记录以获取控制运行有效的审计证据。而某些控制可能不存在文件记录，或文件记录与控制运行是否有效不相关。例如，内部环境中的某些要素（如职责分离），或某些类型的控制（如自动化控制），可能不会留下运行记录。在这种情况下，注册会计师可能需要通过询问并结合其他审计程序（如观察）或借助计算机辅助审计技术，获取有关控制运行有效性的审计证据。

三、控制测试的时间安排

控制测试的时间，是指注册会计师何时实施控制测试，或控制测试所针对的控制适用的期间或时点。

注册会计师应当测试其拟信赖的特定时点或整个期间的控制，为预期信赖程度提供恰当的依据。如果仅需要测试控制在特定时点运行的有效性（如对被审计单位期末存货盘点进行控制测试），注册会计师只需要获取该时点的审计证据。如果需要测试控制在某一期间运行的有效性，注册会计师还需要实施其他测试，以获取相关控制在该期间内的相关时点运行有效的审计证据。这种测试可能包括被审计单位对内部控制体系的监督工作中的控制。上述"其他测试"应当具备的功能是，能提供相关控制在所有相关时点都运行有效的审计证据。被审计单位对控制的监督起到的就是一种检验相关控制在所有相关时点是否都有效运行的作用。因此，注册会计师测试这类活动能够强化控制在某期间运行有效性的审计证据效力。

（一）利用期中获取的审计证据

如前所述，注册会计师可能在期中实施进一步审计程序。通常，注册会计师在期中实施控制测试具有更积极的作用。但是，即使注册会计师已获取有关控制在期中运行有效性的审计证据，仍然需要考虑如何能够将控制在期中运行有效性的审计证据合理延伸至期末，一个基本的考虑是针对期中至期末这段剩余期间获取充分、适当的审计证据。因此，在已获取有关控制在期中运行有效性的审计证据之后，注册会计师应当：

（1）获取这些控制在剩余期间发生重大变化的审计证据；

（2）确定针对剩余期间还需获取的补充审计证据。

关于上述第一项，在获取相关控制在剩余期间发生重大变化的审计证据时，注册会计师需要了解这些控制在剩余期间是否发生了变化以及发生了怎样的变化。如果控制没有发生变化，注册会计师可能会信赖期中获取的审计证据；如果控制发生了变化，注册会计师需要了解并测试控制的变化对期中审计证据的影响。

关于上述第二项，在确定需要获取哪些补充审计证据以证明控制在期中之后的剩余期间仍然运行有效时，注册会计师需要考虑的相关因素包括：（1）评估的认定层次重大错报风险的重要程度。评估的认定层次重大错报风险越高，注册会计师需要在剩余期间获取的补充证据越多。（2）在期中测试的特定控制，以及自期中测试后发生的重大变动，包括信息系统、流程和人员方面发生的变动。变动程度越大，注册会计师需要在剩余期间获取的补充证据越多。（3）在期中对有关控制运行的有效性获取的审计证据的程度。在期中对有关控制运行有效性获取的审计证据越充分，注册会计师可以考虑适当减少需要获取的剩余期间的补充证据。（4）剩余期间的长度。剩余期间越长，注册会计师需要在剩余期间获取的补充证据越多。（5）在信赖控制的基础上拟缩小实质性程序的范围。注册会计师对相关控制的信赖程度越深，通常在信赖该控制的基础上拟减少实质性程序的范围就越大，需要在剩余期间获取的补充证据越多。（6）内部环境。内部环境越薄弱，注册会计师需要在剩余期间获取的补充证据越多。

此外，测试被审计单位对控制的监督也能获取补充证据，以便更有把握地将控制在期中运行有效性的审计证据合理延伸至期末。

（二）利用以前审计获取的审计证据

在某些情况下，如果注册会计师实施了用以确定审计证据持续相关性和可靠性的审计程序，以前审计获取的审计证据可以为本期提供相关审计证据。

如果拟利用以前审计获取的有关控制运行有效性的审计证据，注册会计师应当通过获取这些控制在以前审计后是否发生重大变化的审计证据，确定以前审计获取的审计证据是否与本期审计持续相关并且依然可靠。

注册会计师应当通过实施询问并结合观察或检查程序，获取这些控制是否发生重大变化的审计证据，以确认对这些控制的了解，并根据下列情况作出不同处理：（1）如果已发生变化，且这些变化对以前审计获取的审计证据的持续相关性产生影响，注册会计师应当在本期审计中测试这些控制运行的有效性；（2）如果未发生变化，注册会计师应当每三年至少对控制测试一次，并且在每年审计中测试部分控制，以避免将所有拟信赖控制的测试集中于某一年，而在之后的两年中不进行任何测试。

如果确定评估的认定层次重大错报风险是特别风险，并拟信赖针对该风险实施的控制，注册会计师应当在本期审计中测试这些控制运行的有效性。

注册会计师是否需要在本期测试某项控制的决策如图 5–2 所示。

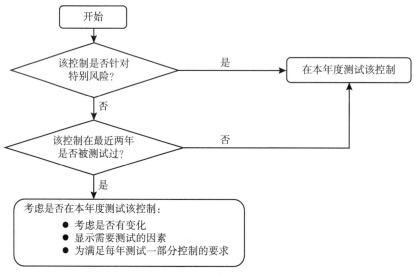

图 5–2　本期测试某项控制的决策

四、控制测试的范围

控制测试的范围，是指测试特定控制的次数。注册会计师应当按照审计准则的规定，测试其拟信赖的特定时点或整个期间的控制，为预期信赖程度提供恰当的依据。

当针对控制运行的有效性需要获取更具说服力的审计证据时，可能需要扩大控制测试的范围。在确定控制测试的范围时，除考虑对控制的信赖程度外，注册会计师还可能考虑以下因素：

（1）在拟信赖期间，被审计单位执行控制的频率。执行控制的频率越高，注册会计师实施控制测试的范围越大。

（2）在所审计期间，注册会计师拟信赖控制运行有效性的时间长度。拟信赖控制运行有效性的时间越长，注册会计师实施控制测试的范围越大。

（3）控制的预期偏差率。控制的预期偏差率越高，注册会计师实施控制测试的范围越大。

（4）拟获取的有关认定层次控制运行有效性的审计证据的相关性和可靠性。拟获取审计证据的相关性和可靠性越高，注册会计师实施控制测试的范围可以适当缩小。

（5）通过测试与认定相关的其他控制获取的审计证据的范围。如果针对同一认定的其他控制获取的审计证据的充分性和适当性较高，注册会计师实施控制测试的范围可以适当缩小。

在评价注册会计师拟信赖的控制的运行有效性时，注册会计师应当评价通过实施实质性程序发现的错报是否表明控制未得到有效运行。但通过实质性程序未发现错报，并不能证明与所测试认定相关的控制是有效的。

如果发现拟信赖的控制出现偏差，注册会计师应当进行专门查询以了解这些偏差及其潜在后果，并确定：（1）已实施的控制测试是否为信赖这些控制提供了适当的基础；（2）是否有必要实施追加的控制测试；（3）是否需要针对重大错报风险实施实质性程序。

注册会计师的做法恰当否？

甲公司是 ABC 会计师事务所的常年审计客户。A 注册会计师负责审计甲公司 20×4 年度财务报表。在实施进一步审计程序时，A 注册会计师抽样测试了甲公司与职工薪酬相关的控制，发现一个偏差。因针对职工薪酬实施实质性程序未发现错报，A 注册会计师认为该偏差不构成缺陷，相关内部控制运行有效。

A 注册会计师的做法不恰当。实施实质性程序未发现错报，并不能说明相关内部控制运行有效，该注册会计师忽略了对偏差的评估。

第三节　实质性程序

由于注册会计师对风险的评估是一种判断，可能无法识别出所有重大错报风险，以及内部控制存在固有局限性，无论评估的重大错报风险结果如何，注册会计师都应当针对所有重大类别的交易、账户余额和披露，设计和实施实质性程序。

一、实质性程序的概念及要求

实质性程序，是指用于发现认定层次重大错报的审计程序。实质性程序包括下列两类程序：（1）对各类交易、账户余额和披露的细节测试；（2）实质性分析程序。

注册会计师实施的实质性程序应当包括下列与财务报表编制完成阶段相关的审计程序：

（1）将财务报表中的信息与其所依据的会计记录进行核对或调节，包括核对或调节披露中的信息，无论该信息是从总账和明细账中获取，还是从总账和明细账之外的其他途径获取；

（2）检查财务报表编制过程中作出的重大会计分录和其他调整。

如果认为评估的认定层次重大错报风险是特别风险，注册会计师应当专门针对该风险实施实质性程序。如果针对特别风险实施的程序仅为实质性程序，这些程序应当包括细节测试。

例如，如果注册会计师认为管理层面临实现盈利预期的压力，则可能存在管理层虚增销售收入的风险，即通过对不满足收入确认条款的销售协议进行不当确认，或通过在出货前出具销售发票虚增收入。在这些情况下，注册会计师可能设计函证程序，不仅用于确认应收账款的账户余额，也用于确认销售协议的细节条款，包括日期、退货权和交货条款。此外，注册会计师还可能认为有必要就销售协议和交货条款的任何变更询问被审计单位的非财务人员，以此作为函证程序的补充。

二、实质性程序的性质

实质性程序的性质，是指实质性程序的目的和类型。实质性程序的目的是发现认定层次重大错报。实质性程序包括细节测试和实质性分析程序两类。

细节测试是对各类交易、账户余额和披露的具体细节进行测试，目的在于直接识别各类交易、账户余额和披露的认定是否存在错报。

实质性分析程序是通过研究数据间的关系以获取各类交易、账户余额和披露是否存在重大错报，它通常更适用于在一段时期内存在可预期关系的大量交易。在本质上，实质性分析程序仍然是一种分析程序。

根据具体情况，注册会计师可能确定：

（1）仅实施实质性分析程序就足以将审计风险降至可接受的低水平，如当实施控制测试获取的审计证据可以支持风险评估结果时；

（2）仅实施细节测试是适当的；

（3）将细节测试与实质性分析程序结合使用可以最恰当地应对评估的风险。

在设计细节测试时，注册会计师需要考虑风险评估的结果或认定的性质。例如，在针对存在或发生认定设计细节测试时，注册会计师可能需要选择已经包含在财务报表金额中的项目，并获取相关审计证据。另外，在针对完整性认定设计细节测试时，注册会计师可能需要选择应包含在财务报表金额中的项目，并调查这些项目是否确实包含在内。

值得注意的是，注册会计师可以实施双重目的测试。控制测试的目的是评价内部控制运行的有效性，而细节测试的目的是发现认定层次的重大错报。虽然两者的目的不同，但是注册会计师可以考虑针对同一交易同时实施控制测试和细节测试，以实现双重目的。例如，通过检查某笔交易的发票，注册会计师既可以确定其是否经过适当的授权，又可以获取有关该项交易的发生、准确性等认定的审计证据。

在设计和实施实质性分析程序时，注册会计师应当考虑：（1）对特定认定使用实质性分析程序的适当性；（2）对已记录的金额或比率作出预期时，所依据的数据的可靠性；（3）作出预期的准确程度是否足以在计划的保证水平上识别重大错报；（4）已记录金额与预期值之间可接受的差异额。在实施实质性分析程序时，如果使用被审计单位编制的信息，注册会计师应当考虑测试与信息编制相关的控制，以及这些信息是否在本期或前期经过审计。

三、实质性程序的时间安排

实质性程序的时间，是指注册会计师何时实施实质性程序，或实质性程序获取的审计证据适用的期间或时点。

（一）利用期中获取的审计证据

实质性程序的时间选择与控制测试的时间选择既有共同点，又有很大差异。共同点在于：两类程序都面临着对期中审计证据和对以前审计获取的审计证据的考虑。两者的差异在于：（1）在控制测试中，期中实施控制测试并获取期中关于控制运行有效性审计证据的做法更具有一种"常态"；而由于实质性程序的目的在于更直接地发现重大错报，在期中实施实质性程序时更需要考虑其成本效益的权衡。（2）在本期控制测试中拟信赖以前审计获取的有关控制运行有效性的审计证据，已经受到了很大的限制；而对于以前审计中通过实质性程序获取的审计证据，则采取了更加慎重的态度和更严格的限制。

如果在期中实施了实质性程序，注册会计师应当针对剩余期间实施下列程序之一，以将期中测试得出的结论合理延伸至期末：（1）结合对剩余期间实施的控制测试，实施实质性程序；（2）如果认为对剩余期间拟实施的实质性程序是充分的，仅实施实质性程序。

注册会计师在期中实施实质性程序而未在其后实施追加程序，将增加期末可能存在错报而未被发现的风险，并且该风险随着剩余期间的延长而增加。

如果期中检查出注册会计师在评估重大错报风险时未预期到的错报，注册会计师应当评价是否需要修改相关的风险评估结果以及针对剩余期间拟实施的实质性程序的性质、时间安排和范围。如果注册会计师由于在期中发现未预期的错报，而认为需要修改针对剩余期间拟实施实质性程序的性质、时间安排或范围，则此类修改可能包括在期末扩大期中已实施实质性程序的范围或重新实施这些实质性程序。

（二）利用以前审计获取的审计证据的考虑因素

在多数情况下，在以前审计中实施实质性程序获取的审计证据，通常对本期只有很弱的证据效力或没有证据效力。但是，也有例外。例如，由于证券化的结构未发生变化，以前审计中获得的与证券化结构有关的法律意见可能在本期仍适用。又如，以前审计通过实质性程序测试过的某项诉讼在本期没有任何实质性进展。在这些情况下，使用在以前审计的实质性程序中获取的审计证据可能是适当的，前提是该证据及其相关事项未发生重大变动，并且本期已实施用以确认是否具有持续相关性的审计程序。

四、实质性程序的范围

在确定实质性程序的范围时，注册会计师应当考虑评估的认定层次重大错报风险和实施控制测试的结果。注册会计师评估的认定层次的重大错报风险越高，需要实施实质性程序的范围越广。如果对控制测试结果不满意，注册会计师可能需要考虑扩大实质性程序的范围。

在设计细节测试时，注册会计师除了从样本量的角度考虑测试范围外，还要考虑选样方法的有效性等因素。例如，从总体中选取大额或异常项目，而不是进行代表性抽样或分层抽样。

实质性分析程序的范围有两层含义：第一层含义是对什么层次上的数据进行分析，注册会计师可以选择在高度汇总的财务数据层次进行分析，也可以根据重大错报风险的性质和水平调整分析层次。例如，按照不同产品线、不同季节或月份、不同经营地点或存货存放地点等实施实质性分析程序。第二层含义是需要对什么幅度或性质的差异展开进一步调查。实施分析程序可能发现差异，但并非所有的差异都值得展开进一步调查。可容忍或可接受的差异额越大，进一步调查的范围就越小。因此，在设计实质性分析程序时，注册会计师应当确定已记录金额与预期值之间可接受的差异额。在确定该差异额时，注册会计师应当主要考虑各类交易、账户余额和披露认定的重要性和计划的保证水平。

| 第六章 |

审 计 抽 样

【教学内容与思政目标】

➡] 教学内容

- ·理解审计抽样的定义、特征、适用性及相关概念。
- ·了解审计抽样在控制测试中的应用，掌握影响样本规模的主要因素，理解评价样本结果并由此形成总体结论。
- ·了解审计抽样在细节测试中的应用，掌握影响样本规模的主要因素，理解评价样本结果并由此形成总体结论。

➡] 思政目标

- ·培养整体观、全局观，在审计抽样中合理把握样本与总体、局部与全局、部分与整体的关系。

无论是制度基础审计还是风险导向审计模式下，审计抽样作为一种效率与效果并重的审计技术，其正确应用对于确保审计质量至关重要。

审计抽样的警示：瑞华所对千山药机审计失败

中国证券监督委员会于 2021 年 4 月 13 日公布了对瑞华会计师事务所（以下简称"瑞华所"）的处罚决定书，认定瑞华所及其签字注册会计师在对湖南千山制药机械股份有限公司（以下简称"千山药机"）2015 年及2016 年年度财务报表的审计过程中未勤勉尽责，决定没收瑞华所业务收入并处以罚款，同时对签字注册会计师给予警告和罚款。

经证监会查实，瑞华所存在多项违法事实。其中，与审计抽样相关的问题如下：

（1）货币资金审计程序存在样本选取不恰当，审计程序不充分的缺陷。瑞华所对千山药机银行存款收付记录与银行对账单进行了抽样核对。其中，2015年审计，在公司49个银行结算账户中共抽取30笔收款记录与银行对账单核对，共抽取30笔付款记录与银行对账单核对；2016年审计，在公司58个银行结算账户中共抽取26笔收款记录与银行对账单核对，共抽取25笔付款记录与银行对账单核对。瑞华所在选取银行账户核对检查时，抽取的样本量较少，且不具备代表性，对大额异常的资金进出未予以重点关注并选取检查。工商银行1901 ****1166账户、华夏银行1345 ****3894账户，是2015年、2016年公司资金借贷发生额最大的两个银行账户。瑞华所在审计中对上述重要银行账户仅选取2～4笔发生额进行核对检查。经查明，对工商银行1901 ****1166账户的发生额，2015年仅检查了两笔收款记录，合计为1 093万元，占该账户公司账面借方发生额的比例为3.48%；2016年，仅检查了1笔往来款145万元，两笔与公司内部其他银行账户转账共4 200万元，合计为4 345万元，占该账户账面借方发生额的比例为2.24%；付款记录检查了两笔，合计为2 700万元，占该账户账面贷方发生额的比例为1.52%。对华夏银行1345 ****3894账户的发生额，2015年仅检查两笔收款记录，合计为5 141.43万元，占该账户账面借方发生额的比例为4.40%；2016年检查了4笔收款记录，均为与子公司或公司内部其他银行账户之间的交易记录，合计为1.64亿元，占该账户账面借方发生额的比例为22.00%；付款记录检查了两笔，均与公司内部其他银行账户转账，合计为371万元，占该账户账面贷方发生额的比例为0.54%。瑞华所在审计中对公司银行存款发生额的关注度明显不足，抽样检查数量及金额比例较少，审计检查样本主要为公司内部银行账户之间的资金往来，对大额异常的资金进出关注较少，样本选取明显存在缺陷。

（2）应收票据审计程序存在缺陷。经查明，审计过程中，瑞华所编制了应收票据检查表，记录抽查了12笔应收票据，检查收到票据6笔，合计金额972.56万元，占应收票据账目借方发生额比例为6.50%；检查背书付出票据6笔，合计金额为2 001.09万元，占应收票据账目贷方发生额比例为15.93%。但是，审计底稿中仅收录一张检查表，未收录相关记账凭证以及票据复印件、收据等原始凭证，审计底稿记录不完整，审计样本选取及获取的审计证据不充分、不适当。

资料来源：中国证监会网站，http：//www.csrc.gov.cn。

通过瑞华所对千山药机审计失败案例发现，当审计抽样程序存在缺陷时，可能会引发严重的审计失败。这说明了审计抽样并非随心所欲。那么，什么是审计抽样？如何进行审计抽样？如何根据样本结果推断总体从而形成对总体的结论？这些是本章重点解决的问题。

第一节 审计抽样概述

一、审计抽样的概念与特征

（一）审计抽样的概念

审计抽样即抽样，是指注册会计师对具有审计相关性的总体中低于百分之百的项目实施审计程序，使所有抽样单元都有被选取的机会，为注册会计师针对整个总体得出结论提供合理基础。其中，总体是指注册会计师从中选取样本并期望据此得出结论的整个数据集合。抽样单元，是构成总体的个体项目，可能是实物项目（如支票簿上列示的支票信息，银行对账单上的贷方记录，销售发票或应收账款余额），也可能是货币单元。

审计抽样并非简单地随机选择，而是一种基于科学方法和技术手段，旨在从总体中选取具有代表性的样本，通过审查这些样本，推断总体特征的过程。因此，在使用审计抽样时，注册会计师的目标是，为得出有关抽样总体的结论提供合理的基础。

（二）审计抽样的特征

审计抽样应当同时具备三个特征：（1）对具有审计相关性的总体中低于百分

之百的项目实施审计程序；（2）所有抽样单元都有被选取的机会；（3）可以根据样本项目的测试结果推断出有关总体的结论。

注册会计师选择测试项目的方法包括选取全部项目测试、选取特定项目测试和审计抽样。注册会计师需要区分三种方法的差异。

审计抽样时，注册会计师应确定适合于特定审计目标的总体，并从中选取低于百分之百的项目实施审计程序。在某些情况下，注册会计师可能决定测试某类交易或账户余额中的每一个项目，即针对总体进行百分之百的测试，这就是选取全部项目测试，而不是审计抽样。

审计抽样时，所有抽样单元都应有被选取成为样本的机会，注册会计师不能存有偏向，只挑选具备某一特征的项目（例如，金额大或账龄长的应收账款）进行测试。如果只选取特定项目实施审计程序，这不是审计抽样。在这种情形下，注册会计师只能针对这些特定项目得出结论，而不能根据特定项目的测试结果推断总体的特征。

审计抽样时，注册会计师的目的并不是评价样本，而是对整个总体得出结论。如果注册会计师从某类交易或账户余额中选取低于百分之百的项目实施审计程序，却不准备据此推断总体的特征，例如，注册会计师挑选几笔交易，追查其在被审计单位会计系统中的运行轨迹，以获取对被审计单位内部控制的总体了解，而不是评价该类交易的整体特征，这就不是审计抽样。

二、审计抽样的适用性

审计抽样并非在所有审计程序中都可使用。在风险评估程序、控制测试和实质性程序中，风险评估程序通常不涉及审计抽样。如果注册会计师在了解控制的设计和确定控制是否得到执行的同时计划和实施控制测试，则可能涉及审计抽样，但此时审计抽样仅适用于控制测试。

当控制的运行留下轨迹时，注册会计师可以考虑使用审计抽样实施控制测试。对于未留下运行轨迹的控制，注册会计师通常实施询问、观察等审计程序，以获取有关控制运行有效性的审计证据，此时不宜使用审计抽样。此外，在被审计单位采用信息技术处理各类交易及其他信息时，注册会计师通常只需要测试信息技术一般控制，并从各类交易中选取一笔或几笔交易进行测试，就能获取有关信息处理控制运行有效性的审计证据，此时也不需使用审计抽样。

实质性程序包括对各类交易、账户余额和披露的细节测试，以及实质性分析程序。在实施细节测试时，注册会计师可以使用审计抽样获取审计证据，以验证有关财务报表金额的一项或多项认定，或对某些金额作出独立估计。实施实质性分析程序时，注册会计师的目的不是根据样本项目的测试结果推断有关总体的结论，因而不宜使用审计抽样。

审计抽样可以与其他选取测试项目的方法结合进行。例如，在审计应收账款时，注册会计师可以使用选取特定项目的方法将应收账款中的单个重大项目挑选出来单独测试，再针对剩余的应收账款余额进行抽样。

三、抽样风险和非抽样风险

审计抽样虽然能够提高审计效率，但也伴随着一定的风险，包括抽样风险和非抽样风险。

（一）抽样风险

抽样风险是指注册会计师根据样本得出的结论，可能不同于如果对整个总体实施与样本相同的审计程序得出的结论的风险。抽样风险是由抽样引起的，与样本规模和抽样方法相关。

抽样风险可能导致两种类型的错误结论：

（1）在实施控制测试时，注册会计师推断的控制有效性高于其实际有效性（信赖过度风险）；或在实施细节测试时，注册会计师推断某一重大错报不存在而实际上存在（误受风险）。注册会计师主要关注这类错误结论，原因是其影响审计效果，非常有可能导致发表不恰当的审计意见。

（2）在实施控制测试时，注册会计师推断的控制有效性低于其实际有效性（信赖不足风险）；或在实施细节测试时，注册会计师推断某一重大错报存在而实际上不存在（误拒风险）。这类错误结论影响审计效率，原因是其通常导致注册会计师实施额外的工作，以证实初始结论是错误的。

也就是说，只要使用了审计抽样，无论是实施控制测试时或者是实施细节测试时，均存在抽样风险。控制测试中的抽样风险包括信赖过度风险和信赖不足风险；细节测试中的抽样风险包括误受风险和误拒风险。

抽样风险的类型如图 6 - 1 所示。

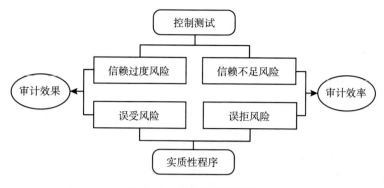

图 6 - 1　审计抽样的风险

抽样风险与样本规模呈反向变动关系，即样本规模越大，抽样风险越低。因此，扩大样本规模是控制抽样风险的一种有效方法。如果对总体中的所有项目都实施检查，就不存在抽样风险。

（二）非抽样风险

非抽样风险，是指注册会计师由于任何与抽样风险无关的原因而得出错误结论的风险。注册会计师采用不适当的审计程序或误解审计证据而没有发现错报或偏差，均可能导致非抽样风险。

在审计过程中，可能导致非抽样风险的原因主要包括下列情形：

（1）注册会计师选择了不适于实现特定目标的审计程序。例如，依赖应收账款函证以查验未入账的应收账款。

（2）注册会计师选择的总体不适合于测试目标。例如，在测试销售收入的"完整性"认定时将主营业务收入日记账界定为总体。

（3）注册会计师未能适当地定义误差（包括控制偏差或错报），导致注册会计师未能发现样本中存在的控制偏差或错报。

（4）注册会计师未能适当地评价审计发现的情况。例如，注册会计师错误解读审计证据可能导致没有发现误差。

非抽样风险是由人为因素造成的，虽然难以量化非抽样风险，但通过采取适当的质量管理政策和程序，对审计工作进行适当的指导、监督和复核，仔细设计审计程序，以及对审计实务的适当改进，注册会计师可以将非抽样风险降至可接受的水平。

四、统计抽样和非统计抽样

所有的审计抽样都需要注册会计师运用职业判断，计划并实施抽样程序，评价样本结果。审计抽样时，注册会计师既可以使用统计抽样方法，也可以使用非统计抽样方法。

（一）统 计 抽 样

统计抽样，是指同时具备下列特征的抽样方法：（1）随机选取样本项目；（2）运用概率论评价样本结果，包括计量抽样风险。

属性抽样和变量抽样都是统计抽样方法。

属性抽样是一种用来对总体中某一事件发生率得出结论的统计抽样方法。属性抽样在审计中最常见的用途是测试某一既定控制的偏差率，以支持注册会计师评估的控制风险水平。

变量抽样是一种用来对总体金额得出结论的统计抽样方法。变量抽样在审计中的主要用途是进行细节测试，以确定记录金额是否合理。

统计抽样有助于注册会计师高效地设计样本，计量所获取证据的充分性，以及定量评价样本结果。

（二）非 统 计 抽 样

不同时具备统计抽样两个特征的抽样方法为非统计抽样。

统计抽样能够客观地计量抽样风险，并通过调整样本规模精确地控制风险，这是与非统计抽样最重要的区别。

确定使用统计抽样方法还是非统计抽样方法，取决于注册会计师的职业判断，但样本规模不是区分统计抽样方法和非统计抽样方法的有效标准。如果设计适当，非统计抽样也能提供与统计抽样方法同样有效的结果。

第二节　审计抽样在控制测试中的应用

在控制测试中使用审计抽样可以分为样本设计、样本选取和评价样本结果三个主要阶段。

一、样本设计

在设计审计样本时，注册会计师需要考虑的因素包括拟实现的特定目的以及可能实现该目的的最佳审计程序组合。考虑拟获取审计证据的性质，以及与该审计证据相关的可能的偏差情况或其他特征，有助于注册会计师界定偏差的构成以及采用何种总体。因此，在样本设计阶段，注册会计师应当在确定测试目标的基础上定义总体、抽样单元、控制偏差的构成条件和测试期间。

1. 确定测试目标

注册会计师实施控制测试的目标是提供关于控制运行有效性的审计证据，以支持计划的重大错报风险评估水平。测试目标应明确控制在所审计期间的相关时点是如何运行的，是否得到一贯执行，以及由谁或以何种方式执行。

2. 定义总体

总体是指注册会计师从中选取样本并期望据此得出结论的整个数据集合。在定义总体时，注册会计师应确保总体的适当性、完整性，并考虑总体的同质性。适当性要求总体适合于特定的审计目标，完整性要求总体包含所有与审计目标相关的项目，同质性要求总体中的所有项目具有同样的特征。

3. 定义抽样单元

抽样单元是指构成总体的个体项目。在控制测试中，抽样单元通常是能够提供控制运行证据的一份文件资料、一个记录或其中一行。

4. 定义偏差构成条件

注册会计师应根据对内部控制的了解，确定哪些特征能够显示被测试控制的运行情况，然后据此定义控制偏差的构成条件。在控制测试中，控制偏差是指偏离对既定控制的预期执行。在评估控制运行的有效性时，注册会计师应当考虑其认为必要的所有环节。

5. 定义测试期间

注册会计师通常在期中实施控制测试，由于期中测试获取的证据只与控制截至期中测试时点的运行有关，注册会计师需要确定如何获取关于剩余期间的证据。注册会计师可以有两种做法：（1）将测试扩展至在剩余期间发生的交易，以获取额外的证据。这种情况下，在期中执行初始测试的基础上，估计总体中剩余期间将发生交易的数量，在期末审计时对所有发生在期中测试之后的被选取交易进行检查。（2）不将测试扩展至在剩余期间发生的交易。在这种情况下，总体只包括从年初到期中测试日为止的交易，测试结果也只能针对这一期间进行推断，注册会计师可以使用替代方法测试剩余期间的控制有效性。另外，如果在期中测试中注册会计师发现的偏差已经足以使其得出结论，即使在发生于期中测试以后的交易中未发现任何偏差，也不会影响控制测试结果，注册会计师也可能决定不将样本扩展至期中测试以后发生的交易。

二、样本选取

1. 确定抽样方法

选取样本时，只有从总体中选出具有代表性的样本项目，注册会计师才能根据样本的测试结果推断有关总体的结论。因此，不管使用统计抽样还是非统计抽样，在选取本项目时，注册会计师应当使总体中的每个抽样单元都有被选取的机会。

2. 确定样本规模

（1）影响样本规模的因素。

注册会计师应当确定足够的样本规模，以将抽样风险降至可接受的低水平。样本规模的大小直接影响到审计结论的恰当性。样本规模过小可能导致审计结论的可靠性大打折扣，而样本规模过大则可能增加审计成本。在控制测试中影响样本规模的主要因素如表6-1所示。

表6-1　　　　　　　　控制测试中影响样本规模的主要因素

影响因素	与样本规模关系
可接受的信赖过度风险	与样本规模呈反向变动关系。注册会计师一般将信赖过度风险确定为10%，特别重要的测试则可以将信赖过度风险确定为5%
可容忍偏差率	可容忍偏差率是注册会计师设定的偏离规定的内部控制程序的比率。当偏差率为3%~7%时，控制有效性的估计水平较高。可容忍偏差率与样本规模呈反向变动关系

续表

影响因素	与样本规模关系
预计总体偏差率	注册会计师在考虑总体特征时，需要根据对控制的了解或对总体中少量项目的检查来评估预期偏差率。如果预期偏差率高得无法接受，注册会计师通常决定不实施控制测试。预计总体偏差率与样本规模呈同向变动关系
总体规模	除非总体非常小，一般而言，总体规模对样本规模的影响几乎为零。注册会计师通常将抽样单元超过 2 000 个的总体视为大规模总体

（2）针对运行频率较低的内部控制的考虑。

某些重要的内部控制并不经常运行，例如，银行存款余额调节表的编制可能是按月执行，针对年末结账流程的内部控制则是一年执行一次。注册会计师可以根据表 6 - 2 确定所需的样本规模。一般情况下，样本规模接近表 6 - 2 中样本数量区间的下限是适当的。如果控制发生变化，或曾经发现控制缺陷，样本规模更可能接近甚至超过表 6 - 2 中样本数量区间的上限。如果拟测试的控制是针对相关认定的唯一控制，注册会计师往往可能需要测试比表中所列更多的样本。

表 6 - 2　　　　　　　　　测试运行频率较低的内部控制的有效性

控制运行频率与总体的规模	测试的样本数量
1 次/季度（4）	2
1 次/月度（12）	2 ~ 5
1 次/半月（24）	3 ~ 8
1 次/周（52）	5 ~ 15

（3）确定样本量。

实施控制测试时，注册会计师可能使用统计抽样，也可能使用非统计抽样。在非统计抽样中，注册会计师可以只对影响样本规模的因素进行定性的估计，并运用职业判断确定样本规模。使用统计抽样方法时，注册会计师必须对影响样本规模的因素进行量化，并利用根据统计公式开发的专门的计算机程序或专门的样本量表来确定样本规模。

表 6 - 3 提供了在控制测试中确定的可接受信赖过度风险为 10% 时所使用的样本量。例如，注册会计师确定的可接受信赖过度风险为 10%，可容忍偏差率为 7%，预计总体偏差率 1%，根据表 6 - 3，确定的样本规模为 55。

表 6 – 3

控制测试统计抽样样本规模——信赖过度风险 10%

预计总体偏差率（%）	可容忍偏差率										
	2%	3%	4%	5%	6%	7%	8%	9%	10%	15%	20%
0.00	114 (0)	76 (0)	57 (0)	45 (0)	38 (0)	32 (0)	28 (0)	25 (0)	22 (0)	15 (0)	11 (0)
0.25	194 (1)	129 (1)	96 (1)	77 (1)	64 (1)	55 (1)	48 (1)	42 (1)	38 (1)	25 (1)	18 (1)
0.50	194 (1)	129 (1)	96 (1)	77 (1)	64 (1)	55 (1)	48 (1)	42 (1)	38 (1)	25 (1)	18 (1)
0.75	265 (2)	129 (1)	96 (1)	77 (1)	64 (1)	55 (1)	48 (1)	42 (1)	38 (1)	25 (1)	18 (1)
1.00	*	176 (2)	96 (1)	77 (1)	64 (1)	55 (1)	48 (1)	42 (1)	38 (1)	25 (1)	18 (1)
1.25	*	221 (3)	132 (2)	77 (1)	64 (1)	55 (1)	48 (1)	42 (1)	38 (1)	25 (1)	18 (1)
1.50	*	*	132 (2)	105 (2)	64 (1)	55 (1)	48 (1)	42 (1)	38 (1)	25 (1)	18 (1)
1.75	*	*	166 (3)	105 (2)	88 (2)	55 (1)	48 (1)	42 (1)	38 (1)	25 (1)	18 (1)
2.00	*	*	198 (4)	132 (3)	88 (2)	75 (2)	48 (1)	42 (1)	38 (1)	25 (1)	18 (1)
2.25	*	*	*	132 (3)	88 (2)	75 (2)	65 (2)	42 (2)	38 (2)	25 (1)	18 (1)
2.50	*	*	*	158 (4)	110 (3)	75 (2)	65 (2)	58 (2)	38 (2)	25 (1)	18 (1)
2.75	*	*	*	209 (6)	132 (4)	94 (3)	65 (2)	58 (2)	52 (2)	25 (1)	18 (1)
3.00	*	*	*	*	132 (4)	94 (3)	65 (2)	58 (2)	52 (2)	25 (1)	18 (1)
3.25	*	*	*	*	153 (5)	113 (4)	82 (3)	58 (2)	52 (2)	25 (1)	18 (1)
3.50	*	*	*	*	194 (7)	113 (4)	82 (3)	73 (3)	52 (2)	25 (1)	18 (1)
3.75	*	*	*	*	*	131 (5)	98 (4)	73 (3)	52 (2)	25 (1)	18 (1)
4.00	*	*	*	*	*	149 (6)	98 (4)	73 (3)	65 (3)	25 (1)	18 (1)
5.00	*	*	*	*	*	*	160 (8)	115 (6)	78 (4)	34 (2)	18 (1)
6.00	*	*	*	*	*	*	*	182 (11)	116 (7)	43 (3)	25 (2)
7.00	*	*	*	*	*	*	*	*	199 (14)	52 (4)	25 (2)

注：①括号内是可接受的控制偏差数。②＊表示样本规模太大，因而在大多数情况下不符合成本效益原则。③本表假设总体足够大。

3. 选取样本并对其实施审计程序

注册会计师在选取样本项目时，应当使总体中的每个抽样单元都有被选取的机会。在统计抽样中，注册会计师选取样本项目时，每个抽样单元被选取的概率是已知的。在非统计抽样中，注册会计师根据判断选取样本项目。由于抽样是为注册会计师得出有关总体的结论提供合理的基础，因此，注册会计师通过选择具有总体典型特征的样本项目，从而选出有代表性的样本以避免偏向是很重要的。

选取样本的主要方法包括随机选样、系统选样和随意选样。

（1）随机选样，使用随机数生成工具，如随机数进行选样。

（2）系统选样，即用总体中抽样单元的总数量除以样本规模，得到样本间隔，例如样本间隔为50，然后在第一个50中确定一个起点，其后每数到第50个的抽样单元就是所选项目。虽然可以随意选择起点，但如果使用计算机随机数发生器或随机数表，样本可能更随机。在使用系统选样时，注册会计师需要确定，总体中的抽样单元的排列方式不会使样本间隔正好与总体的特殊模式相对应。

（3）随意选样。在这种方法中，注册会计师选取样本不采用结构化的方法。尽管不使用结构化方法，注册会计师也要避免任何有意识的偏向或可预见性（如回避难以找到的项目，或总是选择或回避每页的第一个或最后一个项目），从而试图保证总体中的所有项目都有被选中的机会。

注册会计师应当针对选取的每个项目，实施适合具体目的的审计程序。如果未能对某个选取的项目实施设计的审计程序或适当的替代程序，注册会计师应当将该项目视为控制测试中对规定的控制的一项偏差。

三、评价样本结果

在完成对样本的测试并汇总控制偏差之后，注册会计师应当评价样本结果，对总体得出结论，即样本结果是否支持计划评估的控制有效性，从而支持计划的重大错报风险评估水平。

（一）计算偏差率

将样本中发现的控制偏差数量除以样本规模，就可以计算出样本偏差率。样本偏差率就是注册会计师对总体偏差率的最佳估计，因而在控制测试中无须另外推断总体偏差率，但注册会计师还必须考虑抽样风险。

（二）考虑抽样风险

在估计出总体偏差率（样本偏差率）的基础上，还应考虑抽样风险（主要是信赖过度风险）的影响，从而形成可接受的抽样风险下总体偏差率的适用区间。表6-4列示了信赖过度风险10%时的总体偏差率上限。将计算出的总体偏差率上限与可容忍偏差率进行比较，以形成对总体的结论：（1）如果总体偏差率上限高于或等于可容忍偏差率，则总体不能接受。这时注册会计师对总体得出结论，样本结果不支持计划评估的控制有效性，从而不支持计划的重大错报风险评估水平。此时注册会计师应当修正重大错报风险评估水平，并增加实质性程序的数量。（2）如果总体偏差率上限低于且不接近可容忍偏差率，则总体可以接受。这时注册会计师对总体得出结论，样本结果支持计划评估的控制有效性，从而支持计划的重大错报风险评估水平。（3）如果总体偏差率上限低于但接近可容忍偏差率，注册会计师应当结合其他审计程序的结果，考虑是否接受总体，并考虑是否需要扩大测试范围，以进一步证实计划评估的控制有效性和重大错报风险水平。

表6-4　　控制测试中统计抽样结果评价——信赖过度风险10%时的总体偏差率上限

样本规模	实际发现的偏差数量										
	0	1	2	3	4	5	6	7	8	9	10
20	10.9	18.1	*	*	*	*	*	*	*	*	*
25	8.8	14.7	19.9	*	*	*	*	*	*	*	*
30	7.4	12.4	16.8	*	*	*	*	*	*	*	*
35	6.4	10.7	14.5	18.1	*	*	*	*	*	*	*
40	5.6	9.4	12.8	16.0	19.0	*	*	*	*	*	*
45	5.0	8.4	11.4	14.3	17.0	19.7	*	*	*	*	*
50	4.6	7.6	10.3	12.9	15.4	17.8	*	*	*	*	*
55	4.1	6.9	9.4	11.8	14.1	16.3	18.4	*	*	*	*
60	3.8	6.4	8.7	10.8	12.9	15.0	16.9	18.9	*	*	*
70	3.3	5.5	7.5	9.3	11.1	12.9	14.6	16.3	17.9	19.6	*
80	2.9	4.8	6.6	8.2	9.8	11.3	12.8	14.3	15.8	17.2	18.6
90	2.6	4.3	5.9	7.3	8.7	10.1	11.5	12.8	14.1	15.4	16.6
100	2.3	3.9	5.3	6.6	7.9	9.1	10.3	11.5	12.7	13.9	15.0

续表

样本规模	实际发现的偏差数量										
	0	1	2	3	4	5	6	7	8	9	10
120	2.0	3.3	4.4	5.5	6.6	7.6	8.7	9.7	10.7	11.6	12.6
160	1.5	2.5	3.3	4.2	5.0	5.8	6.5	7.3	8.0	8.8	9.5
200	1.2	2.0	2.7	3.4	4.0	4.6	5.3	5.9	6.5	7.1	7.6

注：①＊表示超过20％。②本表以百分比表示偏差率上限；本表假设总体足够大。

在非统计抽样中，抽样风险无法直接计量。注册会计师通常将估计的总体偏差率（样本偏差率）可容忍偏差率相比较，运用职业判断确定总体是否可以接受：（1）如果总体偏差率高于可容忍偏差率，则总体不能接受。（2）如果总体偏差率大大低于可容忍偏差率，注册会计师通常认为总体可以接受。（3）如果总体偏差率虽然低于可容忍偏差率，但两者很接近，注册会计师通常认为实际的总体偏差率高于可容忍偏差率的抽样风险很高，因而总体不可接受。（4）如果总体偏差率与可容忍偏差率之间的差额不是很大也不是很小，以至于不能认定总体是否可以接受时，注册会计师则要考虑扩大样本规模或实施其他测试，以进一步收集证据。

（三）考虑控制偏差的性质和原因

除了关注偏差率和抽样风险之外，注册会计师还应当调查识别出的所有控制偏差的性质和原因，并评价其对审计程序的目的和审计的其他方面可能产生的影响。无论是统计抽样还是非统计抽样，对样本结果的定性评估和定量评估一样重要。即使样本的评价结果在可接受的范围内，注册会计师也应对样本中的所有控制偏差进行定性分析。

注册会计师对控制偏差的性质和原因的分析包括：是有意的还是无意的？是误解了规定还是粗心大意？是经常发生还是偶然发生？是系统的还是随机的？如果注册会计师发现许多控制偏差具有相同的特征，如交易类型、地点、生产线或时期等，则应考虑该特征是不是引起控制偏差的原因，是否存在其他尚未发现的具有相同特征的控制偏差。此时，注册会计师应将具有该共同特征的全部项目划分为一层，并对该层中的所有项目实施审计程序，以发现潜在的系统性控制偏差。

（四） 得出总体结论

在计算偏差率、考虑抽样风险并分析控制偏差的性质和原因之后，注册会计师需要运用职业判断得出总体结论。如果样本结果及其他相关审计证据支持计划评估的控制有效性，从而支持计划的重大错报风险评信水平，注册会计师可能不需要修改计划的实质性程序。如果样本结果不支持计划的控制运行有效性和重大错报风险的评估水平，注册会计师通常有两种选择：（1）进一步测试其他控制，以支持计划的控制运行有效性和重大错报风险的评估水平；（2）提高重大错报风险评估水平，并相应修改计划的实质性程序的性质、时间安排和范围。

控 制 测 试 统 计 抽 样 示 例

假设注册会计师准备使用统计抽样方法，测试现金支付授权控制运行的有效性。注册会计师作出下列判断：（1）为发现未得到授权的现金支付，注册会计师将所有已支付现金的项目作为总体；（2）定义的抽样单元为现金支付单据上的每一行；（3）控制偏差被定义为没有授权人签字的发票和验收报告等证明文件的现金支付；（4）可接受信赖过度风险为10%；（5）可容忍偏差率为7%；（6）根据上年测试结果和对控制的初步了解，预计总体的偏差率为1.75%；（7）由于现金支付业务数量很大，总体规模对样本规模的影响可以忽略。在表6－3中，信赖过度风险为10%时，7%可容忍偏差率与1.75%预计总体偏差率的交叉处为55，即所需的样本规模为55。注册会计师使用简单随机选样法选择了55个样本项目，并对其实施了既定的审计程序。

假设一：55个样本中未发现控制偏差。

注册会计师查表6－4估计出总体的偏差率上限为4.1%，这意味着，如果样本量为55且无一例控制偏差，总体实际偏差率超过4.1%的风险为10%，即有90%的把握保证总体实际偏差率不超过4.1%。由于注册会计师确定的可容忍偏差率为7%，因此可以得出结论，总体的实际偏差率超过可容忍偏差率的风险很小，总体可以接受。也就是说，样本结果证实注册会计师对控制运行有效性的估计和评估的重大错报风险水平是适当的。

假设二：55个样本中发现两个控制偏差。

注册会计师查表 6 – 4 估计出总体的偏差率上限为 9.4% ，这意味着，如果样本量为 55 且有两个控制偏差，总体实际偏差率超过 9.64% 的风险为 10% 。在可容忍偏差率为 7% 的情况下，注册会计师可以得出结论，总体的实际偏差率超过可容忍偏差率的风险很大，因而不能接受总体。

四、记录抽样程序

在控制测试中使用审计抽样时，注册会计师通常记录下列内容以形成审计工作底稿：对所测试的既定控制的描述；与抽样相关的控制目标，包括相关认定；对总体和抽样单元的定义，包括注册会计师如何考虑总体的完整性；对控制偏差的构成条件的定义；可接受的信赖过度风险、可容忍偏差率，以及在抽样中使用的预计总体偏差率；确定样本规模的方法；选样方法；选取的本项目；对如何实施抽样程序的描述；对样本的评价及总体结论摘要。

第三节　审计抽样在细节测试中的应用

与控制测试相同，在细节测试中实施审计抽样也分为样本设计、样本选取和评价样本结果 3 个主要阶段。

一、样本设计

1. 确定测试目标

细节测试的目的是识别财务报表中各类交易、账户余额和披露中存在的重大错报。在细节测试中，审计抽样通常用来测试有关财务报表金额的一项或多项认定的合理性。

2. 定义总体

在实施审计抽样之前，注册会计师必须仔细定义总体，确定总体的范围，确保总体的适当性和完整性。适当性是指总体应适合于特定的审计目标，完整性包括代表总体的实物的完整性。例如，如果注册会计师将总体定义为特定时期的所有现金支付，代表总体的实物就是该时期的所有现金支付单据。

3. 定义抽样单元

在细节测试中，注册会计师应根据审计目标和所实施审计程序的性质定义抽样单元。抽样单元可能是一个账户余额、一笔交易或交易中的一个记录，甚至是每个货币单元。例如，如果抽样的目标是测试应收账款是否存在，注册会计师可能选择各应收账款明细账余额、发票或发票上的单个项目作为抽样单元。选择的标准是，如何定义抽样单元能使审计抽样达到最佳的效率和效果。

4. 界定错报

在细节测试中，注册会计师应根据审计目标界定错报。例如，在对应收账款存在的细节测试中（如函证），客户在函证信息针对的截止日之前已支付而被审计单位在该日之后才收到的款项不构成错报。

二、样本选取

1. 确定抽样方法

在细节测试中进行审计抽样，可能使用统计抽样，也可能使用非统计抽样。注册会计师在细节测试中常用的统计抽样方法包括货币单元抽样和传统变量抽样。

（1）货币单元抽样。

货币单元抽样是一种运用属性抽样原理对货币金额而不是对发生率得出结论的统计抽样方法，它是概率比例规模抽样方法的分支。货币单元抽样以货币单元作为抽样单元，例如，总体包含 50 个应收账款明细账户，共有余额 600 000 元。若采用货币单元抽样，则认为总体含有 600 000 个抽样单元，而不是 50 个。总体中的每个货币单元被选中的机会相同，所以总体中某一项目被选中的概率等于该项目的金额与总体金额的比率，项目金额越大，被选中的概率就越大，这样有助于注册会计师将审计重点放在较大的账户余额或交易。但实际上注册会计师并不是对总体中的货币单元实施检查，而是对包含被选取货币单元的账户余额或交易实施检查。注册会计师检查的账户余额或交易被称为逻辑单元。

（2）传统变量抽样。

传统变量抽样运用正态分布理论，根据样本结果推断总体的特征。传统变量抽样涉及难度较大、较为复杂的数学计算，注册会计师通常使用计算机程序确定样本规模。

在细节测试中运用传统变量抽样时，常见的方法有以下 3 种：

①均值法。使用这种方法时，注册会计师先计算样本中所有项目审定金额的平均值，然后用这个样本平均值乘以总体规模，得出总体金额的估计值。总体估计金额和总体账面金额之间的差额就是推断的总体错报。

$$样本审定金额的平均值 = 样本审定金额 \div 样本规模$$

$$估计的总体金额 = 样本审定金额的平均值 \times 总体规模$$

$$推断的总体错报 = 总体账面金额 - 估计的总体金额$$

②差额法。使用这种方法时，注册会计师先计算样本审定金额与账面金额之间的平均差额，再以这个平均差额乘以总体规模，从而求出总体的审定金额与账面金额的差额（总体错报）。

$$样本平均错报 = （样本账面金额 - 样本审定金额）\div 样本规模$$

$$推断的总体错报 = 样本平均错报 \times 总体规模$$

$$估计的总体金额 = 总体账面金额 - 推断的总体错报$$

③比率法。使用这种方法时，注册会计师先计算样本的审定金额与账面金额之间的比率，再以这个比率乘以总体的账面金额，从而求出估计的总体金额。

$$比率 = 样本审定金额 \div 样本账面金额$$

$$估计的总体金额 = 总体账面金额 \times 比率$$

$$推断的总体错报 = 总体账面金额 - 估计的总体金额$$

2. 确定样本规模

（1）影响样本规模的因素。在细节测试中，影响样本规模的主要因素如表 6-5 所示。

表 6-5　　　　　　　　细节测试中影响样本规模的主要因素

影响因素	与样本规模关系
可接受的误受风险	与样本规模呈反向变动关系
可容忍错报	与样本规模呈反向变动关系。可容忍错报是将实际执行的重要性运用到特定抽样程序，它可能等于或低于实际执行的重要性
预计总体错报	与样本规模呈同向变动关系。预计总体错报不应超过可容忍错报。在既定的可容忍错报下，预计总体错报的金额和频率越小，所需的样本规模也越小。相反，预计总体错报的金额和频率越大，所需的样本规模也越大。如果预期错报很高，注册会计师在实施细节测试时对总体进行 100% 检查或使用较大的样本规模可能较为适当

续表

影响因素	与样本规模关系
总体规模	总体中的项目数量在细节测试中对样本规模的影响很小
总体的变异性	与样本规模呈同向变动关系。总体变异性是指总体的某一特征在各项目之间的差异程度。衡量这种变异或分散程度的指标是标准差。总体项目的变异性越低，通常样本规模越小。如果总体项目存在重大的变异性，注册会计师可以考虑将总体分层

（2）确定样本量。实施细节测试时，无论使用统计抽样还是非统计抽样方法，注册会计师都应当综合考虑样本规模的影响因素，运用职业判断和经验确定样本规模。

表6-6提供了细节测试中基于货币单元抽样法的样本量。该表中可接受的误受风险为5%或10%，如果注册会计师需要其他误受风险水平的抽样规模，必须使用统计抽样参考资料中的其他表格或计算机程序。例如，注册会计师确定的误受风险为10%，可容忍错报与总体账面金额之比为5%，预计总体错报与可容忍错报之比为0.20，根据表6-6注册会计师确定样本规模为69。

表6-6　　　　　　　　　　细节测试中货币单元抽样样本规模

误受风险	预计总体错报与可容忍错报之比	可容忍错报与总体账面金额之比										
		50%	30%	10%	8%	6%	5%	4%	3%	2%	1%	0.50%
5%	—	6	10	30	38	50	60	75	100	150	300	600
5%	0.10	8	13	37	46	62	74	92	123	184	368	736
5%	0.20	10	16	47	58	78	93	116	155	232	463	925
5%	0.30	12	20	60	75	100	120	150	200	300	600	1 199
5%	0.40	17	27	81	102	135	162	203	270	405	809	1 618
5%	0.50	24	39	116	145	193	231	289	385	577	1 154	2 308
10%	—	5	8	24	29	39	47	58	77	116	231	461
10%	0.20	7	12	35	43	57	69	86	114	171	341	682
10%	0.30	9	15	44	55	73	87	109	145	217	433	866
10%	0.40	12	20	58	72	96	115	143	191	286	572	1 144
10%	0.50	16	27	80	100	134	160	200	267	400	799	1 597

3. 选取样本并对其实施审计程序

注册会计师应对选取的每一个样本实施适合于具体审计目标的审计程序。无法对选取的项目实施检查时，注册会计师应当考虑这些未检查项目对样本评价结果的影响。如果未检查项目中可能存在的错报不会改变注册会计师对样本的评价结果，注册会计师无须检查这些项目；反之，注册会计师应当实施替代程序，获取形成结论所需的审计证据。注册会计师还要考虑无法实施检查的原因是否影响计划的重大错报风险评估水平或舞弊风险的评估水平。

三、评价样本结果

（一）推断总体的错报

注册会计师应当根据样本结果推断总体的错报。如果在期中实施细节测试时用到审计抽样，注册会计师只能根据样本结果推断从中选取样本的总体的错报金额。注册会计师需要实施进一步审计程序，以确定能否将期中测试得出的结论合理延伸至期末。

根据样本中发现的错报金额估计总体的错报金额时，注册会计师可以使用比率法、差额法等。如果注册会计师在设计样本时将进行抽样的项目分为几层，则要在每层分别推断错报，然后将各层推断的金额加总，计算估计的总体错报。注册会计师还要将在进行百分之百检查的单个重大项目中发现的所有错报与推断的错报金额汇总。

（二）考虑抽样风险

在细节测试中，推断的错报是注册会计师对总体错报作出的最佳估计。当推断的错报接近或超过可容忍错报时，总体中的实际错报金额很可能超过了可容忍错报。因此注册会计师要将各交易类别或账户余额的错报总额与该类交易或账户余额的可容忍错报相比较，并适当考虑抽样风险，以评价样本结果。如果推断的错报总额低于可容忍错报，注册会计师还要考虑总体的实际错报金额仍有可能超过可容忍错报的风险。

（三）考虑错报的性质和原因

除了评价错报的金额和频率以及抽样风险之外，注册会计师还应当考虑：

（1）错报的性质和原因，是原则还是应用方面的差异？是错误还是舞弊导致？是误解指令还是粗心大意所致？（2）错报与审计工作其他阶段之间可能存在的关系。

（四） 得出总体结论

在推断总体的错报、考虑抽样风险、分析错报的性质和原因之后，注册会计师需要运用职业判断得出总体结论。

如果样本结果不支持总体账面金额，且注册会计师认为账面金额可能存在错报，注册会计师通常会建议被审计单位对错报进行调查，并在必要时调整账面记录。依据被审计单位已更正的错报对推断的总体错报额进行调整后，注册会计师应当将该类交易或账户余额中剩余的推断错报与其他交易或账户余额中的错报总额累计起来以评价财务报表整体是否存在重大错报。无论样本结果是否表明错报总额超过了可容忍错报，注册会计师都应当要求被审计单位的管理层记录已发现的事实错报（除非明显微小）。

如果样本结果表明注册会计师作出抽样计划时依据的假设有误，注册会计师应当采取适当的行动。例如，如果细节测试中发现错报的金额或频率大于依据重大错报风险的评估水平作出的预期，注册会计师需要考虑重大错报风险的评估水平是否仍然适当。注册会计师也可能决定修改对重大错报风险评估水平低于最高水平的其他账户拟实施的审计程序。

细 节 测 试 非 统 计 抽 样 示 例

假设注册会计师准备使用非统计抽样方法，通过函证测试 ABC 公司 20×4 年 12 月 31 日应收账款余额的"存在"认定。20×4 年 12 月 31 日，ABC 公司应收账款账户共有 935 个，其中：借方账户有 905 个，账面金额为 4 250 000 元；贷方账户有 30 个，账面金额为 5 000 元。

注册会计师作出下列判断：（1）单独测试 30 个贷方账户，另有 5 个借方账户被视为单个重大项目（单个账户的账面金额大于 50 000 元，账面金额共计 500 000 元），需要实施 100% 的检查。因此，剩下的 900 个应收账款借方账户就是注册会计师定义的总体，总体账面金额为 3 750 000 元。（2）注册会计师定义的抽样单元是每个应收账款明细账账户。（3）考虑到总体的变异性，注册会计师根据各明细账账户的账面金额，将总体分为两层：第一层包含 250 个账户（单个账户的账面金额大于或等于 5 000 元），账面金额共计 2 500 000 元；第二层包含 650 个账户（单个账户的账面金额小于 5 000 元），账面金额共计 1 250 000 元。（4）可接受的误受风险为 10%。（5）可容忍的错报为 150 000 元。（6）预计的总体错报为 30 000 元。

　　根据表 6-6，当可接受的误受风险为 10%，可容忍的错报与总体账面金额之比为 4%，预计总体错报与可容忍错报之比为 20% 时，样本量为 86。注册会计师运用职业判断和经验，认为这个样本规模是适当的，不需要调整。注册会计师根据各层账面金额在总体账面金额中的占比大致分配样本，从第一层选取 58 个项目，从第二层选取 28 个项目。注册会计师对 91 个账户（86 个样本加上 5 个单个重大项目）逐一实施函证程序，收到了 80 个询证函回函。注册会计师对没有收到回函的 11 个账户实施了替代程序，认为能够合理保证这些账户不存在错报。在收到回函的 80 个账户中，有 4 个存在高估，注册会计师对其作了进一步调查，确定只是笔误导致，不涉及舞弊等因素。错报情况如表 6-7 所示。

表 6-7　　　　　　　　　　　　错报汇总　　　　　　　　　　单位：元

账户	总体账面金额	样本账面金额	样本审定金额	样本错报金额
单个重大账户	500 000	500 000	499 000	1 000
第一层	2 500 000	739 000	738 700	300
第二层	1 250 000	62 500	62 350	150
合计	4 250 000	1 301 500	1 300 050	1 450

　　注册会计师运用职业判断和经验认为，错报金额与项目的金额而非数量紧密相关，因此选择比率法评价样本结果。注册会计师分别推断每一层的错报金额：

　　第一层的推断错报金额：$300 \div 739\,000 \times 2\,500\,000 = 1\,015$（元）

　　第二层的推断错报金额：$150 \div 62\,500 \times 1\,250\,000 = 3\,000$（元）

　　加上实施 100% 检查的单个重大账户中发现的错报 1 000 元，注册会计师推断的错报总额为 5 015 元 （1 000 + 1 015 + 3 000）。ABC 公司的管理层同意更正 1 450 元的事实错报，因此，剩余的推断报为 3 565 元 （5 015 − 1 450）。剩余的推断错报 3 565 元远远低于可容忍错报 150 000 元，注册会计师认为总体实际错报金额超过可容忍错报的抽样风险很低，因而总体可以接受。

注册会计师得出结论，样本结果支持应收账款账面金额。不过，注册会计师还应将剩余的推断错报与其他事实错报和推断错报汇总，以评价财务报表整体是否可能存在重大错报。

四、记录抽样程序

在细节测试中使用审计抽样时，注册会计师通常在审计工作底稿中记录下列内容：（1）测试的目标，受到影响的账户和认定；（2）对总体和抽样单元的定义，包括注册会计师如何考虑总体的完整性；（3）对错报的定义；（4）可接受的误受风险；（5）可接受的误拒风险（如涉及）；（6）估计的错报及可容忍错报；（7）使用的审计抽样方法；（8）确定样本规模的方法；（9）选样方法；（10）选取的样本项目；（11）对如何实施抽样程序的描述，以及在样本中发现的错报的清单；（12）对样本的评价；（13）总体结论概要；（14）进行样本评估和作出职业判断时，认为重要的性质因素。

| 第七章 |

销售与收款循环审计

【教学内容与思政目标】

→] **教学内容**

· 熟悉销售与收款循环的主要业务活动与关键控制点。

· 理解销售与收款循环的重大错报风险及其控制测试。

· 重点掌握营业收入的实质性程序和应收账款的实质性程序。

→] **思政目标**

· 坚定诚信为本、操守为重、恪守准则的信念，保持应有的职业怀疑态度执行审计程序。

· 实事求是，以充分、适当的审计证据为依据，形成恰当的审计意见。

财务报表审计的组织方式有账户法（account approach）和循环法（cycle approach）两种，前者是对财务报表的每个账户余额单独进行审计，后者是将财务报表分成若干个循环进行审计，即把紧密联系的各类交易和账户余额归入同一循环中，按业务循环组织实施审计。

一般而言，账户法与多数被审计单位账户设置体系及财务报表格式相吻合，具有操作方便的优点，但它将紧密联系的相关账户（如存货和营业成本）人为地予以分割，容易造成整个审计工作脱节和重复，不利于审计效率的提高。循环法则更符合被审计单位的业务流程和内部控制设计的实际情况，不仅可加深审计人员对被审计单位经济业务的理解，而且由于将特定业务循环所涉及的财务报表项目分配给一个或数个审计人员，有助于提高审计工作的效率与效果。

控制测试是在了解被审计单位内部控制、实施风险评估程序基础上进行的，与被审计单位的业务流程关系密切，因此，对控制测试通常采用循环法实施。由于各被审计单位的业务性质和规模不同,其业务循环的划分也有所不同。即使是同一被审计单位不同注册会计师也可能有不同的循环划分方法。本教材主要阐述销售与收款循环、采购与付款循环、生产与存货循环的审计。由于货币资金与上述多个业务循环均密切相关,并且货币资金的业务和内部控制又有着不同于其他业务循环和其他财务报表项目的鲜明特征,因此,本教材将货币资金审计单独作为一章进行阐述。

值得注意的是,教材第七章至第十章所述各业务循环以经营活动及商业模式较为简单的一般制造业企业为背景,其中列举的风险和控制是为了举例说明注册会计师在评估风险和应对风险的过程中,如何将风险评估结果、控制测试和实质性程序联系起来以实现审计目标,并非对可能存在的风险和控制的完整描述。

按照各财务报表项目与业务循环的相关程度,各业务循环与其所涉及的主要财务报表项目之间的对应关系,如表7-1所示。

表 7-1 业务循环与主要财务报表项目对照

业务循环	资产负债表项目	利润表项目
销售与收款循环	应收票据、应收账款、应收款项融资、合同资产、长期应收款、预收款项、应交税费、合同负债	营业收入、税金及附加
采购与付款循环	预付款项、固定资产、在建工程、使用权资产、无形资产、开发支出、应付票据、应付账款、租赁负债、长期应付款	销售费用、管理费用、研发费用、其他收益
生产与存货循环	存货	营业成本

营 业 收 入 —— 审 计 高 危 领 域

中国证券监督委员会于2023年12月4日公布了对苏州天沃科技股份有限公司(以下简称"天沃科技")的处罚决定书(〔2023〕149号),认定天沃科技控股子公司中机电力在37个新能源电力工程承包项目的收入确认上存在不实,通过制作虚假的产值确认单虚构或调整项目完工进度,调节项目收入和利润,导致2017年至2021年披露的定期报告存在虚假记载。

2017年虚增收入9.07亿元,占当期记载的营业收入绝对值的8.72%;虚减利润0.80亿元,占当期记载的利润总额绝对值的29.91%。

2018 年虚增收入 19.71 亿元，占当期记载的营业收入绝对值的 25.59%；虚增利润 3.27 亿元，占当期记载的利润总额绝对值的 162.52%。

2019 年虚增收入 23.90 亿元，占当期记载的营业收入绝对值的 22.17%；虚增利润 3.53 亿元，占当期记载的利润总额绝对值的 199.88%。

2020 年虚减收入 13.77 亿元，占当期记载的营业收入绝对值的 17.85%；虚减利润 2.60 亿元，占当期记载的利润总额绝对值的 15.55%。

2021 年虚减收入 8.82 亿元，占当期记载的营业收入绝对值的 12.95%；虚减利润 1.08 亿元，占当期记载的利润总额绝对值的 12.61%。

众华会计师事务所（特殊普通合伙）（以下简称"众华所"）为天沃科技 2017 年至 2021 年年度财务报表提供审计服务，均出具了标准无保留意见的审计报告。证监会于 2025 年 1 月 3 日公布了对众华所的处罚决定书（〔2025〕2 号），认定众华所在对天沃科技 2017 年至 2021 年年度财务报表审计过程中未勤勉尽责，其中涉及在营业收入实质性审计程序中未勤勉尽责。

天沃科技的多个新能源电力工程项目在 2017 年下半年确认大额收入，特别是存在年底突击确认收入的情形。众华所对 2017 年实地走访项目抽样时，未考虑抽样总体的特征以及接近期末发生大额收入确认项目可能存在的舞弊风险，选择截至 2017 年 11 月的电力工程项目作为备选样本，且仅根据这些项目截至当年 7 月的业绩贡献排序进行抽样，无法确保每个项目都有被抽取的机会，抽样范围无法应对由于舞弊导致的认定层次重大错报风险。证监会认为众华所上述行为违反了审计准则的相关规定。

同时，证监会认为众华所执行的函证程序存在缺陷。2021 年众华所向两个不同的项目公司发出询证函，但两份回函由同一人员从同一地址发回，且回函地址与上市公司地址相近。经证监会查实，该两份回函均由上市公司员工发回。众华所对函证收回验证程序执行不到位，也未实施进一步审计程序。

基于查明的事实，证监会对众华所予以处罚，没收其审计业务收入并处以罚款；对相关的责任人员予以警告与罚款。

资料来源：证监会网站。

上述案例中，被审计单位长达 5 年的收入造假，会计师事务所均未发现，出具了标准无保留意见的审计报告，导致审计失败。那么，注册会计师在销售和收款循环审计中，该注意哪些要点？又该如何对收入的真实性进行检查？

第一节　销售与收款循环的主要业务活动与关键控制点

了解被审计单位重大业务循环的业务活动及相关内部控制是注册会计师在实施风险评估程序时的一项必要工作，其目的是识别认定层次重大错报风险，针对识别出的认定层次重大错报风险分别评估固有风险和控制风险，从而设计和实施进一步审计程序。

对于大多数企业而言，销售与收款循环通常是重大业务循环，注册会计师需要在实施风险评估程序时了解该循环涉及的业务活动及相关的内部控制。注册会计师通常通过实施下列程序，了解销售和收款循环的业务活动和相关内部控制：

（1）询问参与销售与收款流程各业务活动的被审计单位人员，通常包括销售部门、仓储部门和财务部门的员工和管理人员。

（2）获取并阅读企业的相关业务流程图或内部控制手册等资料。

（3）观察销售与收款流程中特定控制的运行，例如，观察仓储部门人员是否以及如何将装运的商品与销售单上的信息进行核对。

（4）检查文件资料，例如，检查销售单、出库单、客户对账单等。

（5）实施穿行测试，即追踪销售交易从发生到最终被反映在财务报表中的整个处理过程。例如，选取一笔已收款的销售交易，追踪该笔交易从接收客户订购单直至收回货款的整个过程。

一、销售与收款循环主要业务活动

以一般制造业企业为例，销售与收款循环中涉及销售与收款两类重要交易，其主要业务活动如图 7 - 1 所示。

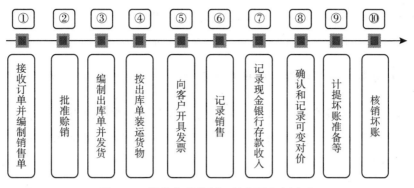

图7-1 销售与收款循环的主要业务活动

（一）接收顾客订单并编制销售单

客户提出订货要求是整个销售和收款循环的起点。

通常情况下，企业仅接收符合管理层授权标准的订购单。例如，管理层一般设有已批准销售的客户名单。销售部门在决定是否接收某客户的订购单时，需要检查该客户是否在名单内。对于未列入名单的客户，通常需要由销售部门的主管来决定是否同意销售。客户订购单是来自外部的触发销售交易的文件之一，能为销售交易的"发生"认定提供证据。

接收订购单后通常由销售部门编制一式多联的销售单。销售单也是证明有关销售交易"发生"认定的凭据之一，也是此笔销售交易轨迹的起点之一。

（二）批准赊销

对于赊销业务，由信用管理部门根据管理层批准的赊销政策，在每个顾客已授权的信用额度内进行审批。信用管理部门的员工在收到销售部门的销售单后，应将销售单与该顾客已被授权的赊销信用额度以及其尚欠的账款余额加以比较。在执行人工赊销信用检查时，还应合理划分工作职责，以避免销售人员为扩大销售而使企业承受不适当的信用风险。

企业的信用管理部门通常应对每个新顾客进行信用调查，包括获取信用评审机构对顾客信用等级的评定报告。无论是否批准赊销，都要求被授权的信用管理部门人员在销售单上签署意见，然后将已经签署意见的销售单传递至销售部门。

设计信用批准控制可以降低信用损失风险，因此，这些控制与应收票据/应收款项融资/应收账款/合同资产账面余额的"准确性、计价和分摊"认定相关。

使用信息技术的企业，通常通过信息技术应用程序，自动检查订购单涉及的客户是否在经批准的客户名单内，以及赊销金额是否仍在信用额度内。

（三） 根据销售单编制出库单并发货

仓库管理人员只有在收到经过批准的销售单后，才能编制出库单并安排发货。这项控制旨在防止仓库管理人员在未经授权擅自发货。已批准的销售单是仓库根据授权发货的依据。

在使用信息技术的企业中，信息技术应用程序可能在销售单经批准后才生成连续编号的出库单，并按照设定的要求对出库单和销售单的相关内容进行核对。

（四） 按出库单装运货物

产品配送人员在发货时清点货物，确认与出库单一致后在出库单上签字确认并进行货物运输。

（五） 向客户开具发票

向客户开具发票这一环节涉及的主要问题是：（1）是否对所有发运的货物均已开具了发票（"完整性"）；（2）是否仅对实际发运的货物开具发票，有无重复开具发票或虚开发票（"发生"）；（3）是否按已授权批准的商品价目表所列价格开具发票（"准确性"）。

为了降低开具发票过程中出现遗漏、重复、错误计价或其他差错的风险，企业通常设立以下控制：（1）在开具销售发票前，负责开票的员工检查是否存在出库单和相应的经批准的销售单；（2）根据已授权批准的商品价目表开具销售发票；（3）将出库单上的发货数量与销售发票上的产品数量进行核对。

上述控制与销售交易（营业收入）的"发生""完整性""准确性"认定相关。

信息技术可以协助实现上述内部控制，在单证核对一致的情况下生成连续编号的销售发票，并对例外事项进行汇总，以供企业相关人员作进一步的处理。

（六） 记录销售

在人工会计系统中，记录销售的过程包括区分赊销、现销，编制转账凭证或现金银行存款收款凭证，据以登记主营业务收入/其他业务收入明细账和应收票据/应收款项融资/应收账款/合同资产明细账或现金、银行存款日记账。

记录销售的控制包括但不限于：（1）根据有效的出库单和销售单记录销售。这些出库单和销售单应能证明销售交易的发生及发生日期；（2）使用事先连续编号的销售发票并对发票使用情况进行监控；（3）独立检查销售发票所载的销售金额与会计记录金额的一致性；（4）记录销售的职责应与处理销售交易的其他功能相分离；（5）对记录过程中所涉及的有关记录的接触权限予以限制，以减少未经授权批准的记录发生；（6）定期独立检查应收票据/应收数项融资/应收账款/合同资产的明细账与总账的一致性；（7）由不负责现金出纳和销售及应收票据/应收款项融资/应收账款/合同资产记账的人员定期向客户寄发对账单，对不符事项进行调查，必要时调整会计记录，编制对账情况汇总报告并交管理层审核。

（七）办理和记录现金、银行存款收入

这项活动涉及货款收回，导致现金、银行存款增加以及应收票据/应收款项融资/应收账款/合同资产等项目的减少。在办理和记录现金、银行存款收入时，企业最关心的是货币资金的安全。货币资金的失窃或被侵占可能发生在货币资金入账之前或入账之后。处理货币资金收入时要保证全部货币资金如数、及时地记入现金、银行存款日记账或应收票据/应收款项融资/应收账款/合同资产明细账，并如数、及时地将现金存入银行。企业通过出纳与现金记账的职责分离、现金盘点、编制银行余额调节表、定期向客户发送对账单等控制来实现上述目的。

（八）确认和记录可变对价的估计和结算情况

如果合同中存在可变对价，企业需要对计入交易价格的可变对价进行估计，并在每一资产负债表日重新估计应计入交易价格的可变对价金额，以如实反映报告期末存在的情况以及报告期内发生的情况变化。

（九）计提坏账准备/合同资产减值准备

企业一般定期对应收票据/应收款项融资/应收账款/合同资产的预期信用损失进行估计，根据估计结果确认信用减值损失/资产减值损失并计提坏账准备/合同资产减值准备，管理层对相关估计进行复核和批准。

（十） 核销坏账

不管赊销部门的工作如何主动、客户因经营不善、宣告破产、死亡等原因而不支付货款的事仍可能发生。如有证据表明某项货款已无法收回，企业即通过适当的审批程序注销该笔应收账款/应收款项融资。

二、销售与收款循环关键控制点

综合上述业务活动中设计的内部控制，可以看出，在销售与收款循环中，企业通常从以下方面设计和执行内部控制：

（1）适当的职责分离。适当的职责分离不仅是预防舞弊的必要手段，也有助于防止各种无意的错误。例如，主营业务收入账如果由记录应收账款之外的员工独立登记，并由另一名不负责账簿记录的员工定期核对总账和明细账，就构成了一项交互牵制；负主营业务收入和应收账款记账的员工不得经手货币资金，也是防止舞弊的一项重要控制。另外，销售人员通常有一种追求更大销售数量的固有倾向，而不考虑是否将以巨额坏账损失为代价，赊销的审批则在一定程度上可以抑制这种倾向。因此，赊销批准职能与销售职能的分离，也是一种理想的控制。

为确保办理销售与收款业务的不相容岗位相互分离、制约和监督，企业销售与收款业务相关职责适当分离的基本要求通常包括：企业应当分别设立办理销售、发货、收款三项业务的部门（或岗位）；企业在销售合同订立前，应当指定专门人员就销售价格、信用政策、发货及收款方式等具体事项与客户进行谈判。谈判人员至少应有两人，并与订立合同的人员相分离，编制销售发票通知单的人员与开具销售发票的人员应相互分离，销售人员应当避免接触销货现款，企业应收票据的取得和贴现必须经由保管票据以外的主管人员书面批准。

（2）恰当的授权审批。对于授权审批问题，注册会计师应当关注以下4个关键点上的审批程序：其一，在销售发生之前，赊销已经恰当审批；其二，非经恰当审批，不得发出货物；其三，销售价格、销售条件、运费、折扣等必须经过审批；其四，审批人应当根据销售与收款授权批准制度的规定，在授权范围内进行审批，不得超越审批权限。对于超过企业既定销售政策和信用政策规定范围的特殊销售交易，需要经过适当的授权。前两项控制的目的在于防止企业因向虚构的或者无力支付货款的客户发货而蒙受损失，价格审批控制的目的在于保证销售交易按照企业定价政策规定的价格开票收款，对授权审批范围设定权限的目的则在于防止因审批人决策失误而造成严重损失。

（3）充分的凭证和记录。充分的凭证和记录有助于企业执行各项控制以实现控制目标。例如，企业在收到客户订购单后，编制一份预先编号的一式多联的销售单，分别用于批准赊销、审批发货、记录发货数量以及向客户开具发票等。在这种制度下，通过定期清点销售单和销售发票，可以避免漏开发票或漏记销售的情况。又如，财务人员在记录销售交易之前，对相关的销售单、出库单和销售发票上的信息进行核对，以确保入账的营业收入是真实发生的、准确的。

（4）凭证的预先编号。对凭证预先进行编号，旨在防止销售以后遗漏向客户开具发票或登记入账，也可防止重复开具发票或重复记账。当然，如果对凭证的编号不作清点，预先编号就会失去其控制意义。定期检查全部凭证的编号，并调查凭证缺号或重号的原因，是实施这项控制的关键点。在目前信息技术得以广泛运用的环境下，凭证预先编号这一控制在很多情况下由系统执行，同时辅以人工的监控，例如对系统生成的例外报告进行复核。

（5）定期寄发对账单。由不负责现金出纳和销售及应收票据/应收款项融资/应收账款/合同资产记账的人员定期向客户寄发对账单，能促使客户在发现应付账款余额不正确后及时反馈有关信息。为了使这项控制更加有效，最好将账户余额中出现的所有核对不符的账项，指定一位既不负责货币资金也不记录主营业务收入和应收票据/应收款项融资/应收账款/合同资产账目的主管人员处理，然后由独立人员定期编制对账情况汇总报告并交管理层审阅。

（6）内部核查程序。由内部审计人员或其他独立人员核查销售与收款交易的处理和记录，是实现内部控制目标所不可缺少的一项控制措施。

此外，对于与收款交易相关的内部控制而言，尽管由于每个企业的性质、所处行业规模以及内部控制健全程度等不同，使得其与收款交易相关的内部控制有所不同，但以下与收款交易相关的内部控制内容通常是共同遵循的：

（1）企业应当按照《现金管理暂行条例》《支付结算办法》等规定，及时办理销售收款业务。

（2）企业应将销售收入及时入账，不得账外设账，不得擅自坐支现金。销售人员应当避免接触销售现款。

（3）企业应当建立应收票据/应收款项融资/应收账款/合同资产信用风险分析制度和定期催收制度。销售部门应当负责应收款项融资/应收账款的催收，财会部门应当督促销售部门加紧催收。对催收无效的逾期款项可通过法律程序予以解决。

（4）企业应当按客户设置应收票据/应收款项融资/应收账款/合同资产台账，及时登记每一客户应收票据/应收款项融资/应收账款/合同资产余额增减变动情况和信用额度使用情况。对长期往来客户应当建立起完善的客户资料，并对客户资料实施动态管理，及时更新。

（5）企业对于可能成为坏账的应收票据/应收款项融资/应收账款/合同资产应当报告有关决策机构，由其进行审查，确定是否确认为坏账。企业发生的各项坏账，应查明原因，明确责任，并在履行规定的审批程序后作出会计处理。

（6）企业注销的坏账应当进行备查登记，做到账销案存。已注销的坏账又收回时应当及时入账，防止形成账外资金。

（7）企业应收票据的取得和贴现必须经由保管票据以外的主管人员书面批准。应有专人保管应收票据，对于即将到期的应收票据，应及时向付款人提示付款；已贴现票据应在备查簿中登记，以便日后追踪管理；应制定逾期票据的冲销管理程序和逾期票据追踪监控制度。

（8）企业应当定期与客户核对应收票据/应收款项融资/应收账款、合同负债等往来款项。如有不符，应查明原因，及时处理。

第二节　销售与收款循环的重大错报风险

一、销售与收款循环存在的重大错报风险

不同被审计单位的收入模式可能不同，即使是同一被审计单位也可能存在多种收入模式，收入的来源和构成、交易特性、行业特定惯例、收入确认的具体原则等因素对收入交易的会计核算产生诸多影响。例如，不同合同下的收入确认的前提条件可能不尽相同。因此，注册会计师识别出的重大错报风险因被审计单位的性质和交易的具体情况而异。

以一般制造业的赊销销售为例，注册会计师识别出的重大错报风险通常包括：

（1）已记录的收入交易未真实发生。

（2）未完整记录所有已发生的收入交易。

（3）收入交易的复杂性可能导致的错误。例如，被审计单位可能针对一些特定的产品或者服务提供一些特殊的交易安排，如可变对价安排、特殊的退货约定、特殊的服务期限安排等，但管理层可能对这些不同安排下所涉及的交易风险的判断缺乏经验，导致收入确认发生错误。

（4）期末发生的交易可能未计入正确的期间，包括销售退回交易的截止错误。

（5）收款未及时入账或记入不正确的账户，因而导致应收账款/合同资产（或应收票据/银行存款）的错报。

（6）应收账款坏账准备/合同资产减值准备的计提不准确。

由于收入是企业的利润来源，直接关系到企业的财务状况和经营成果。有些企业往往为了达到粉饰财务报表的目的而采用虚增（"发生"认定）或隐瞒收入（"完整性"认定）等方式实施舞弊。在财务报表舞弊案件中，涉及收入确认的舞弊占有很大比例，收入确认是注册会计师财务报表审计的高风险领域。因此，中国注册会计师审计准则要求注册会计师基于收入确认存在舞弊风险的假定，评价哪些类型的收入、收入交易或认定存在舞弊风险。

需要说明的是，假定收入确认存在舞弊风险，并不意味着注册会计师应当将与收入确认相关的所有认定都假定为存在舞弊风险。注册会计师需要结合对被审计单位及其环境等方面情况的具体了解，考虑收入确认舞弊可能如何发生。被审计单位不同，管理层实施舞弊的动机或压力不同，其舞弊风险所涉及的具体认定也不同，注册会计师需要作出具体分析。例如，如果资产重组交易中的重组标的存在业绩承诺或对赌条款，则重组标的管理层可能有高估收入的动机或压力，因此，收入的"发生"认定存在舞弊风险的可能性较大，而"完整性"认定则通常不存在舞弊风险。相反，如果管理层有隐瞒收入而降低税负的动机，则注册会计师需要更加关注与收入"完整性"认定相关的舞弊风险。再如，如果被审计单位预期难以达到下一年度的销售目标，而已经超额实现了本年度的销售目标，则可能倾向于将本期的收入推迟至下一年度确认，收入的"截止"认定存在舞弊风险的可能性较大。

当被审计单位仅存在一种简单的收入交易（如单一租赁资产的租赁收入）时，注册会计师可能认为在收入确认方面不存在舞弊导致的重大错报风险。如果注册会计师认为收入确认存在舞弊风险的假定不适用于业务的具体情况，从而未将收入确认作为舞弊导致的重大错报风险领域，注册会计师应当在审计工作底稿中记录得出该结论的理由。

二、评估固有风险和控制风险

（一）评估固有风险

针对识别出的销售与收款循环相关交易类别、账户余额和披露存在的重大错报风险，注册会计师应当运用职业判断通过评估错报发生的可能性和严重程度来评估固有风险。

例如，某被审计单位从事连锁超市经营，允许消费者以现金、电子支付或银行卡方式支付货款。对于以现金方式取得的收入，注册会计师认为发生错报的可能性较高，其原因是现金属于易被侵占的资产。但是，由于消费者极少采用现金方式支付货款，因此如果发生错报，其严重程度很低。综合考虑错报发生的可能性和严重程度，注册会计师将与现金收入相关的固有风险的风险等级评估为低水平。

又如，某被审计单位本年度与新客户签订了一项重大合同，包含向客户转让多项商品和服务的承诺。在评估固有风险时，注册会计师认为与该交易相关的固有风险因素包括：（1）复杂性。例如，被审计单位需要识别合同中包含几个单项履约义务；（2）主观性。例如，在确定单独售价时，被审计单位需要对采用的方法和参数作出选择；（3）不确定性。例如，在确定涉及可变对价的交易价格和单项履约义务的履约进度时，涉及重大的管理层判断，存在估计不确定性；（4）其他因素。被审计单位以往年度未签订过这类合同，财务人员对相关的会计处理缺乏经验。基于上述因素，注册会计师认为错报发生的可能性较高，并且由于合同金额重大，如果发生错报，其严重程度较高。综合这些考虑，注册会计师将与该交易相关的风险的固有风险等级评估为最高级，即存在特别风险。

（二）评估控制风险

如果计划测试销售与收款循环中相关控制的运行有效性，注册会计师应当评估控制风险。注册会计师可以根据自身偏好的审计技术或方法，以不同方式实施和体现对控制风险的评估。

例如，被审计单位的仓库管理人员只有在收到经过批准的销售单后才能编制出库单并安排发货。注册会计师计划测试该项控制的运行有效性，考虑到该项控制属于常规控制，执行控制时不涉及重大判断，因此，将该项控制的控制风险评估为低水平。

又如，被审计单位建造部门的人员每月测量产品完工进度，经该部门经理复核签后交财务部门，作为确定履约进度和收入的依据。注册会计师计划测试该项控制的运行有效性，认为虽然执行控制的人员具备相应的知识和技能，但该项控制非常重要，而且该控制的运行涉及较高的主观程度，因此综合考虑确定该项控制的风险等级为高水平。

需要说明的是，如果注册会计师拟不测试控制运行的有效性，则应当将固有风险的评估结果作为重大错报风险的评估结果。

三、根据重大错报风险评估结果设计进一步审计程序

注册会计师根据对销售与收款循环的重大错报风险的评估结果，制订实施进一步审计程序的总体方案，包括确定是采用综合性方案还是实质性方案，并考虑审计程序的性质、时间安排和范围，继而实施控制测试和实质性程序，以应对识别出的认定层次的重大错报风险。

假定营业收入、应收账款/合同资产为重要账户，且相关认定包括存在/发生、完整性、准确性及截止的前提下，注册会计师计划实施的进一步审计程序的总体方案示例如表7-2所示。

表7-2 销售与收款循环的重大错报风险和拟实施的进一步审计程序的总体方案

重大错报风险描述	相关财务报表项目及认定	固有风险等级	控制风险等级	进一步审计程序的总体方案	拟从控制测试中获取的保证程度	拟从实质性程序中获取的保证程度
销售收入可能未真实发生	营业收入：发生；应收账款/合同资产：存在	最高	高	实质性方案	无	高
销售收入记录可能不完整	营业收入/应收账款/合同资产：完整性	中	最高	实质性方案	无	高
期末收入交易可能未计入正确的期间	营业收入：截止；应收账款/合同资产：存在/完整性	高	最高	实质性方案	无	高

续表

重大错报风险描述	相关财务报表项目及认定	固有风险等级	控制风险等级	进一步审计程序的总体方案	拟从控制测试中获取的保证程度	拟从实质性程序中获取的保证程度
发生的收入交易未能得到准确记录	营业收入：准确性；应收账款/合同资产：准确性、计价与分摊	低	中	综合性方案	中	低
应收账款坏账准备的计提不准确	应收账款/合同资产：准确性、计价与分摊	中	最高	实质性方案	无	高

注：①"控制风险等级"列示的"最高"，表示注册会计师拟不测试控制的有效性，而将固有风险的评估结果作为重大错报风险的评估结果。因此，在"拟从控制测试中获取的保证程度"列相应栏次显示为"无"。②"拟从控制测试中获取的保证程度"列示的"中"以及"拟从实质性程序中获取的保证程度"为"高""低"的级别的确定属于注册会计师职业判断。针对不同的风险级别，其对应的拟获取的保证程度并非一定如本表所示。本表中的内容仅为演示注册会计师基于特定情况所作出的对应的审计方案的评价结果，从而基于该结果确定控制测试和实质性程序的性质、时间安排和范围。

注册会计师根据重大错报风险的评估结果初步确定实施进一步审计程序的具体审计计划，因为风险评估和审计计划都是贯穿审计全过程的动态活动，而且控制测试的结果可能导致注册会计师改变对内部控制的信赖程度。因此，具体审计计划并非一成不变，可能需要在审计过程中进行调整。

然而，无论是采用综合性方案还是实质性方案，获取的审计证据都应当能够从认定层面应对所识别的重大错报风险，直至针对该风险所涉及的全部相关认定，都已获取了足够的保证程度。

【例7-1】 上市公司甲公司是ABC会计师事务所的常年审计客户，主要从事小型汽车的生产和销售。A注册会计师负责审计甲公司20×4年度财务报表，确定财务报表整体的重要性为800万元，明显微小错报的临界值为20万元。

资料一：A注册会计师在审计工作底稿中记录了所了解的甲公司情况及其环境，20×4年，在原材料及劳动力成本大幅上涨的情况下，甲公司通过调低主打车型的价格，保持了良好的竞争力和市场占有率。

资料二：A注册会计师在审计工作底稿中记录了甲公司的财务数据，部分内容摘录如下：

单位：万元

项目	未审数	已审数
	20×4 年	20×3 年
营业收入	50 000	47 500
营业成本	44 500	42 500

要求：针对资料一，结合资料二，假定不考虑其他条件，指出资料一所列事项是否可能表明存在重大错报风险。如果认为可能表明存在重大错报风险，简要说明理由，并说明该风险主要与哪些财务报表项目的哪些认定相关（不考虑税务影响）。

■ **参考答案：**

是否可能表明存在重大错报风险（是/否）	理由	财务报表项目及其认定
是	在原材料及劳动力成本大幅上涨，主要产品价格下降的情况下，毛利率仍与上年相当，可能存在多计收入、少计成本的风险	营业收入（发生），营业成本（完整性/准确性）

第三节　销售与收款循环的控制测试

一、控制测试的基本原理

在对被审计单位销售与收款循环的相关内部控制实施测试时，注册会计师需要注意以下几点：

（1）控制测试所使用的审计程序的类型主要包括询问、观察、检查和重新执行，这些审计程序提供的保证程度依次递增。注册会计师需要根据所测试的内部控制的特征及需要获得的保证程度选用适当的控制测试程序。

（2）如果在期中实施了控制测试，注册会计师应当在年末审计时实施适当的前推程序就控制在剩余期间的运行情况获取证据，以确定控制是否在整个被审计期间持续运行有效。

（3）控制测试的范围取决于注册会计师需要通过控制测试获取的保证程度。

（4）如果拟信赖的内部控制是由计算机执行的自动化控制，注册会计师除了测试自动化信息处理控制的运行有效性，还需要就相关的信息技术一般控制的运行有效性获取审计证据。如果所测试的人工控制利用了系统生成的信息或报告，注册会计师除了测试人工控制，还需就系统生成的信息或报告的可靠性获取审计证据。

上述销售与收款循环实施的控制测试时的基本原理，对采购与付款、生产与存货等循环的控制测试同样适用，在后面章节讨论其他业务循环的控制测试时将不再重复。

二、销售与收款循环的控制测试

风险评估和风险应对是整个审计过程的核心。因此，注册会计师通常以识别的重大错报风险为起点，选取拟测试的控制并实施控制测试。

被审计单位的销售与收款业务往往存在以下控制偏差：（1）可能向没有获得赊销授权或者超出了其信用额度的客户赊销；（2）可能在没有批准发货的情况下发货或者发运商品与经批准的销售单不一致；（3）商品发运可能未开具发票或者开具发票时出现由于价格或者计算的错误；（4）可能出现记录销售的期间或金额等的不恰当；（5）应收账款/合同资产的收款与银行存款可能不一致或者收款可能被记入不正确的应收账款/合同资产账户；（6）坏账准备的计提可能不充分；（7）登记入账的现金收入与企业实际收到的现金不符。

针对上述控制中可能出现的偏差，控制测试程序包括但不限于：（1）询问员工销售单的生成过程，检查是否所有生成的销售单均有对应的客户订单为依据；（2）询问并观察发运时门卫保安的放行检查，检查出库单相关员工及客户的签名，作为发货一致性及客户收货的证据；（3）检查发票中价格复核人员的签名，核对经授权的价格清单与发票上的价格，检查与发票计算金额正确性相关的人员的签名；（4）重新执行销售截止检查程序，检查客户质询信件并确定问题是否已经得到解决；（5）检查核对每日收款汇总表、电子版收款清单和银行存款清单的核对记录和核对人员的签名，检查银行存款余额调节表和负责编制的员工的签名，检查对例外事项报告中的信息进行核对的记录以及无法核对事项的解决情况，检查管理层对应收账款/合同资产账龄分析表的复核与跟进措施；（6）询问管理层如何复核损失准备计提表的计算，检查是否有复核人员的签字，检查坏账核销是否经过管理层的恰当审批；（7）实地观察收银台、销售点的收款过程，并检查收款处是否有物理监控，检查银行存款单和销售汇总表上的签名，证明已实施复核，检查银行存款余额调节表的编制和复核人员的审核记录。

在上述控制测试中，如果人工控制在执行时依赖信息系统生成的报告，那么注册会计师还应当针对系统生成报告的准确性执行测试。例如与坏账准备计提相关的管理层控制中使用了系统生成的应收账款账龄分析表，其准确性影响管理层控制的有效性，因此，注册会计师需要同时测试应收账款账龄分析表的准确性。

以上是销售和收款循环较为常见的控制偏差与控制测试程序，但这并未包含该循环所有可能的控制偏差与控制测试，也并不意味着审计实务必须按此进行。由于被审计单位所处的行业、规模不一，内部控制制度的设计与执行方式不同，在审计实务中，注册会计师需要结合被审计单位实际情况，设计恰当的销售与收款循环控制测试程序。

第四节　销售与收款循环的实质性程序

一、营业收入的实质性程序

（一）营业收入的审计目标

营业收入项目反映企业在销售商品、提供劳务等主营业务活动中所产生的收入，以及企业确认的除主营业务活动以外的其他经营活动实现的收入。其审计目标一般包括：

（1）确定利润表中记录的营业收入是否已发生，且与被审计单位有关（"发生"认定）；

（2）确定所有应当记录的营业收入是否均已记录（"完整性"认定）；

（3）确定与营业收入有关的金额及其他数据是否已恰当记录，包括对销售退回、可变对价的处理是否适当（"准确性"认定）；

（4）确定营业收入是否已记录于正确的会计期间（"截止"认定）；

（5）确定营业收入记录于恰当的账户（"分类"认定）；

（6）确定营业收入已被恰当地汇总或分解且表述清楚，按照企业会计准则的规定在财务报表中作出的相关披露是相关的、可理解的（"列报"认定）。

营业收入包括主营业务收入和其他业务收入，本节详细阐述主营业务收入的实质性程序。

（二）主营业务收入的常规实质性程序

（1）获取主营业务收入明细表，并执行以下工作：①复核加计是否正确，并与总账数和明细账合计数核对是否相符；②检查以非记账本位币结算的主营业务收入使用的折算汇率及折算是否正确。

（2）实施实质性分析程序。

①针对已识别需要运用分析程序的有关项目，并基于对被审计单位及其环境等方面情况的了解，通过进行以下比较，同时考虑有关数据间关系的影响，以建立有关数据的期望值：a. 将账面销售收入、销售清单和增值税销项税额清单进行核对。b. 将本期销售收入金额与以前可比期间的对应数据或预算数进行比较。c. 分析月度或季度销售量、销售单价、销售收入金额、毛利率变动趋势。d. 将销售收入变动幅度与销售商品及提供劳务收到的现金、应收账款/合同资产、存货、税金等项目的变动幅度进行比较。e. 将销售毛利率、应收账款/合同资产周转率、存货周转率等关键财务指标与可比期间数据、预算数或同行业其他企业数据进行比较。f. 分析销售收入等财务信息与投入产出率、劳动生产率、产能、水电能耗、运输量等非财务信息之间的关系。g. 分析销售收入与销售费用之间的关系，包括销售人员的人均业绩指标、销售人员薪酬、广告费、差旅费，以及销售机构的设置、规模、数量、分布等。

②确定可接受的差异额。

③将实际金额与期望值相比较，计算差异。

④如果差异额超过确定的可接受差异额，调查并获取充分的解释和恰当的、佐证性质的审计证据（如通过检查相关的凭证等）。需要注意的是，如果差异超过可接受差异额，注册会计师需要对差异额的全额进行调查证实，而非仅针对超出可接受差异额的部分。

⑤评价实质性分析程序的结果。

（3）检查主营业务收入确认方法是否符合企业会计准则的规定。

《企业会计准则第 14 号——收入》分别对"在某一时段内履行的履约义务"

和"在某一时点履行的履约义务"的收入确认作出规定。因此，注册会计师需要基于对被审计单位商业模式和日常经营活动的了解，判断被审计单位的合同履约义务是在某一时段内履行还是某一时点履行，据以评估被审计单位确认收入的会计政策是否符合企业会计准则的规定，并测试被审计单位是否按照其既定的会计政策确认收入。

注册会计师通常对所选取的交易，检查销售合同及与履行合同相关的单据和文件记录，而对于如附有销售退回条款的销售、附有质量保证条款的销售以及售后回购等特定的收入交易，注册会计师可能还需要根据被审计单位的具体情况和重大错报风险的评估结果，评价收入确认方法是否符合企业会计准则的规定。

（4）检查交易价格。

交易价格，指企业因向客户转让商品而预期有权收取的对价金额。由于合同标价不一定代表交易价格，被审计单位需要根据合同条款，并结合以往的习惯做法等确定交易价格。注册会计师针对交易价格的实质性程序通常为：①询问管理层对交易价格的确定方法，在确定时管理层如何考虑可变对价、合同中存在的重大融资成分、非现金对价、应付客户对价等因素的影响；②选取和阅读部分合同，确定合同条款是否表明需要将交易价格分摊至各单项履约义务，以及合同中是否包含可变对价、非现金对价、应付客户对价以及重大融资成分等；③检查管理层的处理是否恰当，例如，测试管理层对非现金对价公允价值的估计。

（5）检查与收入交易相关的原始凭证与会计分录。

以主营业务收入明细账中的会计分录为起点，检查相关原始凭证，如订购单、销售单、出库单、发票等，评价已入账的营业收入是否真实发生（"发生"认定）。检查订购单和销售单，用以确认存在真实的客户购买要求，销售交易已经过适当的授权批准。销售发票存根上所列的单价，通常需要与经过批准的商品价目表进行比较核对，对其小计和合计数进行复算。发票中列出的商品的规格、数量和客户代码等，与出库单进行比较核对，尤其是由客户签收商品的一联，确定已按合同约定履行了履约义务，才可以确认收入。同时，还要检查原始凭证中的交易日期（客户取得商品控制权的日期）以确认收入计入正确的会计期间。

（6）从出库单（客户签收联）中选取样本，追查至主营业务收入明细账，以确定是否存在遗漏事项（"完整性"认定）。为了实现收入审计的"完整性"目标，注册会计师通常需要获取被审计单位的全部出库单，因为出库单是注册会计师测试收入的"完整性"的起点。

（7）结合对应收账款/合同资产实施的函证程序，选择客户函证本期销售额。

（8）实施销售截止测试。

对销售实施截止测试，其目的主要在于确定被审计单位主营业务收入的会计记录归属期是否正确，应记入本期或下期的主营业务收入是否被推延至下期或提前至本期。

注册会计师对销售交易实施的截止测试可能包括以下程序：

①选取资产负债表日前后若干天的出库单，与应收账款/合同资产和收入明细账进行核对；同时，从应收账款/合同资产和收入明细账选取在资产负债表日前后若干天的凭证，与出库单核对，以确定销售是否存在跨期现象。

②复核资产负债表日前后销售和发货水平，确定业务活动水平是否异常、并考虑是否有必要追加实施截止测试程序。

③取得资产负债表日后所有的销售退回记录，检查是否存在提前确认收入的情况。

④结合对资产负债表日应收账款/合同资产的函证程序，检查有无未取得客户认可的销售。

实施截止测试的前提是注册会计师充分了解被审计单位的收入确认会计实务、并识别能够证明某笔销售符合收入确认条件的关键单据。例如，货物出库时、与货物所有相关的主要风险和报酬可能尚未转移，即客户尚未取得对商品的控制权，不符合收入确认的条件。因此，仓储部门留存的出库单可能不是实现收入的充分证据，注册会计师要检查经客户签署的出库单联。销售发票与收入相关，但是发票开具日期不一定与收入实现的日期一致。实务中由于增值税发票涉及企业的纳税和抵扣问题，开票日期滞后于收入可确认日期的情况较为常见，因此，通常不能将开发票日期作为收入确认的日期。

假定某一般制造型企业在货物送达客户并由客户签收时确认收入，注册会计师可以考虑选择两条审计路径实施主营业务收入的截止测试。

一是以账簿记录为起点。从资产负债表日前后若干天的账簿记录追查至记账凭证和客户签收的出库单，目的是证实已入账收入是否在同一期间已发货并由客户签收，有无多记收入。这种方法的优点是比较直观，容易追查至相关凭证记录，以确定其是否应在本期确认收入，特别是在连续审计两个以上会计期间时，检查跨期收入十分便捷，可以提高审计效率。缺点是缺乏全面性和连贯性，只能检查多记，无法检查漏记，尤其是当本期漏记收入延至下期而审计时被审计单位尚未及时入账，不易发现应记入而未记入报告期收入的情况。因此，使用这种方法主要是为了防止多计收入。

二是以出库单为起点。从资产负债表日前后若干天的已经客户签收的出库单查至账簿记录，确定主营业务收入是否已记入恰当的会计期间。

上述两条审计路径在实务中均被广泛采用。它们并不是孤立的，注册会计师可以考虑在同一主营业务收入科目审计中并用这两条路径。实际上，由于被审计单位的具体情况各异，管理层意图各不相同，有的为了完成利润目标，或更多地享受税收等优惠政策，或便于筹资等目的，可能会多计收入；有的则为了以丰补歉、留有余地、推迟缴税时间等目的而少计收入。因此，注册会计师需要凭借专业经验和所掌握的信息进行风险评估，以便作出正确判断，选择适当的审计路径实施有效的收入截止测试。

（9）对于销售退回，检查相关手续是否符合规定，结合原始销售凭证检查其会计处理是否正确，结合存货项目审计关注其真实性。

（10）检查可变对价的会计处理。

注册会计师针对可变对价的实质性程序可能包括：

①获取可变对价明细表，选取项目与相关合同条款进行核对，检查合同中是否确定存在可变对价；

②检查被审计单位对可变对价的估计是否恰当，例如，是否在整个合同期间内一致地采用同一种方法进行估计；

③检查计入交易价格的可变对价金额是否满足限制条件；

④检查资产负债表日被审计单位是否重新估计了应计入交易价格的可变对价金额。如果可变对价金额发生变动，是否按照《企业会计准则第 14 号——收入》的规定进行了恰当的会计处理。

（11）检查主营业务收入在财务报表中的列报和披露是否符合企业会计准则的规定。

（三）营业收入的"延伸检查"程序

如果识别出被审计单位收入真实性存在重大异常情况，且通过常规审计程序无法获取充分、适当的审计证据，注册会计师需要考虑实施"延伸检查"程序，即对检查范围进行合理延伸，以应对识别出的舞弊风险。例如，对所销售产品或服务及其所涉及资金的来源和去向进行追踪，对交易参与方（含代为收付款方）

的最终控制人或其真实身份进行查询。

注册会计师在判断是否需要实施"延伸检查"程序及如何实施时，应当根据审计准则的规定，并考虑有经验的专业人士在该场景下通常会作出的合理职业判断。实施"延伸检查"程序的可行性和效果受诸多因素影响，注册会计师设计的具体"延伸检查"程序的性质、时间安排和范围，应当针对被审计单位的具体情况，与评估的舞弊风险相称，并体现重要性原则。例如，被审计单位所处行业的下游产业链较长，如果对下游产业链的某个或某几个环节实施"延伸检查"程序获取的审计证据，可以应对与收入确认相关的舞弊风险，则"延伸检查"程序无须覆盖所有环节。

实务中，注册会计师可以实施的"延伸检查"程序举例如下：

（1）在获取被审计单位配合的前提下，对相关供应商、客户进行实地走访，针对相关采购、销售交易的真实性获取进一步的审计证据。在实施实地走访程序时，注册会计师通常需要关注以下事项：①被访谈对象的身份真实性和适当性；②相关供应商、客户是否与被审计单位存在关联方关系或"隐性"关联方关系；③观察相关供应商、客户的生产经营场地，判断其与被审计单位之间的交易规模是否和其生产经营规模匹配；④相关客户向被审计单位进行采购的商业理由；⑤相关客户采购被审计单位商品的用途和去向，是否存在销售给被审计单位指定单位的情况；⑥相关客户从被审计单位采购的商品的库存情况，必要时进行实地察看；⑦是否存在"抽屉协议"，如退货条款、价格保护机制等；⑧相关供应商向被审计单位销售的产品是否来自被审计单位的指定单位；⑨相关供应商、客户与被审计单位是否存在除购销交易以外的资金往来，如有，了解资金往来的性质。

注册会计师应当充分考虑被审计单位与被访谈对象串通舞弊的可能性，根据实际情况仔细设计访谈计划和访谈提纲，并对在访谈过程中注意到的可疑迹象保持警觉。会计师在访谈前应注意对访谈提纲保密，必要时，选择两名或不同层级的被访谈人员谈相同或类似问题，进行相互印证。

（2）利用企业信息查询工具，查询主要供应商和客户的股东至其最终控制人，以识别相关供应商和客户与被审计单位是否存在关联方关系。

（3）在采用经销模式的情况下，检查经销商的最终销售实现情况。

（4）当注意到存在关联方（例如，被审计单位控股股东、实际控制人、关键管理人员）配合被审计单位虚构收入的迹象时，获取并检查相关关联方的银行账户资金流水，关注是否存在与被审计单位相关供应商或客户的异常资金往来。

如果识别出收入舞弊或获取的信息表明可能存在舞弊，注册会计师可与被审计单位治理层沟通，并要求治理层就舞弊事项进行调查。

审计程序的性质、时间安排和范围应当能够应对评估的舞弊导致的认定层次重大报风险。如果注册会计师认为"延伸检查"程序是必要的，但受条件限制无法实施，实施"延伸检查"程序后仍不足以获取充分、适当的审计证据，注册会计师应当考虑审计范围是否受限，并考虑对审计报告意见类型的影响或解除业务约定。

二、应收账款的实质性程序

（一）应收账款的审计目标

企业的应收账款是在销售商品或提供劳务过程中产生的。因此，应收账款的审计需要结合销售交易的审计进行。一方面，收入的"发生"认定直接影响应收账款的"存在"认定；另一方面，由于应收账款代表了尚未收回货款的收入，通过审计应收账款获取的审计证据也能够为收入提供审计证据。

应收账款的审计目标一般包括：

（1）确定资产负债表中记录的应收账款是否存在（"存在"认定）；

（2）确定所有应当记录的应收账款是否均已记录（"完整性"认定）；

（3）确定记录的应收账款是否由被审计单位拥有或控制（"权利和义务"认定）；

（4）确定应收账款是否可收回，预期信用损失的计提方法和金额是否恰当，计提是否充分（"准确性、计价和分摊"认定）；

（5）应收账款及其预期信用损失是否已记录于恰当的账户（"分类"认定），并已被恰当地汇总或分解且表述清楚，按照企业会计准则的规定在财务报表中作出的相关披露是相关的、可理解的（"列报"认定）。

（二）应收账款的实质性程序

1. 取得应收账款明细表

（1）复核加计正确，并与总账数和明细账合计数核对是否相符；结合损失准备科目与报表数核对是否相符。应收款项报表数反映企业因销售商品、提供劳务等应向客户收取的各种款项，减去已计提的相应的损失准备后的净额。

（2）检查非记账本位币应收账款的折算汇率及折算是否正确。对于用非记账本位币结算的应收账款，注册会计师检查被审计单位外币应收账款的增减变动是否采用交易发生日的即期汇率将外币金额折算为记账本位币金额，或者采用按照系统合理的方法确定的、与交易发生日即期汇率近似的汇率折算，选择采用汇率的方法前后各期是否一致；期末外币应收账款余额是否采用期末即期汇率折合为记账本位币金额；折算差额的会计处理是否正确。

（3）分析有贷方余额的项目，查明原因，必要时，建议作重分类调整。

（4）结合其他应收款、预收款项等往来项目的明细余额，调查有无同一客户多处挂账、异常余额或与销售无关的其他款项（如代销账户、关联方账户或员工账户），必要时提出调整建议。

2. 分析与应收账款相关的财务指标

（1）复核应收账款借方累计发生额与主营业务收入关系是否合理，并将当期应收数借方发生额占销售收入净额的百分比与管理层考核指标和被审计单位相关赊销政策比较，如存在异常，查明原因。

（2）计算应收账款周转率、应收账款周转天数等指标，并与被审计单位相关赊销政策、被审计单位以前年度指标、同行业同期相关指标对比，分析是否存在重大异常并查明原因。

3. 对应收账款实施函证程序

函证应收账款的目的在于证实应收账款账户余额是否真实、准确。通过第三方提供的函证回函，可以为被询证者的存在和被计单位记录的可靠性提供有效的证据。

注册会计师根据被审计单位的经营环境、内部控制的有效性、应收账款账户的性质、被询证者处理询证函的习惯做法及回函的可能性等，确定应收账款函证的范围、对象、方式和时间。

（1）函证决策。除非有充分证据表明应收账款对被审计单位财务报表而言是不重要的，或者函证很可能是无效的；否则，注册会计师应当对应收账款进行函证。如果注册会计师不对应收账款进行函证，应当在审计工作底稿中说明理由。如果认为函证很可能是无效的，注册会计师应当实施替代审计程序，获取相关、可靠的审计证据。

（2）函证范围和对象。函证范围是由诸多因素决定的，主要有：①应收账款在全部资产中的重要程度。如果应收账款占资产总额的比重较大，需相应扩大函证的范围。②被审计单位内部控制的有效性。如果相关内部控制有效，则可以相应减少函证范围，反之则需要扩大函证范围。③以前期间的函证结果。如果以前期间函证中发现过重大差异，或欠款纠纷较多则需要扩大函证的范围。

注册会计师选择函证项目时，除考虑金额较大的项目外，还需要考虑风险较高的项目。例如：账龄较长的项目，与债务人发生纠纷的项目，重大关联方项目，主要客户（包括关系密切的客户）项目，新增客户项目，交易频繁但期末余额较小甚至余额为零的项目，可能产生重大错报或舞弊的非正常的项目。这种基于一定的标准选取样本的方法具有针对性，比较适用于应收账款余额金额和性质差异较大的情况。如果应收账款余额由大量金额较小且性质类似的项目构成，则注册会计师通常采用抽样技术选取函证样本。

（3）函证方式。注册会计师可采用积极的或消极的函证方式实施函证，也可将两种方式结合使用。由于应收账款通常存在高估风险，且与之相关的收入确认存在舞弊风险假定，因此，实务中通常对应收账款采用积极的函证方式。

参考格式7-1、参考格式7-2列示了积极式询证函的格式；参考格式7-3列示了消极式询证函的格式。

参考格式7-1：积极式询证函（格式一）

企 业 询 证 函

××（公司）：　　　　　　　　　　　　　　编号：

本公司聘请的××会计师事务所正在对本公司××年度财务报表进行审计，按照中国注册会计师审计准则的要求，应当询证本公司与贵公司的往来账项等事项。下列数据出自本公司账簿记录，如与贵公司记录相符，请在本函下端"信息证明无误"处签章证明；如有不符，请在"信息不符"处列明不符金额。回函请直接寄至××会计师事务所。

回函地址：

邮编：　　　　　电话：　　　　　传真：　　　　　联系人：

1. 本公司与贵公司的往来账项列示如下：

单位：元

截止日期	贵公司欠	欠贵公司	备注

2. 其他事项。

本函仅为复核账目之用，并非催款结算。若款项在上述日期之后已经付清，仍请及时函复为盼。

（公司盖章）

年　　月　　日

结论：1. 信息证明无误。

（公司盖章）

年　　月　　日

经办人：

2. 信息不符，请列明不符的详细情况：

（公司盖章）

年　　月　　日

经办人：

参考格式 7-2：积极式询证函（格式二）

企业询证函

××（公司）：　　　　　　　　　　　编号：

本公司聘请的××会计师事务所正在对本公司××年度财务报表进行审计，按照中国注册会计师审计准则的要求，应当询证本公司与贵公司的往来账项等事项。请列示截至××年×月×日贵公司与本公司往来款项余额。回函请直接寄至××会计师事务所。

回函地址：

邮编：　　　　电话：　　　　传真：　　　　联系人：

本函仅为复核账目之用，并非催款结算。若款项在上述日期之后已经付清，仍请及时函复为盼。

（公司盖章）

年　　月　　日

1. 贵公司与本公司的往来账项列示如下：

单位：元

截止日期	贵公司欠	欠贵公司	备注

2. 其他事项。

（公司盖章）

年　　月　　日

经办人：

参考格式 7-3：消极式询证函

企 业 询 证 函

××（公司）：　　　　　　　　　　　　　　　编号：

本公司聘请的××会计师事务所正在对本公司××年度财务报表进行审计，按照中国注册会计师审计准则的要求，应当询证本公司与贵公司的往来账项等事项。下列数据出自本公司账簿记录，如与贵公司记录相符，则无须回复；如有不符，请直接通知会计师事务所，并请在空白处列明贵公司认为是正确的金额。回函请直接寄至××会计师事务所。

回函地址：

邮编：　　　　　电话：　　　　　传真：　　　　　联系人：

1. 本公司与贵公司的往来账项列示如下：

单位：元

截止日期	贵公司欠	欠贵公司	备注

2. 其他事项。

本函仅为复核账目之用，并非催款结算。若款项在上述日期之后已经付清，仍请及时函复为盼。

（公司盖章）
年　　　月　　　日

××会计师事务所：

上面的信息不正确，差异如下：

（公司盖章）
年　　　月　　　日
经办人：

（4）函证时间的选择。注册会计师通常以资产负债表日为截止日，在资产负债表日后适当时间内实施函证。如果重大错报风险评估为低水平，注册会计师可选择资产负债表日前适当日期为截止日实施函证，并对所函证项目自该截止日起至资产负债表日止发生的变动实施其他实质性程序。

（5）函证的控制。注册会计师通常利用被审计单位提供的应收账款明细账户名称及客户地址等资料据以编制询证函，但注册会计师应当对函证全过程保持控制。并对确定需要确认或填列的信息、选择适当的被询证者、设计询证函以及发出和跟进（包括收回）询证函保持控制。

注册会计师可通过函证结果汇总表的方式对询证函的收回情况加以汇总。函证结果汇总表如表7-3所示。

表 7 − 3　　　　　　　　　　　　函证结果汇总表

询证函编号	客户名称	地址与联系方式	账面金额	函证方式	函证日期	回函日期	替代程序	确认余额	差异金额及说明	备注

　　（6）对不符事项的处理。对回函中出现的不符事项，注册会计师需要调查核实原因。确定其是否构成错报。注册会计师不能仅通过询问被审计单位相关人员对不符事项的性质和原因得出结论，而是要在询问原因的基础上，检查相关的原始凭证和文件资料予以证实。必要时与被询证方联系，获取相关信息和解释。对应收账款而言，登记入账的时间不同而产生的不符事项主要表现为：①客户已经付款，被审计单位尚未收到货款；②被审计单位的货物已经发出并已做销售记录，但货物仍在途中，客户尚未收到货物；③客户由于某种原因将货物退回，而被审计单位尚未收到；④客户对收到货物的数量、质量及价格等方面有异议而全部或部分拒付货款等。

　　（7）对未回函项目实施替代程序。如果未收到被询证方的回函，注册会计师应当实施替代审计程序，例如在考虑实施收入截止测试等审计程序所获取审计证据的基础上：①检查资产负债表日后收回的货款。值得注意的是，注册会计师不能仅查看应收账款的贷方发生额，而是要查看相关的收款单据，以证实付款方确为该客户且确与资产债表日的应收账款相关。②检查相关的销售合同、销售单、出库单等文件。注册会计师需要根据被审计单位的收入确认条件和时点，确定能够证明收入发生的凭证。③检查被审计单位与客户之间的往来邮件，如有关发货、对账、催款等事宜邮件。

　　在某些情况下，注册会计师可能认为取得积极式函证回函是获取充分、适当的审计证据的必要程序，尤其是识别出有关收入确认的舞弊风险，导致注册会计师不能信赖被审计单位取得的审计证据，则替代程序不能提供注册会计师需要的审计证据。在这种情况下，如果未获取回函，注册会计师应当确定其对审计工作和审计意见的影响。

4. 对应收账款余额实施函证以外的细节测试

在未实施应收账款函证的情况下（例如，由于实施函证不可行），注册会计师需要实施其他审计程序获取有关应收账款的审计证据。这种程序通常与上述未收到回函情况下实施的替代程序相似。

5. 检查坏账的冲销和转回

一方面，注册会计师检查有无债务人破产或者死亡以及破产或以遗产清偿后仍无法收回的，或者债务人长期未履行清偿义务的应收账款；另一方面，应检查被审计单位坏账的处理是否经授权批准，有关会计处理是否正确。

6. 确定应收账款的列报是否恰当

除了企业会计准则要求的披露之外，如果被审计单位为上市公司，注册会计师还要评价其披露是否符合证券监管部门的特别规定。

（三）坏账准备的实质性程序

应收账款属于以摊余成本计量的金融资产，企业应当以预期信用损失为基础，对其进行减值会计处理并确认坏账准备。坏账准备审计常规的实质性程序包括：

（1）取得坏账准备明细表，复核加计是否正确，与坏账准备总账数、明细账合计数核对是否相符。

（2）将应收账款坏账准备本期计提数与信用减值损失相应明细项目的发生额核对是否相符。

（3）检查应收账款坏账准备计提和核销的批准程序，取得书面报告等证明文件，结合应收账款函证回函结果，评价计提坏账准备所依据的资料、假设及方法。

企业应合理预计信用损失并计提坏账准备，不得多提或少提，否则应视为滥用会计估计，按照前期差错更正的方法进行会计处理。

在实务中，有些企业通常会编制应收账款账龄分析报告，以监控货款回收情况、及时识别可能无法收回的应收账款，并以账龄组合为基础预计信用损失。在这种情况下，注册会计师可以通过测试应收账款账龄分析表来评估坏账准备的计提是否恰当。应收账款账龄分析表参考格式如表7-4所示。

表7-4 　　　　　　　　　　　　　　**应收账款账龄分析表**

年　　月　　日　　　　　　　　　　　　　　　单位：元

客户名称	期末余额	账龄			
		1年以内	1~2年	2~3年	3年以上
合计					

在测试时，除将应收账款账龄分析表中的合计数与应收账款总分类账余额相比较，调查重大调节项目，以确定应收账款账龄分析表计算的准确性外，注册会计师还需要从账龄分析表中抽取一定数量的项目，追查至相关销售原始凭证，测试账龄划分的准确性。

（4）实际发生坏账损失的、检查转销依据是否符合有关规定，会计处理是否正确。对于被审计单位在被审计期间内发生的坏账损失，注册会计师应检查其原因是否清楚，是否符合有关规定，有无授权批准，有无已做坏账处理后又重新收回的应收账款，相应的会计处理是否正确。对有确凿证据表明确实无法收回的应收账款，如债务单位已撤销、破产、资不抵债、现金流量严重不足等，企业应根据管理权限，经股东（大）会或董事会或经理（厂长）办公会或类似机构批准作为坏账损失，冲销提取的坏账准备。

（5）已经确认并转销的坏账重新收回的，检查其会计处理是否正确。

（6）确定应收账款坏账准备的披露是否恰当，如企业是否在财务报表附注中清晰地说明坏账的确认标准、坏账准备的计提方法等内容。

第八章

采购与付款循环审计

【教学内容与思政目标】

➡️ **教学内容**

· 熟悉采购与付款循环的主要业务活动与关键控制点。

· 理解采购与付款循环的重大错报风险及其控制测试。

· 掌握应付账款的实质性程序。

➡️ **思政目标**

· 坚定诚信为本、操守为重、恪守准则的信念，保持应有的职业怀疑态度执行审计程序。

· 实事求是，以充分、适当的审计证据为依据，形成恰当的审计意见。

第一节 采购与付款循环的主要业务活动与关键控制点

一、采购与付款循环主要业务活动

采购与付款循环包括采购和付款交易，涉及的主要业务活动如图 8-1 所示。

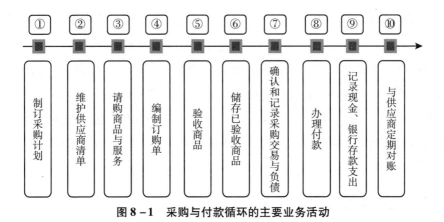

图 8 - 1　采购与付款循环的主要业务活动

① 制订采购计划　② 维护供应商清单　③ 请购商品与服务　④ 编制订购单　⑤ 验收商品　⑥ 储存已验收商品　⑦ 确认和记录采购交易与负债　⑧ 办理付款　⑨ 记录现金、银行存款支出　⑩ 与供应商定期对账

（一）制订采购计划

基于企业的生产经营计划，生产、仓库等部门定期编制采购计划，经部门负责人等适当的管理人员审批后提交采购部门，具体安排商品及服务采购。

（二）维护供应商清单

企业通常对于合作的供应商事先进行资质等审核，将通过审核的供应商信息录入系统，形成完整的供应商清单，并及时对其信息变更进行更新。采购部门只能向通过审核的供应商进行采购。

（三）请购商品与服务

大多数企业对正常经营所需物资的购买均作一般授权。比如，生产部门根据采购计划，对需要购买的已列入存货清单的原材料等项目填写请购单，当现有库存达到再订购点时就可提出采购申请；其他部门对所需要购买的商品或服务编制请购单。由于企业不少部门都可以填列请购单，可以按照部门分别设置请购单的连续编号，每张请购单必须经过对这类支出预算负责的主管人员签字批准。

请购单是证明有关采购交易的"发生"认定的凭据之一，也是采购交易轨迹的起点。

（四）编制订购单

采购部门在收到请购单后，对经过恰当批准的请购单发出订购单。对每张订品，采购部门应确定最佳的供应来源。例如，对一些大额、重要的采购项目，采用招标方式确定供应商，以保证供货的质量、及时性和价格的优惠。

订购单需正确填写所订购商品的品名、数量、价格、供应商名称和地址等，预先予以顺序编号并经过被授权的采购人员签名。其正联送交供应商，副联送至企业的验收部门、财务部门和编制请购单的部门。内部审计部门应独立检查订购单的处理，以确定是否确实收到商品并正确入账。这项检查与采购交易的"完整性"和"发生"认定有关。

（五）验收商品

验收部门首先应比较供应商发来的商品与有效的订购单上的要求是否相符，如商品的品名、规格型号、数量和质量等，并盘点商品检查其有无损坏。

验收后，验收部门应对已收货的每张订购单编制一式多联、预先按顺序编号的验收单，作为验收和检验商品的依据。验收人员将商品送交仓库或其他请购部门时，应取得经过签字的收据，或要求其在验收单的副联上签收，以确立他们对所采购的资产应负的保管责任。验收人员还应将其中的一联验收单送交财务部门。

验收单是支持资产以及与采购有关的负债的"存在"认定的重要凭据。定期独立检查验收单的顺序以确定每笔采购交易都已编制凭单，则与采购交易的"完整性"认定有关。

（六）储存已验收的商品

已验收商品的保管与采购职责需要分离，这可减少未经授权的采购和盗用商品的风险。存放商品的仓储区应相对独立，限制无关人员接近。这些控制与商品的"存在"认定有关。

（七）确认和记录采购交易与负债

在记录采购交易前，财务部门需要检查订购单、验收单和供应商发票的一致性，确定供应商发票的内容是否与相关的验收单、订购单一致，以及供应商发票的计算是否正确。在检查无误后，会计人员编制转账凭证/付款凭证，经会计主管审核后据以登记相关账簿。如果月末尚未收到供应商发票，财务部门需根据验收单和订购单暂估相关的负债。这些控制与"存在""发生""完整性""权利和义务""准确性、计价和分摊"等认定有关。

（八）办理付款

企业通常根据国家有关支付结算的相关规定和企业生产经营的实际情况选择付款结算方式。以支票结算方式为例，编制和签发支票的有关控制包括：

（1）由被授权的财务部门的人员负责签发支票；

（2）被授权签发支票的人员应确定每张支票后附有已经适当批准的未付款凭单，并确定支票收款人姓名和金额与凭单内容一致；

（3）支票一经签发就应在其凭单和支持性凭证上用加盖印戳或打洞等方式将其注销，以免重复付款；

（4）不得签发无记名甚至空白的支票；

（5）支票应预先顺序编号，保证支出支票存根的完整性和作废支票处理的恰当性；

（6）应确保只有被授权的人员才能接近未经使用的空白支票。

（九）记录现金、银行存款支出

仍以支票结算方式为例，在人工系统下，会计人员应根据已签发的支票编制付款记账凭证，并据以登记银行存款日记账及其他相关账簿。以记录银行存款支出为例，有关控制包括：

（1）会计主管应独立检查记入银行存款日记账和应付账款明细账的金额的一致性，以及与支票汇总记录的一致性；

（2）通过定期比较银行存款日记账记录的日期与支票副本的日期，独立检查入账的及时性；

（3）独立编制银行存款余额调节表。

（十）与供应商定期对账

通过与供应商定期对账，就应付账款、预付款项等进行核对，能够及时发现双方存在的差异，对差异进行调查，如有必要作出相应调整。

二、采购与付款循环关键控制点

在内部控制的设置方面，采购与付款循环和销售与收款循环存在很多类似之处。以下仅就采购交易内部控制的特殊之处予以说明。

1. 适当的职责分离

与销售和收款交易一样，采购与付款交易也需要适当的职责分离。企业应当建立采购与付款交易的岗位责任制，明确相关部门和岗位的职责、权限，确保办理采购与付款交易的不相容岗位相互分离、制约和监督。采购与付款交易不相容岗位至少包括：请购与审批，询价与确定供应商，采购合同的订立与审批，采购与验收，采购、验收与相关会计记录，付款审批与付款执行。

2. 恰当的授权审批

付款需要由经授权的人员审批，审批人员在审批前需检查相关支持文件，并对其发现的例外事项进行跟进处理。

3. 凭证的预先编号及对例外报告的跟进处理

通过对入库单的预先顺序编号以及对例外情况的汇总处理，被审计单位可以应对存货和负债记录方面的完整性风险。如果该控制是人工执行的，被审计单位可以安排入库单编制人员以外的独立复核人员定期检查已经进行会计处理的入库单记录，确认是否存在遗漏或重复记录的入库单，并对例外情况予以跟进。如果在信息技术环境下，则系统可以定期生成列明跳号或重号的入库单统计例外报告，由经授权的人员对例外报告进行复核和跟进，可以确认所有入库单都进行了处理，且没有重复处理。

第二节　采购与付款循环的重大错报风险

一、采购与付款循环存在的重大错报风险

注册会计师识别出的采购与付款循环存在的重大错报风险，因被审计单位的性质和交易的具体情况而异。以一般制造业企业为例，就采购与付款循环，注册会计师识别出的重大错报风险通常包括：

（1）未完整记录负债的风险。在承受反映较高盈利水平和营运资本的压力下，被审计单位管理层可能试图低估应付账款等负债。重大错报风险常常集中体

现在遗漏交易，例如，未记录已收取货物但尚未收到发票的与采购相关的负债，或未记录尚未付款的已经购买的服务支出，这将对"完整性"等认定产生影响。

（2）多计或少计费用支出的风险。例如，通过多计或少计费用支出把损益控制在被审计单位管理层希望的程度，或是管理层把私人费用计入企业费用。

（3）费用支出记录不准确的风险。例如，被审计单位以复杂的交易安排购买一定期间的多种服务，管理层对于涉及的服务收益与付款安排所涉及的复杂性缺乏足够的了解。这可能导致费用支出分配或计提的错误。

（4）不正确地记录外币交易。当被审计单位进口用于出售的商品时，可能由于采用不恰当的外币汇率而导致该项采购的记录出现差错。此外，还存在未能将诸如运费、保费和关税等与存货相关的进口费用进行正确分摊的风险。

（5）存在未记录的权利和义务。这可能导致资产负债表分类错误以及财务报表附注不正确或披露不充分。

二、评估固有风险和控制风险

（一）评估固有风险

针对识别出的相关交易类别、账户余额和披露存在的重大错报风险，注册会计师应当通过评估错报发生的可能性和严重程度来评估固有风险。在评估时，注册会计师运用职业判断确定错报发生的可能性和严重程度综合起来的影响程度。例如，某被审计单位从事农产品加工业务，部分原材料向农户个人采购。在评估固有风险时，注册会计师认为与该类交易相关的固有风险因素主要是复杂性，如采购交易涉及多个农户，并且交易价格的季节性波动较大，导致核算较为复杂。此外，由于与农户的交易多为现金交易，以往年度存在白条交易的情况，存在较高的舞弊风险。基于上述因素，注册会计师认为错报发生的可能性较高，并且由于采购金额重大，如果发生错报，其严重程度较高，因此，将与该类交易相关的风险的固有风险等级评估为最高级，即存在特别风险。

（二）评估控制风险

如果注册会计师计划测试采购与付款循环中相关控制的运行有效性，应当评估相关控制的控制风险。注册会计师可以根据自身偏好的审计技术或方法，以不同方式实施和体现对控制风险的评估。例如，被审计单位每月由不负责应付账款核算的财务人员与供应商对账，就对账差异进行调查并编写说明，报经财务经理复核。注册会计师计划测试该项控制的运行有效性，考虑到该项控制属于常规性控制，不涉及重大判断，执行控制的人员具备相应的知识和技能并且保持了适当的职责分离。因此，注册会计师将该项控制的控制风险等级评估为低水平。

如果注册会计师拟不测试控制运行的有效性，则应当将固有风险的评估结果作为重大错报风险的评估结果。

三、根据重大错报风险评估结果设计进一步审计程序

注册会计师根据对采购与付款循环存在重大错报风险的评估结果，制订实施进一审计程序的总体方案，包括确定是采用综合性方案还是实质性方案，并考虑审计程序的性质、时间安排和范围，继而实施控制测试和实质性程序，以应对识别出的认定层次的重大错报风险。

表8-1为假定评估应付账款为重要账户，且相关认定包括存在/发生、完整性、准确性及截止的前提下，注册会计师计划实施的进一步审计程序的总体方案示例。

表8-1　采购与付款循环的重大错报风险和拟实施的进一步审计程序的总体方案示例

重大错报风险描述	相关财务报表项目及认定	固有风险等级	控制风险等级	进一步审计程序的总体方案	拟从控制测试中获取的保证程度	拟从实质性程序中获取的保证程度
确认的负债及费用并未实际发生	应付账款/其他应付款：存在 管理费用：发生	中	低	综合性方案	高	低
不确认与采购相关的负债，或与尚未付款但已经购买的服务支出相关的负债	应付账款/其他应付款：完整性 管理费用：完整性	最高	低	综合性方案	高	中
采用不正确的费用支出截止期	应付账款/其他应付款：存在/完整性 管理费用：截止	高	最高	实质性方案	无	高

重大错报风险描述	相关财务报表项目及认定	固有风险等级	控制风险等级	进一步审计程序的总体方案	拟从控制测试中获取的保证程度	拟从实质性程序中获取的保证程度
发生的采购未能以正确的金额记录	应付账款/其他应付款:准确性、计价与分摊 管理费用:准确性	低	低	实质性方案	中	低

注:"控制风险等级"一列中所列示的"最高",表示注册会计师拟不测试控制运行的有效性,而是将固有风险的评估结果作为重大错报风险的评估结果。因此,在"拟从控制测试中获取的保证程度"列的相应栏次中显示为高。

"拟从控制测试中获取的保证程度"一列所列示的"高""中"以及"拟从实质性程序中获取的保证程度"一列所列示的"高""中""低"的级别的确定属于注册会计师的职业判断。针对不同的风险级别,其对应的拟获取的保证程度并非一定如本表所示。本表中的内容仅为向读者演示注册会计师基于特定情况所作出的对应的审计方案的评价结果,从而基于该结果确定控制测试和实质性程序的性质、时间安排和范围。

表 8-1 的示例是根据注册会计师对重大错报风险的初步评估安排的,如果在审计过程中注册会计师了解的情况或获取的证据导致其调整对相关风险的评估结果,则注册会计师需要执行的进一步审计程序也需要相应调整。例如,如果注册会计师通过控制测试发现被审计单位针对"准确性、计价和分摊"认定的相关控制存在缺陷,导致其需要提高对相关控制风险的评估水平,则注册会计师可能需要提高相关重大错报风险的评估水平,并进一步修改实质性审计程序的性质、时间安排和范围。

【例 8-1】 甲公司是 ABC 会计师事务所的常年审计客户。A 注册会计师负责审计甲公司 20×4 年度财务报表,确定财务报表整体的重要性为 1 000 万元,实际执行的重要性为 500 万元。

资料一:A 注册会计师在审计工作底稿中记录了所了解的甲公司情况及环境,部分内容摘录如下:

(1) 20×4 年,由于竞争对手改进生产技术,大幅提升了产品性能,甲公司 a 产品的订单量锐减。

(2) 20×4 年 9 月,甲公司委托 W 公司研发一项新技术,甲公司承担研发过程中的风险并享有研发成果。委托合同总价款 6 000 万元,合同生效日预付 30%,成果交付日支付剩余款项。该研发项目 20×4 年末的完工进度约为 20%。

资料二:A 注册会计师在审计工作底稿中记录了甲公司的财务数据,部分内容摘录如下:

单位：万元

项目	未审数	已审数
	20×4 年	20×3 年
营业收入——a 产品	2 000	9 000
营业成本——a 产品	1 500	6 500
预付账款——W 公司研发费	1 800	0
存货——a 产品	150	1 000
无形资产——a 产品专利	2 800	3 000

要求：针对资料一，结合资料二，假定不考虑其他条件，指出资料一所列事项是否可能表明存在重大错报风险。如果认为可能表明存在重大错报风险，简要说明理由，并说明该风险主要与哪些财务报表项目的哪些认定相关（不考虑税务影响）。

■参考答案：

是否可能表明存在重大错报风险（是/否）	理由	财务报表项目及其认定
是	竞争对手改进生产技术，产品的订单量锐减，可能导致相关的无形资产（专利）出现减值，可能存在少计无形资产减值的风险	资产减值损失（完整性/准确性），无形资产（准确性、计价和分摊）
是	甲公司承担研发过程的风险并享有研发成果，说明该研发实质上是甲公司的自主研发，可能存在少计开发支出或研发费用，多计预付款项的风险	开发支出/研发费用（完整性），预付款项（存在）

第三节　采购与付款循环的控制测试

在前两节的基础上，本节进一步举例说明采购与付款循环中常见内部控制的具体测试方法。当然，是否执行如本节示例的控制测试工作是注册会计师根据其风险评估确定的。如果采取依赖于有效的内部控制减少实质性程序的方法，比仅依赖实质性程序更能够提高审计的总体效率，则选择执行控制测试是适当的。另外，有效的内部控制仅能降低而不能消除重大错报风险，因此仅依赖控制测试而不实施实质性程序也不能为相关的重要账户及其认定提供充分、适当的审计证据。

一、以风险为起点的控制测试

依然以一般制造业为例，通常情况下，采购与付款循环可能发生错报的环节包括但不限于：（1）采购计划未经适当审批；（2）新增供应商或者供应商信息变更未经恰当的认证，或者录入系统的供应商信息可能未经恰当复核；（3）订购单与有效的请购单不符，或者未在系统中录入或重复录入订购单；（4）接收缺乏有效订购单支持的商品；（5）临近会计期末的采购违背记录在正确的会计期间；（6）对采购交易错误分类，导致成本和费用错误；（7）确认的负债存在价格/数量错误或服务尚未提供的情形；（8）付款未记录，或者未记录在正确的供应商账户，或者记录金额不正确；（9）员工具有不适当的访问权限，使其能够实施违规交易或隐瞒错误；（10）相关总账与明细账的记录不一致。

针对上述控制中可能出现的错报，注册会计师可以采用以下控制测试程序：（1）询问部门负责人审批采购计划的过程，检查采购计划是否经部门负责人恰当审批。（2）询问复核人员审批供应商数据变更请求的过程，检查变更需求是否有相应的文件支持以及复核人员的确认，检查系统报告的生成逻辑及完整性，询问复核人员对报告的检查过程，确认其是否签署确认。（3）询问复核人员复核订购单的过程，包括复核人员提出的问题及其跟进记录，检查订购单是否有相应的请购单及经复核人员签署确认，检查系统生成例外事项报告的生成逻辑，询问复核人员对例外事项报告的检查过程，确认发现的问题是否及时得到了跟进处理。（4）检查系统生成入库单的生成逻辑，询问仓储人员的收货过程，抽样检查入库单是否有对应一致的采购订单及验收单。（5）检查系统生成正在执行中的订购单清单的生成逻辑，询问复核人员对正在执行中的订购单清单的检查过程，确认发现的问题是否得到了及时跟进处理，检查系统生成例外事项报告的生成逻辑，询问复核人员对报告的复核过程，检查报告中的项目是否确认了相应负债，检查复核人员的签署确认。（6）检查系统设置的规则，抽样检查记账凭证是否经会计主管审核。（7）检查系统报告的生成逻辑，确认例外事项报告的完整性及准确性，与复核人员讨论其复核过程，抽样选取例外/删改情况报告，检查每一份报告并确定：①是否存在管理层复核的证据；②复核是否在合理的时间范围内完成；

③复核人员提出问题的跟进是否适当、是否能使交易恰当记录于会计系统，抽样选取采购发票，检查是否与入库单和采购订单所记载的价格、供应商日期、描述及数量一致。（8）①询问复核人员对银行存款余额调节表的复核过程，抽样检查银行余额调节表，检查其是否及时得到了复核、复核的问题是否得到了恰当跟进处理、复核人员是否签署确认；②询问复核人员对供应商对账结果的复核过程，抽样选取供应商对账单，检查其是否与应付账款明细账进行了核对，差异是否得到了恰当的跟进处理，检查复核人员的相关签署确认。（9）检查系统中相关人员的访问权限，复核管理层的授权职责分配表，对不相容职位（申请与审批等）是否设置了恰当的职责分离。（10）核对总账和分类账的一致性，检查复核人员的复核及差异跟进记录。

二、对选择拟测试的控制和测试方法的考虑

在实际工作中，注册会计师不需要对采购与付款循环的所有控制进行测试，而是针对识别的可能发生错报环节，选择足以应对评估的重大错报风险的控制进行测试。

例如，请购单的审批与存货和应付账款的"存在"认定相关，但如果企业存在将订购单、验收单和卖方发票的一致性进行核对的"三单核对"控制，该控制通常足以应对存货和应付账款"存在"认定的风险，则可以直接选择"三单核对"控制进行测试，以提高审计效率。

控制测试的具体方法需要根据具体控制的性质确定。例如，对于入库单连续编号的控制，如果该控制是人工控制，注册会计师可以根据样本量选取一定数量的经复核的入库单清单，检查入库单编号是否完整。如果入库单编号存在跳号情况，向企业的复核人员询问跳号原因，就其解释获取佐证并考虑对审计的影响；如果该控制是自动化控制，则注册会计师可以选取系统生成的例外事项报告，检查报告并确定是否存在管理层复核的证据以及复核是否在合理的时间内完成；与复核人员讨论其复核和跟进过程，如适当，确定复核人员采取的行动以及这些行动在该环境下是否恰当。确认是否发现了任何调整，调整如何得以解决以及采取的行动是否恰当。同时，由专门的信息系统测试人员测试系统的相关控制，以确认例外事项报告的完整性和准确性。

【例8-2】 上市公司甲公司是ABC会计师事务所的常年审计客户。A注

册会计师负责审计甲公司20×4年度财务报表。审计工作底稿中记录了以下情况：

（1）甲公司各部门使用的请购单未连续编号，请购单由部门经理批准，超过一定金额需总经理批准。A注册会计师认为该项控制设计有效，实施了控制测试，结果满意。

（2）A注册会计师在期中审计时，针对20×4年1月至9月与采购相关的内部控制实施测试，未发现控制缺陷。因此，未测试20×4年10月至12月的相关控制，通过细节测试获取了与20×4年度采购交易相关的审计证据。

要求： 针对上述两项，假定不考虑其他条件，指出A注册会计师的做法是否恰当。如不恰当，简要说明理由。

■**参考答案：**

（1）恰当。

（2）不恰当。即使注册会计师已获取有关控制在期中运行有效性的审计证据，仍需要考虑将控制在期中运行有效性的审计证据合理延伸至期末，也就是需要针对期中至期末这段剩余期间控制运行有效性获取充分、适当的审计证据。

第四节　采购与付款循环的实质性程序

一、应付账款的实质性程序

（一）应付账款的审计目标

应付账款的审计目标一般包括：

（1）确定资产负债表中记录的应付账款是否存在（"存在"认定）；

（2）确定所有应当记录的应付账款是否均已记录（"完整性"认定）；

（3）确定资产负债表中记录的应付账款是否为被审计单位应当履行的偿还义务（"权利和义务"认定）；

（4）确定应付账款是否以恰当的金额包括在财务报表中（"准确性、计价和分摊"认定）；

（5）确定应付账款已记录于恰当的账户（"分类"认定）；确定应付账款是否已被恰当地汇总或分解且表述清楚，按照适用的财务报告编制基础的规定在财务报表中作出的相关披露是相关的、可理解的（"列报"认定）。

（二）应付账款的实质性程序

（1）获取应付账款明细表，并执行以下工作：①复核加计是否正确，并与报表数、总账数和明细账合计数核对是否相符；②检查非记账本位币应付账款的折算汇率及折算是否正确；③分析出现借方余额的项目，查明原因，必要时，建议作重分类调整；④结合预付账款、其他应付款等往来项目的明细余额，检查有无针对同一交易在应付账款和预付款项同时记账的情况、异常余额或与购货无关的其他款项（如关联方账户或雇员账户）。

（2）对应付账款实施函证程序。

采购与付款循环中较为常见的重大错报风险是低估应付账款（"完整性"认定）。因此，注册会计师在实施函证程序时可能需要从非财务部门（如采购部门）获取适当的供应商清单，如本期采购清单、所有现存供应商名录等，从中选取样本实施函证程序。

对未回函的项目实施替代程序，例如，检查付款单据（如支票存根）、相关的采购单据（如订购单、验收单、发票和合同）或其他适当文件。

（3）检查应付账款是否计入正确的会计期间，是否存在未入账的应付账款。

①对本期发生的应付账款增减变动，检查至相关支持性文件，确认会计处理是否正确。

②检查资产负债表日后应付账款明细账贷方发生额的相应凭证，关注其验收单、供应商发票的日期，确认其入账时间是否合理。

③获取并检查被审计单位与其供应商之间的对账单以及被审计单位编制的差异调节表，确定应付账款金额的准确性。

④针对资产负债表日后付款项目，检查银行对账单及有关付款凭证（如银行汇款通知、供应商收据等），询问被审计单位内部或外部的知情人员，查找有无未及时入账的应付账款。

⑤结合存货监盘程序，检查被审计单位在资产负债表日前后的存货入库资料（验收报告或入库单），检查相关负债是否计入了正确的会计期间。

如果注册会计师通过这些审计程序发现某些未入账的应付账款，应将有关情况详细记入审计工作底稿，并根据其重要性确定是否需建议被审计单位进行相应的调整。

（4）寻找未入账负债的测试。获取期后收取、记录或支付的发票明细，包括获取支票登记簿/电汇报告/银行对账单（根据被审计单位情况不同）以及入账的发票和未入账的发票。从中选取项目（尽接近审计报告日）进行测试并实施以下程序：①检查支持性文件，如相关的发票、采购合同/申请、收货文件以及接受服务明细，以确定收到商品/接受服务的日期及应在期末之前入账的日期。②追踪已选取项目至应付账款明细账、货到票未到的暂估入账和/或预提费用明细表，并关注费用所计入的会计期间，调查并跟进所有已识别的差异。③评价费用是否被记录于正确的会计期间，并相应确定是否存在期末未入账负债。

（5）检查应付账款长期挂账的原因并作出记录，对确实无须支付的应付账款的会计处理是否正确。

（6）检查应付账款是否已按照适用的财务报告编制基础的规定在财务报表中作出恰当列报和披露。

二、除折旧/摊销、人工费用以外的一般费用的实质性程序

折旧/摊销和人工费用在其他循环中涵盖，此处提及的是除这些费用以外的一般费用，如差旅费、广告费。

（一）一般费用的审计目标

一般费用的审计目标一般包括：确定利润表中记录的一般费用是否确实发生（"发生"认定），确定所有应当记录的费用是否均已记录（"完整性"认定），确定一般费用是否以恰当的金额包括在财务报表中（"准确性"认定），确定费用是否已记录于恰当的账户（"分类"认定），确定费用是否已计入恰当的会计期间（"截止"认定）。

（二）一般费用的实质性程序

（1）获取一般费用明细表，复核其加计数是否正确、并与总账和明细账合计数核对是否正确。

（2）实质性分析程序：①考虑可获取信息的来源、可比性、性质和相关性以及与信息编制相关的控制评价在对记录的金额或比率作出预期时使用数据的可靠

性；②将费用细化到适当层次，根据关键因素和相互关系（例如，本期预算、费用类别与销售数量、职工人数的变化之间的关系等）设定预期值，评价预期值是否足够精确以识别重大错报；③确定已记录金额与预期值之间可接受的、无须作进一步调查的可接受的差异额；④将已记录金额与期望值进行比较，识别需要进一步调查的差异；⑤调查差异，询问管理层，针对管理层的答复获取适当的审计证据；根据具体情况在必要时实施其他审计程序。

（3）从资产负债表日后的银行对账单或付款凭证中选取项目进行测试，检查支持性文件（如合同或发票），关注发票日期和支付日期，追踪已选取项目至相关费用明细表，检查费用所计入的会计期间，评价费用是否被记录于正确的会计期间。

（4）对本期发生的费用选取样本，检查其支持性文件，确定原始凭证是否齐全，记账凭证与原始凭证是否相符以及账务处理是否正确。

（5）抽取资产负债表日前后的凭证，实施截止测试，评价费用是否被记录于正确的会计期间。

（6）检查一般费用是否已按照适用的财务报告编制基础及其他相关规定在财务报表中作出恰当的列报和披露。

| 第九章 |

生产与存货循环审计

【教学内容与思政目标】

➡] 教学内容

· 熟悉生产与存货循环的主要业务活动与关键控制点。

· 理解生产与存货循环的重大错报风险及其控制测试。

· 掌握存货的实质性程序，重点掌握存货监盘相关要求。

➡] 思政目标

· 坚定诚信为本、操守为重、恪守准则的信念，保持应有的职业怀疑态度执行审计程序。

· 实事求是，以充分、适当的审计证据为依据，形成恰当的审计意见。

存货——审计关键领域

在"第七章销售与收款循环审计"的引入案例——众华所为天沃科技2017年至2021年年度财务报表提供审计服务中，证监会查明众华所不仅在营业收入实质性程序中存在缺陷，而且在存货检查实质性审计程序中亦未勤勉尽责。

证监会认为众华所对天沃科技子公司中机国能电力工程有限公司（以下简称"中机电力"）存货监盘实施的替代程序执行不到位。众华所审计底稿显示，由于中机电力大部分存货为电站项目的基础设施及设备，且项目分布在多个省份，无法像常规存货一样实施监盘和抽盘，故众华所在2017年至2018年的审计计划中均将现场走访作为存货监盘和抽盘的替代程序，并明确需赴实地观察工地现场和开展访谈以核实项目的真实性和进度。但在部分项目实际执行中，众华所未按照审计计划通过观察工地现场来核实进度，未发现实际工程进度与账面记载明显不一致。证监会认为众华所上述行为违反了审计准则的相关规定。

在企业经营过程中，存货贯穿于采购、生产、销售各环节，是审计过程中的关键点。那么，注册会计师该如何审计生产与存货循环？

第一节　生产与存货循环的主要业务活动与关键控制点

生产和存货通常是一般制造业企业重大的业务循环，注册会计师需要了解该循环涉及的业务活动及与财务报表编制相关的内部控制。注册会计师通常通过实施下列程序获取相关了解：

（1）询问参与生产和存货循环各业务活动的被审计单位人员，通常包括生产部门、仓储部门、人事部门和财务部门的员工和管理人员。

（2）获取并阅读企业的相关业务流程图或内部控制手册等资料。

（3）观察生产和存货循环中特定控制的运用，例如，观察生产部门将完工产品移送库的流程及相关控制。

（4）检查文件资料，例如，检查原材料领料单、成本计算表、产成品出入库单等。

（5）实施穿行测试，即追踪一笔交易在与财务报表编制相关的信息系统中的处理过程，例如，选取某种产成品，追踪该产品制订生产计划、领料生产、成本核算、完工入库的全过程。

在审计工作的计划阶段，注册会计师应当对生产与存货循环中的业务活动进行充分了解和记录，通过分析业务流程中可能发生重大错报的环节，进而识别和了解被审计单位为应对这些可能的错报而设计的相关控制，并通过诸如穿行测试等方法对这些流程和相关控制加以证实。

一、生产与存货循环主要业务活动

依然以一般制造型企业为例，生产与存货循环涉及的主要业务活动如图 9 - 1 所示。该循环业务活动通常涉及生产计划部门、仓储部门、生产部门、人事部门、销售部门、会计部门等。

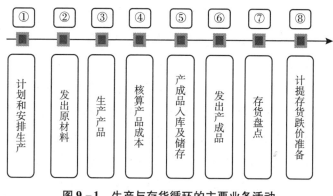

图 9 - 1　生产与存货循环的主要业务活动

（一）计划和安排生产

生产计划部门的职责是根据客户订购单或者销售部门对销售预测和产品需求的分析以决定生产授权。如决定授权生产，即签发预先顺序编号的生产通知单。该部门通常应将发出的所有生产通知单顺序编号并加以记录控制。此外，通常该部门还需编制一份材料需求报告，列示所需要的材料和零件及其库存。

（二）发出原材料

仓储部门的责任是根据从生产部门收到的领料单发出原材料。领料单上必须列示所需的材料数量和种类，以及领料部门的名称。领料单可以一料一单，也可以多料一单，通常需一式三联。仓库管理人员发料并签署后，将其中一联连同材料交给领料部门（生产部门存根联），一联留在仓库登记材料明细账（仓库联），一联交会计部门进行材料收发核算和成本核算（财务联）。

（三）生产产品

生产部门在收到生产通知单及领取原材料后，便将生产任务分解到每一个生产工人并将所领取的原材料交给生产工人，据以执行生产任务。生产工人在完成生产任务后将完成的产品交生产部门统计人员查点，然后转交检验员验收并办理入库手续；或是将所完成的半成品移交下一个环节，作进一步加工。

（四）核算产品成本

为了正确核算并有效控制产品成本，必须建立健全成本会计制度，将生产控制和成本核算有机结合。一方面，生产过程中的各种记录如生产通知单、领料单、计工单、产量统计记录表、生产统计报告、入库单等文件资料需要汇集到会计部门，由会计部门对其进行检查，了解和控制生产过程中存货的实物流转；另一方面，会计部门要设置相应的会计账户，会同有关部门对生产过程中的成本进行核算和控制。由于核算精细程度的不同，成本会计制度可以非常简单，只是在期末记录存货余额；也可以完善的标准成本制度，持续地记录所有材料处理、在产品和产成品，并形成对成本差异的分析报告。完善的成本会计制度应该提供原材料转为在产品，在产品转为产成品，及按成本中心、分批次生产任务通知单或生产周期所消耗的材料、人工和间接费用的分配与归集的详细资料。

（五）产成品入库及储存

产成品入库须由仓储部门先行点验和检查，然后签收。签收后，将实际入库数量通知会计部门。据此，仓储部门确立了本身应承担的保管责任，并对验收部门的工作进行验证。除此之外，仓储部门还应根据产成品的品质特征分类存放，并填制标签。

（六）发出产成品

产成品的发出须由独立的发运部门进行。装运产成品时必须持有经有关部门核准的发运通知单，并据此编制出库单。出库单一般为一式四联，一联交仓储部门，一联由发运部门留存，一联送交客户，一联作为开具发票的依据。

（七）存货盘点

管理人员编制盘点指令，安排适当人员对存货实物（包括原材料、在产品和产成品等所有存货类别）进行定期盘点，将盘点结果与存货账面数量进行核对，调查差异并进行适当调整。

（八）计提存货跌价准备

财务部门根据存货货龄分析表信息或相关部门提供的有关存货状况的其他信息，结合存货盘点过程中对存货状况的检查结果，对出现损毁、滞销、跌价等降低存货价值的情况进行分析计算，计提存货跌价准备。

二、生产与存货循环关键控制点

上述 8 项业务活动中可能存在的内部控制关键控制点包括但不限于以下：

（1）对于计划和安排生产这项主要业务活动，有些被审计单位的内部控制要求，根据经审批的月度生产计划书，由生产计划经理签发预先按顺序编号的生产通知单。

（2）对于发出原材料这项主要业务活动，有些被审计单位的内部控制要求：①领料单应当经生产主管批准，仓库管理员凭经批准的领料单发料；领料单一式三联，分别作为生产部门存根联、仓库联和财务联；②仓库管理员应把领料单编号、领用数量、规格等信息输入计算机系统，经仓储经理复核并以电子签名方式确认后，系统自动更新材料明细台账。

（3）对于生产产品和核算产品成本这两项主要业务活动，有些被审计单位的内部控制要求：①生产成本记账员应根据原材料领料单财务联编制原材料领用日报表，与计算机系统自动生成的生产记录日报表核财材料耗用和流转信息；由会计主管审核无误后，生成记账凭证并过账至生产成本及原材料明细账和总分类账。②生产部门记录生产各环节所耗用工时数，包括人工工时数和机器工时数，并将工时信息输入生产记录日报表。③每月月末，由生产车间与仓库核对原材料和产成品的转出和转入记录，如有差异仓库管理员应编制差异分析报告，经仓储经理和生产经理签字确认后交会计部门进行调整。④每月月末，由计算机系统对生产成本中各项组成部分进行归集，按照预设的分摊公式和方法，自动将当月发生的生产成本在完工产品和在产品之间按比例分配；同时将完工产品成本在各不同产品类别之间分配，由此生成产品成本计算表和生产成本分配表；由生产成本记账员编制成生产成本结转凭证，经会计主管审核批准后进行账务处理。

（4）对于产成品入库和储存这项主要业务活动，有些被审计单位的内部控制要求：①产成品入库时，质量检验员应检查并签发预先按顺序编号的产成品验收单，由生产小组将产成品送交仓库，仓库管理员应检查产成品验收单，并清点产成品数量，填写预先顺序编号的产成品入库单，经质检经理、生产经理和仓储经理签字确认后，由仓库管理员将产成品入库单信息输入计算机系统，计算机系统自动更新产成品明细台账；②存货存放在安全的环境（如上锁、使用监控设备）中，只有经过授权的工作人员可以接触及处理存货。

（5）对于发出产成品这项主要业务活动，在销售与收款流程循环中涉及产成品出库这环节，此外还有后续的结转销售成本环节。有些被审计单位可能设计以下内部控制要求：①产成品出库时，由仓库管理员填写预先顺序编号的出库单，并将产成品出库单信息输入计算机系统，经仓储经理复核并以电子签名方式确认后，计算机系统自动更新产成品明细台账并与发运通知单编号核对；②产成品装运发出前，由运输经理独立检查出库单、销售单和发运通知单，确定从仓库提取的商品附有经批准的销售单，并且所提取商品的内容与销售单一致；③每月月末，生产成本记账员根据计算机系统内状态为"已处理"的订购单数量，编制销售成本结转凭证，结转相应的销售成本，经会计主管审核批准后进行账务处理。

（6）对于盘点存货这项业务活动，有些被审计单位的内部控制要求：①生产部门和仓储部门在盘点日前对所有存货进行清理和归整，便于盘点顺利进行。②每一组盘点人员中应包括仓储部门以外的其他部门人员，即不能由负责保管存货的人员单独负责盘点存货，安排不同的工作人员分别负责初盘和复盘。③盘点表和盘点标签事先连续编号，发放给盘点人员时登记领用人员；盘点结束后回收并清点所有已使用和未使用的盘点表和盘点标签。④为防止存货被遗漏或重复盘点，所有盘点过的存货贴盘点标签，注明存货品数量和盘点人员，完成盘点前检查现场确认所有存货均已贴上盘点标签。⑤将不属于本单位的代其他方保管的存货单独堆放并作标识，将盘点期间需要领的原材料或出库的产成品分开堆放并作标识。⑥汇总盘点结果、与存货账面数量进行比较，调查分析差异原因，并对认定的盘盈和盘亏提出账务调整建议，经仓储经理、生产经理、财务经理和总经理复核批准后入账。

（7）对于计提存货跌价准备这项业务活动，有些被审计单位的内部控制要求：①定期编制存货货龄分析表，管理人员复核该分析表，确定是否有必要对滞销存货计提存货跌价准备，并计算存货可变现净值，据此计提存货跌价准备；②生产部门和仓储部门每月上报残冷背次存货明细，采购部门和销售部门每月报原材料和产成品最新价格信息，财务部门据此分析存货跌价风险并计提跌价准备，财务经理和总经理复核批准并入账。

第二节　生产与存货循环的重大错报风险

一、生产与存货循环存在的重大错报风险

以一般制造型企业为例，影响生产与存货循环交易和余额的风险因素可能包括：

（1）交易的数量和复杂性。制造型企业交易的数量庞大，业务复杂，增加了错误和舞弊的风险。

（2）成本核算的复杂性。制造型企业的成本核算比较复杂。虽然原材料和直接人工等直接成本的归集和分配比较简单，但间接费用的分配可能较为复杂，并且，同一行业中的不同企业也可能采用不同的认定和计量基础。

（3）产品的多元化。这可能要求聘请专家来验证其质量、状况或价值。另外，计算存货数量的方法也可能是不同的。例如，计量煤堆、筒仓里的谷物或糖、黄金或贵宝石、化工品和药剂产品的存储量的方法都可能不一样。但这并不意味着注册会计师每次监盘存货都需要专家配合，如果存货容易辨认、存货数量容易清点、就无须专家帮助。

（4）某些存货项目的可变现净值难以确定。例如，价格受全球经济供求关系影响的存货，由于其可变现净值难以确定，会影响存货采购价格和销售价格的确定，并将影响注册会计师对与存货"准确性、计价和分摊"认定有关的风险进行的评估。

（5）将存货存放在很多地点。大型企业可能将存货存放在很多地点，并且可以在不同地点之间转移存货，这将增加商品途中毁损或遗失的风险，或者导致存货在两个地点被重复记录，也可能产生转移定价的错误或舞弊。

（6）寄存的存货。有时候货虽然存放在企业，但可能不归企业所有。反之，企业的存货也可能被寄存在其他企业。

由于存货与企业各项经营活动的紧密联系，存货的重大错报风险往往与财务报表其他项目的重大错报风险紧密相关。例如，收入确认的错报风险往往与存货的错报风险共存，采购交易的错报风险与存货的错报风险共存、存货成本核算的

错报风险与营业成本的错报风险共存等。

综上所述，一般制造型企业存货的重大错报风险通常包括：

①存货实物可能不存在（"存在"认定）；

②属于被审计单位的存货可能未在账面反映（"完整性"认定）；

③存货的所有权可能不属于被审计单位（"权利和义务"认定）；

④存货的单位成本可能存在计算错误（"准确性、计价和分摊"认定）；

⑤存货的账面价值可能无法实现，即存货跌价准备的计提可能不充分（"准确性、计价和分摊"认定）。

此外，实务中，被审计单位管理层通过虚构存货，以及转移资产形成账外存货等方式实施舞弊的案例也屡见不鲜。注册会计师在实施风险评估程序时，也应考虑相关舞弊风险因素，识别和评估被审计单位是否存在与存货相关的舞弊风险。

二、根据重大错报风险评估结果设计进一步审计程序

注册会计师基于生产与存货循环的重大错报风险评估结果，制订实施进一步审计程序的总体方案（包括综合性方案和实质性方案）见表9-1，继而实施控制测试和实质性程序，以应对识别出的认定层次的重大错报风险。注册会计师通过将控制测试和实质性程序获取的审计证据综合起来应足以应对识别出的认定层次的重大错报风险。

表9-1　　生产与存货循环的重大错报风险和拟实施的进一步审计程序的总体方案

重大错报风险描述	相关财务报表项目及认定	风险程度	是否信赖控制	进一步审计程序的总体方案	拟从控制测试中获取的保证程度	拟从实质性程序中获取的保证程度
存货实物可能不存在	存货：存在	特别	是	综合性方案	中	高
存货的单位成本可能存在计算错误	存货：准确性、计价和分摊 营业成本：准确性	一般	是	综合性方案	中	低
已销售产品成本可能没有准确结转至营业成本	存货：准确性、计价和分摊 营业成本：准确性	一般	是	综合性方案	中	低
存货的账面价值可能无法实现	存货：准确性、计价与分摊	特别	否	实质性方案	无	高

注册会计师根据重大错报风险的评估结果初步确定实施进一步审计程序的具体审计计划，因为风险评估和审计计划都是贯穿审计全过程的动态的活动，而且控制测试的结果可能导致注册会计师改变对内部控制的信赖程度。因此，具体审计计划并非一成不变，可能需要在审计过程中进行调整。

然而，无论是采用综合性方案还是实质性方案，获取的审计证据都应当能够从认定层次应对所识别的重大错报风险，直至针对该风险所涉及的全部相关认定均已获取了足够的保证程度。

第三节　生产与存货循环的控制测试

生产与存货循环的内部控制主要包括存货数量的内部控制和存货单价的内部控制两方面。由于生产与存货循环与其他业务循环的紧密联系，例如，原材料的采购和记录是作为采购与付款循环的一部分进行测试的，人工成本（包括直接人工成本和间接人工成本）是作为工薪循环的一部分进行测试的，因此生产与存货循环中某些审计程序，特别是对存货余额的审计程序，与其他相关业务循环的审计程序同时进行将更为有效。在对生产与存货循环的内部控制实施测试时，要考虑其他业务循环的控制测试是否与本循环相关，避免重复测试。

风险评估和风险应对是整个审计过程的核心，因此，注册会计师通常以识别的重大错报风险为起点，选取拟测试的控制并实施控制测试。

基于被审计单位生产与存货循环主要业务活动，该循环可能存在以下控制偏差：（1）发出的原材料可能未正确计入相应产品的生产成本中；（2）生产工人的人工成本可能未得到准确反映；（3）发生的制造费用可能没有得到完整归集；（4）生产成本和制造费用在不同产品之间、在产品和完工产品之间的分配可能不正确；（5）以完工产品的生产成本可能没有转移到产成品中；（6）销售发出的产成品的成本可能没有准确转入营业成本；（7）存货可能被盗或者因材料领用/产品销售未入账而出现账实不符；（8）可能存在残冷背次的存货，影响存货的价值。

针对上述控制中可能出现的偏差，控制测试程序包括但不限于：（1）检查生产主管核对材料成本明细表的记录，并询问其核对过程与结果。（2）检查系统中员工的部门代码设置是否与其实际职责相符，询问并检查财务经理符合工资费用分配表的过程和记录。（3）检查系统的自动归集设置是否符合有关成本和费用的性质，是否合理。询问并检查成本会计复核制造费用明细表的过程和记录，检查财务经理对调整制造费用的分录的批准记录。（4）询问财务经理如何执行复核及调查。选取产品成本计算表及相关资料，检查财务经理的复核记录。（5）询问和检查成本会计将产成品收发存报表与成本计算表进行核对的过程和记录。（6）检查系统设置的自动结转功能是否正常运行，成本结转方式是否符合公司成本核算政策。询问和检查财务经理和总经理进行毛利率分析的过程和记录，并对异常波动的调查和处理结果进行核实。（7）询问财务经理识别减值风险并确定减值准备的过程，检查总经理的复核批准记录。

在上述控制测试中，如果人工控制在执行时依赖于信息技术系统生成的报告，注册会计师还应当针对系统生成报告的准确性执行测试。例如，与计提存货跌价准备相关的管理层控制中使用了系统生成的存货货龄分析表，其准确性影响管理层控制的有效性。因此，注册会计师需要同时测试存货货龄分析表的准确性。

有些被审计单位采用信息技术系统执行全程自动化成本核算。在这种情况下，注册会计师通常需要对信息技术系统中的成本核算流程和参数设置进行了解和测试（可能要利用信息技术专家的工作），并测试相关信息技术一般控制的运行有效性。

以上是生产与存货循环较为常见的控制偏差与控制测试程序，但这并未包含该循环所有可能的控制偏差与控制测试，也并不意味着审计实务必须按此进行。由于被审计单位所处的行业、规模不一，内部控制制度的设计与执行方式不同，在审计实务中，注册会计师需要结合被审计单位实际情况，设计恰当的生产与存货循环控制测试程序。

第四节　生产与存货循环的实质性程序

一、存货的审计目标

存货审计，尤其是对年末存货余额的测试，通常是审计中最复杂的部分。导致存货审计复杂的主要原因包括：（1）存货通常是资产负债表中的一个主要项目，而且通常是构成营运资本的最大项目。（2）存货存放于不同的地点，这使得对它的实物控制和盘点都很困难。（3）存货项目的多样性也给审计带来了困难。例如、化学制品、宝石、电子元件及其他的高科技产品等。（4）存货本身的状况以及存货成本的分配也使得存货的估价存在困难。（5）不同企业采用的存货计价方法存在多样性。

存货的重要性、复杂性以及存货与其他项目密切的关联度，都要求注册会计师对存货项目的审计应当予以特别的关注。

存货审计涉及数量和单价两个方面：（1）针对存货数量的实质性程序主要是存货监盘。此外，还包括对第三方保管的存货实施函证等程序，对在途存货检查相关凭证和期后入库记录等。（2）针对存货单价的实质性程序包括对购买和生产成本的审计程序和对存货可变净值的审计程序。其中，原材料成本的计量较为简单，通常通过对采购成本的审计进行测试；在产品和产成品的成本较为复杂，包括测试原材料成本、人工成本和制造费用的归集和分摊。

审计存货的另一个考虑就是其与采购、销售收入及销售成本间的相互关系，因为就存货认定取得的证据也同时为其对应项目的认定提供了证据。例如，通过存货监盘和对已收存货的截止测试取得的，与外购商品或原材料存货的"完整性"和"存在"认定相关的证据，自动为同一期间原材料和商品采购的完整性和发生提供了保证。类似地，销售收入的截止测试也为期末之前的销售成本已经从期末存货中扣除并正确计入销售成本提供了证据。

存货的审计目标一般包括：

（1）账面存货余额对应的实物是否真实存在（"存在"认定）；

（2）属于被审计单位的存货是否均已入账（"完整性"认定）；

（3）存货是否属于被审计单位（"权利和义务"认定）；

（4）存货单位成本的计量是否准确（"准确性、计价和分摊"认定）：

（5）存货的账面价值是否可以实现（"准确性、计价和分摊"认定）。

二、存货的审计程序

（一）存货的一般审计程序

获取年末存货余额明细表，并执行以下工作：

（1）复核单项存货金额的计算（单位成本×数量）和明细表的加总计算是否准确。

（2）将本年年末存货余额与上年年末存货余额进行比较，总体分析变动原因。

（二）存货监盘

1. 存货监盘的作用

如果存货对财务报表是重要的，注册会计师应当实施下列审计程序，对存货的存在和状况获取充分、适当的审计证据：

（1）在存货盘点现场实施监盘（除非不可行）；

（2）对期末存货记录实施审计程序，以确定其是否准确反映实际的存货盘点结果。

在存货盘点现场实施监盘时，注册会计师应当实施下列审计程序：

（1）评价管理层用以记录和控制存货盘点结果的指令和程序；

（2）观察管理层制定的盘点程序的执行情况；

（3）检查存货；

（4）执行抽盘。

因此，存货监盘涉及：（1）检查存货以确定其是否存在，评价存货状况，并对存货盘点结果进行测试。（2）观察管理层指令的遵守情况，以及用于记录和控制存货盘点结果的程序的实施情况。（3）获取有关管理层存货盘点程序可靠性的审计证据。这些程序是用作控制测试还是实质性程序，取决于注册会计师的风险评估结果、审计方案和实施的特定程序。

尽管实施存货监盘，获取有关期末存货的存在和状况的充分、适当的审计证据是注册会计师的责任，但这并不能取代被审计单位管理层定期盘点存货、合理确定存货的存在和状况的责任。事实上，管理层通常制定程序，对存货每年至少进行一次实物盘点，以作为编制财务报表的基础，并用以确定被审计单位永续盘存制的可靠性（如适用）。

注册会计师监盘存货的目的在于获取有关存货的存在和状况的审计证据。因此，存货监盘针对的主要是存货的"存在"认定，对存货的"完整性"认定及"准确性、计价和分摊"认定，也能提供部分审计证据。此外，注册会计师还可能在存货监盘中获取有关存货所有权的部分审计证据。但是存货监盘本身并不足以供注册会计师确定存货的所有权，注册会计师可能需要执行其他实质性审计程序以应对"权利和义务"认定的相关风险。

2. 存货监盘计划

注册会计师应当根据被审计单位存货的特点、盘存制度和存货内部控制的有效性等情况，在评价被审计单位管理层制定的存货盘点程序的基础上，编制存货监盘计划，对存货监盘作出合理安排。

（1）制订存货监盘计划应考虑的相关事项。

在编制存货监盘计划时，注册会计师需要考虑以下事项：

①与存货相关的重大错报风险。存货通常具有较高的重大错报风险，影响重大错报风险的因素具体包括：存货的数量和种类、成本归集的难易程度、陈旧过时的速度或易损坏程度、遭受失窃的难易程度。由于制造过程和成本归集制度的差异，制造企业的存货与其他企业（如批发企业）的存货相比往往具有更高的重大错报风险，对于注册会计师的审计工作而言则更具复杂性。外部因素也会对重大错报风险产生影响。例如，技术进步可能导致某些产品过时，从而导致存货价值更容易发生高估。

②与存货相关的内部控制的性质。在制订存货监盘计划时，注册会计师应当了解被审计单位与存货相关的内部控制，并根据内部控制的完善程度确定进一步审计程序的性质、时间安排和范围。与存货相关的内部控制涉及被审计单位供、产、销各个环节，包括采购、验收、仓储、领用、加工、装运出库等方面。

③对存货盘点是否制定了适当的程序，并下达了正确的指令。注册会计师一般需要复核或与管理层讨论其存货盘点程序。在复核或与管理层讨论其存货盘点程序时，注册会计师应当考虑下列主要因素，以评价其能否合理地确定存货的存在和状况：盘点的时间安排；存货盘点范围和场所的确定；盘点人员的分工及胜任能力；盘点前的会议及任务布置；存货的整理和排列，对毁损、陈旧、过时、残次及所有权不属于被审计单位的存货的区分；存货的计量工具和计量方法；在产品完工程度的确定方法；存放在外单位的存货的盘点安排；存货收发截止的控制；盘点期间存货移动的控制；盘点表单的设计、使用与控制；盘点结果的汇总以及盘盈或盘亏的分析、调查与处理。

如果认为被审计单位的存货盘点程序存在缺陷，注册会计师应当提请被审计单位调整。

④存货盘点的时间安排。如果存货盘点在财务报表日以外的其他日期进行，注册会计师除实施存货监盘相关审计程序外，还应当实施其他审计程序，以获取审计证据确定存货盘点日与财务报表日之间的存货变动是否已得到恰当的记录。

⑤被审计单位是否一贯采用永续盘存制。存货数量的盘存制度一般分为实地盘存制和永续盘存制。存货盘存制度不同，注册会计师需要作出的存货监盘安排也不同。如果被审计单位通过实地盘存制确定存货数量，则注册会计师要参加此种盘点。如果被审计单位采用永续盘存制，注册会计师应在年度中一次或多次参加盘点。

⑥存货的存放地点（包括不同存放地点的存货的重要性和重大错报风险），以确定适当的监盘地点。

如果被审计单位的存货存放在多个地点，注册会计师可以要求被审计单位提供一份完整的存货存放地点清单（包括期末库存量为零的仓库、租赁的仓库，以及第三方代被审计单位保管存货的仓库等），并考虑其完整性。根据具体情况下的风险评估结果，注册会计师可以考虑执行以下一项或多项审计程序：

——询问被审计单位除管理层和财务部门以外的其他人员，如营销人员、仓库人员等，以了解有关存货存放地点的情况；

——比较被审计单位不同时期的存货存放地点清单，关注仓库变动情况，以确定是否存在因仓库变动而未将存货纳入盘点范围的情况发生；

——检查被审计单位存货的出、入库单，关注是否存在被审计单位尚未告知注册会计师的仓库（如期末库存量为零的仓库）；

——检查费用支出明细账和租赁合同，关注被审计单位是否租赁仓库并支付租金，如果有，该仓库是否已包括在被审计单位提供的仓库清单中；

——检查被审计单位"固定资产——房屋建筑物"明细清单，了解被审计单位可用于存放存货的房屋建筑物。

在获取完整的存货存放地点清单的基础上，注册会计师可以根据不同地点所存放存货的重要性以及对各个地点与存货相关的重大错报风险的评估结果（例如，注册会计师在以往审计中可能注意到某些地点存在存货相关的错报，因此，在本期审计时对其予以特别关注），选择适当的地点进行监盘，并记录选择这些地点的原因。

如果识别出舞弊导致的影响存货数量的重大错报风险，注册会计师在检查被审计单位存货记录的基础上，可能决定在不预先通知的情况下对特定存放地点的存货实施监盘，或在同一天对所有存放地点的存货实施监盘。同时，在连续审计中，注册会计师可以考虑在不同期间的审计中变更所选择实施监盘的地点。

⑦是否需要专家协助。注册会计师可能不具备其他专业领域专长与技能。在确定资产数量或资产实物状况（如矿石堆），或在收集特殊类别存货（如艺术品、稀有玉石房地产、电子器件、工程设计等）的审计证据时，注册会计师可以考虑利用专家的工作。

当在产品存货金额较大时，可能面临如何评估在产品完工程度的问题。注册会计师可以了解被审计单位的盘点程序，如果有关在产品的完工程度未被明确列出，注册会计师应当考虑采用其他有助于确定完工程度的措施，如获取零部件明细清单、标准成本表以及作业成本表，与工厂的有关人员进行讨论等，并运用职业判断。注册会计师也可以根据存货生产过程的复杂程度考虑利用专家的工作。

（2）存货监盘计划的主要内容。

①存货监盘的目标、范围及时间安排。存货监盘的主要目标包括获取被审计单位资产负债表日有关存货的存在和状况以及有关管理层存货盘点程序可靠性的审计证据，检查存货的数量是否真实完整，是否归属被审计单位，存货有无毁损、陈旧、过时、残次和短缺等状况。

存货监盘范围的大小取决于存货的内容、性质以及与存货相关的内部控制的完善程度和重大错报风险的评估结果。

存货监盘的时间，包括实地察看盘点现场的时间、观察存货盘点的时间和对已盘点存货实施检查的时间等，应当与被审计单位实施存货盘点的时间相协调。

②存货监盘的要点及关注事项。存货监盘的要点主要包括注册会计师实施存货监盘程序的方法、步骤，各个环节应注意的问题以及所要解决的问题。注册会计师需要重点关注的事项包括盘点期间的存货移动、存货的状况、存货的截止确认、存货的各个存放地点及金额等。

③参加存货监盘人员的分工。注册会计师应当根据被审计单位参加存货盘点人员分工、分组情况，存货监盘工作量的大小和人员素质情况，确定参加存货监盘的人员组成以及各组成人员的职责和具体的分工情况，并加强督导。

④抽盘存货的范围。注册会计师应当根据对被审计单位存货盘点和对被审计单位内部控制的评价结果确定抽盘存货的范围。在实施观察程序后，如果认为被审计单位内部控制设计良好且得到有效实施，存货盘点组织良好，可以相应缩小

实施抽盘的范围。

3. 存货监盘程序

在存货盘点现场实施监盘时，注册会计师应当实施下列审计程序：

（1）评价管理层用以记录和控制存货盘点结果的指令和程序。注册会计师需要考虑这些指令和程序是否包括下列方面：

①适当控制的运用，例如，收集已使用的存货盘点记录，清点未使用的存货盘点表单，实施盘点和复盘程序；

②准确认定在产品的完工程度，流动缓慢（呆滞）、过时或毁损的存货项目，以及第三方拥有的存货（如寄存货物）；

③在适用的情况下用于估计存货数量的方法，如可能需要估计煤堆的重量；

④对存货在不同存放地点之间的移动以及截止日前后期间出入库的控制。

一般而言，被审计单位在盘点过程中停止生产并关闭存货存放地点以确保停止存货的移动，有利于保证盘点的准确性。但特定情况下，被审计单位可能由于实际原因无法停止生产或收发货物。这种情况下，注册会计师可以根据被审计单位的具体情况考虑其无法停止存货移动的原因及其合理性。

（2）观察管理层制定的盘点程序（如对盘点时及其前后的存货移动的控制程序）的执行情况。这有助于注册会计师获取有关管理层指令和程序是否得到适当设计和执行的审计证据。尽管盘点存货时最好能保持存货不发生移动，但在某些情况下存货的移动是难以避免的。如果在盘点过程中被审计单位的生产经营仍将持续进行，注册会计师应通过实施必要的检查程序，确定被审计单位是否已经对此设置了相应的控制程序，确保在适当的期间内对存货作出准确记录。

此外，注册会计师可以获取有关截止性信息（如存货移动的具体情况）的复印件，有助于日后对存货移动的会计处理实施审计程序。具体来说，注册会计师一般应当获取盘点日前后存货收发及移动的凭证，检查库存记录与会计记录期末截止是否正确。注册会计师需要关注，所有在盘点日以前入库的存货项目是否均已包括在盘点范围内，所有已确认为销售但尚未装运出库的商品是否均未包括在盘点范围内。在途存货和被审计单位直接向顾客发运的存货是否均已得到了适当的会计处理。注册会计师通常可观察存货的验收入库地点和装运出库地点以执行截止测试。在存货入库和装运过程中采用连续编号的凭证时，注册会计师应当关注盘点日前的最后编号。如果被审计单位没有使用连续编号的凭证，注册会计师应当列出盘点日以前的最后几笔装运和入库记录。

（3）检查存货。在存货监盘过程中检查存货，虽然不一定能确定存货的所有权，但有助于确定存货的存在，以及识别过时、毁损或陈旧的存货。注册会计师应当把所有过时、毁损或陈旧存货的详细情况记录下来，这既便于进一步追查这些存货的处置情况，也能为测试被审计单位存货跌价准备计提的准确性提供证据。

（4）执行抽盘。在对存货盘点结果进行测试时，注册会计师可以从存货盘点记录中选取项目追查至存货实物，以及从存货实物中选取项目追查至盘点记录，以获取有关盘点记录准确性和完整性的审计证据。注册会计师应尽可能避免让被审计单位事先了解将抽盘的存货项目。除记录注册会计师对存货盘点结果进行的测试情况外，获取管理层完成的存货盘点记录的复印件也有助于注册会计师日后实施审计程序，以确定被审计单位的期末存货记录是否准确地反映了存货的实际盘点结果。

注册会计师在实施抽盘程序时发现差异，很可能表明被审计单位的存货盘点在准确性或完整性方面存在错误。由于检查的内容通常仅仅是已盘点存货中的一部分，所以在检查中发现错误很可能意味着被审计单位的存货盘点还存在其他错误。一方面，注册会计师应当查明原因，并及时提请被审计单位更正；另一方面，注册会计师应当考虑错误的潜在范围和重大程度，在可能的情况下，扩大检查范围以减少错误的发生。注册会计师还可要求被审计单位重新盘点。重新盘点的范围可限于某一特殊领域的存货或特定盘点小组。

（5）需要特别关注的情况。

①存货盘点范围。在被审计单位盘点存货前，注册会计师应当观察盘点现场，确定应纳入盘点范围的存货是否已经适当整理和排列，并附有盘点标识，防止遗漏或重复盘点。对未纳入盘点范围的存货，注册会计师应当查明未纳入的原因。

对所有权不属于被审计单位的存货，注册会计师应当取得其规格、数量等有关资料，确定是否已单独存放、标明，且未被纳入盘点范围。在存货监盘过程中，注册会计师应当根据取得的所有权不属于被审计单位的存货的有关资料，观察这些存货的实际存放情况，确保其未被纳入盘点范围。即使在被审计单位声明不存在受托代存存货的情形下，注册会计师在存货监盘时也应当关注是否存在某些存货不属于被审计单位的迹象，以避免盘点范围不当。

②对特殊类型存货的监盘。对某些特殊类型的存货而言，被审计单位通常使用的盘点方法和控制程序并不完全适用。这些存货通常或者没有标签，或者其数量难以估计或者其质量难以确定，或者盘点人员无法对其移动实施控制。在这些情况下，注册会计师需要运用职业判断，根据存货的实际情况，设计恰当的审计程序，对存货的存在和状况获取审计证据。

（6）存货监盘结束时的工作。

在被审计单位存货盘点结束前，注册会计师应当：①再次观察盘点现场，以确定所有应纳入盘点范围的存货是否均已盘点；②取得并检查已填用、作废及未使用盘点表单的号码记录，确定其是否连续编号，查明已发放的表单是否均已收回，并与存货盘点的汇总记录进行核对。注册会计师应当根据自己在存货监盘过程中获取的信息对被审计单位最终的存货盘点结果汇总记录进行复核，并评估其是否正确地反映了实际盘点结果。

如果存货盘点在财务报表日以外的其他日期进行，注册会计师应当实施适当的审计程序，以获取审计证据，确定存货盘点日与财务报表日之间的存货变动是否已得到恰当的记录。

4. 特殊情况的处理

（1）在存货盘点现场实施存货监盘不可行。在某些情况下，实施存货监盘可能是不可行的。这可能是由存货性质和存放地点等因素造成的，例如，存货存放在对注册会计师的安全有威胁的地点。然而，对注册会计师带来不便的一般因素不足以支持注册会计师作出实施存货监盘不可行的决定。审计中的困难、时间或成本等事项本身，不能作为注册会计师省略不可替代的审计程序或满足于说服力不足的审计证据的正当理由。

如果在存货盘点现场实施存货监盘不可行，注册会计师应当实施替代审计程序（如检查盘点日后出售盘点日之前取得或购买的特定存货的文件记录），以获取有关存货的存在和状况的充分、适当的审计证据。

但在其他一些情况下，如果不能实施替代审计程序，或者实施替代审计程序可能无法获取有关存货的存在和状况的充分、适当的审计证据，注册会计师需要按照《中国注册会计师审计准则第1502号——在审计报告中发表非无保留意见》的规定发表非无保留意见。

（2）如果由于不可预见的情况无法在存货盘点现场实施监盘，注册会计师应当另择日期实施监盘，并对间隔期内发生的交易实施审计程序。

（3）由第三方保管或控制的存货。如果由第三方保管或控制的存货对财务报表是重要的，注册会计师应当实施下列一项或两项审计程序，以获取有关该存货存在和状况的充分、适当的审计证据：①向持有被审计单位存货的第三方函证存货的存在和状况；②实施检查或其他适合具体情况的审计程序。根据具体情况（如获取的信息使注册会计师对第三方的诚信和客观性产生疑虑），注册会计师可能认为实施其他审计程序是适当的。其他审计程序可以作为函证的替代程序，也可以作为追加的审计程序。其他审计程序的示例包括：

——实施或安排其他注册会计师实施对第三方的存货监盘（如可行）。

——获取其他注册会计师或服务机构注册会计师针对用以保证存货得到恰当盘点和保管的内部控制的适当性而出具的报告。

——检查与第三方持有的存货相关的文件记录，如仓储单。

——当存货被作为抵押品时，要求其他机构或人员进行确认。

（三）存货计价测试

存货监盘程序主要是对存货的数量进行测试。为验证财务报表上存货余额的真实性，还应当对存货的计价进行审计。存货计价测试包括两个方面：一是被审计单位所使用的存货单位成本是否正确；二是是否恰当计提了存货跌价准备。

在对存货的计价实施细节测试之前，注册会计师通常先要了解被审计单位本年度的存货计价方法与以前年度是否保持一致。如发生变化，变化的理由是否合理，是否经过适当的审批。

1. 存货单位成本测试

针对原材料的单位成本，注册会计师通常基于企业的原材料计价方法（如先进先出法，加权平均法等），结合原材料的历史购买成本，测试其账面成本是否准确，测试程序包括核对原材料采购的相关凭证（主要是与价格相关的凭证，如合同、采购订单、发票等）以及验证原材料计价方法的运用是否正确。

针对产成品和在产品的单位成本，注册会计师需要对成本核算过程实施测试，包括直接材料成本测试、直接人工成本测试、制造费用测试和生产成本在当期完工产品与产品之间分配的测试。

2. 存货跌价准备的测试

注册会计师在测试存货跌价准备时，需要从以下两个方面进行测试：

（1）识别需要计提存货跌价准备的存货项目。

注册会计师可以通过询问管理层和相关部门（生产、仓储、财务、销售等）员工，了解被审计单位如何收集有关滞销、过时、陈旧、毁损、残次存货的信息并为之计提必要的存货跌价准备。如被审计单位编制存货货龄分析表，则可以通过审阅分析表识别滞销或陈旧的存货。此外，注册会计师还要结合存货监盘过程中检查存货状况而获取的信息，以判断被审计单位的存货跌价准备计算表是否有遗漏。

（2）检查可变现净值的计量是否合理。

在存货计价审计中，由于被审计单位对期末存货采用成本与可变现净值孰低的方法计价，所以注册会计师应充分关注其对存货可变现净值的确定及存货跌价准备的计提。

可变现净值是指企业在日常活动中，存货的估计售价减去至完工时估计将要发生的成本、估计的销售费用以及相关税费后的金额。企业确定存货的可变现净值，应当以取得的确凿证据为基础，并且考虑持有存货的目的以及资产负债表日后事项的影响等因素。注册会计师应抽样检查可变现净值确定的依据，相关计算是否正确。

三、针对与存货相关的舞弊风险采取的应对措施

实务中，存货领域亦属于财务舞弊的易发高发领域。如果识别出与存货相关的舞弊风险，注册会计师可以特别关注或考虑实施以下程序：

（1）针对虚构存货相关舞弊风险。①根据存货的特点、盘存制度和存货内部控制设计和执行存货监盘程序；②关注是否存在金额较大且占比较高、库龄较长、周转率低于同行业可比公司等情形的存货，分析评价其合理性；③严格实施分析程序，检查存货结构波动情况，分析其与收入结构变动的匹配性，评价产成品存货与收入、成本之间变动的匹配性；④对异地存放或由第三方保管或控制的存货，严格实施函证或异地监盘等程序。

（2）针对账外存货相关舞弊风险。①在其他资产审计中，关注是否有转移资产形成账外存货的情况；②关注存货盘亏、报废的内部控制程序，关注是否有异常大额存货盘亏、报废的情况；③存货监盘中，关注存货的所有权及完整性；④关注是否存在通过多结转成本、多报耗用数量、少报产成品入库等方式，形成账外存货。

【例9-1】　ABC会计师事务所的A注册会计师负责审计甲公司20×4年度财务报表。与存货审计相关的部分事项如下：

（1）甲公司于20×4年年中启用新的存货管理系统，实现了存货的全流程自动化管理。A注册会计师对存货采用综合性方案，测试了与该系统相关的信息技术一般控制及信息处理控制运行的有效性，结果满意，据此认为与存货相关的控制运行有效。

（2）A注册会计师从甲公司获取了存货存放地点清单，在考虑了不同地点所存放存货的重要性以及对各个地点与存货相关的重大错报风险评估结果后，选择部分地点进行监盘，并记录了选择这些地点的原因。

（3）甲公司在长期合作的第三方存放的存货金额重大。A注册会计师决定不向该第三方函证期末存货的情况，直接对甲公司存放于第三方的存货实施监盘。

（4）A注册会计师获取了甲公司依据存货有效期编制的存货跌价准备计算表，检查了存货品种、数量、单位成本、有效期的准确性和完整性，可变现净值计量的合理性，以及计算过程的准确性，结果满意，据此认可了管理层计提的存货跌价准备。

要求：针对上述第（1）至（4）项，逐项指出A注册会计师的做法是否恰当。如不恰当，简要说明理由。

■ **参考答案：**

（1）不恰当。被审计单位于年中启用新的存货管理系统，注册会计师还应当测试存货管理系统启用前与存货相关的控制运行的有效性。

（2）不恰当。注册会计师应考虑存货存放地点清单的完整性。

（3）恰当。

（4）不恰当。注册会计师还应考虑存货监盘过程中对存货状况的检查。

| 第十章 |

货币资金审计

 【教学内容与思政目标】

➡] 教学内容

- ·理解货币资金与业务循环的关系，熟悉货币资金涉及的主要业务活动及内部控制。
- ·理解货币资金的重大错报风险及其控制测试。
- ·掌握库存现金和银行存款的实质性程序，了解其他货币资金的实质性程序。

➡] 思政目标

- ·坚定诚信为本、操守为重、恪守准则的信念，保持应有的职业怀疑态度执行审计程序。
- ·实事求是，以充分、适当的审计证据为依据，形成恰当的审计意见。

300 亿货币资金不翼而飞！

2019 年 4 月 30 日，康美药业股份有限公司（以下简称"康美药业"）公布了企业自查后的"关于前期会计差错更正的公告"。其中关于货币资金部分的更正涉及对 2017 年 12 月 31 日的货币资金追溯调整，调减 2017 年 12 月 31 日的货币资金 29 944 309 821.45 元，导致 2017 年 12 月 31 日的货币资金从更正前的 34 151 434 208.68 元锐减至更正后的 4 207 124 387.23 元。300 亿货币资金不翼而飞！

事实上，后经证监会查实，2016 年 1 月 1 日至 2018 年 6 月 30 日，康美药业通过财务不记账、虚假记账，伪造、变造大额定期存单或银行对账单，配合营业收入造假伪造销售回款等方式，虚增货币资金。通过上述方式，康美药业《2016 年年度报告》虚增货币资金 22 548 513 485.42 元，占公司披露总资产的 41.13% 和净资产的 76.74%；《2017 年年度报告》虚增货币资金 29 944 309 821.45 元，占公司披露总资产的 43.57% 和净资产的 93.18%；《2018 年半年度报告》虚增货币资金 36 188 038 359.50 元，占公司披露总资产的 45.96% 和净资产的 108.24%。

除对 2018 年财务报表出具保留意见外，广东正中珠江会计师事务所对康美药业 2016 年财务报表和 2017 年财务报表均出具了标准意见审计报告。

资料来源：根据康美药业公告及证监会对康美药业的处罚决定书整理而得。

2016～2018 年，康美药业货币资金连续多计，金额惊人，注册会计师却没有发现。问题出在哪里？为什么注册会计师没有发现康美药业多年货币资金的虚假记录，该如何审计货币资金？

第一节　货币资金审计概述

一、货币资金与业务循环

任何企业进行生产经营活动都必须拥有一定数额的货币资金，货币资金是企业资产的重要组成部分，是企业资产中流动性最强的资产。货币资金主要来源于股东投入、各种借款和企业经营内部累积，主要用于资产的取得和费用的结付。根据货币资金存放地点及用途的不同，货币资金分为库存现金、银行存款及其他货币资金。

企业资金营运过程，从资金流入企业形成货币资金开始，到通过销售收回货币资金、成本补偿确定利润、部分资金流出企业为止。企业资金的不断循环，构成企业的资金周转。

货币资金的增减变动与销售与收款循环、采购与付款循环、生产与存货循环及企业的投资与筹资业务均直接相关。

二、货币资金涉及的主要业务活动

注册会计师通常实施以下程序了解与货币资金相关的业务活动及内部控制：

（1）询问参与货币资金业务活动的被审计单位人员，如销售部门、采购部门和财务部门的员工和管理人员。

（2）观察货币资金业务流程中特定控制的运行，例如，观察被审计单位的出纳人员如何进行现金盘点。

（3）检查相关文件和报告，例如，检查银行余额调节表是否恰当编制以及其中的调节项是否经会计主管的恰当复核等。

实施穿行测试，即追踪货币资金业务在与财务报表编制相关的信息系统中的处理过程。穿行测试通常综合了询问、观察、检查等多种程序。通过实施穿行测试，注册会计师通常能获取充分的信息以评价控制的设计和运行。例如，选取一笔已收款的银行借款追踪该笔交易从借款预算审批直至收到银行借款的整个过程。

货币资金审计涉及的单据和会计记录主要有：（1）现金盘点表；（2）银行对账单；（3）银行存款余额调节表；（4）有关科目的记账凭证；（5）有关会计账簿。

如前所述，货币资金与企业的日常经营活动密切相关，且涉及多个业务循环，第七章至第九章对销售与收款循环、采购与付款循环、生产与存货循环的业务活动进行了介绍。本章依然以一般制造型企业为例，介绍前三章业务循环中没有进行说明的与货币资金业务相关的主要业务活动，其他已经在前三章的业务循环中介绍过的与货币资金相关的业务活动不再重复。与前几章相似，以下业务活动要点仅为举例，实务中可能由于不同企业的货币资金管理方式或内部控制的不同而有所不同。

1. 现金管理

出纳员每日对库存现金进行盘点，编制现金报表，计算当日现金收入、支出及结余额，并将结余额与实际库存额进行核对，如有差异及时查明原因。会计主管不定期检查现金日报表。

每月月末，会计主管指定出纳员以外的人员对现金进行盘点，编制库存现金盘点表，将盘点金额与现金日记账余额进行核对。对冲抵库存现金的借条、未提现支票、未做报销的原始票证，在库存现金盘点报告表中予以注明。会计主管复核库存现金盘点表，如果盘点金额与现金日记账余额存在差异，需查明原因并报经财务经理批准后进行财务处理。

2. 银行存款管理

（1）银行账户管理：企业银行账户的开立、变更或注销须经财务经理审核，报总经理审批。

（2）编制银行存款余额调节表：每月月末，会计主管指定出纳员以外的人员核对银行存款日记账和银行对账单，编制银行存款余额调节表，使银行存款账面余额与银行对账单调节相符。如调节不符，查明原因。会计主管复核银行存款余额调节表，对需要进行调整的调节项目及时进行处理。

（3）票据管理：财务部门设置银行票据登记簿，防止票据遗失或盗用。出纳员登记银行票据的购买、领用、背书转让及注销等事项。空白票据存放在保险柜中。每月月末，会计主管指定出纳员以外的人员对空白票据、未办理收款和承兑的票据进行盘点，编制银行票据盘点表，并与银行票据登记簿进行核对。会计主管复核库存银行票据盘点表，如果存在差异，需查明原因。

（4）印章管理：企业的财务专用章由财务经理保管，办理相关业务中使用的个人名章由出纳员保管。

三、货币资金的内部控制

由于货币资金是企业流动性最强的资产，企业必须加强对货币资金的管理，建立有效的货币资金内部控制。一般而言，有效的货币资金内部控制涉及：（1）货币资金收支与记账的岗位分离；（2）货币资金收支要有合理、合法的凭据；（3）全部收支及时准确入账，并且资金支付应严格执行审批、复核制度；（4）控制现金坐支，现金收入应及时送存银行；（5）按月盘点现金，编制银行存款余额调节表，以做到账实相符；（6）对货币资金进行内部审计。尽管由于每个企业的性质、所处行业、规模以及内部控制健全程度等不同，使得其与货币资金相关的内部控制内容有所不同，但通常应当共同遵循以下要求：

1. 岗位分工及授权审批

企业应当建立货币资金业务的岗位责任制，明确相关部门和岗位的职责权限，确保办理货币资金业务的不相容岗位相互分离、制约和监督；对货币资金业务建立严格的授权审批制度并按照规定的程序办理货币资金支付业务。对于重要货币资金支付业务，应当实行集体决策和审批，并建立责任追究制度，防范贪污、侵占、挪用货币资金等行为；严禁未经授权的机构或人员办理货币资金业务或直接接触货币资金。

2. 现金和银行存款的管理

（1）企业应当加强现金库存限额的管理，超过库存限额的现金应及时存入银行。

（2）企业必须明确本企业现金的开支范围，不属于现金开支范围的业务应当通过银行办理转账结算。

（3）企业现金收入应当及时存入银行，不得从企业的现金收入中直接支付（坐支）。因特殊情况需坐支现金的，应事先报经开户银行审查批准，由开户银行核定坐支范围和限额。企业借出款项必须执行严格的授权批准程序，严禁擅自挪用、借出货币资金。

（4）企业取得的货币资金收入必须及时入账，不得私设"小金库"，不得账外设账，严禁收款不入账。

（5）企业应当严格按照国家《支付结算办法》等有关规定，加强银行账户的管理，严格按照规定开立账户，办理存款、取款和结算。

（6）企业应当严格遵守银行结算纪律，不准签发没有资金保证的票据或远期支票套取银行信用；不准签发、取得和转让没有真实交易和债权债务的票据，套取银行和其他资金；不准违反规定开立和使用银行账户。

（7）企业应当指定专人定期核对银行账户（每月至少核对一次），编制银行存款余额调节表，使银行存款账面余额与银行对账单调节相符。如调节不符，应查明原因，及时处理。

（8）企业应当定期和不定期地进行现金盘点，确保现金账面余额与实际库存相符。如发现不符，及时查明原因并作出处理。

3. 票据及有关印章的管理

企业应当加强与货币资金相关的票据管理，明确各种票据的购买、保管、领用、背书转让、注销等环节的职责权限和程序，并专设登记簿进行记录，防止空白票据的遗失和被盗用。同时企业应当加强银行预留印鉴的管理。财务专用章应由专人保管，个人名章必须由本人或其授权人员保管。严禁一人保管支付款项所需的全部印章。

4. 监督检查

企业应当建立对货币资金业务的监督检查制度，货币资金监督检查的内容主要包括：（1）货币资金业务相关岗位及人员的设置情况。重点检查是否存在货币资金业务不相容岗位职责未分离的现象。（2）货币资金授权批准制度的执行情况。重点检查货币资金支出的授权批准手续是否健全，是否存在越权审批行为。（3）支付款项印章的保管情况。重点检查是否存在办理付款业务所需的全部印章交由一人保管的现象。（4）票据的保管情况。重点检查票据的购买、领用、保管手续是否健全，票据保管是否存在漏洞。对监督检查过程中发现的货币资金内部控制中的薄弱环节，应当及时采取措施加以纠正和完善。

第二节　货币资金的重大错报风险

一、货币资金的审计目标

以一般制造型企业为例，与货币资金有关的审计目标包括（括号内为相应的认定）：

（1）确定被审计单位资产负债表的货币资金在资产负债表日是否真实存在。（"存在"认定）

（2）确定被审计单位所有应当记录的与货币资金相关的收支业务是否得到完整记录，是否存在遗漏。（"完整性"认定）

（3）确定记录的货币资金是否为被审计单位所拥有或控制。（"权利和义务"认定）

（4）确定货币资金金额是否被恰当地列报于财务报表中，与之相关的计价调整未得到恰当记录。（"准确性、计价和分摊"认定）

（5）货币资金是否按照适用的财务报告编制基础的规定在财务报表中作出恰当列报。（"列报"认定）

二、识别应对可能发生错报环节的内部控制

为评估与货币资金的交易、账户余额和披露相关的认定层次重大错报风险，注册会计师应了解与货币资金相关的业务活动和内部控制，包括为了应对相关认定发生重大错报的固有风险（可能发生错报的环节）而设置的控制。注册会计师可以通过审阅以前年度审计工作底稿、观察内部控制运行情况、询问管理层和员工、检查相关的文件和资料等方法对这些控制进行了解。例如，通过检查财务人员编制的银行余额调节表，可以了解该控制的设计和运行情况。

需要强调的是，在识别与货币资金的交易、账户余额和披露相关的认定层次重大错报风险时，注册会计师应当基于对相关业务活动等方面的了解，仅考虑固有风险因素和固有风险等级。在评估与货币资金相关的重大错报风险时，应分别评估固有风险和控制风险。注册会计师必须恰当评估该重大错报风险，以帮助其设计和实施进一步审计程序应对风险。

三、与货币资金相关的重大错报风险

在评价与货币资金的交易、账户余额和披露相关的认定层次重大错报风险时，注册会计师通常运用职业判断，依据受相关固有风险因素影响的认定易于发生错报的可能性（固有风险），以及风险评估是否考虑了与之相关的控制（控制风险），形成对与货币资金相关的重大错报风险的评估，进而影响进一步审计程序。

与货币资金的交易、账户余额和披露相关的认定层次重大错报风险可能包括：

（1）被审计单位存在虚假的货币资金余额或交易，因而导致银行存款余额的"存在"认定或交易的"发生"认定存在重大错报风险。

（2）被审计单位存在大额的外币交易和余额，可能存在外币交易或余额未被准确记录的风险。

（3）银行存款的期末收支存在大额的截止性错误（"截止"认定）。例如，被审计单位期末存在金额重大且异常的银付企未付，企收银未收事项。

（4）被审计单位可能存在未能按照适用的财务报告编制基础的规定对货币资金作出恰当披露的风险。例如，被审计单位期末持有使用受限制的大额银行存款，但在编制财务报表时未在财务报表附注中对其进行披露。

此外，货币资金领域也是财务舞弊的易发高发领域。一些被审计单位可能由于某些压力、动机和机会，通过虚构货币资金、大股东侵占货币资金和虚构现金交易等方式实施舞弊。在实施货币资金审计的过程中，注册会计师需要对相关情形保持警觉。

四、拟实施的进一步审计程序的总体方案

注册会计师基于以上识别的重大错报风险评估结果，制订实施进一步审计程序的总体方案（包括综合性方案和实质性方案），继而实施控制测试和实质性审计程序，以应对识别出的重大错报风险。注册会计师通过综合性方案或实质性方案获取的审计证据应足以应对识别出的认定层次的重大错报风险。

第三节　货币资金的控制测试

如果在评估认定层次重大错报风险时预期信赖控制，或仅实施实质性程序不能够提供认定层次充分、适当的审计证据，注册会计师应当实施控制测试，以就与认定相关的控制在相关期间或时点的运行有效性获取充分、适当的审计证据。

本教材第七章至第九章所述的业务循环中包含了一些针对货币资金的控制测试，表10-1以举例的方式说明常见的库存现金和银行存款内部控制以及注册会计师相应可能实施的控制测试程序。

表10-1　　　常见的货币资金内部控制以及可能实施的控制测试程序

项目	常见的货币资金内部控制	可能实施的控制测试程序
库存现金	针对现金付款审批： 部门经理审批本部门的付款申请，审核付款业务是否真实发生、付款金额是否准确，以及后附票据是否齐备并在复核无误后签字认可。财务部门在安排付款前，财务经理再次复核经批的付款申请及后附相关凭据或证明，如核对一致，进行签字认可并安排付款	（1）询问相关业务部门的部门经理和财务经理在日常现金付款业务中执行的内部控制，以确定是否与被审计单位内部控制要求保持一致；（2）观察财务经理复核付款申请的过程，是否核对了付款申请的用途、金额及后附相关凭据，以及在核对无误后是否进行了签字确认；（3）重新核对经审批及复核的付款申请及其相关凭据，并检查是否经签字确认

续表

项目	常见的货币资金内部控制	可能实施的控制测试程序
库存现金	针对现金盘点： 会计主管指定应付账款会计每月末的最后一天对库存现金进行盘点，根据盘点结果编制库存现金盘点表，将盘点余额与现金日记账余额进行核对，并对差异调节项进行说明。会计主管复核库存现金盘点表，如盘点金额与现金日记账余额存在差异且差异金额超过2万元，需查明原因并报财务经理批准后进行财务处理	(1)在月末最后一天参与被审计单位的现金盘点，检查是否由应付账款会计进行现金盘点；(2)观察现金盘点程序是否按照盘点计划的指令和程序运行，是否编制了现金盘点表并根据内控要求经财务部相关人员签字复核；(3)检查现金盘点表中记录的现金盘点余额是否与实际盘点金额保持一致，现金盘点表中记录的现金日记账余额是否与被审计单位现金日记账中余额保持一致；(4)针对调节差异金额超过2万元的调节项，检查是否经财务经理批准后进行财务处理
银行存款	针对银行账户的开立、变更和注销：会计主管根据被审计单位的实际业务需要就银行账户的开立、变更和注销提出申请，经财务经理审核后报总经理审批	(1)询问会计主管被审计单位本年开户、变更、撤销的整体情况；(2)取得本年度账户开立、变更、撤销申请项目清单，检查清单的完整性，并在选取适当样本的基础上检查账户的开立、变更、撤销项目是否已经财务经理和总经理审批
	针对银行付款审批： 部门经理审批本部门的付款申请，审核付款业务是否真实发生、付款金额是否准确，以及后附票据是否齐备并在复核无误后签字认可。财务部门在安排付款前，财务经理再次复核经审批的付款申请及后附相关凭据或证明，如核对一致，进行签字认可并安排付款	(1)询问相关业务部门的部门经理和财务经理在日常银行付款业务中执行的内部控制，以确定是否与被审计单位内部控制政策要求保持一致；(2)观察财务经理复核付款申请的过程，是否核对了付款申请的用途、金额及后附相关凭据，以及在核对无误后是否进行了签字确认；(3)重新核对经审批及复核的付款申请及其相关凭据，并检查是否经签字确认
	针对银行存款余额调节表的编制： 每月月末，会计主管指定应收账款会计核对银行存款日记账和银行对账单，编制银行存款余额调节表，使银行存款账面余额与银行对账单调节相符。如存在差异项，查明原因并进行差异调节说明。会计主管复核银行存款余额调节表，对需要进行调整的调节项及时进行处理，并签字确认	(1)询问应收账款会计和会计主管，以确定其执行的内部控制是否与被审计单位内部控制政策要求保持一致，特别是针对未达账项的编制及审批流程；(2)针对选取的样本，检查银行存款余额调节表，查看调节表中记录的企业银行存款日记账余额是否与银行存款日记账余额保持一致，调节表中记录的银行对账单余额是否与被审计单位提供的银行对账单中的余额保持一致；(3)针对调节项目，检查是否经会计主管的签字复核；(4)针对大额未达账项进行期后收付款的检查

第四节　货币资金的实质性程序

一、库存现金的实质性程序

根据重大错报风险的评估和从控制测试（如实施）中所获取的审计证据和保

证程度，注册会计师可能针对库存现金实施以下实质性程序：

（1）核对库存现金日记账与总账的金额是否相符，如果不相符，应查明原因，必要时应建议作出适当调整。如果存在外币业务，检查外币库存现金的折算汇率及折算金额是否正确。

（2）监盘库存现金。监盘库存现金是证实库存现金是否存在的一项重要审计程序。企业盘点库存现金，通常包括对已收到但未存入银行的现金、零用金、找换金等的盘点。盘点库存现金的时间和人员应视被审计单位的具体情况而定，但现金出纳员和被审计单位会计主管人员必须参加，并由注册会计师进行监盘。

①查看被审计单位制订的盘点计划，以确定监盘时间。对库存现金的监盘最好实施突击性的检查，时间最好选择在上午上班前或下午下班时，监盘范围一般包括被审计单位各部门经管的所有现金。如果被审计单位库存现金存放部门有两处或两处以上的，应同时进行盘点。

②查阅库存现金日记账并同时与现金收付凭证相核对。一方面检查库存现金日记账的记录与凭证的内容和金额是否相符，另一方面了解凭证日期与库存现金日记账日期是否相符或接近。

③检查被审计单位现金实存数，并将该监盘金额与库存现金日记账余额进行核对。如有差异，应要求被审计单位查明原因，必要时应提请被审计单位作出调整；如无法查明原因，应要求被审计单位按管理权限批准后作出调整。若有冲抵库存现金的借条、未提现支票、未作报销的原始凭证，应在"库存现金监盘表"中注明，必要时应提请被审计单位作出调整。

④在非资产负债表日进行监盘时，应将监盘金额调整至资产负债表日的金额，并对变动情况实施程序。

资产负债表日应存数 = 监盘日监盘金额 + 本期减少数 + 本期增加数

（3）抽查大额库存现金收支。查看大额现金收支，并检查原始凭证是否齐全、原始凭证内容是否完整、有无授权批准、记账凭证与原始凭证是否相符、账务处理是否正确、是否记录于恰当的会计期间等项内容。

（4）检查库存现金是否在财务报表中作出恰当列报。

二、银行存款的实质性程序

根据重大错报风险的评估和从控制测试（如实施）中所获取的审计证据和保证程度，注册会计师可能针对库存现金实施以下实质性程序：

（1）获取银行存款余额明细表，复核加计是否正确，并与总账数和日记账合计数核对是否相符；检查外币银行存款的折算汇率及折算金额是否正确。注册会计师核对银行存款日记账与总账的余额是否相符。如果不相符，应查明原因，必要时应建议作出适当调整。

（2）实施实质性分析程序。比如计算银行存款累计余额应收利息收入，分析比较被审计单位银行存款应收利息收入与实际利息收入的差异是否恰当，评估利息收入的合理性，确认银行存款余额是否存在，利息收入是否已经完整记录。

（3）检查银行存款账户发生额。注册会计师可以考虑对银行存款账户的发生额实施以下程序：①结合银行账户性质，分析不同账户发生银行存款日记账漏记银行交易的可能性，获取相关账户相关期间的全部银行对账单。②对银行对账单及被审计单位银行存款日记账记录进行双向核对，即在选定的账户和期间，从被审计单位银行存款日记账上选取样本，核对至银行对账单，以及自银行对账单中进一步选取样本，与被审计单位银行存款日记账记录进行核对。在运用数据分析技术时，可选择全部项目进行核对。核对内容包括日期、金额、借贷方向、收付款单位、摘要等。③浏览资产负债表日前后的银行对账单和被审计单位银行存款账簿记录，关注是否存在大额、异常资金变动以及大量大额红字冲销或调整记录，如存在，需要实施进一步的审计程序。

（4）取得并检查银行对账单和银行存款余额调节表。取得并检查银行对账单和银行存款余额调节表是证实资产负债表中所列银行存款是否存在的重要程序。

①取得并检查银行对账单。

第一，取得被审计单位加盖银行印章的银行对账单，注册会计师应对银行对账单的真实性保持警觉，必要时，亲自到银行获取对账单，并对获取过程保持控制。此外，注册会计师还可以观察被审计单位人员登录并操作网银系统导出信息的过程，核对网银界面的真实性，核对网银中显示或下载的信息与提供给注册会计师的对账单中信息的一致性。第二，将获取的银行对账单余额与银行日记账余额进行核对，如存在差异，获取银行存款余额调节表。第三，将被审计单位资产负债表日的银行对账单与银行询证函回函核对，确认是否一致。

②取得并检查银行存款余额调节表。

第一，检查调节表中加计数是否正确，调节后银行存款日记账余额与银行对账单余额是否一致。第二，检查调节事项。对于企付银未付款项，检查被审计单位付款的原始凭证，并检查该项付款是否已在期后银行对账单上得以反映；在检查期后银行对账单时，就对账单上所记载的内容，如支票编号、金额等，与被审计单位支票存根进行核对。对于企收银未收款项，检查被审计单位收款入账的原始凭证，检查其是否已在期后银行对账单上得以反映。对于银收企未收、银付企未付款项，检查收、付款项的内容及金额，确定是否为截止错报。如果企业的银行存款余额调节表存在大额或长期未达账项，注册会计师应追查原因并检查相应的支持文件，判断是否为错报事项，确定是否需要提请被审计单位进行调整。第三，关注长期未达账项，查看是否存在挪用资金等事项。第四，特别关注银付企未付、企付银未付中支付异常的领款事项，包括没有载明收款人、签字不全等支付事项，确认是否存在舞弊。

（5）函证银行存款。银行函证程序是证实银行存款是否存在的重要程序。通过向往来银行函证，注册会计师不仅可了解企业资产的存在，还可了解企业账面反映所欠银行债务的情况，并有助于发现企业未入账的银行借款和未披露的或有负债。

注册会计师应当对银行存款（包括零余额账户和在本期内注销的账户）、借款及与金融机构往来的其他重要信息实施函证程序，除非有充分证据表明某一银行存款、借款及与金融机构往来的其他重要信息对财务报表不重要且与之相关的重大错报风险很低。如果不对这些项目实施函证程序，注册会计师应当在审计工作底稿中说明理由。

当实施函证程序时，注册会计师应当对询证函保持控制，当函证信息与银行回函结果不符时，注册会计师应当调查不符事项，以确定是否表明存在错报。

在实施银行函证时，注册会计师需要以被审计单位名义向银行发函询证，以验证被审计单位的银行存款是否真实、合法、完整。根据《关于进一步规范银行函证及回函工作的通知》（以下简称《通知》），银行业金融机构应当自收到符合规定的询证函之日起10个工作日内，按照要求将回函直接回复会计师事务所或交付跟函注册会计师。

（6）检查银行存款账户存款人是否为被审计单位，若存款人非被审计单位，应获取该账户户主和被审计单位的书面声明，确认资产负债表日是否需要提请被审计单位进行调整。

（7）关注是否存在质押、冻结等对变现有限制或存在境外的款项。如果存在，是否已提请被审计单位作必要的调整和披露。

（8）对不符合现金及现金等价物条件的银行存款在审计工作底稿中予以列

明，以考虑对现金流量表的影响。

（9）抽查大额银行存款收支的原始凭证，检查原始凭证是否齐全、记账凭证与原始凭证是否相符、账务处理是否正确、是否记录于恰当的会计期间等项内容。检查是否存在非营业目的的大额货币资金转移，并核对相关账户的进账情况；如有与被审计单位生产经营无关的收支事项，应查明原因并作相应的记录。

（10）检查银行存款收支的截止是否正确。选取资产负债表日前后若干张、一定金额以上的凭证实施截止测试，关注业务内容及对应项目，如有跨期收支事项，应考虑是否提请被审计单位进行调整。

（11）检查银行存款是否在财务报表中作出恰当列报。

【例10-1】 ABC会计师事务所的A注册会计师负责审计甲公司20×4年度财务报表。与货币资金审计相关的部分事项如下：

（1）A注册会计师在测试甲公司与银行账户开立、变更和注销相关的内部控制时，获取了出纳编制的20×4年度银行账户开立、变更和注销清单，从中选取样本进行测试，结果满意，据此认为该控制运行有效。

（2）甲公司银行余额调节表中存在一笔大额的企付银未付款项。A注册会计师检查了该笔付款入账的原始凭证结果满意，据此认可了该调节事项。

（3）为核实甲公司是否存在未被记录的借款及与金融机构往来的其他重要信息，A注册会计师亲自前往金融机构获取了加盖该金融机构公章的甲公司信用记录，并与甲公司会计记录、银行回函信息核对，结果满意。

要求： 针对上述第（1）至（3）项，逐项指出A注册会计师的做法是否恰当。如不恰当，简要说明理由。

■ **参考答案：**

（1）不恰当。注册会计师应检查清单的完整性。

（2）不恰当。注册会计师还应检查该笔付款是否已在期后银行对账单上得以反映。

（3）恰当。

三、其他货币资金的实质性程序

注册会计师在对其他货币资金实施审计程序时，通常可能需要特别关注以下事项：

（1）保证金存款的检查，检查开立银行承兑汇票的协议或银行授信审批文件。可以将保证金账户对账单与相应的交易进行核对，根据被审计单位应付票据的规模合理推断保证金数额。检查信用证的开立协议与保证金是否相符，检查保证金与相关债务的比例是否与合同约定一致，特别关注是否存在有保证金发生而被审计单位无对应保证事项的情形。

（2）对于存出投资款，跟踪资金流向，并获取董事会决议等批准文件、开户资料、授权操作资料等。如果投资于证券交易业务，通常结合相应金融资产项目审计，核对证券账户户名是否与被审计单位相符，获取证券公司证券交易结算资金账户的交易流水，抽查大额的资金收支，关注资金收支的账面记录与资金流水是否相符。

（3）检查因互联网支付留存于第三方支付平台的资金。了解是否开立支付宝、微信等第三方支付账户。如是，获取相关开户信息资料，了解其用途和使用情况，获取与第三方支付平台签订的协议，了解第三方平台使用流程等内部控制，比照验证银行存款或银行交易的方式对第三方平台支付账户函证交易发生额和余额（如可行）。获取第三方支付平台发生额及余额明细，在验证这些明细信息可靠性的基础上（如观察被审计单位人员登录并操作相关支付平台导出信息的过程，核对界面的真实性，核对平台界面显示或下载的信息与提供给注册会计师的明细信息的一致性等），将其与账面记录进行核对，对大额交易考虑实施进一步的检查程序。

四、针对与货币资金相关的舞弊风险采取的应对措施

货币资金领域是财务舞弊的易发高发领域。如果识别出与货币资金相关的舞弊风险，注册会计师应当设计和实施进一步审计程序，审计程序的性质、时间安排和范围应当能够应对评估的舞弊导致的认定层次重大错报风险。针对常见的与货币资金相关的舞弊风险，注册会计师可以特别关注或考虑实施以下程序：

（1）针对虚构货币资金相关舞弊风险。①严格实施银行函证程序，保持对函证全过程的控制，恰当评价回函可靠性，深入调查不符事项或函证程序中发现的异常情况；②关注货币资金的真实性和巨额货币资金余额以及大额定期存单的合理性；③了解企业开立银行账户的数量及分布，是否与企业实际经营需要相匹配且具有合理性，检查银行账户的完整性和银行对账单的真实性；④分析利息收入

和财务费用的合理性，关注存款规模与利息收入是否匹配，是否存在"存贷双高"现象；⑤关注是否存在大额境外资金，是否存在缺少具体业务支持或与交易金额不相匹配的大额资金或汇票往来等异常情况。

（2）针对大股东侵占货币资金相关舞弊风险：①识别企业银行对账单中与实际控制人、控股股东或高级管理人员的大额资金往来交易，关注是否存在异常的大额资金流动，关注资金往来是否以真实、合理的交易为基础，关注利用无商业实质的购销业务进行资金占用的情况；②分析企业的交易信息，识别交易异常的疑似关联方，检查企业银行对账单中与疑似关联方的大额资金往来交易，关注资金或商业汇票往来是否以真实、合理的交易为基础；③关注期后货币资金重要账户的划转情况以及资金受限情况；④通过公开信息等可获取的信息渠道了解实际控制人、控股股东财务状况，关注其是否存在资金紧张或长期占用企业资金等情况，检查大股东有无高比例股权质押的情况。

（3）针对虚构现金交易相关舞弊风险：①结合企业所在行业的特征恰当评价现金交易的合理性，检查相关的内部控制是否健全、运行是否有效，资料和证据是否保留充分；②计算月现金销售收款、现金采购付款的占比，关注现金收、付款比例是否与企业业务性质相匹配，识别现金收、付款比例是否存在异常波动，并追查波动原因；③了解现金交易对方的情况，关注使用现金结算的合理性和交易的真实性；④检查大额现金收支，追踪来源和去向，核对至交易的原始单据，关注收付款方、收付款金额与合同、订单、出入库单相关信息是否一致；⑤检查交易对象的相关外部证据，验证其交易真实性；⑥检查是否存在洗钱等违法违规行为。

| 第十一章 |

完成审计工作

【教学内容与思政目标】

➡] **教学内容**

· 熟悉完成审计工作阶段的主要工作内容，理解如何评价审计过程中识别的错报，理解在完成审计工作阶段执行分析程序及复核审计工作意义、要求等。

· 掌握期后事项的定义和种类，了解注册会计师对不同时段期后事项的责任和应对。

· 掌握书面声明的定义、作用、类型，熟悉书面声明的内容和对其特殊情形的考虑。

➡] **思政目标**

· 弘扬法治、诚信、敬业等社会主义核心价值观，树立法治意识，如实、客观处理已发现的问题。

· 实事求是，以充分、适当的审计证据为依据，形成恰当的审计意见以维护公众利益。

第一节　完成审计工作概述

完成审计工作是审计的最后一个阶段。注册会计师按业务循环完成各财务报表项目的审计测试和一些特殊项目的审计工作后，在审计完成阶段应汇总审计测试结果，进行更具综合性的审计工作，如评价审计中的重大发现、评价审计过程中识别出的错报、关注期后事项对财务报表的影响、复核审计工作底稿和财务报表等内容。在此基础上，评价审计结果，在与客户沟通以后，获取管理层书面声明，确定应出具审计报告的意见类型和措辞，进而编制并致送审计报告，终结审计工作。

一、评价审计中的重大发现

在完成审计工作阶段，项目合伙人和审计项目组考虑的重大发现和事项的例子包括：（1）期中复核中的重大发现及其对审计方法的影响；（2）涉及会计政策的选择、运用和一贯性的重大事项，包括相关披露；（3）就识别出的特别风险，对总体审计策略和具体审计计划所作的重大修改；（4）在与管理层和其他人员讨论重大发现和事项时得到的信息；（5）与注册会计师的最终审计结论相矛盾或不一致的信息。

对实施的审计程序的结果进行评价，可能全部或部分地揭示出以下事项：（1）为了实现计划的审计目标，是否有必要对重要性进行修订；（2）对总体审计策略和具体审计计划的重大修改，包括对重大错报风险评估结果作出的重要修改；（3）对审计方法有重要影响的值得关注的内部控制缺陷和其他缺陷；（4）财务报表中存在的重大错报；（5）项目组内部，或项目组与项目质量复核人员或提供咨询的其他人员之间，就重大会计和审计事项达成最终结论所存在的意见分歧；（6）审计工作中遇到的重大困难；（7）向事务所内部有经验的专业人士或外部专业顾问咨询的事项；（8）与管理层或其他人员就重大发现以及与注册会计师的最终审计结论相矛盾或不一致的信息进行的讨论。

二、评价审计过程中识别出的错报

在评价审计过程中识别出的错报时，注册会计师的目标包括评价识别出的错报对审计的影响以及评价未更正错报对财务报表的影响。未更正错报，是指注册会计师在审计过程中累积的且被审计单位未予更正的错报。

（一）评价识别出的错报对审计的影响

注册会计师应当累积审计过程中识别出的错报，除非错报明显微小。

如果出现下列情形之一，注册会计师应当确定是否需要修改总体审计策略和具体审计计划：（1）识别出的错报的性质以及错报发生的环境表明可能存在其他错报，并且可能存在的其他错报与审计过程中累积的错报合计起来可能是重大的。（2）审计过程中累积的错报合计数接近确定的重要性。

如果管理层应注册会计师的要求，检查了某类交易、账户余额或披露并更正了已发现的错报，注册会计师应当实施追加的审计程序，以确定错报是否仍然存在。

除非法律法规禁止，注册会计师应当及时将审计过程中累积的超过明显微小错报临界值的所有错报与适当层级的管理层进行沟通。这能使管理层评价各类交易、账户余额和披露是否存在错报，如有异议则告知注册会计师，并采取必要行动。同时注册会计师还应当要求管理层更正这些错报。

管理层更正所有错报，能够保持会计账簿和记录的准确性，降低由于与本期相关的、非重大的且尚未更正的错报的累积影响而导致未来期间财务报表出现重大错报的风险。

如果管理层拒绝更正沟通的部分或全部错报，注册会计师应当了解管理层不更正错报的理由，并在评价财务报表整体是否不存在重大错报时考虑该理由。注册会计师对管理层不更正错报的理由的理解，可能影响其对被审计单位会计实务质量的考虑。

【例11-1】　上市公司甲公司是 ABC 会计师事务所的常年审计客户，主要从事医疗器械的生产和销售。A 注册会计师负责审计甲公司 20×4 年度财务报表，确定财务报表整体的重要性为 1 000 万元。A 注册会计师在审计过程中累积的错报合计数为 1 500 万元。因管理层已全部更正，A 注册会计师认为错报对审计工作和审计报告均无影响。

要求：指出 A 注册会计师的做法是否恰当。如不恰当，简要说明理由。

■ 参考答案：

不恰当。累积的错报合计数为 1 500 万元超过财务报表整体重要性 1 000 万元，应当确定是否需要修改总体审计策略和具体审计计划。

（二）评价未更正错报对财务报表的影响

1. 重新评估重要性

在评价未更正错报的影响之前，注册会计师应当重新评估确定的重要性，以根据被审计单位的实际财务结果确认其是否适当。这是因为注册会计师在确定重要性时，通常依据对被审计单位财务结果的估计，此时可能尚不知道实际的财务结果。因此，在评价未更正错报的影响之前，注册会计师可能有必要依据实际的财务结果对重要性作出修改。如果注册会计师对重要性进行的重新评估导致需要确定较低的金额，则应重新考虑实际执行的重要性和进一步审计程序的性质、时间安排和范围的适当性，以获取充分、适当的审计证据，作为发表审计意见的基础。

例如，注册会计师在计划审计工作时确定的财务报表整体的重要性为100万元（经营性业务的税前利润2 000万元×5%），实际执行的重要性为50万元。在审计过程中注册会计师识别出若干项重大错报，管理层已同意调整，合计调减税前利润800万元。在评价未更正错报之前，注册会计师根据调整后的税前利润1 200万元，重新计算财务报表整体的重要性（60万元）和实际执行的重要性（30万元）。在这种情况下，注册会计师需要考虑以下几个方面的问题：（1）识别出的重大错报800万元远远超出计划阶段确定的财务报表整体的重要性100万元，表明存在比可接受的低风险水平更大的风险，注册会计师需要重新考虑对重大错报风险的评估结果及应对措施；（2）基于调整后的财务报表整体的重要性和实际执行的重要性，已经实施的审计程序是否充分（例如，实际执行的重要性降低可能意味着在采用审计抽样实施细节测试时需要增加样本量）；（3）注册会计师应当用调整后的财务报表整体的重要性60万元评价未更正错报是否重大。

2. 确定未更正错报单独或汇总起来是否重大

注册会计师应当确定未更正错报单独或汇总起来是否重大。在确定时，注册会计师应当考虑：

（1）相对特定类别的交易、账户余额或披露以及财务报表整体而言，错报的金额和性质以及错报发生的特定环境。

注册会计师在评价未更正错报是否重大时，除考虑未更正错报单独或连同其他未更正错报的金额是否超过财务报表整体的重要性（定量因素）外，还需要考虑错报性质以及错报发生的特定环境（定性因素）。具体而言：

①注册会计师需要考虑每一项与金额相关的错报，以评价其对相关类别的交易、账户余额或披露的影响，包括评价该项错报是否超过特定的交易类别、账户

余额或披露的重要性水平（如适用）。如果注册会计师认为某一单项错报是重大的，则该项错报不太可能被其他错报抵销。例如，如果收入存在重大高估，即使这项错报对收益的影响完全可被相同金额的费用高估所抵销，注册会计师仍认为财务报表整体存在重大错报。对于同一账户余额或同一交易类别内部的错报，这种抵销可能是适当的。然而，在得出抵销非重大错报是适当的这一结论之前，需要考虑可能存在其他未被发现的错报风险。

②确定一项分类错报是否重大，需要进行定性评估。例如，分类错报对负债或其他合同条款的影响，对单个财务报表项目或小计数的影响，以及对关键比率的影响。即使分类错报超过了在评价其他错报时运用的重要性水平，注册会计师可能仍然认为该分类错报对财务报表整体不产生重大影响。例如，如果资产负债表项目之间的分类错报金额相对于所影响的资产负债表项目金额较小，并且对利润表或所有关键比率以及披露不产生影响，注册会计师可能认为这种分类错报对财务报表整体不产生重大影响。

在某些情况下，即使某些错报低于财务报表整体的重要性，但因与这些错报相关的某些情况，在将其单独或连同在审计过程中累积的其他错报一并考虑时，注册会计师也可能将这些错报评价为重大错报。例如，某项错报的金额虽然低于财务报表整体的重要性，但对被审计单位的盈亏状况有决定性的影响，注册会计师可能认为该项错报是重大错报。

下列情况也可能影响注册会计师对错报的评价：

①错报对遵守监管要求的影响程度。

②错报对遵守债务合同或其他合同条款的影响程度。

③错报与会计政策的不正确选择或运用相关，这些会计政策的不正确选择或运用对当期财务报表不产生重大影响，但可能对未来期间财务报表产生重大影响。

④错报掩盖收益的变化或其他趋势的程度（尤其是在结合宏观经济背景和行业状况进行考虑时），或对用于评价被审计单位财务状况、经营成果或现金流量的有关比率的影响程度。

⑤错报对财务报表中列报的分部信息的影响程度。例如，错报事项对某一分部或对被审计单位的经营或盈利能力有重大影响的其他组成部分的重要程度。

⑥错报对增加管理层薪酬的影响程度。例如，管理层通过达到有关奖金或其他激励政策规定的要求以增加薪酬。

⑦相对于注册会计师所了解的以前向财务报表使用者传达的信息（如盈利预测），错报是重大的。

⑧错报对涉及特定机构或人员的项目的相关程度。例如，与被审计单位发生交易的外部机构或人员是否与管理层成员有关联。

⑨错报涉及对某些信息的遗漏，尽管适用的财务报告编制基础未对这些信息作出明确规定，但是注册会计师根据职业判断认为这些信息对财务报表使用者了解被审计单位的财务状况、经营成果或现金流量是重要的。

⑩错报对其他信息（如包含在"管理层讨论与分析"或"经营与财务回顾"中的信息）的影响程度，这些信息与已审计财务报表一同披露，并被合理预期可能影响财务报表使用者作出的经济决策。

注册会计师还需要考虑定性披露中的单项错报（如涉及国际贸易活动的被审计单位对汇率变化的敏感性的描述不充分），以评价其对相关披露的影响以及对财务报表整体的综合影响。

【例 11－2】 上市公司甲公司是 ABC 会计师事务所的常年审计客户，主要从事医疗器械的生产和销售。A 注册会计师负责审计甲公司 20×4 年度财务报表，确定财务报表整体的重要性为 1 000 万元。A 注册会计师在审计工作底稿中记录了错报评价的相关情况：

（1）甲公司 20×4 年 12 月少结转营业成本 5 万元，系因系统中设置的成本差异分配参数有误所致。因错报金额小于明显微小错报的临界值，A 注册会计师没有累积该项错报。

（2）甲公司 20×4 年财务报表存在一笔未更正错报，系销售推广费 1 200 万元误记入管理费用。因该错报是分类错报，且不影响关键财务比率，A 注册会计师认为该错报不重大，同意管理层不予调整。

要求：针对上述两项，逐项指出 A 注册会计师的做法是否恰当。如不恰当，简要说明理由。

■ **参考答案：**

（1）不恰当。该错报可能是系统错报，系统错报强调定性评价，可能存在其他错报。

（2）恰当。

（2）与以前期间相关的未更正错报对有关的交易类别、账户余额或披露以及财务报表整体的影响与以前期间相关的非重大未更正错报的累积影响，可能对本期财务报表产生重大影响。注册会计师可以选择多种可接受的方法以评价这些未更正错报对本期财务报表的影响。在不同期间使用相同的评价方法可以保持一致性。

除非法律法规禁止，注册会计师应当与治理层沟通未更正错报，以及这些错报单独或汇总起来可能对审计意见产生的影响。在沟通时，注册会计师应当逐项指明重大的未更正错报。注册会计师应当要求被审计单位更正未更正错报。如果存在大量单项不重大的未更正错报，注册会计师可能就未更正错报的笔数和总金额的影响进行沟通，而不是逐笔沟通单项未更正错报的细节。

注册会计师还应当与治理层沟通与以前期间相关的未更正错报对有关的交易类别、账户余额或披露以及财务报表整体的影响。

（三）书面声明

注册会计师应当要求管理层和治理层（如适用）提供书面声明，说明其是否认为未更正错报单独或汇总起来对财务报表整体的影响不重大。这些错报项目的概要应当包含在书面声明中或附在其后。由于编制财务报表要求管理层和治理层（如适用）调整财务报表以更正重大错报，注册会计师应当要求其提供有关未更正错报的书面声明。在某些情况下，管理层和治理层（如适用）可能并不认为注册会计师提出的某些未更正的错报是错报。基于这一原因，他们可能在书面声明中增加以下表述："因为［描述理由］，我们不同意……事项和……事项构成错报。"然而，即使获取了这一声明，注册会计师仍需要对未更正错报的影响形成结论。

三、实施分析程序

在临近审计结束时，注册会计师应当运用分析程序对财务报表整体合理性进行总体复核，帮助其对财务报表形成总体结论，以确定财务报表是否与其对被审计单位的了解一致。

实施分析程序的结果可能有助于注册会计师识别出以前未识别的重大错报风险，在这种情况下，注册会计师需要修改重大错报风险的评估结果，并相应修改原计划实施的进一步审计程序。

四、复核审计工作

对审计工作的复核包括项目组内部复核和作为会计师事务所业务质量管理措施而执行的项目质量复核（如适用）。

（一）项目组内部复核

项目组内部复核可分为项目经理的现场复核和项目合伙人的复核。项目经理的现场复核贯穿审计全过程，是详细复核。复核人员在审计计划阶段、实施阶段和完成阶段及时复核相应的审计工作底稿。例如，在审计计划阶段复核记录总体审计策略和具体审计计划的审计工作底稿，在审计实施阶段复核记录控制测试和实质性程序的审计工作底稿等。在完成审计工作阶段复核记录重大事项、审计调整及未更正错报的审计工作底稿等。

项目合伙人应当对管理和实现审计项目的高质量承担总体责任。项目合伙人应当在审计过程中的适当时点就审计中的重大事项、重大判断及与项目合伙人的职责有关的其他事项复核审计工作底稿。在审计报告日或审计报告日之前，项目合伙人应当通过复核审计工作底稿与项目组讨论，确信已获取充分、适当的审计证据，支持得出的结论和拟出具的审计报告。

（二）项目质量复核

根据《会计师事务所质量管理准则第 5101 号——业务质量管理》的规定，会计师事务所应当就项目质量复核制定政策和程序，并对上市实体财务报表审计业务、法律法规要求实施项目质量复核的审计业务或其他业务，以及会计师事务所认为有必要实施项目质量复核的审计业务或其他业务实施项目质量复核。

项目质量复核，是指在报告日或报告日之前，项目质量复核人员对项目组作出的重大判断及据此得出的结论作出的客观评价。

1. 项目质量复核人员

项目质量复核人员，是指会计师事务所中实施项目质量复核的合伙人或其他类似职位的人员，或者由会计师事务所委派实施项目质量复核的外部人员。项目质量复核人员的胜任能力应当至少与项目合伙人相当，且在面对来自项目合伙人或会计师事务所内部其他人员的压力时能够坚持原则。项目质量复核是由项目质量复核人员代表会计师事务所在项目层面实施的重点复核。

会计师事务所应当制定政策和程序，要求：（1）将委派项目质量复核人员的职责分配给会计师事务所内具有履行该职责所需的胜任能力及适当权威性的人员，并要求该人员在全所范围内（包括分所或分部）统一委派项目质量复核人员；（2）要求项目质量复核人员不得作为项目组成员，且具备适当的胜任能力（包括充足的时间和适当的权威性）、遵守相关职业道德要求、遵守与项目质量复核人员任职资质要求相关的法律法规规定（如有）。

2. 实施项目质量复核

在实施项目质量复核时，项目质量复核人员应当实施下列程序：

（1）阅读并了解与项目组就项目和客户的性质和具体情况进行沟通获取的信息、与会计师事务所就监控和整改程序进行沟通获取的信息（特别是针对可能与项目组的重大判断相关或影响该重大判断的领域识别出的缺陷进行的沟通）。

（2）与项目合伙人及其他项目组成员（如适用）讨论重大事项，以及在项目计划、实施和报告时作出的重大判断。

（3）基于从前两项程序获取的信息，选取部分与项目组作出的重大判断相关的业务工作底稿进行复核，并评价作出这些重大判断的依据、业务工作底稿能否支持得出的结论、得出的结论是否恰当。

（4）评价项目合伙人确定独立性要求已得到遵守的依据。

（5）评价是否已就疑难问题或争议事项、涉及意见分歧的事项进行适当咨询，并评价咨询得出的结论。

（6）评价项目合伙人对整个审计过程的参与程度是充分、适当的，项目合伙人能够确定作出的重大判断和得出的结论适合项目的性质和具体情况。

（7）复核被审计财务报表和审计报告，以及审计报告中对关键审计事项的描述（如适用）。

项目质量复核人员应当确定是否遵守了实施项目质量复核相关的要求，以及项目质量复核是否已完成。只有完成了项目质量复核，才能签署审计报告。

第二节　期后事项

财务报表的编制以"会计分期假设"为基础，但是企业的经营活动是连续不断、持续进行的。因此，注册会计师在审计被审计单位某一会计年度的财务报表时，除了对所审会计年度内发生的交易和事项实施必要的审计程序外，还必须考虑所审会计年度之后发生和发现的事项对财务报表和审计报告的影响，也就是说，注册会计师应充分关注期后事项。

一、期后事项的定义和种类

期后事项是指财务报表日至审计报告日之间发生的事项，以及注册会计师在审计报告日后知悉的事实。

财务报表日，是指财务报表涵盖的最近期间的截止日期。但是财务报表可能受到财务报表日后发生的事项的影响。适用的财务报告编制基础通常专门提及期后事项，并将其区分为下列两类：

（1）对财务报表日已经存在的情况提供证据的事项，即对财务报表日已经存在的情况提供了新的或进一步证据的事项，这类事项影响财务报表金额，需提请被审计单位管理层调整财务报表及与之相关的披露信息，称为"财务报表日后调整事项"。

（2）对财务报表日后发生的情况提供证据的事项，即表明财务报表日后发生的情况的事项。这类事项虽不影响财务报表金额，但可能影响对财务报表的正确理解，需提请被审计单位管理层在财务报表附注中作适当披露，称为"财务报表日后非调整事项"。

审计报告日，是指注册会计师按照规定在对财务报表出具的审计报告上签署的日期。审计报告的日期向财务报表使用者表明，注册会计师已考虑其知悉的、截至审计报告日发生的事项和交易的影响。

期后事项可以按照时段划分为三个阶段：第一时段是财务报表日至审计报告日，这一期间发生的事项成为"第一时段期后事项"；第二时段是在审计报告日后至财务报表报出日前，这一期间发生的事项成为"第二时段期后事项"；第三时段是财务报表报出日后，这一期间发生的事项成为"第三时段期后事项"。其中，财务报表报出日，是指审计报告和已审计财务报表提供给第三方的日期。期后事项分段如图 11－1 所示。

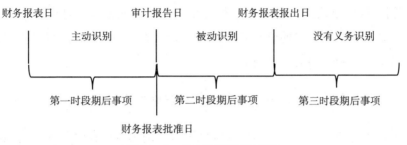

图 11－1　期后事项分段示意

图 11－1 中，财务报表批准日，是指构成整套财务报表的所有报表（包括相关附注）已编制完成，并且被审计单位的董事会、管理层或类似机构已经认可其对财务报表负责的日期。按照《中国注册会计师审计准则第 1501 号——对财务报表形成审计意见和出具审计报告》的规定，审计报告日不应早于注册会计师获取充分、适当的审计证据（包括管理层认可对财务报表的责任且已批准财务报表的证据），并在此基础上对财务报表形成审计意见的日期。因此，在实务中审计报告日与财务报表批准日通常是相同的日期。

二、财务报表日至审计报告日之间发生的事项

（一）主动识别第一时段期后事项

对于财务报表日后至审计报告日之间发生的第一时段期后事项，注册会计师有主动识别的责任，因此注册会计师应当设计和实施审计程序，获取充分、适当的审计证据，以确定所有在财务报表日至审计报告日之间发生的、需要在财务报表中调整或披露的事项均已得到识别。但是，注册会计师并不需要对之前已实施审计程序并已得出满意结论的事项执行追加的审计程序。

（二）用以识别期后事项的审计程序

注册会计师应当按照审计准则的规定实施审计程序，以使审计程序能够涵盖

财务报表日至审计报告日（或尽可能接近审计报告日）之间的期间。

在确定审计程序的性质和范围时，注册会计师应当考虑风险评估的结果。这些程序应当包括：（1）了解管理层为确保识别期后事项而建立的程序；（2）询问管理层和治理层（如适用），确定是否已发生可能影响财务报表的期后事项；（3）查阅被审计单位的所有者、管理层和治理层在财务报表日后举行会议的纪要，在不能获取会议纪要的情况下，询问此类会议讨论的事项；（4）查阅被审计单位最近的中期财务报表（如有）。

（三）知悉对财务报表有重大影响的期后事项的考虑

在实施上述审计程序后，如果注册会计师识别出需要在财务报表中调整或披露的事项，应当确定这些事项是否按照适用的财务报告编制基础的规定在财务报表中得到恰当反映：（1）如果所知悉的事项属于调整事项，注册会计师应当考虑被审计单位是否已对财务报表作出适当调整；（2）如果所知悉的事项属于非调整事项，注册会计师应当考虑被审计单位是否已在财务报表附注中充分披露。

注册会计师应当要求管理层和治理层（如适用）提供书面声明，确认所有在财务报表日后发生的、按照适用的财务报告编制基础的规定应予调整或披露的事项均已得到调整或披露。

三、注册会计师在审计报告日后至财务报表报出日前知悉的事实

（一）被动识别第二时段期后事项

在审计报告日后，注册会计师没有义务针对财务报表实施任何审计程序。但是，在这个阶段被审计单位的财务报表并未报出，管理层有责任将发现的可能影响财务报表的事实告知注册会计师。此外，注册会计师还可能从媒体报道、证券监管部门等途径获悉影响财务报表的期后事项。因此，尽管注册会计师对第二时段期后事项没有主动识别的责任，但是具有被动识别的义务。

（二）知悉第二时段期后事项的考虑

在审计报告日后至财务报表报出日前，如果知悉了某事实，且若在审计报告日知悉可能导致修改审计报告，注册会计师应当与管理层和治理层（如适用）讨论该事项；确定财务报表是否需要修改；如果需要修改，询问管理层将如何在财

务报表中处理该事项。

如果管理层修改财务报表，注册会计师应当根据具体情况对有关修改实施必要的审计程序；同时，通常注册会计师应当将审计程序延伸至新的审计报告日，并针对修改后的财务报表出具新的审计报告。新的审计报告日不应早于修改后的财务报表被批准的日期。除非在有关法律法规或适用的财务报告编制基础未禁止的情况下，如果管理层对财务报表的修改仅限于反映导致修改的期后事项的影响，被审计单位的董事会、管理层或类似机构也仅对有关修改进行批准，注册会计师可以仅针对有关修改将审计程序延伸至新的审计报告日（以下简称"特定情形"）。在这种情况下，注册会计师应当选用下列处理方式之一：（1）修改审计报告，针对财务报表修改部分增加补充报告日期，从而表明注册会计师对期后事项实施的审计程序仅限于财务报表相关附注所述的修改；（2）出具新的或经修改的审计报告，在强调事项段或其他事项段中说明注册会计师对期后事项实施的审计程序仅限于财务报表相关附注所述的修改。

【例 11 - 3】 上市公司甲公司是 ABC 会计师事务所的常年审计客户，主要从事医疗器械的生产和销售。A 注册会计师负责审计甲公司 20×4 年度财务报表，确定财务报表整体的重要性为 1 000 万元。20×5 年 2 月 20 日，A 注册会计师出具了审计报告。在财务报表报出前，A 注册会计师获悉甲公司 20×5 年 1 月 15 日发生了一笔大额销售退回，因此，要求管理层修改财务报表，并于 20×5 年 2 月 25 日重新出具了审计报告。管理层于 20×5 年 2 月 26 日批准并报出修改后的财务报表。

要求： 指出 A 注册会计师的做法是否恰当。如不恰当，简要说明理由。

■ **参考答案：**

不恰当。注册会计师重新出具审计报告的日期（20×5 年 2 月 25 日）不应早于修改后的财务报表被批准的日期（20×5 年 2 月 26 日）。

如果注册会计师认为管理层应当修改财务报表而没有修改，应当分别按以下情况予以处理：（1）如果审计报告尚未提交给被审计单位，注册会计师应当发表非无保留意见，然后再提交审计报告；（2）如果审计报告已经提交给被审计单位，注册会计师应当通知管理层和治理层（除非治理层全部成员参与管理被审计单位）在财务报表作出必要修改前不要向第三方报出。如果财务报表在未经必要修改的情况下仍被报出，注册会计师应当采取适当措施，以设法防止财务报表使用者信赖该审计报告。

四、注册会计师在财务报表报出后知悉的事实

在财务报表报出后，注册会计师没有义务针对财务报表实施任何审计程序。但是如果通过媒体等其他途径知悉了某事实，且该事实若在审计报告日知悉可能导致修改审计报告，注册会计师应当：（1）与管理层和治理层（如适用）讨论该事项；（2）确定财务报表是否需要修改；（3）如果需要修改，询问管理层将如何在财务报表中处理该事项。

如果管理层修改了财务报表，注册会计师应当：（1）根据具体情况对有关修改实施必要的审计程序；（2）复核管理层采取的措施能否确保所有收到原财务报表和审计报告的人士了解这一情况；（3）除非特定情形，将审计程序延伸至新的审计报告日，并针对修改后的财务报表出具新的审计报告，新的审计报告日不应早于修改后的财务报表被批准的日期。如果前文所述的特定情形适用，注册会计师应当修改审计报告或提供新的审计报告。

注册会计师应当在新的或经修改的审计报告中增加强调事项段或其他事项段，提醒财务报表使用者关注财务报表附注中有关修改原财务报表的详细原因和注册会计师提供的原审计报告。

如果管理层没有采取必要措施确保所有收到原财务报表的人士了解这一情况，也没有在注册会计师认为需要修改的情况下修改财务报表，注册会计师应当通知管理层和治理层（除非治理层全部成员参与管理被审计单位），注册会计师将设法防止财务报表使用者信赖该审计报告。

如果注册会计师已经通知管理层或治理层，而管理层或治理层没有采取必要措施，注册会计师应当采取适当措施，以设法防止财务报表使用者信赖该审计报告。

第三节 书 面 声 明

管理层①负责按照适用的财务报告编制基础编制财务报表并使其实现公允反

---

① 本节中单独提及管理层时，应当理解为管理层和治理层（如适用）。

映。注册会计师应当要求对财务报表承担相应责任并了解相关事项的管理层提供书面声明。书面声明，是指管理层向注册会计师提供的书面陈述，用以确认某些事项或支持其他审计证据。书面声明不包括财务报表及其认定，以及支持性账簿和相关记录。

书面声明是注册会计师在财务报表审计中需要获取的必要信息，也是审计证据之一。书面声明应当以声明书的形式致送注册会计师。如果管理层拒绝提供注册会计师要求的书面声明或者修改书面声明的内容，可能使注册会计师警觉存在重大问题的可能性。

尽管书面声明提供必要的审计证据，但其本身并不为所涉及的任何事项提供充分、适当的审计证据。而且，管理层已提供可靠书面声明的事实，并不影响注册会计师就管理层责任履行情况或具体认定获取的其他审计证据的性质和范围。

一、针对管理层责任的书面声明

针对财务报表的编制，注册会计师应当要求管理层提供书面声明，确认其根据审计业务约定条款，履行了按照适用的财务报告编制基础编制财务报表并使其实现公允反映（如适用）的责任。

针对提供的信息和交易的完整性，注册会计师应当要求管理层就下列事项提供书面声明：（1）按照审计业务约定条款，已向注册会计师提供所有相关信息，并允许注册会计师不受限制地接触所有相关信息以及被审计单位内部人员和其他相关人员；（2）所有交易均已记录并反映在财务报表中。

注册会计师应当要求管理层按照审计业务约定条款中对管理层责任的描述方式，在书面声明中对管理层责任进行描述。

二、其他书面声明

如果注册会计师认为有必要获取一项或多项其他书面声明，以支持与财务报表或者一项或多项具体认定相关的其他审计证据，注册会计师应当要求管理层提供这些书面声明。

（一）针对财务报表的额外书面声明

针对财务报表的额外书面声明可能是对管理层责任书面声明的补充，但不构成其组成部分。其主要内容可能包括会计政策的选择和运用是否适当，是否按照适用的财务报告编制基础对相关事项进行了确认、计量或列报。

（二）与向注册会计师提供信息有关的额外书面声明

除了针对管理层提供的信息和交易的完整性的书面声明外，注册会计师可能认为有必要要求管理层提供书面声明，确认其已将注意到的所有内部控制缺陷向注册会计师通报。

（三）关于特定认定的书面声明

注册会计师可能认为有必要要求管理层提供有关财务报表特定认定的书面声明，尤其是支持注册会计师就管理层的判断或意图或者完整性认定从其他审计证据中获取的了解。例如，如果管理层的意图对投资的计价基础非常重要，但若不能从管理层获取有关该项投资意图的书面声明，注册会计师就不可能获取充分、适当的审计证据。尽管这些书面声明能够提供必要的审计证据，但其本身并不能为财务报表特定认定提供充分、适当的审计证据。

三、书面声明的日期和涵盖期间

书面声明的日期应当尽量接近对财务报表出具审计报告的日期，但不得在审计报告日后。书面声明应当涵盖审计报告针对的所有财务报表和期间。

在管理层签署书面声明前，注册会计师不能发表审计意见，也不能签署审计报告。而且，由于注册会计师关注截至审计报告日发生的、可能需要在财务报表中作出相应调整或披露的事项，书面声明的日期应当尽量接近对财务报表出具审计报告的日期，但不得在其之后。

在某些情况下，注册会计师在审计过程中获取有关财务报表特定认定的书面声明可能是适当的。此时，可能有必要要求管理层更新书面声明。管理层有时需要再次确认以前期间作出的书面声明是否依然适当。注册会计师和管理层可能认可某种形式的书面声明，以更新以前期间所作的书面声明。更新后的书面声明需要表明，以前期间所作的书面声明是否发生了变化，以及发生了什么变化（如有）。另外，在实务中可能存在一种情形，即在审计报告中提及的所有期间内，现任管理层均尚未就任。他们可能由此声称无法就上述期间提供部分或全部书面声明。然而，这一事实并不能减轻现任管理层对财务报表整体的责任。相应地，注册会计师仍然需要向现任管理层获取涵盖整个相关期间的书面声明。

【例11-4】 上市公司甲公司是 ABC 会计师事务所的常年审计客户，主要从事医疗器械的生产和销售。A 注册会计师负责审计甲公司 20×4 年度财务报表，确定财务报表整体的重要性为 1 000 万元。20×4 年 11 月 20 日，甲公司更换了主要管理层成员，由于现任管理层仅就其任职期间提供书面声明，A 注册会计师向前任管理层获取了其在任时相关期间的书面声明。

要求： 指出 A 注册会计师的做法是否恰当。如不恰当，简要说明理由。

■ 参考答案：

不恰当。注册会计师应当向现任管理层获取涵盖整个相关期间的书面声明。

四、对书面声明可靠性的疑虑以及管理层不提供要求的书面声明

（一）对书面声明可靠性的疑虑

如果对管理层的胜任能力、诚信、道德价值观或勤勉尽责存在疑虑，或者对管理层在这些方面的承诺或贯彻执行存在疑虑，注册会计师应当确定这些疑虑对书面或口头声明和审计证据总体的可靠性可能产生的影响。

如果书面声明与其他审计证据不一致，注册会计师应当实施审计程序以设法解决这些问题。如果问题仍未解决，注册会计师应当重新考虑对管理层的胜任能力、诚信、道德价值观或勤勉尽责的评估，或者重新考虑对管理层在这些方面的承诺或贯彻执行的评估，并确定书面声明与其他审计证据的不一致对书面或口头声明和审计证据总体的可靠性可能产生的影响。

如果认为书面声明不可靠，注册会计师应当采取适当措施，确定其对审计意见可能产生的影响。

（二）管理层不提供要求的书面声明

如果管理层不提供要求的一项或多项书面声明，注册会计师应当：

（1）与管理层讨论该事项；

（2）重新评价管理层的诚信，并评价该事项对书面或口头声明和审计证据总体的可靠性可能产生的影响；

（3）采取适当措施，确定该事项对审计意见可能产生的影响。

如果注册会计师对管理层的诚信产生重大疑虑，以至于认为其作出的书面声明不可靠，或者管理层不提供要求的书面声明，则注册会计师无法获取充分、适当的审计证据，这对财务报表的影响可能是广泛的，并不局限于特定要素、账户或项目。这种情况下，注册会计师应当对财务报表发表无法表示意见。

｜第十二章｜
审 计 报 告

【教学内容与思政目标】

➡ 教学内容

- ·掌握审计意见的类型，并理解形成审计意见应考虑的领域。
- ·掌握审计报告的核心要素；理解并掌握在审计报告中沟通关键审计事项的相关要求。
- ·掌握审计意见类型的判断依据，深刻理解不同审计意见的出具条件，熟悉不同审计意见类型审计报告的差异。
- ·理解持续经营对审计报告的影响。

➡ 思政目标

- ·弘扬法治、诚信、敬业等社会主义核心价值观，秉持职业操守、树立责任意识，坚定底线思维。
- ·实事求是，以充分、适当的审计证据为依据，形成恰当的审计意见以维护公众利益。

审计报告①是指注册会计师根据审计准则的规定，在执行审计工作的基础上，对财务报表发表审计意见的书面文件。它是注册会计师完成审计工作后向委托人提交的最终产品，也是注册会计师对财务报表是否在所有重大方面按照适用的财务报告编制基础编制并实现合法、公允反映发表审计意见的载体。

中国注册会计师协会发布上市公司 2023 年年报审计情况快报

截至 2024 年 4 月 30 日，58 家会计师事务所共为 5 354 家上市公司出具

---

① 本章所涉审计报告是指财务报表审计报告，与本书第十三章的内部控制审计报告有所差异。

了财务报表审计报告。其中，沪市主板 1 696 家，深市主板 1 499 家，创业板 1 340 家，科创板 571 家，北交所 248 家。

从审计报告意见类型看，5 240 家上市公司被出具了无保留意见审计报告（其中 50 家被出具带强调事项段的无保留意见，45 家被出具带持续经营事项段的无保留意见），85 家被出具了保留意见审计报告，29 家被出具了无法表示意见审计报告。

2023 年审计快报

资料来源：https：//www. cicpa. org. cn/xxfb/news/202405/t20240511_64821. html。

上述快报中，中国注册会计师协会汇总了 2023 年年报审计情况，并按照审计报告的意见类型进行了分门别类的统计。那么，注册会计师形成审计意见出具审计报告前应考虑哪些因素？如何区分无保留意见、保留意见和无法表示意见？除了这三种意见类型的审计报告外，是否有第四种意见类型的审计报告？审计报告中带强调事项段和持续经营事项段又分别代表什么？针对被审计单位财务报表的质量，不同意见类型的审计报告意味着什么？这些问题将在本章一一解决。

第一节　审计意见的形成

一、得出审计结论应考虑的领域

注册会计师应当就财务报表是否在所有重大方面按照适用的财务报告编制基础的规定编制并实现公允反映形成审计意见。为了形成审计意见，针对财务报表整体是否不存在由于舞弊或错误导致的重大错报，注册会计师应当得出结论，确定是否已就此获取合理保证。

在得出结论时，注册会计师应当考虑下列方面：

1. 是否已获取充分、适当的审计证据

在得出总体结论之前，注册会计师应当根据实施的审计程序和获取的审计证据，评价对认定层次重大错报风险的评估是否仍然适当。在形成审计意见时，注册会计师应当考虑所有相关的审计证据，无论该证据与财务报表认定相互印证还是相互矛盾。

如果对各类交易、账户余额和披露的相关认定没有获取充分、适当的审计证据，注册会计师应当尽可能获取进一步的审计证据。

2. 未更正错报单独或汇总起来是否构成重大错报

在确定时，注册会计师应当考虑：

（1）相对特定类别的交易、账户余额或披露以及财务报表整体而言，错报的金额和性质以及错报发生的特定环境。

（2）与以前期间相关的未更正错报对有关类别的交易、账户余额或披露以及财务报表整体的影响。

3. 评价财务报表是否在所有重大方面按照适用的财务报告编制基础的规定编制

在评价时，注册会计师应当考虑被审计单位会计实务的质量，包括表明管理层的判断可能出现偏向的迹象。

注册会计师应当依据适用的财务报告编制基础特别评价下列内容：

（1）财务报表是否恰当披露了所选择和运用的重要会计政策。

（2）所选择和运用的会计政策是否符合适用的财务报告编制基础，并适合被审计单位的具体情况。

（3）管理层作出的会计估计和相关披露是否合理。

（4）财务报表列报的信息是否具有相关性、可靠性、可比性和可理解性。作出这一评价时，注册会计师应当考虑：①应当包括的信息是否均已包括，这些信息的分类、汇总或分解以及描述是否适当；②财务报表的总体列报（包括披露）是否由于包括不相关的信息或有碍正确理解所披露事项的信息而受到不利影响。

（5）财务报表是否作出充分披露，使预期使用者能够理解重大交易和事项对财务报表所传递信息的影响。

（6）财务报表使用的术语（包括每一财务报表的标题）是否适当。

4．评价财务报表是否实现公允反映

在评价财务报表是否实现公允反映时，注册会计师应当考虑下列方面：

（1）财务报表的总体列报（包括披露）、结构和内容是否合理。

（2）财务报表是否公允地反映了相关交易和事项。

5．注册会计师应当评价财务报表是否恰当提及或说明适用的财务报告编制基础

管理层和治理层（如适用）编制的财务报表需要恰当说明适用的财务报告编制基础。这种说明向财务报表使用者告知编制财务报表所依据的编制基础，因此非常重要。

二、审计意见的类型

注册会计师的目标是在评价根据审计证据得出的结论的基础上，对财务报表形成审计意见，并通过书面报告的形式清楚地表达审计意见。

注册会计师发表的审计意见类型包括无保留意见和非无保留意见两大类。无保留意见是指注册会计师认为财务报表在所有重大方面按照适用的财务报告编制基础编制并实现公允反映时发表的审计意见。非无保留意见是指注册会计师对财务报表发表的保留意见、否定意见和无法表示意见。审计意见类型如图 12-1 所示。

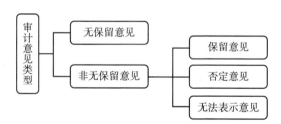

图 12-1　审计意见类型

如果认为财务报表在所有重大方面按照适用的财务报告编制基础的规定编制并实现公允反映，注册会计师应当发表无保留意见。

当存在下列情形之一时，注册会计师应当按照《中国注册会计师审计准则第1502 号——在审计报告中发表非无保留意见》的规定，在审计报告中发表非无保留意见：（1）根据获取的审计证据，得出财务报表整体存在重大错报的结论；（2）无法获取充分、适当的审计证据，不能得出财务报表整体不存在重大错报的结论。

如果财务报表没有实现公允反映，注册会计师应当就该事项与管理层讨论，并根据适用的财务报告编制基础的规定和该事项得到解决的情况，决定是否有必要按照《中国注册会计师审计准则第 1502 号——在审计报告中发表非无保留意见》的规定在审计报告中发表非无保留意见。

第二节　审计报告要素

审计报告应当采用书面形式并包括以下要素：（1）标题；（2）收件人；（3）审计意见；（4）形成审计意见的基础；（5）管理层对财务报表的责任；（6）注册会计师对财务报表审计的责任；（7）按照相关法律法规的要求报告的事项（如适用）；（8）注册会计师的签名和盖章；（9）会计师事务所的名称、地址和盖章；（10）报告日期。

在适用的情况下，注册会计师还应当按照《中国注册会计师审计准则第 1324 号——持续经营》《中国注册会计师审计准则第 1504 号——在审计报告中沟通关键审计事项》《中国注册会计师审计准则第 1521 号——注册会计师对其他信息的责任》的相关规定，在审计报告中对与持续经营相关的重大不确定性、关键审计事项、被审计单位年度报告中包含的除财务报表和审计报告之外的其他信息进行报告。

审　计　报　告

普华永道中天审字（2024）第 10001 号

中国石油天然气股份有限公司全体股东：

一、审计意见

我们审计了中国石油天然气股份有限公司（以下简称"中国石油"）的财务报表，包括 2023 年 12 月 31 日的合并及公司资产负债表，2023 年度的合并及公司利润表、合并及公司现金流量表、合并及公司股东权益变动表以及财务报表附注。

我们认为，后附的财务报表在所有重大方面按照企业会计准则的规定编制，公允反映了中国石油 2023 年 12 月 31 日的合并及公司财务状况以及 2023 年度的合并及公司经营成果和现金流量。

二、形成审计意见的基础

我们按照中国注册会计师审计准则的规定执行了审计工作。审计报告的"注册会计师对财务报表审计的责任"部分进一步阐述了我们在这些准则下的责任。我们相信，我们获取的审计证据是充分、适当的，为发表审计意见提供了基础。

按照中国注册会计师职业道德守则，我们独立于中国石油，并履行了职业道德方面的其他责任。

三、关键审计事项

关键审计事项是我们根据职业判断，认为对本期财务报表审计最为重要的事项。这些事项的应对以对财务报表整体进行审计并形成审计意见为背景，我们不对这些事项单独发表意见。

我们在审计中识别出的关键审计事项为"油气资产账面价值的可收回性"。

关键审计事项	我们在审计中如何应对关键审计事项
油气资产账面价值的可收回性 参见合并财务报表附注 4（30）"重要会计估计和判断"及附注 18"油气资产"，截至 2023 年 12 月 31 日油气资产的账面价值为人民币 856 256 百万元，2023 年度计提的油气资产减值损失的金额为人民币 20 330 百万元。 未来原油价格和未来生产成本的不确定性、经营状况和经济前景的变化，导致截至 2023 年 12 月 31 日油气资产的账面价值可能存在减值迹象。 中国石油以预计未来现金流量的现值计算确定油气资产的可收回金额，其中涉及的关键估计或假设包括： — 未来原油价格； — 未来生产成本； — 未来产量以及 — 折现率。 由于 2023 年 12 月 31 日油气资产账面价值金额重大，且管理层在确定油气资产可收回金额中的关键估计或假设时运用了重大的估计和判断。因此，我们在审计中重点关注了该事项	对于该事项，我们实施了以下主要审计程序： · 了解了管理层油气资产减值测试相关的内部控制和评估流程，并通过考虑估计不确定性的程度和其他固有风险因素的水平如复杂性、主观性、变化和对管理层偏向或舞弊的敏感性，评估了重大错报的固有风险； · 评价并测试了与编制油气资产可回收金额相关的关键控制； · 评估了确定油气资产可回收金额方法的恰当性，包括现金流模型编制方法的恰当性，并测试了其数据计算的准确性及现金流模型中使用的基础数据的完整性、准确性和相关性； · 将中国石油在现金流模型中采用的未来原油价格与一系列机构公布的原油预测价格进行了比较； · 将现金流模型中采用的未来生产成本与中国石油的历史生产成本或相关预算进行比较； · 将现金流模型中采用的未来原油产量与经中国石油管理层批准的油气储量评估报告中的相关未来产量进行了比较。评估了参与油气储量评估的管理层专家的胜任能力、专业素养及客观性。通过参考历史数据或管理层预算，评估了与油气储量评估相关的关键估计或假设； · 利用具有专业技能和知识的专业人员协助评估管理层采用的折现率的适当性。 基于所执行的工作，我们认为管理层在确定油气资产可收回金额中采用的关键估计或假设和使用的数据得到了证据支持

四、其他信息

中国石油管理层对其他信息负责。其他信息包括中国石油 2023 年年度报告中涵盖的信息，但不包括财务报表和我们的审计报告。

我们对财务报表发表的审计意见不涵盖其他信息，我们也不对其他信息发表任何形式的鉴证结论。

结合我们对财务报表的审计，我们的责任是阅读其他信息，在此过程中，考虑其他信息是否与财务报表或我们在审计过程中了解到的情况存在重大不一致或者似乎存在重大错报。基于我们已经执行的工作，如果我们确定其他信息存在重大错报，我们应当报告该事实。在这方面，我们无任何事项需要报告。

五、管理层和治理层对财务报表的责任

中国石油管理层负责按照企业会计准则的规定编制财务报表，使其实现公允反映，并设计、执行和维护必要的内部控制，以使财务报表不存在由于舞弊或错误导致的重大错报。

在编制财务报表时，管理层负责评估中国石油的持续经营能力，披露与持续经营相关的事项（如适用），并运用持续经营假设，除非管理层计划清算中国石油、终止运营或别无其他现实的选择。

治理层负责监督中国石油的财务报告过程。

六、注册会计师对财务报表审计的责任

我们的目标是对财务报表整体是否不存在由于舞弊或错误导致的重大错报获取合理保证，并出具包含审计意见的审计报告。合理保证是高水平的保证，但并不能保证按照审计准则执行的审计在某一重大错报存在时总能发现。错报可能由于舞弊或错误导致，如果合理预期错报单独或汇总起来可能影响财务报表使用者依据财务报表作出的经济决策，则通常认为错报是重大的。

在按照审计准则执行审计工作的过程中，我们运用职业判断，并保持职业怀疑。同时，我们也执行以下工作：

（一）识别和评估由于舞弊或错误导致的财务报表重大错报风险；设计和实施审计程序以应对这些风险，并获取充分、适当的审计证据，作为发表审计意见的基础。由于舞弊可能涉及串通、伪造、故意遗漏、虚假陈述或凌驾于内部控制之上，未能发现由于舞弊导致的重大错报的风险高于未能发现由于错误导致的重大错报的风险。

（二）了解与审计相关的内部控制，以设计恰当的审计程序。

（三）评价管理层选用会计政策的恰当性和作出会计估计及相关披露的合理性。

（四）对管理层使用持续经营假设的恰当性得出结论。同时，根据获取的审计证据，就可能导致对中国石油持续经营能力产生重大疑虑的事项或情况是否存在重大不确定性得出结论。如果我们得出结论认为存在重大不确定性，审计准则要求我们在审计报告中提请报表使用者注意财务报表中的相关披露；如果披露不充分，我们应当发表非无保留意见。我们的结论基于截至审计报告日可获得的信息。然而，未来的事项或情况可能导致中国石油不能持续经营。

（五）评价财务报表的总体列报（包括披露）、结构和内容，并评价财务报表是否公允反映相关交易和事项。

（六）就中国石油中实体或业务活动的财务信息获取充分、适当的审计证据，以对财务报表发表审计意见。我们负责指导、监督和执行集团审计，并对审计意见承担全部责任。

我们与治理层就计划的审计范围、时间安排和重大审计发现等事项进行沟通，包括沟通我们在审计中识别出的值得关注的内部控制缺陷。

我们还就已遵守与独立性相关的职业道德要求向治理层提供声明，并与治理层沟通可能被合理认为影响我们独立性的所有关系和其他事项，以及相关的防范措施（如适用）。

从与治理层沟通过的事项中，我们确定哪些事项对本期财务报表审计最为重要，因而构成关键审计事项。我们在审计报告中描述这些事项，除非法律法规禁止公开披露这些事项，或在极少数情形下，如果合理预期在审计报告中沟通某事项造成的负面后果超过在公众利益方面产生的益处，我们确定不应在审计报告中沟通该事项。

**注册会计师对中国
石油年报出具的
审计报告**

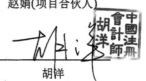

普华永道中天   注册会计师   赵娟(项目合伙人)
会计师事务所(特殊普通合伙)

中国·上海市   注册会计师   胡祥

2024年3月25日

资料来源：巨潮资讯网。

一、标题

审计报告应当具有标题，统一规范为"审计报告"。

二、收件人

审计报告应当按照审计业务约定的要求载明收件人。注册会计师通常将审计报告致送给财务报表使用者，一般是被审计单位的股东或者治理层。

三、审计意见

"审计意见"部分通常由两部分构成。

第一部分指出已审计财务报表，且应当包括下列方面：（1）指出被审计单位的名称；（2）说明财务报表已经审计；（3）指出构成整套财务报表的每一财务报表的名称；（4）提及财务报表附注，包括重要会计政策和会计估计；（5）指明构成整套财务报表的每一财务报表的日期或涵盖的期间。

第二部分应当说明注册会计师发表的审计意见。如果对财务报表发表无保留意见，除非法律法规另有规定，审计意见应当使用"我们认为，后附的财务报表在所有重大方面按照［适用的财务报告编制基础（如企业会计准则等）］的规定编制，公允反映了［……］"的措辞。审计意见涵盖由适用的财务报告编制基础所确定的整套财务报表。

四、形成审计意见的基础

"形成审计意见的基础"部分提供关于审计意见的重要背景，应当紧接在审计意见部分之后，并包括下列方面：

（1）说明注册会计师按照审计准则的规定执行了审计工作。

（2）提及审计报告中用于描述审计准则规定的注册会计师责任的部分。

（3）声明注册会计师按照与审计相关的职业道德要求独立于被审计单位，并履行了职业道德方面的其他责任。声明中应当指明适用的职业道德要求，如中国注册会计师职业道德守则。

（4）说明注册会计师是否相信获取的审计证据是充分、适当的，为发表审计意见提供了基础。

五、管理层对财务报表的责任

"管理层对财务报表的责任"部分应当说明管理层负责下列方面：

（1）按照适用的财务报告编制基础的规定编制财务报表，使其实现公允反映，并设计、执行和维护必要的内部控制，以使财务报表不存在由于舞弊或错误导致的重大错报。

（2）评估被审计单位的持续经营能力和使用持续经营假设是否适当，并披露与持续经营相关的事项（如适用）。对管理层评估责任的说明应当包括描述在何种情况下使用持续经营假设是适当的。

当对财务报告过程负有监督责任的人员与履行上述责任的人员不同时，管理层对财务报表的责任部分还应当提及对财务报告过程负有监督责任的人员。在这种情况下，该部分的标题还应当提及"治理层"或者特定国家或地区法律框架中的恰当术语。

六、注册会计师对财务报表审计的责任

"注册会计师对财务报表审计的责任"部分应当包括下列内容：

（1）说明注册会计师的目标是对财务报表整体是否不存在由于舞弊或错误导致的重大错报获取合理保证，并出具包含审计意见的审计报告。

（2）说明合理保证是高水平的保证，但并不能保证按照审计准则执行的审计在某一重大错报存在时总能发现。

（3）说明错报可能由于舞弊或错误导致。在说明错报可能由于舞弊或错误导致时，注册会计师应当从下列两种做法中选取一种：①描述如果合理预期错报单独或汇总起来可能影响财务报表使用者依据财务报表作出的经济决策，则通常认

为错报是重大的；②根据适用的财务报告编制基础，提供关于重要性的定义或描述。

（4）说明在按照审计准则执行审计工作的过程中，注册会计师运用职业判断，并保持职业怀疑。

（5）通过说明注册会计师的责任，对审计工作进行描述。这些责任包括：①识别和评估由于舞弊或错误导致的财务报表重大错报风险，设计和实施审计程序以应对这些风险，并获取充分、适当的审计证据，作为发表审计意见的基础。由于舞弊可能涉及串通、伪造、故意遗漏、虚假陈述或凌驾于内部控制之上，未能发现由于舞弊导致的重大错报的风险高于未能发现由于错误导致的重大错报的风险。②了解与审计相关的内部控制，以设计恰当的审计程序，但目的并非对内部控制的有效性发表意见。当注册会计师有责任在财务报表审计的同时对内部控制的有效性发表意见时，应当略去上述"目的并非对内部控制的有效性发表意见"的表述。③评价管理层选用会计政策的恰当性和作出会计估计及相关披露的合理性。④对管理层使用持续经营假设的恰当性得出结论。同时，根据获取的审计证据，就可能导致对被审计单位持续经营能力产生重大疑虑的事项或情况是否存在重大不确定性得出结论。如果注册会计师得出结论认为存在重大不确定性，审计准则要求注册会计师在审计报告中提请报表使用者关注财务报表中的相关披露；如果披露不充分，注册会计师应当发表非无保留意见。注册会计师的结论基于截至审计报告日可获得的信息。然而，未来的事项或情况可能导致被审计单位不能持续经营。⑤评价财务报表的总体列报（包括披露）、结构和内容，并评价财务报表是否公允反映相关交易和事项。

当《中国注册会计师审计准则第 1401 号——对集团财务报表审计的特殊考虑》适用时，通过说明下列事项，进一步描述注册会计师在集团审计业务中的责任：

（1）注册会计师的责任是就集团中实体或业务活动的财务信息获取充分、适当的审计证据，以对合并财务报表发表审计意见。

（2）注册会计师负责指导、监督和执行集团审计。

（3）注册会计师对审计意见承担全部责任。

注册会计师对财务报表审计的责任部分还应当包括下列内容：

（1）说明注册会计师与治理层就计划的审计范围、时间安排和重大审计发现等事项进行沟通，包括沟通注册会计师在审计中识别的值得关注的内部控制缺陷。

（2）对于上市实体财务报表审计，指出注册会计师就已遵守与独立性相关的职业道德要求向治理层提供声明，并与治理层沟通可能被合理认为影响注册会计师独立性的所有关系和其他事项，以及相关的防范措施（如适用）。

（3）对于上市实体财务报表审计，以及决定按照《中国注册会计师审计准则第1504号——在审计报告中沟通关键审计事项》的规定沟通关键审计事项的其他情况，说明注册会计师从与治理层沟通过的事项中确定哪些事项对本期财务报表审计最为重要，因而构成关键审计事项。注册会计师应当在审计报告中描述这些事项，除非法律法规禁止公开披露这些事项，或在极少数情形下，注册会计师合理预期在审计报告中沟通某事项造成的负面后果超过在公众利益方面产生的益处，因而确定不应在审计报告中沟通该事项。

七、按照相关法律法规的要求报告的事项（如适用）

除审计准则规定的注册会计师责任外，如果注册会计师在对财务报表出具的审计报告中履行其他报告责任，应当在审计报告中将其单独作为一部分，并以"按照相关法律法规的要求报告的事项"为标题，或使用适合于该部分内容的其他标题，除非其他报告责任涉及的事项与审计准则规定的报告责任涉及的事项相同。如果涉及相同的事项，其他报告责任可以在审计准则规定的同一报告要素部分列示。

八、注册会计师的签名和盖章

审计报告应当由项目合伙人和另一名负责该项目的注册会计师签名和盖章。在对上市实体财务报表出具的审计报告中应当注明项目合伙人。

九、会计师事务所的名称、地址和盖章

审计报告应当载明会计师事务所的名称和地址，并加盖会计师事务所公章。

根据《中华人民共和国注册会计师法》的规定，注册会计师承办业务，由其所在的会计师事务所统一受理并与委托人签订委托合同。因此，审计报告除了由注册会计师签名和盖章之外，还应载明会计师事务所的名称和地址，并加盖会计师事务所公章。

注册会计师在审计报告中载明会计师事务所的地址时，标明会计师事务所所在城市即可，无须在审计报告中注明详细地址。

十、报告日期

审计报告应当注明报告日期。审计报告日不应早于注册会计师获取充分、适当的审计证据，并在此基础上对财务报表形成审计意见的日期。

在确定审计报告日时，注册会计师应当确信已获取下列两方面的审计证据：

（1）构成整套财务报表的所有报表（含披露）已编制完成。

（2）被审计单位的董事会、管理层或类似机构已经认可其对财务报表负责。

审计报告日期非常重要，该日期向审计报告使用者表明，注册会计师已考虑其知悉的、截至审计报告日发生的事项和交易的影响。注册会计师对审计报告日后发生的事项和交易的责任，在《中国注册会计师审计准则第 1332 号——期后事项》中作出了规定。注册会计师对不同时段的财务报表日后事项有着不同的责任，而审计报告日期是划分时段的关键时点。

十一、与财务报表一同列报的补充信息

在某些情况下，被审计单位根据法律法规的要求，或出于自愿选择，与财务报表一同列报适用的财务报告编制基础未作要求的补充信息。例如，被审计单位列报补充信息以增强财务报表使用者对适用的财务报告编制基础的理解，或者对财务报表的特定项目提供进一步解释。这些补充信息通常在补充报表中或作为额外的附注进行列示。

如果被审计单位将适用的财务报告编制基础未作要求的补充信息与已审计财务报表一同列报，注册会计师应当根据职业判断，评价补充信息是否由于其性质和列报方式而构成财务报表的必要组成部分。如果补充信息构成财务报表的必要组成部分，应当将其涵盖在审计意见中。

如果认为适用的财务报告编制基础未作要求的补充信息不构成已审计财务报表的必要组成部分，注册会计师应当评价这些补充信息的列报方式是否充分、清楚地使其与已审计财务报表相区分。如果未能充分、清楚地区分，注册会计师应当要求管理层改变未审计补充信息的列报方式。如果管理层拒绝改变，注册会计师应当指出未审计的补充信息，并在审计报告中说明这些补充信息未审计。

参考格式：对上市实体财务报表出具的无保留意见的审计报告

第三节　在审计报告中沟通关键审计事项

2016 年 12 月 23 日，财政部印发的《中国注册会计师审计准则第 1504 号——在审计报告中沟通关键审计事项》明确了注册会计师在审计报告中沟通关键审计事项的责任。该准则适用于对上市实体整套通用目的财务报表进行审计，以及注册会计师决定或委托方要求在审计报告中沟通关键审计事项的其他情形。如果法律法规要求注册会计师在审计报告中沟通关键审计事项，该准则同样适用。

关键审计事项是指注册会计师根据职业判断认为对当期财务报表审计最为重要的事项。关键审计事项从注册会计师与治理层沟通过的事项中选取。

在审计报告中沟通关键审计事项，旨在通过提高已执行审计工作的透明度增加审计报告的沟通价值。沟通关键审计事项能为财务报表预期使用者提供额外的信息，帮助其了解注册会计师根据职业判断认为对本期财务报表审计最为重要的事项，并帮助其了解被审计单位，以及已审计财务报表中涉及重大管理层判断的领域。在审计报告中沟通关键审计事项，还能够为财务报表预期使用者就与被审计单位、已审计财务报表或已执行审计工作相关的事项进一步与管理层和治理层沟通提供基础。

在审计报告中沟通关键审计事项以注册会计师已就财务报表整体形成审计意见为背景。在审计报告中沟通关键审计事项不能代替下列事项：

（1）管理层按照适用的财务报告编制基础在财务报表中作出的披露，或为使财务报表实现公允反映而作出的披露（如适用）。

（2）注册会计师按照《中国注册会计师审计准则第 1502 号——在审计报告中发表非无保留意见》的规定，根据审计业务的具体情况发表非无保留意见。

（3）当可能导致对被审计单位持续经营能力产生重大疑虑的事项或情况存在重大不确定性时，注册会计师按照《中国注册会计师审计准则第 1324 号——持续经营》的规定进行报告。

审计报告中沟通关键审计事项并非注册会计师就单一事项单独发表意见。

一、确定关键审计事项

注册会计师在确定关键审计事项时，应遵循以下决策框架。

（一）以"以治理层沟通过的事项"为起点

《中国注册会计师审计准则第1151号——与治理层的沟通》要求注册会计师应当与被审计单位治理层沟通审计中发现的包括会计政策、会计估计和财务报表披露等会计实务重大方面的质量的看法，审计工作中遇到的重大困难，已与管理层讨论或需要书面沟通的审计中出现的重大事项等，以便治理层履行其监督财务报表过程的职责。同时，财务报表与审计报告使用者对这些重大事项有强烈的信息需求。因此，注册会计师应当从与治理层沟通过的事项中选取数量较少的事项作为关键审计事项，这基于注册会计师就哪些事项对本期财务报表审计最为重要所作出的判断。

（二）在"与治理层沟通过的事项"中确定"在执行审计工作时重点关注的事项"

基于风险导向审计，注册会计师在识别与评估财务报表重大错报风险的基础上，设计与实施审计程序获取充分、适当的审计证据以应对这些风险，并进一步形成审计意见。对于特定账户余额、交易类别或披露，评估的认定层次重大错报风险越高，在计划和实施审计程序并评价审计程序的结果时涉及的判断通常越多，从而越需要注册会计师重点关注。换言之，注册会计师重点关注的领域通常与财务报表中复杂、重大的管理层判断领域相关，这些领域通常涉及困难或复杂的注册会计师职业判断。因此，对注册会计师获取充分、适当的审计证据或对财务报表形成审计意见构成挑战的事项可能与注册会计师确定关键审计事项尤其相关。

注册会计师在确定哪些事项属于在执行审计工作时重点关注过的事项时，应当考虑下列方面：

（1）按照《中国注册会计师审计准则第1211号——重大错报风险的识别和评估》的规定，评估的重大错报风险较高的领域或识别出的特别风险。

《中国注册会计师审计准则第 1151 号——与治理层的沟通》要求注册会计师与治理层沟通识别出的特别风险，以帮助治理层了解存在特别风险的事项以及需要注册会计师予以特别考虑的原因。此外，注册会计师还可以与治理层沟通计划如何应对评估的重大错报风险较高的领域。

对于评估的重大错报风险较高的领域或识别出的特别风险，注册会计师通常需要在审计中投放更多的审计资源予以应对。因此，注册会计师在确定的重点关注过的事项时需要特别考虑这一方面。

（2）与财务报表中涉及重大管理层判断（包括涉及高度估计不确定性的会计估计）的领域相关的重大审计判断。

《中国注册会计师审计准则第 1151 号——与治理层的沟通》要求注册会计师与治理层沟通注册会计师对被审计单位会计实务（包括会计政策、会计估计和财务报表披露）重大方面质量的看法。在很多情况下，这涉及关键会计估计和相关披露，很可能属于重点关注领域，也可能被识别为特别风险。

财务报表中涉及复杂、重大的管理层判断领域，通常涉及困难、复杂的审计判断，并且可能同时需要管理层的专家和注册会计师的专家的参与。因此，注册会计师在确定的重点关注过的事项时需要特别考虑这一方面。

（3）本期重大交易或事项对审计的影响。

对财务报表或审计工作具有重大影响的事项或交易可能属于重点关注领域，并可能被识别为特别风险。例如，在审计过程中的各个阶段，注册会计师可能已与管理层和治理层就重大关联方交易或超出被审计单位正常经营过程之外的重大交易，或在其他方面显得异常的交易对财务报表的影响进行了大量讨论。管理层可能已就这些交易的确认、计量、列报或披露作出困难或复杂的判断，这可能已对注册会计师的总体审计策略产生重大影响。因此，这也是注册会计师需要重点关注的事项。

（三）从"在执行审计工作时重点关注的事项"中确定哪些事项对本期财务报表审计最为重要，从而构成关键审计事项

注册会计师可能已就需要重点关注的事项与治理层进行了较多的沟通。通过沟通，通常能够发现哪些事项对本期财务报表审计而言最为重要。例如，对于较为困难和复杂的事项，注册会计师与治理层的互动沟通可能更加深入、频繁或充

分，这些事项（如重大会计政策的运用）构成重大的注册会计师判断或管理层判断的对象。

在确定某一与治理层沟通过的事项的相对重要程度以及该事项是否构成关键审计事项时，下列考虑也可能是相关的：

（1）该事项对预期使用者理解财务报表整体的重要程度，尤其是对财务报表的重要性。

（2）与该事项相关的会计政策的性质或者与同行业其他实体相比，管理层在选择适当的会计政策时涉及的复杂程度或主观程度。

（3）从定性和定量方面考虑，与该事项相关的舞弊或错误导致的已更正错报和累积未更正错报（如有）的性质和重要程度。

（4）为应对该事项所需要付出的审计努力的性质和程度，包括：

①为应对该事项而实施审计程序或评价这些审计程序的结果（如有）在多大程度上需要特殊的知识或技能。

②就该事项在项目组之外进行咨询的性质。

（5）在实施审计程序、评价实施审计程序的结果、获取相关和可靠的审计证据以作为发表审计意见的基础时，注册会计师遇到的困难的性质和严重程度，尤其是当注册会计师的判断变得更加主观时。

（6）识别出的与该事项相关的控制缺陷的严重程度。

（7）该事项是否涉及数项可区分但又相互关联的审计考虑。例如，长期合同的收入确认、诉讼或其他或有事项等方面，可能需要重点关注，并且可能影响其他会计估计。

从需要重点关注的事项中，确定哪些事项以及多少事项对本期财务报表审计最为重要属于职业判断问题。"最为重要的事项"并不意味着只有一项。需要在审计报告中包含的关键审计事项的数量可能受被审计单位规模和复杂程度、业务和经营环境的性质以及审计业务具体事实和情况的影响。一般而言，最初确定为关键审计事项的事项越多，注册会计师越需要重新考虑每一事项是否符合关键审计事项的定义。罗列大量关键审计事项可能与这些事项是审计中最为重要的事项这一概念相抵触。

综上，注册会计师确定关键审计事项应遵循的决策框架如图 12 - 2 所示。

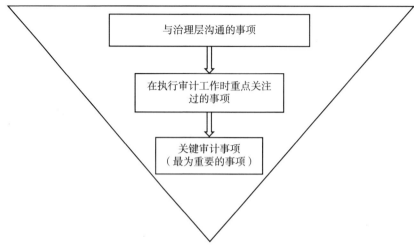

图 12 – 2　关键审计事项的决策框架

二、在审计报告中沟通关键审计事项

（一）在审计报告中单设关键审计事项部分

根据《中国注册会计师审计准则第 1504 号——在审计报告中沟通关键审计事项》要求，注册会计师应当在审计报告中单设一部分，以"关键审计事项"为标题，并在该部分使用恰当的子标题逐项描述关键审计事项。关键审计事项部分的引言应当同时说明下列事项：

（1）关键审计事项是注册会计师根据职业判断，认为对本期财务报表审计最为重要的事项。

（2）关键审计事项的应对以对财务报表整体进行审计并形成审计意见为背景，注册会计师不对关键审计事项单独发表意见。

（二）描述单一关键审计事项

为使财务报表预期使用者了解注册会计师确定的关键审计事项，注册会计师应当在审计报告中逐项描述每一关键审计事项，并分别索引至财务报表的相关披露（如有），以使预期使用者能够进一步了解管理层在编制财务报表时如何应对这些事项。在描述时，注册会计师应当同时说明下列内容：

（1）该事项被认定为审计中最为重要的事项之一，因而被确定为关键审计事项的原因。

（2）该事项在审计中是如何应对的。

对一项关键审计事项在审计中如何应对的描述的详细程度属于职业判断，注册会计师可以描述下列要素：

（1）审计应对措施或审计方法中，与该事项最为相关或对评估的重大错报风险最有针对性的方面。

（2）对已实施审计程序的简要概述。

（3）实施审计程序的结果。

（4）对该事项的主要看法。

为使预期使用者能够理解在对财务报表整体进行审计的背景下的关键审计事项重要程度，以及关键审计事项与审计报告其他要素（包括审计意见）之间的关系，注册会计师可能需要注意用于描述关键审计事项的语言，使之：

（1）不暗示注册会计师在对财务报表形成审计意见时尚未恰当解决该事项。

（2）将该事项直接联系到被审计单位的具体情况，避免使用一般化或标准化的语言。

（3）能够体现出对该事项在相关财务报表披露（如有）中如何应对的考虑。

（4）不对财务报表单一要素发表意见，也不暗示是对财务报表单一要素单独发表意见。

需要特别强调的是，对某项关键审计事项的描述是否充分属于职业判断。对关键审计事项进行描述的目的在于提供一种简明、不偏颇的解释，以使预期使用者能够了解为何该事项是对审计最为重要的事项之一，以及这些事项是如何在审计中加以应对的。

参考格式：关键审计事项

三、其他情形下关键审计事项部分的形式和内容

（1）如果注册会计师根据被审计单位和审计业务的具体事实和情况，确定不存在需要沟通的关键审计事项，注册会计师应当在审计报告中单设的关键审计事项部分对此进行说明，表述为"我们确定不存在需要在审计报告中沟通的关键审计事项"。

需要说明的是，确定关键审计事项涉及对需要重点关注的事项的相对重要程度作出判断。因此，对上市实体整套通用目的财务报表进行审计的注册会计师，确定与治理层沟通过的事项中不存在任何一项需要在审计报告中沟通的关键审计

事项，可能是极为少见的。

（2）如果仅有的需要沟通的关键审计事项是导致保留意见或者否定意见的事项，或者是可能导致对被审计单位持续经营能力产生重大疑虑的事项或情况存在重大不确定性，注册会计师可以在审计报告中单设的关键审计事项部分对此进行说明，表述为"除形成保留（否定）意见的基础部分或与持续经营相关的重大不确定性部分所描述的事项外，我们确定不存在其他需要在审计报告中沟通的关键审计事项"。

根据《中国注册会计师审计准则第 1502 号——在审计报告中发表非无保留意见》的规定导致非无保留意见的事项，或者根据《中国注册会计师审计准则第 1324 号——持续经营》的规定可能导致对被审计单位持续经营能力产生重大疑虑的事项或情况存在重大不确定性，就其性质而言都属于关键审计事项。然而，这些事项不得在审计报告的关键审计事项部分进行描述。进一步说，在关键审计事项部分披露的关键审计事项是已经得到满意解决的事项，既不存在审计范围受到限制，也不存在注册会计师与被审计单位管理层意见分歧的情况。注册会计师应当按照适用的审计准则的规定报告这些事项，并在关键审计事项部分提及形成保留（否定）意见的基础部分或与持续经营相关的重大不确定性部分。

（3）根据《中国注册会计师审计准则第 1502 号——在审计报告中发表非无保留意见》的规定，注册会计师在对财务报表发表无法表示意见时，不得在审计报告中沟通关键审计事项，除非法律法规要求沟通。

（4）如果注册会计师认为有必要在审计报告中增加强调事项段或其他事项段，审计报告中的强调事项段或其他事项段需要与关键审计事项部分分开列示。如果某一事项被确定为关键审计事项，则不能以强调事项或其他事项代替对关键审计事项的描述。

四、就关键审计事项与治理层沟通

就关键审计事项与治理层沟通，能够使治理层了解注册会计师就关键审计事项作出的审计决策基础以及这些事项将如何在审计报告中作出描述，便于治理层更好地监督财务报告的编制。注册会计师应当就下列事项与治理层沟通：

（1）注册会计师确定的关键审计事项。

（2）根据被审计单位和审计业务的具体事实和情况，注册会计师确定不存在需要在审计报告中沟通的关键审计事项（如适用）。

五、审计工作底稿记录要求

注册会计师应当在审计工作底稿中记录下列事项：

（1）注册会计师确定的在执行审计工作时重点关注过的事项，以及针对每一事项，是否将其确定为关键审计事项及理由；

（2）注册会计师确定不存在需要在审计报告中沟通的关键审计事项的理由，或者仅有的需要沟通的关键审计事项是导致非无保留意见的事项，或者是可能导致对被审计单位持续经营能力产生重大疑虑的事项或情况存在重大不确定性（如适用）；

（3）注册会计师确定不在审计报告中沟通某项关键审计事项的理由（如适用）。

第四节 非无保留意见审计报告

一、非无保留意见的概念与出具条件

非无保留意见，是指对财务报表发表的保留意见、否定意见和无法表示意见。

当存在下列情形之一时，注册会计师应当在审计报告中发表非无保留意见：

（一）根据获取的审计证据，得出财务报表整体存在重大错报的结论

为了实现审计目标，注册会计师应当针对财务报表整体是否不存在舞弊或错误导致的重大错报得出结论。在得出结论时，注册会计师需要评价未更正错报对财务报表的影响。

错报是指某一财务报表项目所报告的金额、分类或列报，与按照适用的财务报告编制基础应当列示的金额、分类或列报之间存在的差异。财务报表的重大错报可能源于：

1. 选择的会计政策的恰当性

在选择的会计政策的恰当性方面，当出现诸如下列情形时，财务报表可能存在重大错报：

（1）选择的会计政策与适用的财务报告编制基础不一致。

（2）财务报表没有正确描述与资产负债表、利润表、所有者权益变动表或现金流量表中的重大项目相关的会计政策。

（3）财务报表没有按照公允反映的方式列报交易和事项。

财务报告编制基础通常对会计处理、披露和会计政策变更提出要求。如果被审计单位变更了重大会计政策，且没有遵守这些要求，财务报表可能存在重大错报。

2. 对所选择的会计政策的运用

在对所选择的会计政策的运用方面，当出现下列情形时，财务报表可能存在重大错报：

（1）管理层没有按照适用的财务报告编制基础的要求一贯运用所选择的会计政策。

（2）不当运用所选择的会计政策。

3. 财务报表披露的恰当性或充分性

在财务报表披露的恰当性或充分性方面，当出现下列情形时，财务报表可能存在重大错报：

（1）财务报表没有包括适用的财务报告编制基础要求的所有披露。

（2）财务报表的披露没有按照适用的财务报告编制基础列报。

（3）财务报表没有作出适用的财务报告编制基础特定要求之外的其他必要的披露以实现公允反映。

（二）无法获取充分、适当的审计证据，不能得出财务报表整体不存在重大错报的结论

下列情形可能导致注册会计师审计范围受到限制无法获取充分、适当的审计证据：

（1）超出被审计单位控制的情形。例如，被审计单位的会计记录已被毁坏，或重要组成部分的会计记录已被政府有关机构无限期地查封。

（2）与注册会计师工作的性质或时间安排相关的情形。例如：①被审计单位需要使用权益法对联营企业进行核算，注册会计师无法获取有关联营企业财务信息的充分、适当的审计证据以评价是否恰当运用了权益法；②注册会计师接受审计委托的时间安排，使注册会计师无法实施存货监盘；③注册会计师确定仅实施实质性程序是不充分的，但被审计单位的控制是无效的。

（3）管理层对审计范围施加限制的情形。例如，管理层阻止注册会计师实施存货监盘，或管理层阻止注册会计师对特定账户余额实施函证。管理层施加的限制可能对审计产生其他影响，如注册会计师对舞弊风险的评估和对业务保持的考虑。

如果注册会计师能够通过实施替代程序获取充分、适当的审计证据，则无法实施特定的程序并不构成对审计范围的限制。

在导致非无保留意见的事项中，财务报表存在重大错报和注册会计师无法获取充分、适当的审计证据两种情形的性质明显不同，对财务报表使用者经济决策的影响也可能不同。注册会计师需要恰当区分这两种情形，以发表恰当的非无保留意见。

二、非无保留意见的类型

（一）在确定非无保留意见类型时需要考虑的因素

注册会计师在确定恰当的非无保留意见类型时，需要考虑下列因素：（1）导致非无保留意见的事项的性质，是财务报表存在重大错报，还是在无法获取充分、适当的审计证据的情况下，财务报表可能存在重大错报；（2）注册会计师就导致非无保留意见的事项对财务报表产生或可能产生影响的广泛性作出的判断。

注册会计师对相关事项影响的重大性和广泛性的判断均会影响非无保留审计意见的类型。

1. 影响的重大性

注册会计师应该从定量和定性两个方面考虑错报对财务报表的影响或未发现的错报（如存在）对财务报表可能产生的影响是否重大。定量的标准通常是注册会计师确定的财务报表整体的重要性或特定的交易类别、账户余额或披露的重要性水平（如适用）。例如，对于以营利为目的且并非微利或微亏的企业，注册会计师可能将财务报表整体的重要性设定为经常性业务税前利润的5%。定性考虑错报是否重大时，注册会计师需要运用职业判断评估错报的性质是否严重，是否会影响财务报表使用者的经济决策。例如，错报是否影响被审计单位实现盈利预期或达到监管要求，错报是否影响被审计单位的盈亏状况，错报是否是舞弊导致的。

2. 影响的广泛性

广泛性是描述错报影响的术语，用以说明错报对财务报表的影响，或者由于无法获取充分、适当的审计证据而未发现的错报（如存在）对财务报表可能产生的影响。根据注册会计师的判断，对财务报表的影响具有广泛性的情形包括以下三个方面：

（1）不限于对财务报表的特定要素、账户或项目产生影响。

例如，以下对财务报表的影响具有广泛性的情形：

【情形 1】注册会计师发现了多项重大错报（例如商誉、固定资产、存货和应收账款的减值准备计提均不充分），这些重大错报影响多个财务报表项目（商誉、固定资产、应收账款、营业成本、信用减值损失、资产减值损失等），通常认为这些重大错报对财务报表的影响具有广泛性。

【情形 2】注册会计师无法对被审计单位某一重要子公司的财务信息执行审计工作，因而无法就被审计单位合并财务报表中与该子公司有关的项目获取充分、适当的审计证据，由于该子公司可能存在的错报影响被审计单位合并财务报表的大多数项目，通常认为该事项对被审计单位合并财务报表可能产生的影响重大且具有广泛性。

【情形 3】注册会计师新承接的某生产制造业审计客户与存货相关的会计记录和物流记录不完整、不准确，注册会计师因此无法就期末和期初存货余额以及当期的存货增减变动情况获取充分、适当的审计证据。由于存货对利润表的营业收入、营业成本、资产减值损失、所得税费用等项目以及资产负债表的应收账款、应付账款、应交税费等项目均有重大影响，该事项导致注册会计师对这些相关项目也无法获取充分、适当的审计证据，对财务报表可能产生的影响重大且具有广泛性。

（2）虽然仅对财务报表的特定要素、账户或项目产生影响，但这些要素、账户或项目是或可能是财务报表的主要组成部分。

例如以下情形：

【情形 1】被审计单位处于筹建期，其年末账面资产余额的 80% 为在建工程。

注册会计师无法就年末在建工程余额获取充分、适当的审计证据。由于在建工程构成财务报表的主要组成部分，注册会计师认为上述事项对财务报表可能产生的影响重大且具有广泛性。

【情形2】某上市公司的控股股东违规占用上市公司资金，且上市公司违规为控股股东的借款提供担保，截至资产负债表日，上述违规占用资金和违规担保余额合计为上市公司年末净资产余额的数倍。控股股东财务状况持续恶化，偿债能力严重不足，其由上市公司提供担保的借款均已进入诉讼程序。注册会计师认为上市公司未就与被占用资金相关的应收款项计提减值准备、未就与违规担保相关的偿付义务计提预计负债构成重大错报。在这种情况下，尽管涉及的财务报表项目较为有限，但金额特别重大，因此，可以认为与控股股东资金占用和违规担保有关的交易和余额构成财务报表的主要组成部分，该事项的影响重大且具有广泛性。

【情形3】某被审计单位对某一项金额特别重大的资产（占年末总资产余额的比例超过60%）计提了大额减值准备，与该项资产相关的资产减值损失是导致被审计单位当年出现重大亏损的主要原因。注册会计师无法实施审计程序就该项资产的实际性质和减值准备的合理性获取充分、适当的审计证据。在这种情况下，虽然涉及的财务报表项目较为有限，但对资产负债表和利润表而言金额均特别重大，可以认为构成了财务报表的主要组成部分，该事项的影响重大且具有广泛性。

（3）当与披露相关时，产生的影响对财务报表使用者理解财务报表至关重要。

比如基于获取的审计证据，注册会计师认为可能导致对被审计单位持续经营能力产生重大疑虑的事项或情况存在重大不确定性，且该公司正考虑申请破产。管理层在财务报表中遗漏了与重大不确定性相关的必要披露（完全未披露）。注册会计师认为该漏报对财务报表的影响重大且具有广泛性。

（二）确定非无保留意见的类型

总体而言，导致注册会计师发表非无保留意见的事项单独或汇总起来对财务报表的影响或可能产生的影响一定是重大的。在这个前提下，注册会计师应当发表保留意见，还是否定意见或无法表示意见，取决于导致非无保留意见的事项对财务报表整体产生的影响或可能产生的影响是否具有广泛性。

1. 发表保留意见

当存在下列情形之一时，注册会计师应当发表保留意见：

（1）在获取充分、适当的审计证据后，注册会计师认为错报单独或汇总起来对财务报表影响重大，但不具有广泛性。

（2）注册会计师无法获取充分、适当的审计证据以作为形成审计意见的基础，认为未发现的错报（如存在）对财务报表可能产生的影响重大，但不具有广泛性。

2. 发表否定意见

在获取充分、适当的审计证据后，如果认为错报单独或汇总起来对财务报表的影响重大且具有广泛性，注册会计师应当发表否定意见。

3. 发表无法表示意见

如果无法获取充分、适当的审计证据以作为形成审计意见的基础，但认为未发现的错报（如存在）对财务报表可能产生的影响重大且具有广泛性，注册会计师应当发表无法表示意见。

在少数情况下，可能存在多个不确定事项。尽管注册会计师对每个单独的不确定事项获取了充分、适当的审计证据，但由于不确定事项之间可能存在相互影响，以及可能对财务报表产生累积影响，注册会计师不可能对财务报表形成审计意见。在这种情况下，注册会计师应当发表无法表示意见。

当存在多项对财务报表整体具有重要影响的与持续经营相关的重大不确定性时，在极少数情况下，注册会计师可能认为发表无法表示意见是适当的，而非在审计报告中增加"与持续经营相关的重大不确定性"为标题的单独部分。

图 12-3 列示了注册会计师对导致发表非无保留意见的事项的性质和这些事项对财务报表产生或可能产生影响的广泛性作出的判断，以及注册会计师的判断对审计意见类型的影响。

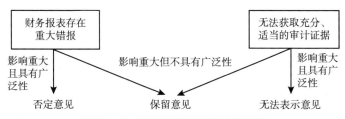

图 12-3 非无保留意见类型的判断

(三) 在确定非无保留意见的类型时需要注意的事项

(1) 在承接审计业务后,如果注意到管理层对审计范围施加了限制,且认为这些限制可能导致对财务报表发表保留意见或无法表示意见,注册会计师应当要求管理层消除这些限制。如果管理层拒绝消除限制,除非治理层全部成员参与管理被审计单位,注册会计师应当就此事项与治理层沟通,并确定能否实施替代程序以获取充分、适当的审计证据。

如果无法获取充分、适当的审计证据,注册会计师应当通过下列方式确定其影响:①如果未发现的错报 (如存在) 可能对财务报表产生的影响重大,但不具有广泛性,应当发表保留意见;②如果未发现的错报 (如存在) 可能对财务报表产生的影响重大且具有广泛性,以至于发表保留意见不足以反映情况的严重性,应当在可行时解除业务约定 (除非法律法规禁止),并在解除业务约定前,与治理层沟通在审计过程中发现的、将会导致发表非无保留意见的所有错报事项。如果在出具审计报告之前解除业务约定被禁止或不可行,应当发表无法表示意见。

(2) 如果认为有必要对财务报表整体发表否定意见或无法表示意见,注册会计师不应在同一审计报告中对按照相同财务报告编制基础编制的单一财务报表或者财务报表特定要素、账户或项目发表无保留意见。在同一审计报告中包含无保留意见,将会与对财务报表整体发表的否定意见或无法表示意见相矛盾。

三、非无保留意见审计报告的格式和内容

(一) 保留意见审计报告

保留意见审计报告的特别要求如下:

(1) 将审计报告中的"审计意见"改为"保留意见"

当由于财务报表存在重大错报而发表保留意见时,注册会计师应当在审计意见部分说明:注册会计师认为,除"形成保留意见的基础"部分所述事项产生的影响外,后附的财务报表在所有重大方面按照适用的财务报告编制基础编制,公允反映了 [……]。

当由于无法获取充分适当的审计证据而发表保留意见时,注册会计师应当在审计意见部分使用"除……可能产生的影响外"等措辞。

（2）"形成审计意见的基础"部分的标题修改为"形成保留意见的基础"，说明导致发表保留意见的事项。此外，注册会计师应当修改"形成保留审计意见的基础"部分的描述，以说明：注册会计师相信，注册会计师获取的审计证据是充分、适当的，为发表保留意见提供了基础。

参考格式12-1列示了对上市实体财务报表出具保留意见的审计报告。

参考格式12-1：由于财务报表存在重大错报而发表保留意见的审计报告

审 计 报 告

ABC股份有限公司全体股东：

一、对财务报表出具的审计报告

（一）保留意见

我们审计了ABC股份有限公司（以下简称"ABC公司"）的财务报表，包括20×4年12月31日的合并及公司资产负债表，20×4年度的合并及公司利润表、合并及公司现金流量表、合并及公司股东权益变动表以及财务报表附注。

我们认为，除"形成保留意见的基础"部分所述事项产生的影响外，后附的财务报表在所有重大方面按照企业会计准则的规定编制，公允反映了ABC公司20×4年12月31日的财务状况以及20×4年度的经营成果和现金流量。

（二）形成保留意见的基础

ABC公司20×4年12月31日资产负债表中存货的列示金额为×××元。ABC公司管理层（以下简称"管理层"）根据成本对存货进行计量，而没有根据成本与可变现净值孰低的原则进行计量，这不符合企业会计准则的规定。ABC公司的会计记录显示，如果管理层以成本与可变现净值孰低来计量存货，存货列示金额将减少×××元。相应地，资产减值损失将增加×××元，所得税、净利润和股东权益将分别减少×××元、×××元和×××元。

我们按照中国注册会计师审计准则的规定执行了审计工作。审计报告的"注册会计师对财务报表审计的责任"部分进一步阐述了我们在这些准则下的责任。按照中国注册会计师职业道德守则，我们独立于 ABC 公司，并履行了职业道德方面的其他责任。我们相信，我们获取的审计证据是充分、适当的，为发表保留意见提供了基础。

（三）其他信息

[……因本书篇幅限制而省略。]

（四）关键审计事项

[……因本书篇幅限制而省略。]

（五）管理层和治理层对财务报表的责任

[……因本书篇幅限制而省略。]

（六）注册会计师对财务报表审计的责任

[……因本书篇幅限制而省略。]

二、按照相关法律法规的要求报告的事项

[按照《中国注册会计师审计准则第 1501 号——对财务报表形成审计意见和出具审计报告》的规定报告]

××会计师事务所　　　　中国注册会计师：×××（项目合伙人）

（盖章）　　　　　　　　　　　（签名并盖章）

中国注册会计师：×××

（签名并盖章）

中国××市　　　　　　　　　　二〇×五年×月×日

（二）否定意见审计报告

否定意见审计报告的特别要求如下：

（1）将审计报告中的"审计意见"改为"否定意见"，并在审计意见部分说明：注册会计师认为，由于形成否定意见的基础部分所述事项的重要性，后附的财务报表没有在所有重大方面按照适用的财务报告编制基础编制，未能公允反映[……]。

（2）"形成审计意见的基础"部分的标题修改为"形成否定意见的基础"，说明导致发表否定意见的事项。此外，注册会计师应当修改"形成否定审计意见的基础"部分的描述，以说明：注册会计师相信，注册会计师获取的审计证据是充分、适当的,为发表否定意见提供了基础。

参考格式12-2列示了对上市实体财务报表出具的否定意见的审计报告。

参考格式12-2:对上市实体财务报表出具的否定意见审计报告

审 计 报 告

ABC 股份有限公司全体股东:

一、对合并财务报表出具的审计报告

(一) 否定意见

我们审计了 ABC 股份有限公司及其子公司(以下简称"ABC 集团")的合并财务报表,包括 20×4 年 12 月 31 日的合并资产负债表,20×4 年度的合并利润表、合并现金流量表、合并股东权益变动表以及相关合并财务报表附注。

我们认为,由于"形成否定意见的基础"部分所述事项的重要性,后附的合并财务报表没有在所有重大方面按照××财务报告编制基础的规定编制,未能公允反映 ABC 集团 20×4 年 12 月 31 日的合并财务状况以及 20×4 年度的合并经营成果和合并现金流量。

(二) 形成否定意见的基础

如财务报表附注×所述,20×4 年 ABC 集团通过非同一控制下的企业合并获得对 XYZ 公司的控制权,因未能取得购买日 XYZ 公司某些重要资产和负债的公允价值,故未将 XYZ 公司纳入合并财务报表的范围。按照××财务报告编制基础的规定,该集团应将这一子公司纳入合并范围,并以暂估金额为基础核算该项收购。如果将 XYZ 公司纳入合并财务报表的范围,后附的 ABC 集团合并财务报表的多个报表项目将受到重大影响。但我们无法确定未将 XYZ 公司纳入合并范围对合并财务报表产生的影响。

我们按照中国注册会计师审计准则的规定执行了审计工作。审计报告的"注册会计师对财务报表审计的责任"部分进一步阐述了我们在这些准则下的责任。按照中国注册会计师职业道德守则,我们独立于 ABC 集团,并履行了职业道德方面的其他责任。我们相信,我们获取的审计证据是充分、适当的,为发表否定意见提供了基础。

（三）其他信息

[……因本书篇幅限制而省略。]

（四）关键审计事项

[……因本书篇幅限制而省略。]

（五）管理层和治理层对财务报表的责任

[……因本书篇幅限制而省略。]

（六）注册会计师对财务报表审计的责任

[……因本书篇幅限制而省略。]

二、按照相关法律法规的要求报告的事项

[按照《中国注册会计师审计准则第 1501 号——对财务报表形成审计意见和出具审计报告》的规定报告]

××会计师事务所 　　　中国注册会计师：×××（项目合伙人）

　　（盖章） 　　　　　　　　　　（签名并盖章）

　　　　　　　　　中国注册会计师：×××

　　　　　　　　　　　　　　（签名并盖章）

中国××市 　　　　　　　　　二○×五年×月×日

（三）无法表示意见审计报告

无法表示意见审计报告的特别要求如下：

（1）将审计报告中的"审计意见"改为"无法表示意见"，并在审计意见内容部分将财务报表"已经审计"的说明改为"注册会计师接受委托审计财务报表"。同时说明：注册会计师不对后附的财务报表发表审计意见；由于形成无法表示意见的基础部分所述事项的重要性，注册会计师无法获取充分、适当的审计证据以作为对财务报表发表审计意见的基础。

（2）"形成审计意见的基础"部分的标题修改为"形成无法表示意见的基础"，说明导致发表无法表示意见的事项。此外，该部分不应包含"提及审计报告中用于描述注册会计师责任的部分"和"说明注册会计师是否已获取充分、适当的审计证据以作为形成审计意见的基础"的相关表述。

（3）对注册会计师责任作出的表述进行修改，仅包含下列内容：①注册会计师的责任是按照中国注册会计师审计准则的规定，对被审计单位财务报表执行审计工作，以出具审计报告；②但由于形成无法表示意见的基础部分所述的事项，注册会计师无法获取充分、适当的审计证据以作为发表审计意见的基础；③关于注册会计师在独立性和职业道德方面的其他责任的声明。

（4）除非法律法规另有规定，当对财务报表发表无法表示意见时，注册会计师不得在审计报告中包含"关键审计事项"部分，也不得在审计报告中包含"其他信息"部分。

参考格式12-3列示了对上市实体财务报表出具的无法表示意见的审计报告。

参考格式12-3：对上市实体财务报表出具的无法表示意见审计报告

审 计 报 告

ABC股份有限公司全体股东：

一、对财务报表出具的审计报告

（一）无法表示意见

我们接受委托，审计ABC股份有限公司（以下简称"ABC公司"）财务报表，包括20×4年12月31日的资产负债表，20×4年度的利润表、现金流量表、股东权益变动表以及相关财务报表附注。

我们不对后附的ABC公司财务报表发表审计意见。由于"形成无法表示意见的基础"部分所述事项的重要性，我们无法获取充分、适当的审计证据以作为对财务报表发表审计意见的基础。

（二）形成无法表示意见的基础

我们于20×5年1月接受ABC公司的审计委托，因而未能对ABC公司20×4年初金额为×××元的存货和年末金额为×××元的存货实施监盘程序。此外，我们也无法实施替代审计程序获取充分、适当的审计证据。并且，ABC公司于20×4年9月采用新的应收账款电算化系统，由于存在系统缺陷导致应收账款出现大量错误。截至报告日，管理层仍在纠正系统缺陷并更正错误，我们也无法实施替代审计程序，以对截至20×4年12月31日的应收账款总额×××元获取充分、适当的审计证据。因此，我们无法确定是否有必要对存货、应收账款以及财务报表其他项目作出调整，也无法确定应调整的金额。

（三）管理层和治理层对财务报表的责任

［……因本书篇幅限制而省略。］

（四）注册会计师对财务报表审计的责任

我们的责任是按照中国注册会计师审计准则的规定，对 ABC 公司的财务报表执行审计工作，以出具审计报告。但由于"形成无法表示意见的基础"部分所述的事项，我们无法获取充分、适当的审计证据以作为发表审计意见的基础。

按照中国注册会计师职业道德守则，我们独立于 ABC 公司，并履行了职业道德方面的其他责任。

二、对其他法律和监管要求的报告

［按照《中国注册会计师审计准则第 1501 号——对财务报表形成审计意见和出其审计报告》的规定报告，参见参考格式 19－1。］

×× 会计师事务所　　　　中国注册会计师：×××（项目合伙人）

　　（盖章）　　　　　　　　　　（签名并盖章）

　　　　　　　　　　中国注册会计师：×××

　　　　　　　　　　　　　（签名并盖章）

中国 ×× 市　　　　　　　　　二〇×五年×月×日

第五节　在审计报告中增加强调事项段和其他事项段

一、强调事项段

强调事项段，是指审计报告中含有的一个段落，该段落提及已在财务报表中恰当列报的事项，且根据注册会计师的职业判断，该事项对财务报表使用者理解财务报表至关重要。

在对财务报表形成审计意见后，如果认为有必要提醒财务报表使用者关注已在财务报表中列报，且根据职业判断认为对财务报表使用者理解财务报表至关重要的事项，在同时满足下列条件时，注册会计师应当在审计报告中增加强调事项段：（1）该事项不会导致注册会计师发表非无保留意见；（2）该事项未被确定为在审计报告中沟通的关键审计事项。

某些审计准则对注册会计师在特定情况下在审计报告中增加强调事项段提出具体要求。这些情形包括：（1）法律法规规定的财务报告编制基础不可接受，但其是基于法律或法规作出的规定；（2）提醒财务报表使用者注意财务报表按照特殊目的编制基础编制；（3）注册会计师在审计报告日后知悉了某些事实（期后事项），并且出具了新的或经修改的审计报告。

除上述审计准则要求增加强调事项的情形外，注册会计师可能认为需要增加强调事项段的情形举例如下：

（1）异常诉讼或监管行动的未来结果存在不确定性；

（2）在财务报表日至审计报告日之间发生的重大期后事项；

（3）在允许的情况下，提前应用对财务报表有重大影响的新会计准则；

（4）存在已经或持续对被审计单位财务状况产生重大影响的特大灾难。

过于广泛地使用强调事项段，可能会降低注册会计师对强调事项所作沟通的有效性。

如果在审计报告中包含强调事项段，注册会计师应当采取下列措施：（1）将强调事项段作为单独的一部分置于审计报告中，并使用包含"强调事项"这一术语的适当标题。（2）明确提及被强调事项以及相关披露的位置，以便能够在财务报表中找到对该事项的详细描述。强调事项段应当仅提及已在财务报表中列报的信息。（3）指出审计意见没有因该强调事项而改变。

二、其他事项段

其他事项段，是指审计报告中含有的一个段落，该段落提及未在财务报表中列报的事项，且根据注册会计师的职业判断，该事项与财务报表使用者理解审计工作、注册会计师的责任或审计报告相关。

在对财务报表形成审计意见后，如果认为有必要沟通虽然未在财务报表中列报，但根据职业判断认为与财务报表使用者理解审计工作、注册会计师的责任或审计报告相关的事项，在同时满足下列条件时，注册会计师应当在审计报告中增加其他事项段：（1）未被法律法规禁止；（2）该事项未被确定为在审计报告中沟通的关键审计事项。

可能需要在审计报告中增加其他事项段的情形包括但不限于：

（1）与使用者理解审计工作相关的情形。

比如解释为何不能在管理层对审计范围施加的限制导致无法获取充分、适当的审计证据可能产生的影响具有广泛性的情况下不能解除业务约定。

（2）与使用者理解注册会计师的责任或审计报告相关的情形。

法律法规或得到广泛认可的惯例可能要求或允许注册会计师详细说明某些事项，以进一步解释注册会计师在财务报表审计中的责任或审计报告。当其他事项部分包含多个事项，并且根据注册会计师的职业判断，这些事项与财务报表使用者理解审计工作、注册会计师的责任或审计报告相关时，注册会计师可以使用一个或多个子标题来描述其他事项段的内容。

（3）对两套以上财务报表出具审计报告的情形。

被审计单位可能按照通用目的编制基础（如×国财务报告编制基础）编制一套财务报表，且按照另一个通用目的编制基础（如国际财务报告准则）编制另一套财务报表，并委托注册会计师同时对两套财务报表出具审计报告。如果注册会计师已确定两个财务报告编制基础在各自情形下是可接受的，可以在审计报告中增加其他事项段，说明该被审计单位根据另一个通用目的编制基础（如国际财务报告准则）编制了另一套财务报表以及注册会计师对这些财务报表出具了审计报告。

（4）限制审计报告分发和使用的情形。

为特定目的编制的财务报表可能按照通用目的编制基础编制，因为财务报表预期使用者已确定这种通用目的财务报表能够满足他们对财务信息的需求。由于审计报告旨在提供给特定使用者，注册会计师可能认为在这种情况下需要增加其他事项段，说明审计报告只是提供给财务报表预期使用者，不应被分发给其他机构或人员或者被其他机构或人员使用。

如果在审计报告中包含其他事项段，注册会计师应当将该段落作为单独的一部分，并使用"其他事项"或其他适当标题。

参考格式12-4列示了当审计报告中同时包含关键审计事项部分、强调事项段和其他事项段时，有关它们之间相互影响的参考格式。

参考格式 12 - 4：包含关键审计事项部分、强调事项段和其他事项段的审计报告

审 计 报 告

ABC 股份有限公司全体股东：

一、对财务报表出具的审计报告

（一）审计意见

我们审计了 ABC 股份有限公司（以下简称"ABC 公司"）财务报表，包括 20×4 年 12 月 31 日的资产负债表，20×4 年度的利润表、现金流量表、股东权益变动表以及相关财务报表附注。

我们认为，后附的财务报表在所有重大方面按照企业会计准则的规定编制，公允反映了 ABC 公司 20×4 年 12 月 31 日的财务状况以及 20×4 年度的经营成果和现金流量。

（二）形成审计意见的基础

我们按照中国注册会计师审计准则的规定执行了审计工作。审计报告的"注册会计师对财务报表审计的责任"部分进一步阐述了我们在这些准则下的责任。按照中国注册会计师职业道德守则，我们独立于 ABC 公司，并履行了职业道德方面的其他责任。我们相信，我们获取的审计证据是充分、适当的。为发表审计意见提供了基础。

（三）强调事项

我们提醒财务报表使用者关注，财务报表附注×描述了火灾对 ABC 公司的生产设备造成的影响。本段内容不影响已发表的审计意见。

（四）关键审计事项

关键审计事项是根据我们的职业判断，认为对本期财务报表审计最为重要的事项。这些事项是在对财务报表整体进行审计并形成意见的背景下进行处理的，我们不对这些事项单独发表意见。

［按照《中国注册会计师审计准则第 1504 号——在审计报告中沟通关键审计事项》的规定描述每一关键审计事项。］

（五）其他事项

20×3 年 12 月 31 日的资产负债表、20×3 年度的利润表、现金流量

表、股东权益变动表以及相关财务报表附注由其他会计师事务所审计，并于 20×4 年 3 月 31 日发表了无保留意见。

（六）其他信息

［……因本书篇幅限制而省略。］

（七）管理层和治理层对财务报表的责任

［……因本书篇幅限制而省略。］

（八）注册会计师对财务报表审计的责任

［……因本书篇幅限制而省略。］

二、按照相关法律法规的要求报告的事项

［按照《中国注册会计师审计准则第 1501 号——对财务报表形成审计意见和出具审计报告》的规定报告］

××会计师事务所	中国注册会计师：×××（项目合伙人）
（盖章）	（签名并盖章）
	中国注册会计师：×××
	（签名并盖章）
中国××市	二〇×五年×月×日

如果拟在审计报告中增加强调事项段或其他事项段，注册会计师应当就该事项和拟使用的措辞与治理层沟通。与治理层的沟通能使治理层了解注册会计师拟在审计报告中所强调的特定事项的性质，并在必要时为治理层提供向注册会计师作出进一步澄清的机会。

第六节　考虑持续经营对审计报告的影响

持续经营是会计确认和计量的基本假设之一。在持续经营假设下，财务报表是基于被审计单位持续经营并在可预见的将来继续经营下去的假设编制的。注册会计师应当就管理层编制财务报表时运用持续经营假设的适当性，获取充分、适当的审计证据，就可能导致对被审计单位持续经营能力产生重大疑虑的事项或情况是否存在重大不确定性得出结论，并考虑其对审计报告的影响。

一、与持续经营相关的审计工作

在实施风险评估程序时，注册会计师应当考虑是否存在可能导致对被审计单位持续经营能力产生重大疑虑的事项或情况。在进行考虑时，注册会计师应当确定管理层是否已对被审计单位持续经营能力作出初步评估。（1）如果管理层已对持续经营能力作出初步评估，注册会计师应当与管理层进行讨论，并确定管理层是否已识别出单独或汇总起来可能导致对被审计单位持续经营能力产生重大疑虑的事项或情况。如果管理层已识别出这些事项或情况，注册会计师应当与其讨论应对计划。（2）如果管理层未对持续经营能力作出初步评估，注册会计师应当与管理层讨论其拟运用持续经营假设的理由，询问管理层是否存在单独或汇总起来可能导致对被审计单位持续经营能力产生重大疑虑的事项或情况。

在评价管理层对被审计单位持续经营能力作出的评估时，注册会计师的评价期间应当与管理层按照适用的财务报告编制基础或法律法规（如果法律法规要求的期间更长）的规定作出评估的涵盖期间相同。如果管理层评估持续经营能力涵盖的期间短于自财务报表日起的 12 个月，注册会计师应当提请管理层将其至少延长至自财务报表日起的 12 个月。同时考虑该评估是否已包括注册会计师在审计过程中注意到的所有相关信息。

针对有关可能导致对被审计单位持续经营能力产生重大疑虑的事项或情况的审计证据，注册会计师应当在整个审计过程中保持警觉。

如果识别出可能导致对持续经营能力产生重大疑虑的事项或情况，注册会计师应当通过实施追加的审计程序（包括考虑缓解因素），获取充分、适当的审计证据，以确定可能导致对被审计单位持续经营能力产生重大疑虑的事项或情况是否存在重大不确定性（以下简称重大不确定性）。这些程序应当包括：（1）如果管理层尚未对被审计单位持续经营能力作出评估，提请其进行评估；（2）评价管理层与持续经营能力评估相关的未来应对计划，这些计划的结果是否可能改善目前的状况，以及管理层的计划对于具体情况是否可行；（3）如果被审计单位已编制现金流量预测，且在评价管理层未来应对计划时对预测的分析是考虑事项或情况未来结果的重要因素，评价用于编制预测的基础数据的可靠性，并确定预测所基于的假设是否具有充分的支持；（4）考虑自管理层作出评估后是否存在其他可获得的事实或信息；（5）要求管理层和治理层（如适用）提供有关未来应对计划及其可行性的书面声明。

二、与持续经营相关的审计结论

注册会计师应当评价是否已就管理层编制财务报表时运用持续经营假设的适当性获取了充分、适当的审计证据，同时运用职业判断，就单独或汇总起来可能导致对被审计单位持续经营能力产生重大疑虑的事项或情况是否存在重大不确定性得出结论。

如果注册会计师根据职业判断认为，鉴于不确定性潜在影响的重要程度和发生的可能性，为了使财务报表实现公允反映，管理层有必要适当披露该不确定性的性质和影响，则表明存在重大不确定性。

如果认为管理层运用持续经营假设适合具体情况，但存在重大不确定性，注册会计师应当确定：（1）财务报表是否已充分披露可能导致对持续经营能力产生重大疑虑的主要事项或情况，以及管理层针对这些事项或情况的应对计划；（2）财务报表是否已清楚披露可能导致对持续经营能力产生重大疑虑的事项或情况存在重大不确定性，并由此导致被审计单位可能无法在正常的经营过程中变现资产和清偿债务。

如果已识别出可能导致对被审计单位持续经营能力产生重大疑虑的事项或情况，但根据获取的审计证据，注册会计师认为不存在重大不确定性，则注册会计师应当根据适用的财务报告编制基础的规定，评价财务报表是否对这些事项或情况作出充分披露。

三、对审计报告的影响

与持续经营相关的审计结论对审计报告的影响包括以下情形：

（1）如果财务报表已按照持续经营假设编制，但根据判断认为管理层在财务报表中运用持续经营假设是不适当的，注册会计师应当发表否定意见。

（2）如果运用持续经营假设是适当的，但存在重大不确定性，且财务报表对重大不确定性已作出充分披露，注册会计师应当发表无保留意见，并在审计报告中增加以"与持续经营相关的重大不确定性"为标题的单独部分，以提醒财务报表使用者关注财务报表附注中所述事项的披露，并说明这些事项或情况表明存在可能导致对被审计单位持续经营能力产生重大疑虑的重大不确定性，同时说明该事项并不影响发表的审计意见。

（3）如果运用持续经营假设是适当的，但存在重大不确定性，且财务报表对重大不确定性未作出充分披露，注册会计师应当按照《中国注册会计师审计准则第1502号——在审计报告中发表非无保留意见》的规定，恰当发表保留意见或否定意见。注册会计师应当在审计报告"形成保留（否定）意见的基础"部分说明，存在可能导致对被审计单位持续经营能力产生重大疑虑的重大不确定性，但财务报表未充分披露该事项。

（4）如果运用持续经营假设是适当的，但存在重大不确定性，且管理层不愿按照注册会计师的要求作出评估或延长评估期间，注册会计师应当考虑这一情况对审计报告的影响。

【例12-1】 ABC会计师事务所的A注册会计师负责审计多家上市公司20×4年度财务报表。与审计报告相关的事项如下：

（1）A注册会计师认为甲公司的商誉减值事项存在特别风险，经审计未发现重大错报。在将商誉减值事项作为审计中最为重要的事项与甲公司治理层进行了沟通后，A注册会计师将该事项作为关键审计事项，在审计应对部分说明了实施的审计程序和结果，并对商誉减值准备的计提是否符合企业会计准则发表了意见。

（2）20×4年，乙公司一项大额应收款项的债务人申请破产清算。乙公司管理层认为损失金额无法可靠计量，未对该应收款项计提减值准备。A注册会计师与破产管理人沟通后认为该应收款项存在重大减值损失，因最终清偿金额难以准确估计，以审计范围受限为由对乙公司20×4年度财务报表发表了保留意见。

（3）因丙公司出现债务逾期，管理层在财务报表中披露了导致对持续经营能力产生重大疑虑的事项、未来的应对计划，以及这些事项存在重大不确定性。A注册会计师评价认为丙公司运用持续经营假设适当，且财务报表中的披露充分、恰当，因该披露事项对财务报表使用者理解财务报表至关重要，在审计报告中增加强调事项段说明了该事项。

（4）20×5年初，丁公司管理层发生变动，新任管理层拒绝更正A注册会计师识别出的一项重大错报，也未就20×4年度财务报表提供书面声明。A注册会计师以管理层未提供书面声明为由，对丁公司财务报表发表了无法表示意见，考虑到该未更正错报重大但不具有广泛性，不是导致发表无法表示意见的事项，未在审计报告中提及该错报。

要求：针对上述第（1）至（4）项，逐项指出 A 注册会计师的做法是否恰当。如不恰当，简要说明理由。

■**参考答案：**

（1）不恰当。不应在关键审计事项中对财务报表单一要素发表意见。

（2）不恰当。未计提减值准备属于作出不恰当的会计估计，财务报表存在重大错报，应当以存在重大错报为由发表保留意见。

（3）不恰当。应当在审计报告中增加与持续经营相关的重大不确定性部分。

（4）不恰当。应在形成无法表示意见的基础部分说明识别出的重大错报及其影响/导致发表非无保留意见的其他事项及其影响。

| 第十三章 |

内 部 控 制 审 计

【教学内容与思政目标】

➡] 教学内容

· 理解内部控制审计的定义和范围，理解内部控制审计与财务报表审计之间的区别与联系，熟悉内部控制审计规范及相关规定。

· 掌握内部控制审计步骤，掌握控制缺陷的评价。

· 掌握判断内部控制审计意见与报告类型的流程，熟悉不同类型内部控制审计报告的内容，并理解其与财务报表审计报告的异同。

➡] 思政目标

· 弘扬法治、诚信、敬业等社会主义核心价值观，秉持职业操守、树立责任意识，坚定底线思维。

· 实事求是，以充分、适当的审计证据为依据，形成恰当的审计意见以维护公众利益。

· 培养规则意识、制度意识、法治意识，实现道路自信、理论自信、制度自信、文化自信。

内部控制作为企业的一项重要管理活动，主要实现 5 项控制目标，即合理保证企业财务报告及相关信息的可靠性、资产的安全完整、对法律法规的遵循性、促进提高经营的效率效果以及促进实现企业的发展战略。21 世纪初，美国安然、世通等一系列公司财务报表舞弊事件发生后，人们认识到健全有效的内部控制对预防财务舞弊事件的发生至关重要。各国政府监管机构、企业界和会计职业界对内部控制的重视程度也进一步提升，从注重财务报告本身可靠性转向注重对保证财务报告可靠性机制的建设，也就是通过过程的有效保证结果的有效。资本市场投资者甚至社会公众要求企业披露其与内部控制相关的信息，并要求经过注册会计师审计以增强信息的可靠性。

因此，内部控制审计逐渐发展起来，很多国家要求注册会计师对内部控制设计和运行的有效性进行审计或鉴证。例如，美国《萨班斯－奥克斯利法案》404条款和日本《金融商品交易法》要求审计师对企业管理层对财务报告内部控制的评价进行审计；我国《企业内部控制基本规范》要求会计师事务所对企业内部控制的有效性进行审计，出具审计报告，并专门制定《企业内部控制审计指引》规范内部控制审计工作。

中国注册会计师协会发布上市公司 2023 年内部控制审计情况

截至 2024 年 4 月 30 日，57 家事务所共为 3 800 家上市公司出具了内部控制审计报告，其中，沪市主板 1 676 家，深市主板 1 489 家，创业板 98 家，科创板 527 家，北交所 10 家。

从审计报告意见类型看，3 746 家上市公司被出具了无保留意见审计报告（其中 73 家被出具带强调事项段的无保留意见），45 家被出具了否定意见审计报告，9 家被出具了无法表示意见审计报告。

资料来源：https：//www.cicpa.org.cn/xxfb/news/202405/t20240511_64821.html。

景峰医药发布财务报表审计报告和内部控制审计报告的专项说明

2022 年 4 月 30 日，湖南景峰医药股份有限公司（以下简称"景峰医药"）发布"关于董事会对公司 2021 年年度财务报表非标准无保留意见审计报告和带强调事项段无保留意见内部控制审计报告的专项说明"，就公司聘请的立信会计师事务所（特殊普通合伙）（下称"立信"）对公司 2021 年年度财务报表及内部控制进行审计，

景峰医药董事会的
专项说明

分别出具了保留意见的审计报告和带强调事项段的无保留意见的内部控制审计报告作出说明。

公司 2021 年度财务报表审计报告显示，注册会计师形成保留意见的基础为："截至 2021 年 12 月 31 日，景峰医药'16 景峰 01'债券余额为 3.88 亿元，资产负债表日后兑付 0.33 亿元。债券持有人同意将该债券还款日展期至 2022 年 6 月 30 日。景峰医药计划通过出售子公司股权、收取前期股权转让款和出售部分固定资产取得资金以兑付到期债券。

**2021 年景峰医药
财务报表审计报告**

截至审计报告日，景峰医药尚未就子公司股权出售交易和固定资产出售交易履行董事会审批程序和签订正式协议。因此，立信无法就上述债券兑付计划的可执行性获取充分、适当的审计证据，无法确定该事项对景峰医药财务报表可能产生的影响。"以上事项导致立信对景峰医药 2021 年年度财务报表出具保留意见审计报告。

公司 2021 年内部控制审计报告中带强调事项段的内容为："立信提醒内部控制审计报告使用者关注，如景峰医药 2021 年内部控制评价报告所述，景峰医药发现其 2020 年年度财务报表存在会计差错并作出了更正。立信在对景峰医药 2021 年年度财务报表执行审计

**2021 年景峰医药
内部控制审计报告**

的过程中已考虑上述重大缺陷对审计程序的性质、时间安排和范围的影响。本段内容不影响已对财务报告内部控制发表的审计意见。"以上事项导致立信对景峰医药 2021 年内部控制出具带强调事项段的无保留意见的内部控制审计报告。

资料来源：巨潮资讯网。

什么是内部控制审计？它与财务报表审计有何区别与联系？为什么景峰医药董事会需要发布关于两类审计意见不一的专项说明？内部控制审计意见可以和财务报表审计意见截然相反吗？内部控制审计意见类型及出具标准和财务报表审计意见有何不同？本章将解决这些问题。

第一节 内部控制审计概述

一、内部控制审计的概念与范围

（一）内部控制审计的概念

内部控制审计，是指会计师事务所接受委托，对特定基准日内部控制设计与运行的有效性进行审计。

内部控制审计时，注册会计师基于特定基准日（如 12 月 31 日）内部控制的有效性发表意见，而不是对财务报表涵盖的整个期间（如一年）的内部控制的有效性发表意见。但这并不意味着注册会计师只关注企业特定基准日当天的内部控制，而是要考察企业一段时期内（足够长的一段时间）内部控制的设计和运行情况。例如，假设注册会计师在某年 5 月对企业的内部控制进行测试，发现问题后提请企业整改，整改结束后需要运行一段时间，比如注册会计师 9 月再对整改后的内部控制进行测试。因此，虽然注册会计师是对企业特定基准日（如 12 月 31 日）内部控制的设计和运行发表意见，但特定基准日不是一个简单的时点概念，而是体现内部控制向前的延续性。

对内部控制有效性的测试涵盖期间越长，提供控制有效性的审计证据越多。单就内部控制审计而言，注册会计师应当获取内部控制在特定基准日之前一段足够长时间的有效运行的审计证据。在整合审计中，控制测试所涵盖的期间应当尽量与财务报表审计中拟信赖内部控制的期间保持一致。

（二）内部控制审计的范围

我国《企业内部控制审计指引》的要求，注册会计师应当对财务报告内部控制的有效性发表审计意见，并对内部控制审计过程中注意到的非财务报告内部控制的重大缺陷，在内部控制审计报告中增加"非财务报告内部控制重大缺陷描述段"予以披露。

尽管通常提及的都是内部控制审计，但无论国内外，注册会计师执行的内部控制审计被严格限定在财务报告内部控制审计。之所以将内部控制审计严格限定在财务报告内部控制审计，是因为从注册会计师的专业胜任能力、审计成本效益的约束，以及投资者对财务信息质量的需求来看，财务报告内部控制审计是服务的核心要求。

财务报告内部控制，是指公司的董事会、监事会、管理层及全体员工实施的旨在合理保证财务报告及相关信息真实、完整而设计和运行的内部控制，以及用于保护资产安全的内部控制中与财务报告可靠性目标相关的控制。

具体而言，财务报告内部控制主要包括下列方面的政策和程序：（1）保存充分、适当的记录，准确、公允地反映企业的交易和事项；（2）合理保证按照适用的财务报告编制基础的规定编制财务报告；（3）合理保证收入和支出的发生以及资产的取得、使用或处置经过适当授权；（4）合理保证及时防止或发现并纠正未经授权的、对财务报表有重大影响的交易和事项。

财务报告内部控制以外的其他内部控制，属于非财务报告内部控制。

注册会计师考虑某项控制是否是财务报告内部控制的关键依据是控制目标，财务报告内部控制是那些与企业财务报告的可靠性目标相关的内部控制。例如，企业建立的与客户定期对账和差异处理相关的控制与应收账款的存在、权利和义务等认定相关，属于财务报告内部控制。又如，企业为达到最佳库存的经营目标而建立的对存货采购间隔时间进行监控的相关控制与经营效率效果相关，而不直接与财务报表的认定相关，属于非财务报告内部控制。

当然，相当一部分的内部控制能够实现多种目标，主要与经营目标或合规性目标相关的控制可能同时也与财务报告可靠性目标相关。因此，不能仅因为某一控制与经营目标或合规性目标相关而认定其属于非财务报告内部控制，注册会计师需要根据控制在特定企业环境中的目标、性质及作用，根据职业判断考虑该控制在具体情况下是否属于财务报告内部控制。

二、内部控制审计规范及相关规定

美国和日本均以法案形式强制要求采用整合审计①的方式对企业财务报告内

---

① 内部控制审计和财务报表审计虽然在审计目标等方面存在差异，但是，两者都需要采用风险导向审计模式评价企业内部控制的有效性，在风险评估和风险应对方面，有很多的工作与方法可以共享，且一种审计工作中发现的问题可以为另一种审计提供线索。因此为降低审计成本与提高审计效率，可以由同一家会计师事务所整合流程将财务报表审计与内部控制审计结合进行，这种审计方式称为整合审计。美国要求由同一家会计师事务所将内部控制审计与财务报表审计整合进行，而日本则不仅如此，还要求同一个审计师从计划审计工作、实施审计程序获取审计证据、评价审计证据的充分性和适当性，直到发表审计意见的整个过程中，将两种审计作为一个整体进行。

部控制进行审计。我国也要求执行内部控制规范体系的企业定期披露内部控制审计报告。

2008年6月，财政部、证监会、审计署、银监会、保监会（以下简称"五部委"）联合发布了《企业内部控制基本规范》（以下简称"基本规范"）。基本规范自2009年7月1日起先在上市公司范围内施行，鼓励非上市的其他大中型企业执行。执行基本规范的上市公司，应当对本公司内部控制的有效性进行自我评价，披露年度自我评价报告，并可聘请具有证券、期货业务资格的中介机构对内部控制的有效性进行审计。

2010年4月，五部委联合发布了《企业内部控制配套指引》（以下简称"配套指引"）。该配套指引包括《企业内部控制应用指引》《企业内部控制评价指引》《企业内部控制审计指引》，分别用以规范企业内部控制建设、自我评价和注册会计师执行内部控制审计业务。基本规范和配套指引的发布，标志着适应我国企业实际情况、融合国际先进经验的中国企业内部控制规范体系基本建成。

2012年8月，财政部和证监会联合发布《关于2012年主板上市公司分类分批实施企业内部控制规范体系的通知》，要求所有主板上市公司都应当自2012年起着手开展内控体系建设，推进企业内部控制规范体系稳步实施，并分别从披露2012年公司年报、披露2013年公司年报、披露2014年公司年报开始分类分批实施企业内部控制规范体系。该通知的执行，使得我国主板上市公司的内部控制审计报告从自愿披露进入到强制披露阶段。

2023年12月，财政部和证监会进一步联合发布《关于强化上市公司及拟上市企业内部控制建设推进内部控制评价和审计的通知》，通知要求各上市公司应严格执行企业内部控制规范体系和《公开发行证券的公司信息披露编报规则第21号——年度内部控制评价报告的一般规定》有关要求，真实、准确、完整披露公司内部控制相关信息，每年在披露公司年度报告的同时，披露经董事会批准的公司内部控制评价报告以及会计师事务所出具的财务报告内部控制审计报告。同时要求截至2023年12月尚未按照企业内部控制规范体系要求实施内部控制审计的创业板和北京证券交易所上市公司，应自披露公司2024年年报开始，披露经董事会批准的公司内部控制评价报告以及会计师事务所出具的财务报告内部控制审计报告。该通知使得创业板和北京证券交易所上市公司从披露2024年年报开始，需要强制披露内部控制审计报告。

第二节 内部控制审计步骤

《企业内部控制审计指引》指出，我国的内部控制审计工作包括计划审计工作、实施审计工作、评价控制缺陷、完成审计工作、出具审计报告和记录审计工作底稿。

一、计划审计工作

注册会计师应当恰当地计划内部控制审计工作，配备具有专业胜任能力的项目组，并对助理人员进行适当的督导。

在计划审计工作时，注册会计师应当评价下列事项对内部控制、财务报表以及审计工作的影响：（1）与企业相关的风险；（2）相关法律法规和行业概况；（3）企业组织结构、经营特点和资本结构等相关重要事项；（4）企业内部控制最近发生变化的程度；（5）与企业沟通过的内部控制缺陷；（6）重要性、风险等与确定内部控制重大缺陷相关的因素；（7）对内部控制有效性的初步判断；（8）可获取的与内部控制有效性相关的证据的类型和范围。

注册会计师应当以风险评估为基础，选择拟测试的控制，确定测试所需收集的证据。内部控制的特定领域存在重大缺陷的风险越高，给予该领域的审计关注就越多。

此外，注册会计师应当对企业内部控制自我评价工作进行评估，判断是否利用企业内部审计人员、内部控制评价人员和其他相关人员的工作以及可利用的程度，相应减少可能本应由注册会计师执行的工作。注册会计师利用企业内部审计人员、内部控制评价人员和其他相关人员的工作，应当对其专业胜任能力和客观性进行充分评价。与某项控制相关的风险越高，可利用程度就越低，注册会计师应当更多地对该项控制亲自进行测试。注册会计师应当对发表的审计意见独立承担责任，其责任不因为利用企业内部审计人员、内部控制评价人员和其他相关人员的工作而减轻。

二、实施审计工作

（一）自上而下的方法

注册会计师应当按照自上而下的方法实施审计工作。自上而下的方法始于财务报表层次，从注册会计师对内部控制整体风险的了解开始，然后，将关注重点放在企业层面的控制上，并将工作逐渐下移至重要账户、列报及其相关认定。随后，验证其对被审计单位业务流程中风险的了解，并选择能足以应对评估的每个相关认定的重大错报风险的控制进行测试。

自上而下的方法分为下列步骤：（1）从财务报表层次初步了解内部控制整体风险；（2）识别、了解和测试企业层面控制；（3）识别重要账户、列报及其相关认定；（4）了解潜在错报的来源并识别相应的控制；（5）选择拟测试的控制。

自上而下的方法是注册会计师识别风险、选择拟测试控制的基本思路。

（1）识别、了解和测试企业层面控制。

企业层面控制包括：①与内部环境相关的控制；②针对董事会、经理层凌驾于控制之上的风险而设计的控制；③企业的风险评估过程；④对内部信息传递和财务报告流程的控制；⑤对控制有效性的内部监督和自我评价。

此外，集中化的处理和控制（包括共享的服务环境）、监控经营成果的控制以及针对重大经营控制及风险管理实务的政策也属于企业层面控制。

不同的企业层面控制在性质和精确度上存在差异，注册会计师应当从下列方面考虑这些差异对其他控制及其测试的影响：①某些企业层面控制，如与控制环境相关的控制，对及时防止或发现并纠正相关认定的错报的可能性有重要影响。虽然这种影响是间接的，但这些控制仍然可能影响注册会计师拟测试的其他控制，以及测试程序的性质、时间安排和范围。②某些企业层面控制旨在识别其他控制可能出现的失效情况，能够监督其他控制的有效性，但还不足以精确到及时防止或发现并纠正相关认定的错报。当这些控制运行有效时，注册会计师可以减少对其他控制的测试。③某些企业层面控制本身能够精确到足以及时防止或发现并纠正相关认定的错报。如果一项企业层面控制足以应对已评估的错报风险，注册会计师就不必测试与该风险相关的其他控制。

（2）识别重要账户、列报及其相关认定。

注册会计师应当基于财务报表层次识别重要账户、列报及其相关认定。

如果某账户或列报可能存在一个错报，该错报单独或连同其他错报将导致财务报表发生重大错报，则该账户或列报为重要账户或列报。

如果某财务报表认定可能存在一个或多个错报，这些错报将导致财务报表发生重大错报，则该认定为相关认定。

为识别重要账户、列报及其相关认定，注册会计师应当从下列方面评价财务报表项目及附注的错报风险因素：①账户的规模和构成；②易于发生错报的程度；③账户或列报中反映的交易的业务量、复杂性及同质性；④账户或列报的性质；⑤与账户或列报相关的会计处理及报告的复杂程度；⑥账户发生损失的风险；⑦账户或列报中反映的活动引起重大或有负债的可能性；⑧账户记录中是否涉及关联方交易；⑨账户或列报的特征与前期相比发生的变化。

在识别重要账户、列报及其相关认定时，注册会计师还应当确定重大错报的可能来源。注册会计师可以通过考虑在特定的重要账户或列报中错报可能发生的领域和原因，确定重大错报的可能来源。

在内部控制审计中，注册会计师在识别重要账户、列报及其相关认定时应当评价的风险因素，与财务报表审计中考虑的因素相同。因此，在这两种审计中识别的重要账户、列报及其相关认定应当相同。如果某账户或列报的各组成部分存在的风险差异较大，被审计单位可能需要采用不同的控制以应对这些风险，注册会计师应当分别予以考虑。

（3）了解潜在错报的来源并识别相应的控制。

注册会计师应当实现下列目标，以进一步了解潜在错报的来源，并为选择拟测试的控制奠定基础：①了解与相关认定有关的交易的处理流程，包括这些交易如何生成、批准、处理及记录；②验证注册会计师识别出的业务流程中可能发生重大错报（包括由于舞弊导致的错报）的环节；③识别被审计单位用于应对这些错报或潜在错报的控制；④识别被审计单位用于及时防止或发现并纠正未经授权的、导致重大错报的资产取得、使用或处置的控制。

注册会计师应当亲自执行能够实现上述目标的程序，或对提供直接帮助的人员的工作进行督导。穿行测试通常是实现上述目标的最有效方式。穿行测试是指追踪某笔交易从发生到最终被反映在财务报表中的整个处理过程。注册会计师在执行穿行测试时，通常需要综合运用询问、观察、检查相关文件及重新执行等程序。在执行穿行测试时，针对重要处理程序发生的环节，注册会计师可以询问被审计单位员工对规定程序及控制的了解程度。实施询问程序连同穿行测试中的其他程序，可以帮助注册会计师充分了解业务流程，识别必要控制设计无效或出现缺失的重要环节。为有助于了解业务流程处理的不同类型的重大交易，在实施询问程序时，注册会计师不应局限于关注穿行测试所选定的单笔交易。

（4）选择拟测试的控制。

注册会计师应当针对每一相关认定获取控制有效性的审计证据，以便对内部控制整体的有效性发表意见，但没有责任对单项控制的有效性发表意见。

注册会计师应当对被审计单位的控制是否足以应对评估的每个相关认定的错报风险形成结论。因此，注册会计师应当选择对形成这一评价结论具有重要影响的控制进行测试。

对特定的相关认定而言，可能有多项控制用以应对评估的错报风险；反之，一项控制也可能应对评估的多项相关认定的错报风险。注册会计师没有必要测试与某项相关认定有关的所有控制。在确定是否测试某项控制时，注册会计师应当考虑该项控制单独或连同其他控制，是否足以应对评估的某项相关认定的错报风险，而不论该项控制的分类和名称如何。

（二）测试控制的有效性

1. 内部控制的有效性

内部控制的有效性包括内部控制设计的有效性与内部控制运行的有效性。

如果某项控制由拥有必要授权和专业胜任能力的人员按照规定的程序与要求执行，能够实现控制目标，表明该项控制的设计是有效的。

如果某项控制正在按照设计运行，执行人员拥有必要授权和专业胜任能力，能够实现控制目标，表明该项控制的运行是有效的。

注册会计师应当测试内部控制设计与运行的有效性。

注册会计师获取的有关控制运行有效性的审计证据包括：

（1）控制在所审计期间的相关时点是如何运行的；

（2）控制是否得到一贯执行；

（3）控制由谁或以何种方式执行。

2. 与控制相关的风险和拟获取的审计证据之间的关系

在测试所选定控制的有效性时，注册会计师应当根据与控制相关的风险，确定所需获取的审计证据。

与控制相关的风险包括一项控制可能无效的风险，以及如果该控制无效，可能导致重大缺陷的风险。下列因素影响与某项控制相关的风险：（1）该项控制拟防止或发现并纠正的错报的性质和重要程度；（2）相关账户、列报及其认定的固有风险；（3）交易的数量和性质是否发生变化，进而可能对该项控制设计或运行的有效性产生不利影响；（4）相关账户或列报是否曾经出现错报；（5）企业层面控制（特别是监督其他控制的控制）的有效性；（6）该项控制的性质及其执行频率；（7）该项控制对其他控制（如控制环境或信息技术一般控制）有效性的依赖程度；（8）执行该项控制或监督该项控制执行的人员的专业胜任能力，以及其中的关键人员是否发生变化；（9）该项控制是人工控制还是自动化控制；（10）该项控制的复杂程度，以及在运行过程中依赖判断的程度。

与控制相关的风险越高，注册会计师需要获取的审计证据就越多。

3. 测试控制有效性的程序

注册会计师通过测试控制有效性获取的审计证据，取决于其实施程序的性质、时间安排和范围的组合。此外，就单项控制而言，注册会计师应当根据与控制相关的风险对测试程序的性质、时间安排和范围进行适当的组合，以获取充分、适当的审计证据。

注册会计师测试控制有效性的程序，按其提供审计证据的效力，由弱到强排序通常为：询问、观察、检查和重新执行。询问本身并不能为得出控制是否有效的结论提供充分、适当的审计证据。测试控制有效性的程序，其性质在很大程度上取决于拟测试控制的性质。某些控制可能存在反映控制有效性的文件记录，而另外一些控制，如管理理念和经营风格，可能没有书面的运行证据。对缺乏正式的控制运行证据的被审计单位或业务单元，注册会计师可以通过询问并结合运用其他程序，如观察活动、检查非正式的书面记录和重新执行某些控制，获取有关控制是否有效的充分、适当的审计证据。

注册会计师在测试控制设计的有效性时，应当综合运用询问适当人员、观察经营活动和检查相关文件等程序。注册会计师执行穿行测试通常足以评价控制设计的有效性。

注册会计师在测试控制运行的有效性时，应当综合运用询问适当人员、观察经营活动、检查相关文件以及重新执行等程序。

4. 测试控制的时间安排

对控制有效性测试的实施时间越接近基准日，提供的控制有效性的审计证据越有力。为了获取充分、适当的审计证据，注册会计师应当在下列两个因素之间作出平衡，以确定测试的时间：（1）尽量在接近基准日实施测试；（2）实施的测试需要涵盖足够长的期间。

整改后的内部控制需要在基准日之前运行足够长的时间，注册会计师才能得出整改后的内部控制是否有效的结论。因此，在接受或保持内部控制审计业务时，注册会计师应当尽早与被审计单位沟通这一情况，并合理安排控制测试的时间，留出提前量。此外，由于对企业层面控制的评价结果将影响注册会计师测试其他控制的性质、时间安排和范围，注册会计师可以考虑在执行业务的早期阶段对企业层面控制进行测试。

5. 测试控制的范围

注册会计师在测试控制的运行有效性时，应当在考虑与控制相关的风险的基础上，确定测试的范围（样本规模）。注册会计师确定的测试范围，应当足以使其获取充分、适当的审计证据，为基准日内部控制是否不存在重大缺陷提供合理保证。

（1）测试人工控制的最小样本规模。

在测试人工控制时，如果采用检查或重新执行程序，注册会计师测试的最小样本量区间参见表 13-1。

表 13-1 测试人工控制的最小样本规模区间

控制运行频率	控制运行的总次数	测试的最小样本规模区间
每年 1 次	1	1
每季 1 次	4	2
每月 1 次	12	2~5
每周 1 次	52	5~15
每天 1 次	250	20~40
每天多次	大于 250 次	25~60

在运用表 13 - 1 时，注册会计师应当注意下列事项：

①测试的最小样本量是指所需测试的控制运行次数。

②注册会计师应当根据与控制相关的风险，基于最小样本量区间确定具体的样本规模。

③表 13 - 1 假设控制的运行偏差率预期为零。如果预期偏差率不为零，注册会计师应当扩大样本规模。

④如果注册会计师不能确定控制运行频率，但是知道控制运行总次数，根据"控制运行总次数"一列确定测试的最小样本规模。

符合下列条件之一时，注册会计师可以使用表 13 - 1 中测试的最小样本规模区间的最低值：①与账户及其认定相关的固有风险和舞弊风险为低水平；②是日常控制，执行时需要的判断很少；③从穿行测试得出的结论和以前年度审计的结果表明未发现控制缺陷；④管理层针对该项控制的测试结果表明未发现控制缺陷；⑤存在有效的补偿性控制，且管理层针对补偿性控制的测试结果为运行有效；⑥根据对控制的性质以及内部审计人员客观性和胜任能力的考虑，注册会计师拟更多地利用他人的工作。

例如，某公司内部控制制度要求对该公司 50 个银行账户每月编制银行存款余额调节表。

针对该控制，每一账户每月执行该控制一次，该控制每年运行的总次数为 600 次（12×50）。根据总次数选择表 13 - 1 中对应的部分，控制运行的总次数大于 250 次，控制运行频率为每天多次，样本规模应为 25 ~ 60。

如果由多个人员执行同一控制，应当分别确定总体，针对每个人员确定样本规模。如果由两个人执行 600 次控制，每人执行 300 次，样本规模应为 25，即每个人测试 25 次，一共 50 个样本。

在确定控制运行的总次数时，还要注意拟测试的控制是否是同质的，能否作为一个总体。在本例中，如果由统一的财务主管复核每个人编制的银行存款余额调节表，通过了解和评价财务主管的复核控制，可以保证经复核的控制是同质的，则可以将两个人执行的控制作为 1 个总体。

（2）测试自动化应用控制的最小样本规模。

信息技术处理具有内在一贯性。在信息技术一般控制有效的前提下，除非系统发生变动，注册会计师只要对自动化应用控制的运行测试一次，即可得出所测试自动化应用控制是否运行有效的结论。

（3）发现偏差时的处理。

如果发现控制偏差，注册会计师应当确定其对下列事项的影响：①与所测试控制相关的风险的评估；②需要获取的审计证据；③控制运行有效性的结论。

评价控制偏差的影响需要注册会计师运用职业判断，并受到控制的性质和所发现偏差数量的影响。如果发现的控制偏差是系统性偏差或人为有意造成的偏差，注册会计师应当考虑舞弊的可能迹象以及对审计方案的影响。

在评价控制测试中发现的某项控制偏差是否为控制缺陷时，注册会计师可以考虑的因素包括：①该偏差是如何被发现的。例如，如果某控制偏差是被另外一项控制所发现的，则可能意味着被审计单位存在有效的发现性控制。②该偏差是与某一特定的地点、流程或应用系统相关，还是对被审计单位有广泛影响。③就被审计单位的内部政策而言，该控制出现偏差的严重程度。例如，某项控制在执行上晚于被审计单位政策要求的时间，但仍在编制财务报表之前得以执行，还是该项控制根本没有得以执行。④与控制运行频率相比，偏差发生的频率太小。

由于有效的内部控制不能为实现控制目标提供绝对保证，单项控制并非一定要毫无偏差地运行，才被认为有效。在按照表13-1所列示的样本规模进行测试的情况下，如果发现控制偏差，注册会计师应当考虑偏差的原因及性质，并考虑采用扩大样本量等适当的应对措施以判断该偏差是否对总体不具有代表性。

（4）控制变更时的特殊考虑。

在基准日之前，被审计单位可能为提高控制效率、效果或弥补控制缺陷而改变控制。

对内部控制审计而言，如果新控制实现了相关控制目标，且运行了足够长的时间，使注册会计师能够通过对该控制进行测试评价其设计和运行的有效性，则无须测试被取代的控制。

对财务报表审计而言，如果被取代控制的运行有效性对控制风险的评估有重大影响，注册会计师应当测试被取代控制的设计和运行的有效性。

另外，在连续审计中，注册会计师在确定测试的性质、时间安排和范围时，应当考虑以前年度执行内部控制审计时了解的情况。

三、评价控制缺陷

(一) 控制缺陷的分类

1. 根据缺陷的成因

内部控制存在的缺陷包括设计缺陷和运行缺陷。设计缺陷是指缺少为实现控制目标所必需的控制，或现有控制设计不适当，即使正常运行也难以实现预期的控制目标。运行缺陷是指现存设计适当的控制没有按设计意图运行，或执行人员没有获得必要授权或缺乏胜任能力，无法有效地实施内部控制。

2. 根据缺陷的严重程度

内部控制存在的缺陷，按其严重程度分为重大缺陷、重要缺陷和一般缺陷。重大缺陷是内部控制中存在的可能导致不能及时防止或发现并纠正财务报表出现重大错报的一项控制缺陷或多项控制缺陷的组合。重要缺陷是内部控制中存在的其严重程度不如重大缺陷但足以引起负责监督被审计单位财务报告的人员（如审计委员会或类似机构）关注的一项控制缺陷或多项控制缺陷的组合。一般缺陷是内部控制中存在的除重大缺陷和重要缺陷之外的控制缺陷。

(二) 评价控制缺陷的严重程度

注册会计师应当评价其识别的各项控制缺陷的严重程度，以确定这些缺陷单独或组合起来，是否构成内部控制的重大缺陷。但是，在计划和实施审计工作时，不要求注册会计师寻找单独或组合起来不构成重大缺陷的控制缺陷。

控制缺陷的严重程度取决于：（1）控制不能防止或发现并纠正账户或列报发生错报的可能性的大小；（2）因一项或多项控制缺陷导致的潜在错报的金额大小。

控制缺陷的严重程度与错报是否发生无关，而取决于控制不能防止或发现并纠正错报的可能性的大小。

在评价一项控制缺陷或多项控制缺陷的组合是否可能导致账户或列报发生错报时，注册会计师应当考虑的风险因素包括：（1）所涉及的账户、列报及其相关认定的性质；（2）相关资产或负债易于发生损失或舞弊的可能性；（3）确定相关金额时所需判断的主观程度、复杂程度和范围；（4）该项控制与其他控制的相互作用或关系；（5）控制缺陷之间的相互作用；（6）控制缺陷在未来可能产生的影响。

评价控制缺陷是否可能导致错报时，注册会计师无须将错报发生的概率量化为某特定的百分比或区间。

如果多项控制缺陷影响财务报表的同一账户或列报，错报发生的概率会增加。在存在多项控制缺陷时，即使这些缺陷从单项看不重要，但组合起来也可能构成重大缺陷。因此，注册会计师应当确定，对同一重要账户、列报及其相关认定或内部控制要素产生影响的各项控制缺陷，组合起来是否构成重大缺陷。

在评价因一项或多项控制缺陷导致的潜在错报的金额大小时，注册会计师应当考虑的因素包括：（1）受控制缺陷影响的财务报表金额或交易总额；（2）在本期或预计的未来期间受控制缺陷影响的账户余额或各类交易涉及的交易量。

在评价潜在错报的金额大小时，账户余额或交易总额的最大多报金额通常是已记录的金额，但其最大少报金额可能超过已记录的金额。通常，小金额错报比大金额错报发生的概率更高。

在确定一项控制缺陷或多项控制缺陷的组合是否构成重大缺陷时，注册会计师应当评价补偿性控制的影响。在评价补偿性控制是否能够弥补控制缺陷时，注册会计师应当考虑补偿性控制是否有足够的精确度以防止或发现并纠正可能发生的重大错报。

（三）表明内部控制可能存在重大缺陷的迹象

如果注册会计师确定发现的一项控制缺陷或多项控制缺陷的组合将导致审慎的管理人员在执行工作时，认为自身无法合理保证按照适用的财务报告编制基础记录交易，应当将这一项控制缺陷或多项控制缺陷的组合视为存在重大缺陷的迹象。下列迹象可能表明内部控制存在重大缺陷：

（1）注册会计师发现董事、监事和高级管理人员的任何舞弊；

（2）被审计单位重述以前公布的财务报表，以更正由于舞弊或错误导致的重大错报；

（3）注册会计师发现当期财务报表存在重大错报，而被审计单位内部控制在运行过程中未能发现该错报；

（4）审计委员会和内部审计机构对内部控制的监督无效。

（四）内部控制缺陷的整改

如果被审计单位在基准日前对存在缺陷的控制进行了整改，整改后的控制需要运行足够长的时间，才能使注册会计师得出其是否有效的审计结论。注册会计师应当根据控制的性质和与控制相关的风险，合理运用职业判断，确定整改后控制运行的最短期间（或整改后控制的最少运行次数）以及最少测试数量。整改后控制运行的最短期间（或最少运行次数）和最少测试数量参见表13-2。

表13-2　整改后控制运行的最短期间（或最少运行次数）和最少测试数量

控制运行频率	整改后控制运行的最短期间或最少运行次数	最少测试数量
每季1次	2个季度	2
每月1次	2个月	2
每周1次	5周	5
每天1次	20天	20
每天多次	25次（分布于涵盖多天的期间，通常不少于15天）	25

如果被审计单位在基准日前对存在重大缺陷的内部控制进行了整改，但新控制尚没有运行足够长的时间，注册会计师应当将其视为内部控制在基准日存在重大缺陷。

四、完成审计工作并出具审计报告

（一）完成审计工作

1. 形成审计意见

注册会计师应当评价从各种来源获取的审计证据，包括对控制的测试结果、财务报表审计中发现的错报以及已识别的所有控制缺陷，形成对内部控制有效性的意见。在评价审计证据时，注册会计师应当查阅本年度涉及内部控制的内部审计报告或类似报告，并评价这些报告中指出的控制缺陷。

在对内部控制的有效性形成意见后，注册会计师应当评价企业内部控制评价报告对相关法律法规规定的要素的列报是否完整和恰当。

2. 获取书面声明

注册会计师应当获取经被审计单位签署的书面声明。书面声明的内容应当包括：（1）被审计单位董事会认可其对建立健全和有效实施内部控制负责；（2）被审计单位已对内部控制进行了评价，并编制了内部控制评价报告；（3）被审计单位没有利用注册会计师在内部控制审计和财务报表审计中执行的程序及其结果作为评价的基础；（4）被审计单位根据内部控制标准评价内部控制有效性得出的结论；（5）被审计单位已向注册会计师披露识别出的所有内部控制缺陷，并单独披露其中的重大缺陷和重要缺陷；（6）被审计单位已向注册会计师披露导致财务报表发生重大错报的所有舞弊，以及其他不会导致财务报表发生重大错报，但涉及管理层、治理层和其他在内部控制中具有重要作用的员工的所有舞弊；（7）注册会计师在以前年度审计中识别出的且已与被审计单位沟通的重大缺陷和重要缺陷是否已经得到解决，以及哪些缺陷尚未得到解决；（8）在基准日后，内部控制是否发生变化，或者是否存在对内部控制产生重要影响的其他因素，包括被审计单位针对重大缺陷和重要缺陷采取的所有纠正措施。

如果被审计单位拒绝提供或以其他不当理由回避书面声明，注册会计师应当将其视为审计范围受到限制，解除业务约定或出具无法表示意见的内部控制审计报告。此外，注册会计师应当评价拒绝提供书面声明这一情况对其他声明（包括在财务报表审计中获取的声明）的可靠性的影响。

同时，注册会计师应当确定声明书的签署者、涵盖的期间以及何时获取更新的声明书等。

3. 沟通相关事项

注册会计师应当与企业沟通审计过程中识别的所有控制缺陷。对于其中的重大缺陷和重要缺陷，应当以书面形式与董事会和经理层沟通。注册会计师认为审计委员会和内部审计机构对内部控制的监督无效的，应当就此以书面形式直接与董事会和经理层沟通。书面沟通应当在注册会计师出具内部控制审计报告之前进行。

虽然并不要求注册会计师执行足以识别所有控制缺陷的程序，但是，注册会计师应当沟通其注意到的内部控制的所有缺陷。内部控制审计不能保证注册会计师能够发现严重程度低于重大缺陷的所有控制缺陷。注册会计师不应在内部控制审计报告中声明，在审计过程中没有发现严重程度低于重大缺陷的控制缺陷。

（二） 出具审计报告

注册会计师在完成内部控制审计工作后，应当出具内部控制审计报告。

在基准日后至审计报告日前（以下简称"期后期间"），内部控制可能发生变化，或出现其他可能对内部控制产生重要影响的因素。注册会计师应当询问是否存在这类变化或因素，并获取被审计单位关于这类变化或因素的书面声明。如果知悉对基准日内部控制有效性有重大负面影响的期后事项，注册会计师应当对内部控制发表否定意见。如果注册会计师不能确定期后事项对内部控制有效性的影响程度，应当出具无法表示意见的内部控制审计报告。

如果管理层在评价报告中披露了基准日之后采取的整改措施，注册会计师应当在内部控制审计报告中指明不对这些信息发表意见。

注册会计师可能知悉在基准日并不存在但在期后期间发生的事项。如果这类期后事项对内部控制有重大影响，注册会计师应当在内部控制审计报告中增加强调事项段，描述该事项及其影响，或提醒内部控制审计报告使用者关注企业内部控制评价报告中披露的该事项及其影响。

在出具内部控制审计报告后，如果知悉在审计报告日已存在的可能对审计意见产生影响的情况，注册会计师应当按照《中国注册会计师审计准则第1332号——期后事项》的规定办理。如果被审计单位更正以前公布的财务报表，注册会计师应当重新考虑以前发表的内部控制审计意见的适当性。

五、记录审计工作

注册会计师应当在审计工作底稿中清楚地显示内部控制审计的过程和结果，应当记录的内容包括内部控制审计计划及重大修改情况，相关风险评估和选择拟测试的内部控制的主要过程及结果，测试内部控制设计与运行有效性的程序及结果，对识别的控制缺陷的评价，形成的审计结论和意见，其他重要事项。

六、关于整合审计的进一步考虑

（一） 总体要求

在整合审计中，注册会计师应当计划和实施对控制设计和运行有效性的测试，以同时实现下列目标：

（1）获取充分、适当的审计证据，支持其在内部控制审计中对内部控制的有效性发表的意见；

（2）获取充分、适当的审计证据，支持其在财务报表审计中对内部控制的拟信赖程度（评估的控制风险）。

（二）审计证据和结论的相互参照

在内部控制审计中，注册会计师在对内部控制有效性形成结论时，应当同时考虑财务报表审计中实施的所有针对控制设计和运行有效性测试的结果。

在财务报表审计中，注册会计师在评估控制风险时，应当同时考虑内部控制审计中实施的所有针对控制设计和运行有效性测试的结果。

如果在内部控制审计中识别出某项控制缺陷，注册会计师应当评价该项缺陷对财务报表审计中拟实施的实质性程序的性质、时间安排和范围的影响。

在财务报表审计中，无论控制风险或重大错报风险的评估水平如何，注册会计师都应当针对所有重大类别的交易、账户余额和披露实施实质性程序。为对内部控制的有效性发表意见而实施的测试程序并不减轻该项要求。

在内部控制审计中，注册会计师应当评价财务报表审计中实施的实质性程序的结果对控制有效性结论的影响。评价内容应当包括：

（1）注册会计师作出的与选择和实施实质性程序相关（尤其是与舞弊相关）的风险评估；

（2）发现的违反法规行为和关联方交易方面的问题；

（3）表明管理层在选择会计政策和作出会计估计时存在偏见的情况；

（4）实施实质性程序发现的错报。

注册会计师应当通过直接测试控制获取控制是否有效的审计证据，而不能根据实质性程序没有发现错报，推断该项控制的有效性。

【例13-1】　ABC会计师事务所的A注册会计师负责审计上市公司甲公司20×4年年度财务报表和20×4年末财务报告内部控制，采用整合审计方法执行审计。与内部控制审计相关的部分事项如下：

（1）甲公司共有30个银行账户，A注册会计师将财务经理每月复核银行存款余额调节表识别为一项关键控制。因该控制执行频率为每月一次，A注册会计师选取5份银行存款余额调节表测试了该控制，结果满意。

（2）期中审计时，A注册会计师发现甲公司某项每月执行一次的控制存在缺陷。甲公司于20×4年12月完成整改。A注册会计师测试了整改后的控制，认为该控制在20×4年12月31日是有效的。

（3）甲公司实际控制人于20×4年12月归还了其年内违规占用的甲公司大额资金，A注册会计师据此认为与资金占用相关的内部控制在20×4年末不存在缺陷。

要求：针对上述第（1）至第（3）项，逐项指出A注册会计师的做法是否恰当。如不恰当，简要说明理由。

■ **参考答案：**

（1）不恰当。控制共发生360次（30×12），注册会计师应选取25～60份银行存款余额调节表测试。

（2）不恰当。整改后的控制在基准日前没有运行足够长的时间，该控制每月执行一次，整改后的控制应至少运行2个月。

（3）不恰当。实际控制人违规占用大额资金表明存在控制缺陷，归还资金无法证明不存在缺陷。

第三节 内部控制审计报告

一、内部控制审计报告要素

标准内部控制审计报告应当包括下列要素：

（1）标题。内部控制审计报告的标题统一规范为"内部控制审计报告"。

（2）收件人。内部控制审计报告的收件人是指注册会计师按照业务约定书的要求致送件人的全称。内部控制审计报告的对象，一般是指审计业务的委托人。内部控制审计报告需要载明收件人的全称。

（3）引言段。内部控制审计报告的引言段说明企业的名称和内部控制已经过审计。

（4）企业对内部控制的责任段。企业对内部控制的责任段说明，按照《企业内部控制基本规范》《企业内部控制应用指引》《企业内部控制评价指引》的规定，建立健全和有效实施内部控制，并评价其有效性是企业董事会的责任。

（5）注册会计师的责任段。注册会计师的责任段说明，在实施审计工作的基础上，对财务报告内部控制的有效性发表审计意见，并对注意到的非财务报告内部控制的重大缺陷进行披露是注册会计师的责任。

（6）内部控制固有局限性的说明段。内部控制无论如何有效，都只能为企业实现控制目标提供合理保证。内部控制实现目标的可能性受其固有限制的影响，包括：①在决策时人为判断可能出现错误和因人为失误而导致内部控制失效；②控制的运行可能无效；③控制可能由于两个或更多的人员进行串通舞弊或管理层不当地凌驾于内部控制之上而被规避；④在设计和执行控制时，如果存在选择执行的控制以及选择承担的风险，管理层在确定控制的性质和范围时需要作出主观判断。

因此，注册会计师需要在内部控制固有局限性的说明段说明，内部控制具有固有局限性，存在不能防止和发现错报的可能性。此外，由于情况的变化可能导致内部控制变得不恰当，或对控制政策和程序遵循的程度降低，根据内部控制审计结果推测未来内部控制的有效性具有一定风险。

（7）财务报告内部控制审计意见段。审计意见段应当说明企业是否按照《企业内部控制基本规范》和相关规定在所有重大方面保持了有效的财务报告内部控制。

（8）非财务报告内部控制重大缺陷描述段。注册会计师应当在本段披露非财务报告内部控制的重大缺陷的性质及对实现相关控制目标的影响程度。

（9）注册会计师的签名和盖章。

（10）会计师事务所的名称、地址及盖章。

（11）报告日期。审计报告的日期不应早于注册会计师获取充分、适当的审计证据（包括董事会认可对内部控制及评价报告的责任且已批准评价报告的证据），并在此基础上对内部控制的有效性形成审计意见的日期。如果内部控制审计和财务报表审计整合进行，注册会计师应对内部控制审计报告和财务报表审计报告签署相同的日期。

二、内部控制审计报告的意见类型

(一) 无保留意见

如果符合下列所有条件，注册会计师应当对内部控制出具无保留意见的内部控制审计报告：

（1）在基准日，被审计单位按照适用的内部控制标准的要求，在所有重大方面保持了有效的内部控制；

（2）注册会计师已经按照《企业内部控制审计指引》的要求计划和实施审计工作，在审计过程中未受到限制。

内部控制审计报告

普华永道中天特审字（2024）第 1800 号

中国石油天然气股份有限公司全体股东：

按照《企业内部控制审计指引》及中国注册会计师执业准则的相关要求，我们审计了中国石油天然气股份有限公司（以下简称"中国石油"）2023 年 12 月 31 日的财务报告内部控制的有效性。

一、企业对内部控制的责任

按照《企业内部控制基本规范》《企业内部控制应用指引》《企业内部控制评价指引》的规定，建立健全和有效实施内部控制，并评价其有效性是中国石油董事会的责任。

二、注册会计师的责任

我们的责任是在实施审计工作的基础上，对财务报告内部控制的有效性发表审计意见，并对注意到的非财务报告内部控制的重大缺陷进行披露。

三、内部控制的固有局限性

内部控制具有固有局限性，存在不能防止和发现错报的可能性。此外，由于情况的变化可能导致内部控制变得不恰当，或对控制政策和程序遵循的程度降低，根据内部控制审计结果推测未来内部控制的有效性具有一定风险。

四、财务报告内部控制审计意见

我们认为，中国石油于 2023 年 12 月 31 日按照《企业内部控制基本规范》和相关规定在所有重大方面保持了有效的财务报告内部控制。

资料来源：巨潮资讯网。

（二）非无保留意见

1. 财务报告内部控制存在重大缺陷时的处理

如果认为财务报告内部控制存在一项或多项重大缺陷，除非审计范围受到限制，注册会计师应当对内部控制发表否定意见。否定意见的内部控制审计报告还应当包括重大缺陷的定义、重大缺陷的性质及对内部控制的影响程度。

如果重大缺陷尚未包含在企业内部控制评价报告中，注册会计师应当在内部控制审计报告中说明重大缺陷已经识别但没有包含在企业内部控制评价报告中。如果企业内部控制评价报告中包含了重大缺陷，但注册会计师认为这些重大缺陷未在所有重大方面得到公允反映，注册会计师应当在内部控制审计报告中说明这一结论，并公允表达有关重大缺陷的必要信息。此外，注册会计师还应当就这些情况以书面形式与治理层沟通。

如果对内部控制的有效性发表否定意见，注册会计师应当确定该意见对财务报表审计意见的影响，并在内部控制审计报告中予以说明。例如在××公司××年财务报表审计中，我们已经考虑了上述重大缺陷对审计程序的性质、时间安排和范围的影响。

否定意见的内部控制审计报告参考格式如下。

内部控制审计报告

ABC 股份有限公司全体股东：

按照《企业内部控制审计指引》及中国注册会计师执业准则的相关要求，我们审计了 ABC 股份有限公司（以下简称"ABC 公司"）20×4 年×月×日的财务报告内部控制的有效性。

["一、企业对内部控制的责任"至"三、内部控制的固有局限性"参见普华永道为中国石油出具的标准内部控制审计报告相关段落表述。]

四、导致否定意见的事项

重大缺陷是内部控制中存在的可能导致不能及时防止或发现并纠正财务报表出现重大错报的一项控制缺陷或多项控制缺陷的组合。

[指出注册会计师已识别出的重大缺陷，并说明重大缺陷的性质及对财务报告内部控制的影响程度。]

有效的内部控制能够为财务报告及相关信息的真实完整提供合理保证，而上述重大缺陷使 ABC 公司内部控制失去这一功能。

ABC 公司管理层已识别出上述重大缺陷，并将其包含在企业内部控制评价报告中。上述缺陷在所有重大方面得到公允反映。

在 ABC 公司 20×4 年财务报表审计中，我们已经考虑了上述重大缺陷对审计程序的性质、时间安排和范围的影响。本报告并未对我们在 20×5 年×月×日对 ABC 公司 20×4 年财务报表出具的审计报告产生影响。

五、财务报告内部控制审计意见

我们认为，由于存在上述重大缺陷及其对实现控制目标的影响，ABC 公司于 20×4 年×月×日未能按照《企业内部控制基本规范》和相关规定在所有重大方面保持有效的财务报告内部控制。

××会计师事务所	中国注册会计师：×××
（盖章）	（签名并盖章）
	中国注册会计师：×××
	（签名并盖章）
中国××市	二○×五年×月×日

2. 审计范围受到限制时的处理

注册会计师只有实施了必要的审计程序，才能对内部控制的有效性发表意见。如果审计范围受到限制，注册会计师应当解除业务约定或出具无法表示意见的内部控制审计报告。

如果法律法规的相关豁免规定允许被审计单位不将某些实体纳入内部控制的评价范围，注册会计师可以不将这些实体纳入内部控制审计的范围。这种情况不构成审计范围受到限制，但注册会计师应当在内部控制审计报告中增加强调事项段或者在注册会计师的责任段中，就这些实体未被纳入评价范围和内部控制审计范围这一情况，作出与被审计单位类似的恰当陈述。注册会计师应当评价相关豁免是否符合法律法规的规定，以及被审计单位针对该项豁免作出的陈述是否恰当。如果认为被审计单位有关该项豁免的陈述不恰当，注册会计师应当提请其作出适当修改。如果被审计单位未作出适当修改，注册会计师应当在内部控制审计报告的强调事项段中说明被审计单位的陈述需要修改的理由。

在出具无法表示意见的内部控制审计报告时，注册会计师应当在内部控制审计报告中指明审计范围受到限制，无法对内部控制的有效性发表意见，并单设段落说明无法表示意见的实质性理由。注册会计师不应在内部控制审计报告中指明所执行的程序，也不应描述内部控制审计的特征，以避免报告使用者对无法表示意见的误解。如果在已执行的有限程序中发现内部控制存在重大缺陷，注册会计师应当在内部控制审计报告中对重大缺陷作出详细说明。

只要认为审计范围受到限制将导致无法获取发表审计意见所需的充分、适当的审计证据，注册会计师不必执行任何其他工作即可对内部控制出具无法表示意见的内部控制审计报告。在这种情况下，内部控制审计报告的日期应为注册会计师已就该报告中陈述的内容获取充分、适当的审计证据的日期。

在因审计范围受到限制而无法表示意见时，注册会计师应当就未能完成整个内部控制审计工作的情况，以书面形式与管理层和治理层沟通。

无法表示意见的内部控制审计报告参考格式如下。

内部控制审计报告

ABC 股份有限公司全体股东：

　　我们接受委托，对 ABC 股份有限公司（以下简称"ABC 公司"）20×4

年×月×日的财务报告内部控制进行审计。

[删除注册会计师的责任段,"一、企业对内部控制的责任"和"二、内部控制的固有局限性"参见普华永道为中国石油出具的标准内部控制审计报告相关段落表述。]

三、导致无法表示意见的事项

[描述审计范围受到限制的具体情况。]

四、财务报告内部控制审计意见

由于审计范围受到上述限制,我们未能实施必要的审计程序以获取发表意见所需的充分、适当证据,因此,我们无法对ABC公司财务报告内部控制的有效性发表意见。

五、识别的财务报告内部控制重大缺陷

[如在审计范围受到限制前,执行有限程序未能识别出重大缺陷,则应删除本段。]重大缺陷是内部控制中存在的、可能导致不能及时防止或发现并纠正财务报表出现重大错报的一项控制缺陷或多项控制缺陷的组合。

尽管我们无法对ABC公司财务报告内部控制的有效性发表意见,但在我们实施的有限程序的过程中,发现了以下重大缺陷:

[指出注册会计师已识别出的重大缺陷,并说明重大缺陷的性质及对财务报告内部控制的影响程度。]

有效的内部控制能够为财务报告及相关信息的真实完整提供合理保证,而上述重大缺陷使ABC公司内部控制失去这一功能。

××会计师事务所	中国注册会计师:×××
(盖章)	(签名并盖章)
	中国注册会计师:×××
	(签名并盖章)
中国××市	二〇×五年×月×日

三、强调事项

如果认为内部控制虽然不存在重大缺陷,但仍有一项或多项重大事项需要提请内部控制审计报告使用者注意,注册会计师应当在内部控制审计报告中增加强调事项段予以说明。注册会计师应当在强调事项段中指明，该段内容仅用于提醒内部控制审计报告使用者关注，并不影响对内部控制发表的审计意见。

如果确定企业内部控制评价报告对要素的列报不完整或不恰当，注册会计师应当在内部控制审计报告中增加强调事项段，说明这一情况并解释得出该结论的理由。

带强调事项段的无保留意见内部控制审计报告的参考格式如下。

内部控制审计报告

ABC 股份有限公司全体股东：

按照《企业内部控制审计指引》及中国注册会计师执业准则的相关要求，我们审计了 ABC 股份有限公司（以下简称"ABC 公司"）20×4 年×月×日的财务报告内部控制的有效性。

［"一、企业对内部控制的责任"至"四、财务报告内部控制审计意见"参见普华永道为中国石油出具的标准内部控制审计报告相关段落表述。］

五、强调事项

我们提醒内部控制审计报告使用者关注，［描述强调事项的性质及其对内部控制的重大影响。］本段内容不影响已对财务报告内部控制发表的审计意见。

××会计师事务所	中国注册会计师：×××
（盖章）	（签名并盖章）
	中国注册会计师：×××
	（签名并盖章）
中国××市	二○×五年×月×日

四、非财务报告内部控制重大缺陷

注册会计师对在审计过程中注意到的非财务报告内部控制缺陷，应当区别具体情况予以处理：

（1）注册会计师认为非财务报告内部控制缺陷为一般缺陷的，应当与企业进行沟通，提醒企业加以改进，但无须在内部控制审计报告中说明。

（2）注册会计师认为非财务报告内部控制缺陷为重要缺陷的，应当以书面形式与企业董事会和经理层沟通，提醒企业加以改进，但无须在内部控制审计报告中说明。

（3）注册会计师认为非财务报告内部控制缺陷为重大缺陷的，应当以书面形式与企业董事会和经理层沟通，提醒企业加以改进；同时应当在内部控制审计报告中增加非财务报告内部控制重大缺陷描述段，对重大缺陷的性质及其对实现相关控制目标的影响程度进行披露，提示内部控制审计报告使用者注意相关风险。

非财务报告内部控制重大缺陷的内部控制审计报告参考格式如下。

内部控制审计报告

ABC 股份有限公司全体股东：

按照《企业内部控制审计指引》及中国注册会计师执业准则的相关要求，我们审计了 ABC 股份有限公司（以下简称"ABC 公司"）20×4 年×月×日的财务报告内部控制的有效性。

［"一、企业对内部控制的责任"至"四、财务报告内部控制审计意见"参见普华永道为中国石油出具的标准内部控制审计报告相关段落表述。］

五、非财务报告内部控制重大缺陷

在内部控制审计过程中，我们注意到 ABC 公司的非财务报告内部控制存在重大缺陷［描述该缺陷的性质及其对实现相关控制目标的影响程度］。由于存在上述重大缺陷，我们提醒本报告使用者注意相关风险。需要指出的是，我们并不对 ABC 公司的非财务报告内部控制发表意见或提供保证。本段内容不影响对财务报告内部控制有效性发表的审计意见。

××会计师事务所	中国注册会计师：×× ×
（盖章）	（签名并盖章）
	中国注册会计师：×× ×
	（签名并盖章）
中国××市	二○×五年×月×日

｜第十四章｜

注 册 会 计 师 职 业 道 德 规 范

【教学内容与思政目标】

➡] 教学内容

· 理解并掌握注册会计师职业道德基本原则与概念框架。

· 理解并掌握审计业务对独立性的要求。

➡] 思政目标

· 增强社会责任感，理解维护公众利益是注册会计师行业的宗旨。

· 遵循职业道德基本原则：诚信、客观公正、独立性、专业胜任能力
与勤勉尽责、保密及良好的职业行为。

维护公众利益是注册会计师行业的宗旨。公众利益是可能依赖注册会计师工作的组织或人员的整体利益。这些组织或人员包括注册会计师服务的客户，也包括其投资者、债权人、政府机构、社会公众等所有可能依赖注册会计师提供的信息以作出相关决策的组织或人员。同时，注册会计师行业专业性很强，且由于信息不对称，依赖注册会计师工作的组织或人员往往很难判断其执业质量。这些都决定了相比其他行业，注册会计师行业需要更高的道德水准。

为了规范注册会计师职业活动，提高注册会计师职业道德水准，维护注册会计师职业形象，中国注册会计师协会根据《中华人民共和国注册会计师法》和《中国注册会计师协会章程》，制定了《中国注册会计师职业道德守则》。

2020 年 12 月，中国注册会计师协会发布了修订后的《中国注册会计师职业道德守则》和《中国注册会计师协会非执业会员职业道德守则》。其中，《中国注册会计师职业道德守则》包括《中国注册会计师职业道德守则第 1 号——职业道德基本原则》《中国注册会计师职业道德守则第 2 号——职业道德概念框架》《中

国注册会计师职业道德守则第 3 号——提供专业服务的具体要求》《中国注册会计师职业道德守则第 4 号——审计和审阅业务对独立性的要求》《中国注册会计师职业道德守则第 5 号——其他鉴证业务对独立性的要求》。

注册会计师应当遵守中国注册会计师职业道德守则（以下简称"职业道德守则"），履行相应的社会责任，维护公众利益。为了维护公众利益，注册会计师应当持续提高职业素养。

第一节 职业道德基本原则与概念框架

一、职业道德基本原则

（一）与注册会计师职业道德有关的基本原则

《中国注册会计师职业道德守则第 1 号——职业道德基本原则》主要用于规范注册会计师应当遵循的职业道德基本原则，为注册会计师的行为确立道德标准。与职业道德有关的基本原则包括诚信、客观公正、独立性、专业胜任能力和勤勉尽责、保密、良好的职业行为。

1. 诚信

诚信是指诚实、守信。也就是说，一个人要知行合一、不虚假，以求真务实的态度对待工作与生活。诚信是我国社会主义核心价值观的重要组成部分，是社会主义道德建设的重要内容，是构建社会主义和谐社会的重要纽带，同时也是社会主义市场经济运行的基础。

诚信——中国特色社会主义核心价值观的重要组成部分

2012 年 11 月，中国共产党第十八次全国代表大会正式提出社会主义核心价值观，包括三个层面：国家方针层面的"富强、民主、文明、和谐"，社会制度层面的"自由、平等、公正、法治"，个人素质层面的"爱国、敬业、诚信、友善"。这为培育和践行社会主义核心价值观提供了基本范畴。2013 年 12 月，中共中央办公厅印发《关于培育和践行社会主义核心价值观的意见》。该意见指出，要把培育和践行社会主义核心价值观融入国民教育全过程，落实到经济发展实践和社会治理中。

党的十八大以来，在以习近平同志为核心的党中央领导下，我国思想文化建设取得重大进展，社会主义核心价值观广泛弘扬，凝聚了团结一致、奋发进取的强大力量。

注册会计师应当遵循诚信原则，在所有的职业活动中保持正直、诚实守信。对注册会计师行业来说，诚信是注册会计师行业存在和发展的基石，在职业道德基本原则中居于首要地位。

注册会计师如果认为业务报告、申报资料、沟通函件或其他方面的信息存在下列问题，不得与这些有问题的信息发生关联：

（1）含有虚假记载、误导性陈述；

（2）含有缺乏充分根据的陈述或信息；

（3）存在遗漏或含糊其词的信息，而这种遗漏或含糊其词可能会产生误导。

注册会计师如果注意到已与有问题的信息发生关联，应当采取措施消除关联。当然，如果注册会计师按照职业准则的规定出具了恰当的业务报告（例如，在审计业务中，出具恰当的非无保留意见审计报告），则不被视为违反上述规定。

2. 客观公正

注册会计师应当遵循客观公正原则，公正处事，实事求是，不得由于偏见、利益冲突或他人的不当影响而损害自己的职业判断。如果存在对职业判断产生过度不当影响的情形，注册会计师不得从事与之相关的职业活动。

3. 独立性

独立性是鉴证业务的灵魂，是专门针对注册会计师从事审计和审阅业务、其他鉴证业务而提出的职业道德基本原则。注册会计师在执行审计和审阅业务、其他鉴证业务时，应当遵循独立性原则，从实质上和形式上保持独立性，不得因任何利害关系影响其客观公正。《中国注册会计师职业道德守则第 4 号——审计和审阅业务对独立性的要求》《中国注册会计师职业道德守则第 5 号——其他鉴证业务对独立性的要求》分别针对注册会计师执行审计和审阅业务、其他鉴证业务的独立性作出具体规定。本章第二节将详细阐述之。

会计师事务所在承接审计和审阅业务、其他鉴证业务时，应当从会计师事务所整体层面和具体业务层面采取措施，以保持会计师事务所和项目团队的独立性。

4. 专业胜任能力和勤勉尽责

注册会计师应当遵循专业胜任能力和勤勉尽责原则，应当：（1）获取并保持应有的专业知识和技能，确保为客户提供具有专业水准的服务；（2）做到勤勉尽责。

注册会计师应当通过教育、培训和执业实践获取和保持专业胜任能力，同时持续了解并掌握当前法律、技术和实务的发展变化，将专业知识和技能始终保持在应有的水平。在运用专业知识和技能时，注册会计师应当合理运用职业判断。

勤勉尽责要求注册会计师遵守职业准则的要求并保持应有的职业怀疑，认真、全面、及时地完成工作任务。近几年来，"未勤勉尽责"是监管部门处罚决定书的高频词语，说明部分会计师事务所及注册会计师在执业过程中未能遵守勤勉尽责的职业道德要求。

审计扬子新材　瑞华所未勤勉尽责

2024 年 7 月 19 日，中国证券监督委员会发布的《中国证监会行政处罚决定书（瑞华所、李岩、陈丽）》显示，因瑞华会计师事务所（以下简称"瑞华所"）在对苏州扬子江新型材料股份有限公司（简称"扬子新材"）2018 年年度财务报表审计中函证程序执行不到位、采购与付款流程测试程序执行不到位导致未勤勉尽责，出具的审计报告存在虚假记载而受到证监会行政处罚。

根据瑞华所违法行为的事实、性质、情节与社会危害程度，依据 2005 年《证券法》的规定，证监会责令瑞华所改正，没收其业务收入 566 037.72 元，并处以 1 132 075.44 元罚款；同时对签字注册会计师李岩、陈丽给予警告，并分别处以 3 万元罚款。

资料来源：中国证监会网站，http：//www.csrc.gov.cn。

另外，注册会计师应当采取适当措施，确保在其授权下从事专业服务的人员得到应有的培训和督导。在适当时，注册会计师应当使客户或专业服务的其他使用者了解专业服务的固有局限。

5. 保密

注册会计师应当遵循保密原则，对职业活动中获知的涉密信息保密。如果注册会计师遵循保密原则，信息提供者通常可以放心地向注册会计师提供其从事职业活动所需的信息，而不必担心该信息被其他方获知，这有利于注册会计师更好地维护公众利益。在遵循保密原则时，注册会计师应当遵守下列要求：

（1）警觉无意中泄密的可能性，包括在社会交往中无意中泄密的可能性，特别要警觉无意中向关系密切的商业伙伴或近亲属泄密的可能性；

（2）对所在会计师事务所内部的涉密信息保密；

（3）对职业活动中获知的涉及国家安全的信息保密；

（4）对拟承接的客户向其披露的涉密信息保密；

（5）在未经客户授权的情况下，不得向会计师事务所以外的第三方披露其所获知的涉密信息，除非法律法规或职业准则规定注册会计师在这种情况下有权利或义务进行披露；

（6）不得利用因职业关系而获知的涉密信息为自己或第三方谋取利益；

（7）不得在职业关系结束后利用或披露因该职业关系获知的涉密信息；

（8）采取适当措施，确保下级员工以及为注册会计师提供建议和帮助的人员履行保密义务。

在终止与客户的关系后，注册会计师应当对以前职业活动中获知的涉密信息保密。如果变更工作单位或获得新客户，注册会计师可以利用以前的经验，但不得利用或披露以前职业活动中获知的涉密信息。

在某些情况下，保密原则是可以豁免的。在下列情况下，注册会计师可能会被要求披露涉密信息，或者披露涉密信息是适当的，不被视为违反保密原则：

（1）法律法规要求披露，例如为法律诉讼准备文件或提供其他证据，或者向适当机构报告发现的违反法律法规行为。

（2）法律法规允许披露，并取得了客户的授权。

（3）注册会计师有职业义务或权利进行披露，且法律法规未予禁止，主要包括下列情形：①接受注册会计师协会或监管机构的执业质量检查；②答复注册会计师协会或监管机构的询问或调查；③在法律诉讼、仲裁中维护自身的合法权益；④遵守职业准则的要求，包括职业道德要求；⑤法律法规和职业准则规定的其他情形。

注册会计师在决定是否披露涉密信息时，需要考虑下列因素：①客户同意披露的涉密信息，法律法规是否禁止披露；②如果客户同意注册会计师披露涉密信息，这种披露是否可能损害相关人的利益；③是否已在可行的范围内了解和证实了所有相关信息，信息是否完整；④信息披露的方式和对象，包括披露对象是否恰当；⑤可能承担的法律责任和后果。

6. 良好职业行为

注册会计师应当遵循良好职业行为原则，爱岗敬业，遵守相关法律法规，避免发生任何可能损害职业声誉的行为。

注册会计师不得在明知的情况下，从事任何可能损害诚信原则、客观公正原则或良好职业声誉，从而可能违反职业道德基本原则的业务、职务或活动。如果一个理性且掌握充分信息的第三方很可能认为某种行为将对良好的职业声誉产生负面影响，则这种行为属于可能损害职业声誉的行为。

注册会计师在向公众传递信息以及推介自己和工作时，应当客观、真实、得体，不得损害职业形象，同时应当诚实、实事求是，不得有下列行为：

（1）夸大宣传提供的服务、拥有的资质或获得的经验；

（2）贬低或无根据地比较他人的工作。

如果注册会计师对其行为是否适当存有疑问，可以向中国注册会计师协会咨询。

（二）职业道德基本原则与职业怀疑

中国注册会计师审计准则、中国注册会计师审阅准则、中国注册会计师其他鉴证业务准则都要求注册会计师在计划和执行审计和审阅业务、其他鉴证业务时，应当保持职业怀疑。职业怀疑与职业道德基本原则是相互关联的。

在财务报表审计中，遵循职业道德基本原则与保持职业怀疑是一致的，比如以下情形，都说明这点。

【情形1】诚信原则要求注册会计师保持正直、诚实守信。例如注册会计师可以通过下列方式遵循诚信原则：（1）在对客户所采取的立场质疑时保持正直、诚实守信；（2）当怀疑某项陈述可能包含严重虚假或误导性内容时，对不一致的信息实施进一步调查并寻求进一步审计证据，以就具体情况下需要采取的恰当措施作出知情决策。

这些做法使得注册会计师能够对审计证据进行审慎评价，从而有助于其保持职业怀疑。

【情形2】客观公正原则要求注册会计师不得由于偏见、利益冲突或他人的不当影响而损害自己的职业判断。例如，注册会计师可以通过下列方式遵循客观公正原则：（1）识别可能损害注册会计师职业判断的情形或关系，如与客户之间的密切关系；（2）在评价与客户财务报表重大事项相关的审计证据的充分性和适当性时，考虑这些情形或关系对注册会计师职业判断的影响；（3）在面对困境或困难时，有坚持正确行为的决心，实事求是。例如，在面临压力时坚持自己的立场，或在适当时质疑他人，即使这样做会对会计师事务所或注册会计师个人造成潜在的不利后果。

这些做法也使得注册会计师能够以有利于职业怀疑的方式行事。

【情形3】独立性原则要求注册会计师在执行审计和审阅业务、其他鉴证业务时，与鉴证客户保持独立，不得因任何利害关系影响其客观公正。

注册会计师的独立性包括实质上的独立性和形式上的独立性：实质上的独立性是一种内心状态，使得注册会计师在提出结论时不受损害职业判断的因素影响，诚信行事，遵循客观公正原则，保持职业怀疑；形式上的独立性是一种外在表现，使得一个理性且掌握充分信息的第三方，在权衡所有相关事实和情况后，认为会计师事务所或审计项目团队成员没有损害诚信原则、客观公正原则或职业怀疑。

保持独立性能够增强注册会计师保持职业怀疑的能力。

【情形4】专业胜任能力和勤勉尽责原则要求注册会计师获取并保持应有的专业知识和技能，确保为客户提供具有专业水准的服务，并勤勉尽责，遵守适用的职业准则。例如，注册会计师可以通过下列方式遵循专业胜任能力和勤勉尽责原则：（1）运用与客户所在的特定行业和业务活动相关的知识，以恰当识别重大错报风险；（2）设计并实施恰当的审计程序；（3）在审慎评价审计证据是否充分并适合具体情况时运用相关知识和技能。

上述做法同样使得注册会计师能够以有利于职业怀疑的方式行事。

二、职业道德概念框架

注册会计师遇到的许多情形（如职业活动、利益和关系）都可能对职业道德基本原则产生不利影响，职业道德概念框架旨在帮助注册会计师应对这些不利影响。

职业道德概念框架，是指解决职业道德问题的思路和方法，用以指导注册会计师：（1）识别对职业道德基本原则的不利影响；（2）评价不利影响的严重程度；（3）必要时采取防范措施消除不利影响或将其降低至可接受的水平。

职业道德概念框架适用于各种可能对职业道德基本原则产生不利影响的情形。由于实务中的情形多种多样且层出不穷，职业道德守则不可能对所有情形都作出明确规定，注册会计师如果遇到职业道德守则未作出明确规定的情形，应当运用职业道德概念框架所蕴含的原则导向（principle-based）为基础识别、评价和应对各种可能产生的不利影响，而不能想当然地认为职业道德守则未明确禁止的情形就是允许的。

（一） 一 般 规 定

注册会计师应当运用职业道德概念框架来识别、评价和应对对职业道德基本原则的不利影响。

在运用职业道德概念框架时，注册会计师应当：

1. 运用职业判断

职业判断涉及对与具体事实和情况（包括特定职业活动的性质和范围，以及所涉及的利益和关系）相关的教育和培训、专业知识、技能、经验的运用。在从事具体职业活动的过程中，当注册会计师运用概念框架，以对可采取的行动作出知情的决策，并确定这些决策在具体情况下是否适当时，注册会计师应当运用职业判断。

2. 对新信息、事实和情况的变化保持警觉

对已知事实和情况的了解是正确运用概念框架的前提。注册会计师在确定为获取这些了解有必要采取的行动，以及就职业道德基本原则是否得以遵循形成结论时，同样应当运用职业判断。

当运用职业判断了解已知的事实和情况时，注册会计师可能需要考虑下列事

项：（1）是否有理由担心注册会计师已知的事实和情况可能遗漏了某些相关信息；（2）已知的事实和情况是否与注册会计师的预期不符；（3）注册会计师的专长和经验是否足以得出结论；（4）是否需要向具有相关专长或经验的人员咨询；（5）所了解到的信息是否能够为得出结论提供合理的依据；（6）注册会计师自身的先入之见或偏见是否可能影响其职业判断；（7）从现有可获得的信息中是否还可能得出其他合理的结论。

3. 实施理性且掌握充分信息的第三方测试

理性且掌握充分信息的第三方测试，是检验注册会计师得出的结论是否客观公正的一种测试方法。具体来说，是指注册会计师考虑：假设存在一个理性且掌握充分信息的第三方，在权衡了注册会计师于得出结论的时点可以了解到的所有具体事实和情况后，是否很可能得出与注册会计师相同的结论。理性且掌握充分信息的第三方不一定是注册会计师，但需要具备相关的知识和经验，以使其能够公正地了解和评价注册会计师结论的适当性。

（二）识别对职业道德基本原则的不利影响

注册会计师应当识别对职业道德基本原则的不利影响。通常来说，一种情形可能产生多种不利影响，一种不利影响也可能影响多项职业道德基本原则。注册会计师识别不利影响的前提是了解相关事实和情况，包括了解可能损害职业道德基本原则的职业活动、利益和关系。对职业道德基本原则的不利影响可能产生于多种事实和情况，并且，因业务的性质和工作任务不同，产生的不利影响的类型也可能不同。因此往往无法针对每种事实和情况都作出具体规定。

可能对职业道德基本原则产生不利影响的因素包括自身利益、自我评价、过度推介、密切关系和外在压力。

1. 因自身利益产生不利影响的情形

因自身利益产生的不利影响，是指由于某项经济利益或其他利益可能不当影响注册会计师的判断或行为，而对职业道德基本原则产生的不利影响。这种不利影响的例子包括：

（1）注册会计师在客户中拥有直接经济利益；

（2）会计师事务所的收入过分依赖某一客户；

（3）会计师事务所以较低的报价获得新业务，而该报价过低，可能导致注册

会计师难以按照适用的职业准则要求执行业务;

(4) 注册会计师与客户之间存在密切的商业关系;

(5) 注册会计师能够接触到涉密信息,而该涉密信息可能被用于谋取个人私利;

(6) 注册会计师在评价所在会计师事务所以往提供的专业服务时,发现了重大错误。

2. 因自我评价产生不利影响的情形

因自我评价产生的不利影响,是指注册会计师在执行当前业务的过程中,其判断需要依赖其本人或所在会计师事务所以往执行业务时作出的判断或得出的结论,而该注册会计师可能不恰当地评价这些以往的判断或结论,从而对职业道德基本原则产生的不利影响。这种不利影响的例子包括:

(1) 注册会计师在对客户提供财务系统的设计或实施服务后,又对该系统的运行有效性出具鉴证报告;

(2) 注册会计师为客户编制用于生成有关记录的原始数据,而这些记录是鉴证业务的对象。

3. 因过度推介产生不利影响的情形

因过度推介产生的不利影响,是指注册会计师倾向客户的立场,导致该注册会计师的客观公正原则受到损害而产生的不利影响。这种不利影响的例子包括:

(1) 注册会计师推介客户的产品、股份或其他利益;

(2) 当客户与第三方发生诉讼或纠纷时,注册会计师为该客户辩护;

(3) 注册会计师站在客户的立场上影响某项法律法规的制定。

4. 因密切关系产生不利影响的情形

因密切关系产生的不利影响,是指注册会计师由于与客户存在长期或密切的关系,导致过于偏向客户的利益或过于认可客户的工作,从而对职业道德基本原则产生的不利影响。这种不利影响的例子包括:

(1) 审计项目团队成员的主要近亲属或其他近亲属担任审计客户的董事或高级管理人员;

(2) 鉴证客户的董事、高级管理人员,或所处职位能够对鉴证对象施加重大影响的员工,最近曾担任注册会计师所在会计师事务所的项目合伙人;

(3) 审计项目团队成员与审计客户之间长期存在业务关系。

5. 因外在压力产生不利影响的情形

因外在压力产生的不利影响，是指注册会计师迫于实际存在的或可感知到的压力，导致无法客观行事而对职业道德基本原则产生的不利影响。这种不利影响的例子包括：

（1）注册会计师因对专业事项持有不同意见而受到客户解除业务关系或被会计师事务所解雇的威胁；

（2）由于客户对所沟通的事项更具有专长，注册会计师面临服从该客户判断的压力；

（3）注册会计师被告知，除非其同意审计客户某项不恰当的会计处理，否则计划中的晋升将受到影响；

（4）注册会计师接受了客户赠予的重要礼品，并被威胁将公开其收受礼品的事情。

（三）评价不利影响的严重程度

如果识别出存在上述因自身利益、自我评价、过度推介、密切关系和外在压力等因素，从而对职业道德基本原则产生不利影响，注册会计师应当评价该不利影响的严重程度是否处于可接受的水平。

可接受的水平，是指注册会计师针对识别出的不利影响实施理性且掌握充分信息的第三方测试之后，很可能得出其行为并未违反职业道德基本原则的结论时，该不利影响的严重程度所处的水平。

1. 评价时应考虑的因素

在评价不利影响的严重程度时，注册会计师应当从性质和数量两个方面予以考虑，综合权衡不利影响发生的可能性及可能造成的损失。只有当不利影响发生的可能性小且可能造成的损失也小的情况下，才可以考虑将不利影响确定为"明显不重大"。其余情况的不利影响均需注册会计师进一步采取应对措施。如果存在多项不利影响，应当将多项不利影响组合起来一并考虑。同时，注册会计师对不利影响严重程度的评价还受到专业服务性质和范围的影响。

某些由法律法规、注册会计师协会或会计师事务所制定的，用于加强注册会计师职业道德的条件、政策和程序可能有助于识别对职业道德基本原则的不利影响，同时这些条件、政策和程序也是在评价不利影响的严重程度时需要考虑的因素。这些条件、政策和程序的例子包括：一是公司治理方面的要求；二是注册会计师职业所必需的教育、培训和经验要求；三是有效的投诉举报系统，使注册会计师和社会公众能够注意到违反职业道德的行为；四是关于注册会计师有义务报告违反职业道德行为的明确规定；五是行业或监管机构的监控和惩戒程序。以上条件、政策和程序可以分为下列两种类型：

（1）与客户及其经营环境相关的条件、政策和程序。

针对与客户及其经营环境相关的条件、政策和程序，注册会计师对不利影响严重程度的评价可能受下列因素的影响：①客户是否属于审计客户，以及该客户是否属于公众利益实体；②客户是否属于非审计的鉴证客户；③客户是否属于非鉴证客户。

例如，向属于公众利益实体的审计客户提供非鉴证服务，相对于向非公众利益实体审计客户提供相同的非鉴证服务，可能会对客观公正原则产生更大的不利影响。

良好的公司治理结构，可能有助于对职业道德基本原则的遵循。因此，注册会计师对不利影响严重程度的评价还可能受到客户经营环境的影响。例如：①客户要求由管理层以外的适当人员批准聘请会计师事务所执行某项业务；②客户拥有具备足够经验和资历以及胜任能力的人员负责作出管理决策；③客户执行相关政策和程序，以确保在招标非鉴证服务时作出客观选择；④客户拥有完善的公司治理结构，能够对会计师事务所的服务进行适当的监督和沟通。

（2）与会计师事务所及其经营环境相关的条件、政策和程序。

针对与会计师事务所及其经营环境相关的条件、政策和程序，注册会计师对不利影响严重程度的评价可能受到下列因素的影响：①会计师事务所领导层重视职业道德基本原则，并积极引导鉴证业务项目团队成员维护公众利益；②会计师事务所建立政策和程序，以对所有人员遵循职业道德基本原则的情况实施监督；③会计师事务所建立与薪酬、业绩评价、纪律处分相关的政策和程序，以促进对职业道德基本原则的遵循；④会计师事务所对其过分依赖从某单一客户处取得收入的情况进行管理；⑤在会计师事务所内，项目合伙人有权作出涉及遵循职业道德基本原则的决策，包括与向客户提供服务有关的决策；⑥会计师事务所对教育、培训和经验的要求；⑦会计师事务所用于解决内外部关注事项或投诉事项的流程。

2. 考虑新信息或者事实和情况发生变化

如果注册会计师知悉新信息，或者事实和情况发生变化，而这种新信息或者事实和情况的变化可能影响对是否已消除不利影响或降低至可接受的水平的判断，注册会计师应当重新评价该不利影响的严重程度，并予以应对。

如果新信息导致识别出新的不利影响，注册会计师应当评价该不利影响并进行适当应对。新信息或者事实和情况的变化可能对下列方面产生影响：（1）不利影响的严重程度；（2）注册会计师就已采取的防范措施是否仍然能够有效应对所识别的不利影响得出的结论。

在这些情况下，已采取的防范措施可能无法继续有效地应对不利影响，因此，职业道德概念框架要求注册会计师重新评价并应对相应的不利影响。注册会计师在整个职业活动中保持警觉，有助于其确定新信息或者事实和情况的变化是否会产生上述影响。

举例来说，与下列事项有关的新信息或者事实和情况的变化可能影响不利影响的严重程度：（1）专业服务的范围扩大；（2）客户成功上市或收购另一业务单位；（3）会计师事务所与另一会计师事务所合并；（4）会计师事务所受两家客户共同委托，而两家客户之间发生纠纷；（5）注册会计师的私人关系或其主要近亲属发生变动。

（四）应对不利影响

如果注册会计师确定识别出的不利影响超出可接受的水平，应当通过采取下列措施应对不利影响：（1）消除产生不利影响的情形，包括利益或关系；（2）采取可行并有能力采取的防范措施将不利影响降低至可接受的水平；（3）拒绝或终止特定的职业活动。

根据具体事实和情况，某些不利影响可能能够通过消除产生该不利影响的情形予以应对。然而，在某些情况下，产生不利影响的情形无法被消除，并且注册会计师也无法通过采取防范措施将不利影响降低至可接受的水平。此时，不利影响仅能够通过拒绝或终止特定的职业活动予以应对。

防范措施随事实和情况的不同而有所不同。举例来说，在特定情况下可能能够应对不利影响的防范措施包括：（1）向已承接的项目分配更多时间和有胜任能力的人员，可能能够应对因自身利益产生的不利影响；（2）由项目组以外的适当复核人员复核已执行的工作或在必要时提供建议，可能能够应对因自我评价产生的不利影响；（3）向鉴证客户提供非鉴证服务时，指派鉴证业务项目团队以外的其他合伙人和项目组，并确保鉴证业务项目组和非鉴证服务项目组分别向各自的业务主管报告工作,可能能够应对因自我评价、过度推介或密切关系产生的不利影响;(4)由其他会计师事务所执行或重新执行业务的某些部分,可能能够应对因自身利益、自我评价、过度推介、密切关系或外在压力产生的不利影响;(5)由不同项目组分别应对具有保密性质的事项,可能能够应对因自身利益产生的不利影响。

注册会计师应当就其已采取或拟采取的行动是否能够消除不利影响或将其降低至可接受的水平形成总体结论。在形成总体结论时,注册会计师应当:(1)复核所作出的重大判断或得出的结论;(2)实施理性且掌握充分信息的第三方测试。

综上,职业道德概念框架应用的决策判断过程如图 14-1 所示。

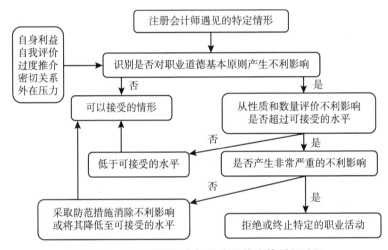

图 14-1　职业道德概念框架应用的决策判断过程

第二节　审计业务对独立性的要求

《中国注册会计师职业道德守则第 4 号——审计和审阅业务对独立性的要求》规定,注册会计师在执行审计和审阅业务时,应当遵守相同的独立性要求。因此本节对审计业务提出的独立性要求同样适用于审阅业务。

一、相关概念与基本要求

（一）相关概念

1. 独立性

注册会计师在执行审计业务时应当保持独立性。独立性包括实质上的独立性和形式上的独立性。

（1）实质上的独立性。实质上的独立性是一种内心状态，使得注册会计师在提出结论时不受损害职业判断的因素影响，诚信行事，遵循客观公正原则，保持职业怀疑。

（2）形式上的独立性。形式上的独立性是一种外在表现，使得一个理性且掌握充分信息的第三方，在权衡所有相关事实和情况后，认为会计师事务所或审计项目团队成员没有损害诚信原则、客观公正原则或职业怀疑。

2. 公众利益实体

通常情况下，注册会计师针对公众利益实体的审计业务对独立性的要求高于非公众利益实体。因此，在执行审计业务时，注册会计师应当区分公众利益实体和非公众利益实体。公众利益实体包括：（1）上市实体；（2）法律法规界定的公众利益实体；（3）法律法规规定按照上市实体审计独立性的要求接受审计的实体。

如果公众利益实体以外的其他实体拥有数量众多且分布广泛的利益相关者，注册会计师应当考虑是否将其作为公众利益实体对待。此时需要考虑的因素主要包括实体业务的性质、实体的规模和员工的数量。例如，银行、保险公司等金融机构通常以受托人的身份持有大量利益相关者的资产，通常视为公众利益实体。

3. 网络与网络事务所

会计师事务所通常与其他会计师事务所或实体构成联合体，旨在增强提供专业服务的能力。这些联合体是否形成网络取决于具体情况，而不取决于会计师事务所或实体是否在法律上各自独立。

网络，是指由多个实体组成，旨在通过合作实现下列一个或多个目的的联合体：（1）共享收益、分担成本；（2）共享所有权、控制权或管理权；（3）执行统一的质量管理政策和程序；（4）执行同一经营战略；（5）使用同一品牌；（6）共享重要的专业资源。

在判断一个联合体是否形成网络时，注册会计师应当考虑下列事项：（1）运用职业判断来确定该联合体是否形成网络；（2）考虑理性且掌握充分信息的第三方，在权衡所有相关事实和情况后，是否很可能认为该联合体形成网络；（3）这种判断应当在整个联合体内部得到一致运用。

网络事务所是指属于某一网络的会计师事务所或实体。如果会计师事务所属于某一网络，应当与网络事务所的审计客户保持独立。对网络事务所独立性的要求，适用于所有符合网络事务所定义的实体，而无论该实体（如咨询公司或法律服务公司）本身是否为会计师事务所。

4. 关联实体

关联实体是指与客户存在下列任一关系的实体：

（1）能够对客户施加直接或间接控制的实体，并且客户对该实体重要；

（2）在客户内拥有直接经济利益的实体，并且该实体对客户具有重大影响，在客户内的利益对该实体重要；

（3）受到客户直接或间接控制的实体；

（4）客户（或受到客户直接或间接控制的实体）拥有其直接经济利益的实体，并且客户能够对该实体施加重大影响，在实体内的经济利益对客户（或受到客户直接或间接控制的实体）重要；

（5）与客户处于同一控制下的实体（"姐妹实体"），并且该姐妹实体和客户对其控制方均重要。

在审计客户是上市实体的情况下，本章所称审计客户包括该客户的所有关联实体。

在审计客户不是上市实体的情况下，本章所称审计客户仅包括该客户直接或间接控制的关联实体。如果认为存在涉及其他关联实体的关系或情形，且与评价会计师事务所独立性相关，审计项目团队在识别、评价对独立性的不利影响以及采取防范措施时，应当将该其他关联实体包括在内。

（二）基本要求

1. 保持独立性的期间

注册会计师应当在业务期间和财务报表涵盖的期间独立于审计客户（见

图14-2）。业务期间自审计项目组开始执行审计业务之日起，至出具审计报告之日止。如果审计业务具有连续性，业务期间结束日应以其中一方通知解除业务关系或出具最终审计报告二者时间孰晚为准。

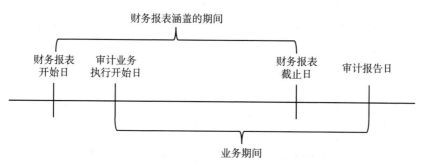

图14-2 保持独立性的期间

如果一个实体委托会计师事务所对其财务报表发表意见，并且在该财务报表涵盖的期间或之后成为审计客户，会计师事务所应当确定下列因素是否对独立性产生不利影响：（1）在财务报表涵盖的期间或之后，在接受审计业务委托之前，与审计客户之间存在的经济利益或商业关系；（2）会计师事务所或网络事务所以往向该审计客户提供的服务。

如果在财务报表涵盖的期间或之后，在审计项目组开始执行审计业务之前，会计师事务所向审计客户提供了非鉴证服务，并且该非鉴证服务在业务期间不允许提供，将对独立性产生不利影响。会计师事务所应当评价提供的非鉴证服务对独立性产生的不利影响。如果不利影响超出可接受的水平，会计师事务所只有在采取防范措施将其降低至可接受的水平的情况下，才能接受审计业务。举例来说，防范措施可能包括：（1）不允许提供非鉴证服务的人员担任审计项目团队成员；（2）必要时由适当复核人员复核审计和非鉴证工作；（3）由其他会计师事务所评价非鉴证服务的结果，或重新执行非鉴证服务，使得其他会计师事务所能够对该非鉴证服务承担责任。

2. 与治理层的沟通

注册会计师应当根据职业判断，定期就可能影响独立性的关系和其他事项与治理层沟通，使治理层能够：（1）考虑会计师事务所在识别和评价对独立性的不利影响时作出的判断是否正确；（2）考虑会计师事务所为消除不利影响或将其降低至可接受的水平所采取的防范措施是否适当；（3）确定是否有必要采取适当的行动。

对于因外在压力和密切关系产生的不利影响，这种沟通尤其有效。

3. 工作记录

工作记录可以提供证据证明会计师事务所在遵守独立性要求时作出的职业判断。会计师事务所应当记录遵守独立性要求的情况，包括记录形成的结论，以及为形成结论而沟通的主要内容。

如果需要采取防范措施将某种不利影响降低至可接受的水平，注册会计师应当记录该不利影响的性质，以及将其降低至可接受的水平所采取的防范措施。

如果通过对某种不利影响进行重要性分析，注册会计师确定不利影响未超出可接受的水平，应当记录不利影响的性质以及得出上述结论的理由。

4. 合并与收购

如果由于合并或收购，某一实体成为审计客户的关联实体，会计师事务所与该关联实体以往和目前存在的利益或关系可能对独立性产生不利影响，并影响该会计师事务所继续执行审计业务的能力。

会计师事务所应当识别和评价其与该关联实体以往和目前存在的利益或关系，并在考虑可能需要采取的防范措施后确定是否影响独立性，以及在合并或收购生效日后能否继续执行审计业务。

会计师事务所应当在合并或收购生效日前，采取必要措施终止目前存在的职业道德守则禁止的利益或关系。如果在合并或收购生效日前，不能终止目前存在的职业道德守则禁止的利益或关系，会计师事务所应当采取下列措施：

（1）评价因该利益或关系产生的不利影响的严重程度。评价时，注册会计师通常需要考虑下列因素：①利益或关系的性质和重要程度；②审计客户与该关联实体之间关系的性质和重要程度，例如关联实体是审计客户的子公司还是母公司；③合理终止该利益或关系需要的时间。

（2）与治理层沟通在合并或收购生效日前不能终止利益或关系的原因，以及对由此产生不利影响严重程度的评价结果。沟通后，如果治理层要求会计师事务所继续执行审计业务，会计师事务所只有在同时满足下列条件时，才能同意这一要求：①在合并或收购生效日起的6个月内，尽快终止该利益或关系；②存在该利益或关系的人员不作为审计项目组成员，也不负责项目质量复核；③拟采取的适当过渡性措施，并就此与治理层沟通。举例来说，适当过渡性措施可能包括：①必要时由审计项目团队以外的注册会计师复核审计或非鉴证工作；②由其他会计师事务所再次执行项目质量复核；③由其他会计师事务所评价非鉴证服务的结果，或重新执行非鉴证服务，使得其他会计师事务所能够对该非鉴证服务承担责任。

注册会计师应当及时记录与合并或收购相关的下列事项：（1）在合并或收购生效日前不能终止的利益或关系；（2）不能终止利益或关系的原因；（3）采取的过渡性措施；（4）与治理层沟通的结果；（5）以往和目前存在的利益或关系并未对客观公正原则造成损害的理由。

需要特别关注的是，在处理以往和目前存在的利益或关系时，即使会计师事务所遵守了职业道德守则的规定，仍应当确定利益或关系产生的不利影响是否非常严重，以致客观公正原则受到损害。如果不利影响非常严重，会计师事务所应当终止审计业务。

5. 违反独立性规定的应对措施

（1）基本要求。

如果会计师事务所认为已发生违反职业道德守则规定的情况，应当采取下列措施：①终止、暂停或消除引发违规的利益或关系，并处理违规后果；②考虑是否存在适用于该违规行为的法律法规，如果存在，遵守该法律法规的规定，并考虑向相关监管机构报告该违规行为；③按照会计师事务所的政策和程序，立即就该违规行为与下列人员沟通：项目合伙人、负责独立性相关政策和程序的人员、会计师事务所和网络中的其他相关人员、根据职业道德守则的要求需要采取适当行动的人员；④评价违规行为的严重程度及对会计师事务所的客观公正和出具审计报告能力的影响；⑤根据违规行为的严重程度，确定是否终止审计业务，或者是否能够采取适当行动以妥善处理违规后果。

在作出上述决策时，会计师事务所应当运用职业判断并考虑理性且掌握充分信息的第三方是否很可能得出会计师事务所的客观公正受到损害从而导致无法出具审计报告的结论。

会计师事务所应当根据违规的严重程度采取必要的措施。举例来说，会计师事务所可以采取的措施包括：①将相关人员调离审计项目团队；②由其他人员对受影响的审计工作实施额外复核或必要时重新执行该工作；③建议审计客户委托其他会计师事务所复核或必要时重新执行受影响的审计工作；④如果违规涉及影响会计记录或财务报表金额的非鉴证服务，由其他会计师事务所评价非鉴证服务的结果，或重新执行非鉴证服务，使得其他会计师事务所能够对该非鉴证服务承担责任。

如果会计师事务所确定无法采取行动妥善处理违规后果，应当尽快通知治理层，并按照法律法规的规定终止审计业务。如果法律法规禁止终止该审计业务，会计师事务所应当遵守相关报告或披露要求。

（2）与治理层沟通。

如果会计师事务所确定能够采取措施妥善处理违规后果，应当与治理层沟通下列事项：①违规的严重程度，包括其性质和持续时间；②违规是如何发生以及如何识别出的；③已采取或拟采取的措施，以及这些措施能够妥善处理违规后果并使会计师事务所能够出具审计报告的原因；④会计师事务所根据职业判断认为客观公正并未受到损害及其理由；⑤会计师事务所已采取或拟采取的、用于降低进一步违规风险或避免发生进一步违规行为的措施。

如果治理层认为上述已采取或拟采取的措施不能够妥善处理违规后果，会计师事务所应当终止审计业务。

（3）相关记录要求。

会计师事务所应当记录下列事项：①违规事项；②采取的措施；③作出的关键决策；④与治理层沟通的所有事项；⑤与职业团体或监管机构所进行的任何沟通。

如果会计师事务所继续执行该审计业务，还应当记录下列事项：①根据会计师事务所的职业判断，客观公正原则并未受到损害；②所采取的措施能够妥善处理违规后果，从而使会计师事务所能够出具审计报告及其理由。

二、经济利益

（一）一般规定

经济利益，是指因持有某一实体的股权、债券、基金、与其股价或债券价格挂钩的衍生金融产品和其他证券以及其他债务性的工具而拥有的利益，包括为取得这种利益享有的权利和承担的义务。经济利益包括直接经济利益和间接经济利益。

直接经济利益是指下列经济利益：（1）个人或实体直接拥有并控制的经济利益（包括授权他人管理的经济利益）；（2）个人或实体通过集合投资工具、信托、实体或合伙组织，或第三方而实质拥有的经济利益，并且有能力控制这些投资工具，或影响其投资决策。

间接经济利益是指个人或实体通过集合投资工具、信托、实体或合伙组织，或第三方而实质拥有的经济利益，但没有能力控制这些投资工具，也没有能力影响其投资决策。

确定经济利益是直接还是间接的，取决于受益人能否控制投资工具或具有影响投资决策的能力。如果受益人能够控制投资工具或具有影响投资决策的能力，职业道德守则将这种经济利益界定为直接经济利益。如果受益人不能控制投资工具且不具有影响投资决策的能力，则为间接经济利益。

在审计客户中拥有经济利益，可能因自身利益产生不利影响。不利影响存在与否及严重程度主要取决于下列因素：（1）拥有经济利益人员的角色；（2）经济利益是直接还是间接的；（3）经济利益的重要程度。

在确定经济利益对于某个人来说的重要程度时，可能需要将该个人及其主要近亲属①的净资产总额合并考虑。

（二）对独立性产生不利影响的情形

1. 在审计客户中拥有经济利益

除例外情况外，下列各方不得在审计客户中拥有直接经济利益或重大间接经济利益：（1）会计师事务所；（2）审计项目团队成员及其主要近亲属；（3）与执行审计业务的项目合伙人同处一个分部的其他合伙人及其主要近亲属；（4）为审计客户提供非审计服务的其他合伙人和管理人员，以及该其他合伙人和管理人员的主要近亲属。

上述规定存在例外情况，如果与执行审计业务的项目合伙人同处一个分部的其他合伙人的主要近亲属，或者为审计客户提供非审计服务的其他合伙人或管理人员的主要近亲属同时满足下列条件，则该主要近亲属可以在审计客户中拥有直接经济利益或重大间接经济利益：（1）该主要近亲属作为审计客户的员工有权

---

① 近亲属包括主要近亲属和其他近亲属。主要近亲属是指配偶、父母或子女。其他近亲属是指兄弟姐妹、祖父母、外祖父母、孙子女、外孙子女。

（例如通过退休金或股票期权计划）取得该经济利益，并且会计师事务所在必要时能够应对因该经济利益产生的不利影响；（2）当该主要近亲属拥有或取得处置该经济利益的权利，或者在股票期权中有权行使期权时，能够尽快处置或放弃该经济利益。

审计项目合伙人主要近亲属在审计客户中拥有直接经济利益

上市公司甲公司是 ABC 会计师事务所的常年审计客户。在审计甲公司 20×4 年度财务报表时，A 注册会计师担任审计项目合伙人。A 注册会计师的儿子在甲公司 20×3 年年度报告公布后购买了甲公司股票 2 000 股，但在 20×4 年 6 月 5 日将 2 000 股股票全部卖出。ABC 会计师事务所对甲公司 20×4 年度财务报表的审计工作从 20×4 年 9 月 10 日开始。

A 注册会计师违反了独立性的要求。A 注册会计师的主要近亲属（儿子）不得在保持独立性期间（业务期间和财务报表期间）拥有审计客户的直接经济利益（股票），否则将因自身利益对独立性产生严重不利的影响。

2. 在控制审计客户的实体中拥有经济利益

当一个实体在审计客户中拥有控制性的权益，并且审计客户对该实体重要时，如果会计师事务所、审计项目团队成员或其主要近亲属在该实体中拥有直接经济利益或重大间接经济利益，将因自身利益产生非常严重的不利影响，导致没有防范措施能够将其降低至可接受的水平。因此会计师事务所、审计项目团队成员及其主要近亲属不得在该实体中拥有直接经济利益或重大间接经济利益。

审计项目合伙人主要近亲属在控制审计客户的实体中拥有直接经济利益

非上市公司甲公司是 ABC 会计师事务所的常年审计客户，也是上市公司乙公司的重要子公司。在审计甲公司 20×4 年年度财务报表时，A 注册会计师担任审计项目合伙人。A 注册会计师的妻子于 20×4 年 10 月 6 日购买乙公司股票 10 000 股，20×5 年 1 月 15 日全部卖出。乙公司不是 ABC 会计师事务所的客户。

A 注册会计师违反了独立性的要求。甲公司是乙公司的重要子公司，A 注册会计师的主要近亲属（妻子）不得在控制审计客户的实体中拥有直接经济利益（股票），否则将因自身利益对独立性产生非常严重不利的影响。

---

3. 作为受托管理人拥有经济利益

会计师事务所、审计项目团队成员及其主要近亲属、与执行审计业务的项目合伙人同处一个分部的其他合伙人及其主要近亲属、为审计客户提供非审计服务的其他合伙人和管理人员及其主要近亲属，不得作为受托管理人在审计客户中拥有直接经济利益或重大间接经济利益，除非同时满足以下 4 个条件：（1）受托管理人、审计项目团队成员、二者的主要近亲属、会计师事务所均不是受托财产的受益人；（2）通过信托而在审计客户中拥有的经济利益对于该项信托而言并不重大；（3）该项信托不能对审计客户施加重大影响；（4）受托管理人、审计项目团队成员、二者的主要近亲属、会计师事务所对涉及审计客户经济利益的投资决策没有重大影响。

4. 与审计客户拥有共同经济利益

如果会计师事务所、审计项目团队成员或其主要近亲属在某一实体拥有经济利益，并且审计客户也在该实体拥有经济利益，除非满足下列条件之一，否则会计师事务所、审计项目团队成员及其主要近亲属不得在该实体中拥有经济利益：（1）经济利益对会计师事务所、审计项目团队成员及其主要近亲属，以及审计客户均不重要；（2）审计客户无法对该实体施加重大影响。

拥有此类经济利益的人员，在成为审计项目团队成员之前，该人员或其主要近亲属应当处置全部经济利益，或处置足够数量的经济利益，使剩余经济利益不再重大。

5. 无意中获取的经济利益

如果会计师事务所、审计项目团队成员或其主要近亲属、员工或其主要近亲属通过继承、馈赠或因企业合并或类似情况，从审计客户获得直接经济利益或重大间接经济利益，应当采取下列措施：（1）如果会计师事务所、审计项目团队成员或其主要近亲属获得经济利益，应当立即处置全部经济利益，或处置全部直接经济利益并处置足够数量的间接经济利益，以使剩余经济利益不再重大；（2）如果审计项目团队以外的人员或其主要近亲属获得经济利益，应当在合理期限内尽快处置全部经济利益，或处置全部直接经济利益并处置足够数量的间接经济利益，以使剩余经济利益不再重大。在完成处置该经济利益前，会计师事务所应当在必要时采取防范措施消除不利影响。

审计项目合伙人因继承从审计客户获得直接经济利益

上市公司甲公司是ABC会计师事务所的常年审计客户。在审计甲公司20×4年年度财务报表时，A注册会计师担任审计项目合伙人。20×4年12月10日，A注册会计师因继承其祖父遗产获得甲公司股票20 000股，承诺将在有权处置这些股票之日起一个月内处置全部股票。

A注册会计师违反了独立性的要求。A注册会计师应当在有权处置时立即处置甲公司股票，否则将因自身利益对独立性产生严重不利的影响。

----

6. 其他情况下的经济利益

（1）会计师事务所、审计项目团队成员或其主要近亲属在某一实体拥有经济利益，并且知悉审计客户的董事、高级管理人员或具有控制权的所有者也在该实体拥有经济利益，可能因自身利益、密切关系或外在压力对独立性产生不利影响。注册会计师应当评价不利影响的严重程度，并在必要时采取防范措施消除不利影响或将其降低至可接受的水平。举例来说，防范措施可能包括：①将拥有该经济利益的审计项目团队成员调离审计项目团队，可能能够消除不利影响；②由审计项目团队以外的适当复核人员复核该成员已执行的工作，可能能够将不利影响降低至可接受的水平。

（2）如果审计项目团队成员知悉其他近亲属在审计客户中拥有直接经济利益或重大间接经济利益时，可能因自身利益对独立性产生不利影响。注册会计师应当评价不利影响的严重程度，并在必要时采取防范措施消除不利影响或将其降低至可接受的水平。举例来说，下列防范措施可能能够消除不利影响：①其他近亲属尽快处置全部经济利益，或处置全部直接经济利益并处置足够数量的间接经济利益，以使剩余经济利益不再重大；②将该审计项目团队成员调离审计项目团队。另外，由审计项目团队以外的适当复核人员复核该审计项目团队成员已执行的工作，可能能够将不利影响降低至可接受的水平。

（3）如果审计项目团队成员知悉下列其他人员在审计客户中拥有经济利益，也可能因自身利益对独立性产生不利影响：①会计师事务所合伙人、专业人员或二者的主要近亲属；②与审计项目团队成员存在密切私人关系的其他人员。注册会计师应当评价不利影响的严重程度，并在必要时采取防范措施消除不利影响或将其降低至可接受的水平。举例来说，防范措施可能包括：①将存在密切私人关系的审计项目团队成员调离审计项目团队，以消除不利影响；②不允许该审计项目团队成员参与有关审计业务的任何重大决策，以将不利影响降低至可接受的水平；③由审计项目团队以外的适当复核人员复核该审计项目团队成员已执行的工作，以将不利影响降低至可接受的水平。

（4）如果会计师事务所通过退休金计划在审计客户中拥有直接经济利益或重大间接经济利益，可能因自身利益产生不利影响。注册会计师应当评价不利影响的严重程度，并在必要时采取防范措施消除不利影响或将其降低至可接受的水平。

三、收费

（一）收费结构

1. 从某一审计客户收取的全部费用占会计师事务所收费总额比重很大

如果会计师事务所从某一审计客户收取的全部费用占其收费总额的比重很大，则对该客户的依赖及对可能失去该客户的担心将因自身利益或外在压力对独立性产生不利影响。不利影响的严重程度主要取决于下列因素：（1）会计师事务所的业务类型及收入结构；（2）会计师事务所成立时间的长短；（3）该客户从性质或金额上对会计师事务所是否重要。

会计师事务所应当评价不利影响的严重程度，并在必要时采取防范措施消除不利影响或将其降低至可接受的水平。举例来说，防范措施可能包括：（1）扩大会计师事务所的客户群，从而降低对该客户的依赖程度；（2）实施外部质量复核；（3）就关键的审计判断向第三方咨询。例如，向行业监管机构或其他会计师事务所咨询。

2. 从某一审计客户收取的全部费用占某一合伙人或分部收费总额比重很大

如果从某一审计客户收取的全部费用占某一合伙人从所有客户收取的费用总额比重很大，或占会计师事务所某一分部收取的费用总额比重很大，也将因自身利益或外在压力产生不利影响。不利影响的严重程度主要取决于下列因素：（1）该客户在性质上或金额上对该合伙人或分部是否重要；（2）该合伙人或该分部合伙人的报酬对来源于该客户的收费的依赖程度。

会计师事务所应当评价不利影响的严重程度，并在必要时采取防范措施消除不利影响或将其降低至可接受的水平。举例来说，防范措施可能包括：（1）扩大该合伙人或分部的客户群，从而降低对来源于该客户的收费的依赖程度；（2）由审计项目团队以外的适当复核人员复核已执行的工作。

3. 从某一公众利益实体的审计客户及其关联实体收取的全部费用比重较大

如果对审计客户财务报表发表意见的会计师事务所连续两年从某一属于公众利益实体的审计客户及其关联实体收取的全部费用，占其从所有客户收取的全部费用的比重超过15%，会计师事务所应当向审计客户治理层披露这一事实，并沟通选择采取下列何种防范措施，以将不利影响降低至可接受的水平：（1）在对第二年度财务报表发表审计意见之前，由其他会计师事务所对该业务再次实施项目质量复核，或由其他专业机构实施相当于项目质量复核的复核（以下简称"发表审计意见前复核"）；（2）在对第二年度财务报表发表审计意见之后、对第三年度财务报表发表审计意见之前，由其他会计师事务所对第二年度的审计工作再次实施项目质量复核，或由其他专业机构实施相当于项目质量复核的复核（以下简称"发表审计意见后复核"）。

在上述收费比例明显超过15%的情况下，如果采用发表审计意见后复核无法将不利影响降低至可接受的水平，会计师事务所应当采用发表审计意见前复核。

如果两年后每年收费比例继续超过15%，则会计师事务所应当每年向治理层披露这一事实，并沟通选择采取上述何种防范措施。在收费比例明显超过15%的情况下，如果采用发表审计意见后复核无法将不利影响降低至可接受的水平，会计师事务所应当采用发表审计意见前复核。

（二）逾期收费

如果审计客户长期未支付应付的费用，尤其是相当部分的费用在出具下一年度审计报告前仍未支付，可能因自身利益产生不利影响。

会计师事务所通常要求审计客户在审计报告出具前付清上一年度的费用。如果在审计报告出具后审计客户仍未支付该费用，会计师事务所应当评价不利影响存在与否及严重程度，并在必要时采取防范措施消除不利影响或将其降低至可接受的水平。举例来说，防范措施可能包括：（1）收取逾期的部分款项；（2）由未参与执行审计业务的适当复核人员复核已执行的工作。

如果相当部分的费用长期逾期，会计师事务所应当确定：（1）逾期收费是否可能被视同向客户提供贷款；（2）会计师事务所是否继续接受委托或继续执行审计业务。

（三）或有收费

或有收费是指收费与否或收费多少取决于交易的结果或所执行工作的结果。通过中介机构间接收取的或有收费同样属于职业道德守则规定的或有收费。如果一项收费是由法院或政府有关部门规定的，则该项收费不视为或有收费。

会计师事务所在执行审计、审阅等鉴证业务时，以直接或间接形式取得或有收费，将因自身利益产生非常严重的不利影响，导致没有防范措施能够将其降低至可接受的水平。会计师事务所不得采用这种收费安排。

会计师事务所在向审计客户提供非鉴证服务时，如果以直接或间接形式取得或有收费，也可能因自身利益产生不利影响。如果出现下列情况之一，将因自身利益产生非常严重的不利影响，导致没有防范措施能够将其降低至可接受的水平，会计师事务所不得采用这种收费安排：（1）非鉴证服务的或有收费由对财务报表发表审计意见的会计师事务所取得，并且对其影响重大或预期影响重大；（2）网络事务所参与大部分审计工作，非鉴证服务的或有收费由该网络事务所取得，并且对其影响重大或预期影响重大；（3）非鉴证服务的结果以及由此收取的费用金额，取决于与财务报表重大金额审计相关的未来或当期的判断。

在向审计客户提供非鉴证服务时，如果会计师事务所采用其他形式的或有收费安排，不利影响存在与否及严重程度主要取决于下列因素：（1）可能的收费金额区间；（2）是否由适当的权威方确定有关事项的结果，而该结果作为确定或有收费金额的基础；（3）针对会计师事务所执行的工作及收费的基础，向报告预期使用者作出的披露；（4）非鉴证服务的性质；（5）事项或交易对财务报表的影响。会计师事务所应当评价不利影响的严重程度，并在必要时采取防范措施消除不利影响或将其降低至可接受的水平。举例来说，防范措施可能包括：（1）由审计项目团队以外的适当复核人员复核该会计师事务所已执行的工作；（2）预先就收费的基础与客户达成书面协议。

四、薪酬和业绩评价政策

如果某一审计项目团队成员的薪酬或业绩评价与其向审计客户推销的非鉴证服务挂钩，将因自身利益产生不利影响。不利影响的严重程度主要取决于下列因素：（1）推销非鉴证服务的因素在该成员薪酬或业绩评价中的比重；（2）该成员在审计项目团队中的角色；（3）推销非鉴证服务的业绩是否影响该成员的晋升。

会计师事务所应当评价不利影响的严重程度，并在必要时采取防范措施消除不利影响或将其降低至可接受的水平。举例来说，下列防范措施可能能够消除因自身利益产生的不利影响：（1）修改该成员的薪酬计划或业绩评价程序；（2）将该成员调离审计项目团队。

由审计项目团队以外的适当复核人员复核该审计项目团队成员已执行的工作，可能能够将自身利益产生的不利影响降低至可接受的水平。

关键审计合伙人的薪酬或业绩评价不得与其向审计客户推销的非鉴证服务直接挂钩。职业道德守则并不禁止会计师事务所合伙人之间正常的利润分享安排。

五、礼品和款待

会计师事务所或审计项目团队成员接受审计客户的礼品或款待，可能因自身利益、密切关系或外在压力对独立性产生不利影响。

如果会计师事务所或审计项目团队成员接受审计客户的礼品，将产生非常严重的不利影响，导致没有防范措施能够将其降低至可接受的水平。会计师事务所或审计项目团队成员不得接受礼品。

会计师事务所或审计项目团队成员应当评价接受款待产生不利影响的严重程度，并在必要时采取防范措施消除不利影响或将其降低至可接受的水平。如果款待超出业务活动中的正常往来，会计师事务所或审计项目团队成员应当拒绝接受。注册会计师应当考虑款待是否具有不当影响注册会计师行为的意图，如果具有该意图，即使其从性质和金额上来说均明显不重要，会计师事务所或审计项目团队成员也不得接受该款待。

六、诉讼或诉讼威胁

如果会计师事务所或审计项目团队成员与审计客户发生诉讼或很可能发生诉讼，将因自身利益和外在压力产生不利影响。

会计师事务所和客户管理层由于诉讼或诉讼威胁而处于对立地位，将影响管理层提供信息的意愿，从而产生不利影响。不利影响的严重程度主要取决于下列因素：（1）诉讼的重要程度；（2）诉讼是否与前期审计业务相关。

会计师事务所应当评价不利影响的严重程度，并在必要时采取防范措施消除不利影响或将其降低至可接受的水平。举例来说，防范措施可能包括：（1）如果诉讼涉及某一审计项目团队成员，将该成员调离审计项目团队可能能够消除不利影响；（2）由适当复核人员复核已执行的工作，可能能够将不利影响降低至可接受的水平。

七、贷款与担保

（一）从不属于银行或类似金融机构的审计客户取得贷款或由其提供贷款担保

会计师事务所、审计项目团队成员或其主要近亲属从不属于银行或类似金融机构的审计客户取得贷款，或由此类审计客户提供贷款担保，将因自身利益产生非常严重的不利影响，导致没有防范措施能够将其降低至可接受的水平。会计师事务所、审计项目团队成员或其主要近亲属不得从不属于银行或类似金融机构的审计客户取得贷款，或由此类审计客户提供贷款担保。

（二）从银行或类似金融机构的审计客户取得贷款或获得贷款担保

会计师事务所、审计项目团队成员或其主要近亲属不得从银行或类似金融机构等审计客户取得贷款，或获得贷款担保，除非该贷款或担保是按照正常的程序、条款和条件进行的。此类贷款的例子包括按揭贷款、银行透支、汽车贷款和信用卡等。

即使会计师事务所从银行或类似金融机构等审计客户按照正常的程序、条款和条件取得贷款，如果该贷款对审计客户或取得贷款的会计师事务所是重要的，也可能因自身利益对独立性产生不利影响。会计师事务所应当评价不利影响的严重程度，并在必要时采取防范措施消除不利影响或将其降低至可接受的水平。举例来说，防范措施可能包括由网络中未参与执行审计业务并且未从该贷款中获益的会计师事务所复核已执行的工作。

会计师事务所从审计客户取得贷款

上市公司甲银行是 ABC 会计师事务所的常年审计客户。20×4 年 12 月，ABC 会计师事务所按照正常的贷款程序、条款和条件从甲银行获得贷款 200 万元，用于支付员工年终奖。该笔贷款对 ABC 会计师事务所不重大。

会计师事务所没有违反独立性的要求。该贷款是按照正常的程序、条款和条件进行的，而且该贷款对取得贷款的 ABC 会计师事务所影响不重大，所以不会对独立性产生不利影响。

(三) 向审计客户提供贷款或为其提供担保

会计师事务所、审计项目团队成员或其主要近亲属向审计客户提供贷款或为其提供担保，将因自身利益产生非常严重的不利影响，导致没有防范措施能够将其降低至可接受的水平。会计师事务所、审计项目团队成员或其主要近亲属不得向审计客户提供贷款或担保。

(四) 在审计客户开立存款或经纪账户

会计师事务所、审计项目团队成员或其主要近亲属不得在银行或类似金融机构等审计客户开立存款或经纪账户，除非该存款或经纪账户是按照正常的商业条件开立的。

八、商业关系

(一) 一般规定

会计师事务所、审计项目团队成员或其主要近亲属与审计客户或其高级管理人员之间存在密切的商业关系，可能因自身利益或外在压力对独立性产生不利影响。举例来说，因商务关系或共同的经济利益而产生的密切的商业关系可能包括：

（1）与客户或其控股股东、董事、高级管理人员或其他为该客户执行高级管理活动的人员共同开办企业；

（2）按照协议，将会计师事务所的产品或服务与客户的产品或服务结合在一起，并以双方名义捆绑销售；

（3）按照协议，会计师事务所销售或推广客户的产品或服务，或者客户销售或推广会计师事务所的产品或服务。

会计师事务所、审计项目团队成员不得与审计客户或其高级管理人员建立密切的商业关系。如果会计师事务所存在此类商业关系，应当予以终止。如果此类商业关系涉及审计项目团队成员，会计师事务所应当将该成员调离审计项目团队。

如果审计项目团队成员的主要近亲属与审计客户或其高级管理人员存在密切的商业关系，注册会计师应当评价不利影响的严重程度，并在必要时采取防范措施消除不利影响或将其降低至可接受的水平。

（二）与审计客户或其利益相关者一同在某股东人数有限的实体中拥有经济利益

如果审计客户或其董事、高级管理人员，或上述各方作为投资者的任何组合，在某股东人数有限的实体中拥有经济利益，会计师事务所、审计项目团队成员或其主要近亲属不得拥有会涉及该实体经济利益的商业关系，除非同时满足下列条件：（1）这种商业关系对于会计师事务所、审计项目团队成员或其主要近亲属以及审计客户均不重要；（2）该经济利益对上述投资者或投资者组合并不重大；（3）该经济利益不能使上述投资者或投资者组合控制该实体。

与审计客户的董事一同在某股东人数有限的实体中拥有经济利益

上市公司甲公司是 ABC 会计师事务所的常年审计客户。在审计甲公司 20×4 年年度财务报表时，A 注册会计师担任审计项目合伙人。D 注册会计师和 A 注册会计师同处一个分部，但不是甲公司审计项目组成员。D 注册会计师的父亲与甲公司的某董事共同开办了一家教育培训公司。

不违反独立性的要求。D 注册会计师不是甲公司审计项目组成员，其父亲与甲公司董事的合作不属于被禁止的商业关系。

（三）从审计客户购买商品或者服务

会计师事务所、审计项目团队成员或其主要近亲属从审计客户购买商品或服务，如果按照正常的商业程序公平交易，通常不会对独立性产生不利影响。

如果交易性质特殊或金额较大，可能因自身利益产生不利影响。会计师事务所应当评价不利影响的严重程度，并在必要时采取防范措施消除不利影响或将其降低至可接受的水平。举例来说，可能能够消除此类不利影响的防范措施包括：（1）取消交易或降低交易规模；（2）将相关审计项目团队成员调离审计项目团队。

从审计客户购买商品

上市公司甲公司是 ABC 会计师事务所的常年审计客户。甲公司研发的一款新型汽车在 20×4 年 12 月上市。20×5 年 1 月，在甲公司 20×4 年年度财务报表审计期间，甲公司为 ABC 会计师事务所的员工安排了专场试驾活动，并宣布会计师事务所的员工可以按照优惠价格购买该型号汽车。

违反了独立性的要求。该试驾活动及按照优惠价格购买汽车被视为向 ABC 会计师事务所员工推销产品，且没有按照正常的商业程序公平交易，将因自身利益对独立性产生严重不利影响。

九、家庭和私人关系

如果审计项目团队成员与审计客户的董事、高级管理人员或某类员工（取决于该员工在审计客户中担任的角色）存在家庭和私人关系，可能因自身利益、密切关系或外在压力对独立性产生不利影响。不利影响存在与否及严重程度主要取决于下列因素：（1）该成员在审计项目团队中的角色；（2）家庭成员或相关人员在客户中的职位以及关系的密切程度。

（一）审计项目团队成员的主要近亲属

（1）如果审计项目团队成员的主要近亲属担任的职位能够对客户财务状况、经营成果或现金流量施加重大影响，将可能因自身利益、密切关系或外在压力对独立性产生不利影响。不利影响存在与否及严重程度主要取决于下列因素：①主要近亲属在审计客户中的职位；②该成员在审计项目团队中的角色。

会计师事务所应当评价不利影响的严重程度，并在必要时采取防范措施消除不利影响或将其降低至可接受的水平。举例来说，防范措施可能包括：①将该成员调离审计项目团队，可能能够消除不利影响；②合理安排审计项目团队成员的职责，使该成员的工作不涉及其主要近亲属的职责范围，可能能够将不利影响降低至可接受的水平。

（2）如果审计项目团队成员的主要近亲属是审计客户的董事、高级管理人员，或担任能够对会计师事务所将发表意见的财务报表或会计记录的编制施加重大影响的职位的员工（以下简称"特定员工"），或者在业务期间或财务报表涵盖的期间曾担任上述职务，将对独立性产生非常严重的不利影响，导致没有防范措施能够消除该不利影响或将其降低至可接受的水平。拥有此类关系的人员不得成为审计项目团队成员。

审计项目团队成员的主要近亲属是审计客户的高级管理人员

上市公司甲公司是 ABC 会计师事务所的常年审计客户。在审计甲公司 20×4 年年度财务报表时，A 注册会计师担任审计项目合伙人。20×4 年 11 月，乙公司被甲公司收购成为其重要子公司，审计项目组成员 C 的妻子为乙公司的董秘兼财务总监。

违反了独立性的要求。审计项目组成员 C 的妻子在甲公司审计业务期间担任乙公司的董秘兼财务总监，将因自身利益、密切关系等对独立性产生严重不利影响。

（二）审计项目团队成员的其他近亲属

如果审计项目团队成员的其他近亲属是审计客户的董事、高级管理人员或特定员工，将因自身利益、密切关系或外在压力对独立性产生不利影响。不利影响的严重程度主要取决于下列因素：（1）审计项目团队成员与其他近亲属的关系；（2）其他近亲属在客户中的职位；（3）该成员在审计项目团队中的角色。

会计师事务所应当评价不利影响的严重程度，并在必要时采取防范措施消除不利影响或将其降低至可接受的水平。举例来说，防范措施可能包括：（1）将该成员调离审计项目团队，可能能够消除不利影响；（2）合理安排审计项目团队成员的职责，使该成员的工作不涉及其他近亲属的职责范围，可能能够将不利影响降低至可接受的水平。

（三）审计项目团队成员的其他密切关系

如果审计项目团队成员与审计客户的董事、高级管理人员或特定员工存在密切关系，即使该人员不是审计项目团队成员的近亲属，也将因自身利益、密切关系或外在压力对独立性产生不利影响。拥有此类关系的审计项目团队成员应当按照会计师事务所的政策和程序进行咨询。不利影响的严重程度主要取决于下列因素：（1）该人员与审计项目团队成员的关系；（2）该人员在客户中的职位；（3）该成员在审计项目团队中的角色。

会计师事务所应当评价不利影响的严重程度，并在必要时采取防范措施消除不利影响或将其降低至可接受的水平。举例来说，防范措施可能包括：（1）将该成员调离审计项目团队，可能能够消除不利影响；（2）合理安排该成员的职责，使其工作不涉及与之存在密切关系的员工的职责范围，可能能够将不利影响降低至可接受的水平。

930 万美元！首道"非常关系"天价罚单

2016 年 9 月 19 日，美国证监会（SEC）宣布，对四大会计师事务所之一的安永会计师事务所（以下简称"安永"）处以 930 万美元罚款。因该公司的审计合伙人与两家上市公司客户的高管私人关系过于密切，违反了证券法中审计应当遵守的独立客观原则。SEC 判定因私交过密而影响审计独立从而处罚，安永尚属首例。

安永受罚涉及两案的其中之一涉及安永合伙人帕梅拉·哈特福德（Pamela Hartford）在任某上市公司审计师期间，与该公司首席会计师

（Chief Accounting Officer）罗伯特·布赫尔（Robert Brehl）关系暧昧。哈特福德于 2010 年 11 月，以高级经理的身份加入该上市公司的审计团队，2011 年 7 月升为合伙人，2013 年底由安永推荐作为主管客户关系合伙人的候选人之一供该公司选择。在公司面试候选人之前，布赫尔向哈特福德透露可能的面试问题并辅导其如何回答。

2014 年 2 月底，哈特福德升为主管客户关系的合伙人。在 2012 年 3 月至 2014 年 6 月期间，哈特福德与布赫尔几乎天天有私密的交流，在节日和生日时互换礼物，并利用工作和开会之便见面。这种不恰当的关系在 2014 年被人发现并上报公司。公司启动对两人的关系调查，并将调查结果通知了安永。安永在进一步作内部调查后，认定两人关系影响了安永作为审计师的独立公正，便向该上市公司董事会提出辞职。

根据美国证券法的规定，上市公司审计师辞职必须在四个工作日内上报 SEC。因此，安永因审计师与客户高管的不当关系而辞职一事，于 2014 年 7 月 9 日向公众曝光。

资料来源：https：//m. 21jingji. com/article/20160929/。

（四）审计项目团队以外人员的家庭和私人关系

会计师事务所中审计项目团队以外的合伙人或员工，与审计客户的董事、高级管理人员或特定员工之间存在家庭或私人关系，可能因自身利益、密切关系或外在压力对独立性产生不利影响。会计师事务所合伙人或员工在知悉此类关系后，应当按照会计师事务所的政策和程序进行咨询。不利影响存在与否及严重程度主要取决于下列因素：（1）该合伙人或员工与审计客户的董事、高级管理人员或特定员工之间的关系；（2）该合伙人或员工与审计项目团队之间的相互影响；（3）该合伙人或员工在会计师事务所中的角色；（4）董事、高级管理人员或特定员工在审计客户中的职位。

会计师事务所应当评价不利影响的严重程度，并在必要时采取防范措施消除不利影响或将其降低至可接受的水平。举例来说，防范措施可能包括：（1）合理安排该合伙人或员工的职责，以减少对审计项目团队可能产生的影响；（2）由审计项目团队以外的适当复核人员复核已执行的相关审计工作。

审计项目团队以外人员的主要近亲属是审计客户的员工

上市公司甲公司是 ABC 会计师事务所的常年审计客户。XYZ 公司与 ABC 会计师事务所处于同一网络。在审计甲公司 20×4 年年度财务报表时，A 注册会计师担任审计项目合伙人。XYZ 公司合伙人 B 的丈夫于 20×4 年 8 月加入甲公司并在培训部任职。该合伙人 B 没有为甲公司提供任何服务。

不违反独立性的要求。合伙人 B 不是审计项目组成员，且其丈夫的职位不能对所审计财务报表或会计记录的编制施加重大影响，因此不会对独立性产生不利影响。

十、兼任与雇佣关系

（一）与审计客户发生雇佣关系

1. 一般规定

如果审计客户的董事、高级管理人员或特定员工，曾经是审计项目团队的成员或会计师事务所的合伙人，可能因密切关系或外在压力产生不利影响。

（1）如果会计师事务所前任合伙人或审计项目团队前任成员加入审计客户，担任董事、高级管理人员或特定员工，会计师事务所应当确保上述人员与会计师事务所之间不再保持重要交往。如果会计师事务所与该类人员仍保持重要交往，除非同时满足下列条件，否则将产生非常严重的不利影响，导致没有防范措施能够消除不利影响或将其降低至可接受的水平：①该人员无权从会计师事务所获取报酬或福利，除非该报酬或福利是按照预先确定的固定金额支付的；②应付该人员的金额（如有）对会计师事务所不重要；③该人员未继续参与，并且在外界看来未参与会计师事务所的经营活动或职业活动。

即使同时满足上述条件，仍可能因密切关系或外在压力对独立性产生不利影响。

会计师事务所前任合伙人担任审计客户独立董事

上市公司甲公司是 ABC 会计师事务所的常年审计客户。ABC 会计师事务所合伙人 B 于 20×4 年 3 月退休。根据事务所相关政策，B 退休后可以继续享受两年分红。B 自 20×5 年 1 月 1 日起担任甲公司独立董事。

违反了独立性的要求。合伙人 B 加入审计客户担任独立董事，且与事务所保持重要联系，将因密切关系或外在压力对独立性产生严重不利影响。

（2）如果会计师事务所的前任合伙人加入某一实体并担任董事、高级管理人员或特定员工，而该实体随后成为会计师事务所的审计客户，则可能因密切关系或外在压力对独立性产生不利影响。

会计师事务所应当评价不利影响的严重程度，并在必要时采取防范措施消除不利影响或将其降低至可接受的水平。举例来说，防范措施可能包括：①修改审计计划；②向审计项目团队分派与该人员相比经验更加丰富的人员；③由适当复核人员复核前任审计项目团队成员已执行的工作。

（3）如果审计项目团队某一成员参与审计业务，当知道自己在未来某一时间将要或有可能加入审计客户时，将因自身利益对独立性产生不利影响。会计师事务所应当制定政策和程序，要求审计项目团队成员在与审计客户协商受雇于该客户时，向会计师事务所报告。

在接到报告后，会计师事务所应当评价不利影响的严重程度，并在必要时采取防范措施消除不利影响或将其降低至可接受的水平。举例来说，防范措施可能包括：①将该成员调离审计项目团队，可能能够消除不利影响；②由适当复核人员复核该成员在审计项目团队中作出的重大判断，可能能够将不利影响降低至可接受的水平。

2. 属于公众利益实体的审计客户

（1）关键审计合伙人加入审计客户担任重要职位。

针对公众利益实体的审计业务，关键审计合伙人担负着对社会公众的报告责任，因此需要特别监督关键审计合伙人与审计客户的密切关系。

关键审计合伙人是指项目合伙人、项目质量复核人员，以及审计项目组中负责对财务报表审计所涉及的重大事项作出关键决策或判断的其他审计合伙人。其他审计合伙人还可能包括负责审计重要子公司或分支机构的合伙人。

如果某公众利益实体的关键审计合伙人加入该审计客户，担任董事、高级管理人员或特定员工，除非该合伙人不再担任该公众利益实体的关键审计合伙人后，该公众利益实体发布的已审计财务报表涵盖期间不少于 12 个月，并且该合伙人未参与该财务报表的审计，否则独立性将视为受到损害。

例如，如图 14-3 所示，假设某审计项目组的关键审计合伙人 A 为甲上市公司执行 2021 年和 2022 年年度财务报表审计，但是未参加甲上市公司 2023 年年度财务报表审计，且甲上市公司发布已审计 2023 年年度财务报表的日期是 2024 年 3 月 31 日。则关键审计合伙人 A 最早可以加入甲公司担任董事、高级管理人员或特定员工的时间是 2024 年 4 月 1 日。

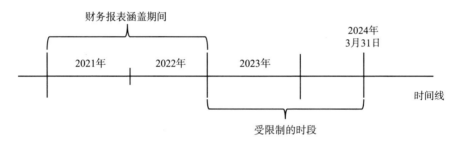

图 14-3 受限制的时段示例

（2）前任高级合伙人加入审计客户担任重要职位。

如果会计师事务所前任高级合伙人（或管理合伙人，或同等职位的人员）加入属于公众利益实体的审计客户，担任董事、高级管理人员或特定员工，除非该高级合伙人不再担任该职位已超过 12 个月，否则独立性将视为受到损害。

（3）由于企业合并导致前任成员加入审计客户担任重要职位。

如果由于企业合并，导致前任关键审计合伙人或前任高级合伙人加入属于公众利益实体的审计客户，担任董事、高级管理人员或特定员工，在同时满足下列条件时，不视为独立性受到损害：①该人员接受该职务时，并未预料到会发生企业合并；②该人员在会计师事务所中应得的报酬或福利都已全额支付，除非该报酬或福利是按照预先确定的固定金额支付的，并且应付该人员的金额对会计师事务所不重要；③该人员未继续参与，或在外界看来未参与会计师事务所的经营活动或职业活动；④已就该人员在审计客户中的职位与治理层沟通。

（二）临时借出员工

如果会计师事务所向审计客户借出员工，可能因自我评价、过度推介或密切关系产生不利影响。

会计师事务所应当评价借出员工产生不利影响的严重程度，并在必要时采取防范措施消除不利影响或将其降低至可接受的水平。举例来说，防范措施可能包括：（1）对借出员工的工作进行额外复核，可能能够应对因自我评价产生的不利影响；（2）不安排借出员工作为审计项目团队成员，可能能够应对因密切关系或过度推介产生的不利影响；（3）合理安排审计项目团队成员的职责，使借出员工不对其在借出期间执行的工作进行审计，可能能够应对因自我评价产生的不利影响。

如果因向审计客户借出员工而导致会计师事务所高度认同审计客户管理层的观点和利益，通常没有防范措施能够消除不利影响或将其降低至可接受的水平。

除非同时满足下列条件，否则会计师事务所不得向审计客户借出员工：（1）仅在短期内向客户借出员工；（2）借出的员工不参与职业道德守则禁止提供的非鉴证服务；（3）该员工不承担审计客户的管理层职责，且审计客户负责指导和监督该员工的活动。

（三）最近曾担任审计客户的董事、高级管理人员或特定员工

如果审计项目团队成员最近曾担任审计客户的董事、高级管理人员或特定员工，可能因自身利益、自我评价或密切关系对独立性产生不利影响。例如，如果审计项目团队成员在审计客户工作期间曾经编制会计记录，现又对据此形成的财务报表实施审计，则可能产生不利影响。

1. 在审计报告涵盖的期间

如果在审计报告涵盖的期间，审计项目团队成员曾担任审计客户的董事、高级管理人员或特定员工，将产生非常严重的不利影响，导致没有防范措施能够将其降低至可接受的水平。会计师事务所不得将此类人员分派到审计项目团队。

审计项目组成员最近曾担任审计客户的特定员工

上市公司甲公司是 ABC 会计师事务所的常年审计客户。审计项目组成员 D 曾担任甲公司成本会计，20×4 年 6 月离职加入 ABC 会计师事务所，并在同年 10 月加入甲公司审计项目组，负责审计存货。

违反了独立性的要求。审计项目组成员 C 在审计报告涵盖期间曾担任甲公司的特定员工，将因自身利益、自我评价或密切关系对独立性产生严重不利影响。

---

2. 在审计报告涵盖的期间之前

如果在审计报告涵盖的期间之前，审计项目团队成员曾担任审计客户的董事、高级管理人员或特定员工，可能因自身利益、自我评价或密切关系对独立性产生不利影响。例如，如果在当期审计业务中需要评价此类人员以前就职于审计客户时作出的决策或工作，将产生不利影响。不利影响存在与否及严重程度主要取决于下列因素：（1）该成员在客户中曾担任的职务；（2）该成员离开客户的时间长短；（3）该成员在审计项目团队中的角色。

会计师事务所应当评价不利影响的严重程度，并在必要时采取防范措施将其降低至可接受的水平。举例来说，防范措施可能包括由适当复核人员复核该审计项目团队成员已执行的工作等。

（四）兼任审计客户的董事或高级管理人员

如果会计师事务所的合伙人或员工兼任审计客户的董事或高级管理人员，将因自我评价和自身利益产生非常严重的不利影响，导致没有防范措施能够将其降低至可接受的水平。会计师事务所的合伙人或员工不得兼任审计客户的董事或高级管理人员。

十一、与审计客户长期存在业务关系

（一）一般规定

会计师事务所与某一审计客户长期存在业务关系，并委派同一名合伙人或员

工执行某一审计客户的审计业务，将因密切关系和自身利益对独立性产生不利影响。此时，可选的防范措施可能包括：（1）将与审计客户长期存在业务关系的人员轮换出审计项目团队，可能能够消除不利影响；（2）变更与审计客户长期存在业务关系的人员在审计项目团队中担任的角色或其所实施任务的性质和范围，可能能够将不利影响降低至可接受的水平；（3）由审计项目团队以外的适当复核人员复核与审计客户长期存在业务关系的人员所执行的工作，可能能够将不利影响降低至可接受的水平；（4）定期对该业务实施独立的内部或外部质量复核，可能能够将不利影响降低至可接受的水平。

如果确定所产生的不利影响仅能通过将该人员轮换出审计项目团队予以应对，会计师事务所应当确定一个适当的期间，在该期间内该人员不得有下列行为：（1）成为审计项目组成员；（2）对该审计项目实施质量管理；（3）对该审计项目的结果施加直接影响。这一期间应当足够长，以确保因密切关系或自身利益产生的不利影响能够得以应对。

（二）与公众利益实体审计客户长期存在业务关系的相关规定

1. 会计师事务所层面

会计师事务所应当制定政策和程序，指定专门岗位或人员对本所连续为公众利益实体审计客户执行审计业务的年限实施跟踪和监控。会计师事务所应当识别和评价因长期连续为某一公众利益实体审计客户执行审计业务可能对独立性产生的不利影响。

如果会计师事务所为某一公众利益实体审计客户连续执行审计业务的时间达到10年或以上，会计师事务所应当在事务所层面采取防范措施消除不利影响或将其降低至可接受的水平，可以考虑采取下列防范措施：

（1）扩大审计项目团队成员轮换的范围，除实施职业道德守则规定的关键审计合伙人轮换外，将轮换范围扩大到审计项目团队其他核心成员。

（2）除项目质量复核外，由独立于审计项目团队、具备充分时间和胜任能力的人员实施第二内部质量复核，或由会计师事务所以外独立的、具备充分时间和胜任能力的人员实施外部质量复核。第二内部质量复核或外部质量复核需要形成专项质量复核报告，重点关注审计项目团队的独立性情况，以及重大审计程序执行及重大职业判断情况。

（3）指定专门岗位或人员定期评价实施关键审计合伙人轮换以及审计项目团队其他核心成员轮换（如适用）的情况和效果，形成书面结论。

（4）与被审计单位治理层沟通，沟通内容包括会计师事务所长期承接该审计业务的事实、可能对独立性产生的不利影响，以及所采取的防范措施。

2. 关键审计合伙人轮换

（1）关键审计合伙人任职期。

如果审计客户属于公众利益实体，会计师事务所任何人员担任下列一项或多项职务的累计时间不得超过5年：①项目合伙人；②项目质量复核人员；③其他属于关键审计合伙人的职务。任期结束后，该关键审计合伙人应当遵守有关冷却期的规定。

此外，在任期内，如果某人员继担任项目合伙人之后立即或短时间内担任项目质量复核人员，可能因自我评价对客观公正原则产生不利影响，该人员不得在两年内担任该审计业务的项目质量复核人员。

注册会计师担任上述职务的时间应当累计计算，除非该人员不再担任这些职务的期间达到最短时间要求，否则累计期间不得清零并重新计算。最短时间要求应当是一个连续的期间，至少等于该人员所适用的冷却期。根据职业道德守则的相关规定，不同人员担任的职务不同，冷却期的长度也不同，具体来说，某人员适用的冷却期应当根据该人员不再担任相应职务前所担任的职务来确定。

例如如果某人员担任某个审计客户的项目合伙人3年，之后被调离该审计项目组两年，则该人员最多只能继续担任该审计业务的关键审计合伙人两年（5年减去累计的3年）。在此之后，该人员必须遵守有关冷却期的规定。

在极其特殊的情况下，会计师事务所可能因无法预见和控制的情形而不能按时轮换关键审计合伙人。如果关键审计合伙人的连任对审计质量特别重要，在获得审计客户治理层同意的前提下，并且通过采取防范措施能够消除对独立性的不利影响或将其降低至可接受的水平，则在法律法规允许的情况下，该人员担任关键审计合伙人的期限可以延长一年。

例如如果由于事先无法预见的原因导致无法实施轮换（如拟接任的项目合伙人突患重病），关键审计合伙人最多可以额外在审计项目组中继续担任相关职务一年。在这种情况下，会计师事务所应当与治理层沟通无法实施轮换的原因，以及所需采取的防范措施。

如果审计客户成为公众利益实体，在确定关键审计合伙人的任职时间时，会计师事务所应当考虑，在该客户成为公众利益实体之前，该合伙人作为关键审计合伙人已为该客户提供服务的时间。

如果在审计客户成为公众利益实体之前，该合伙人作为关键审计合伙人已为该客户服务的时间不超过 3 年，则该人员还可以为该客户继续提供服务的年限为 5 年减去已经服务的年限。

如果在审计客户成为公众利益实体之前，该合伙人作为关键审计合伙人已为该客户服务了 4 年或更长的时间，在取得客户治理层同意的前提下，该合伙人最多还可以继续服务两年。

如果审计客户是首次公开发行证券的公司，关键审计合伙人在该公司上市后连续执行审计业务的期限，不得超过两个完整会计年度。

（2）关键审计合伙人冷却期。

任期结束后，不同关键审计合伙人应当遵守相应的冷却期的规定：

①担任项目合伙人或其他签字注册会计师累计达到 5 年，冷却期应当为连续 5 年。

②担任项目质量复核人员累计达到 5 年，冷却期应当为连续 3 年。

③担任其他关键审计合伙人累计达到 5 年，冷却期应当为连续两年。

表 14 - 1 和表 14 - 2 分别汇总了关键审计合伙人在不同情况下的轮换时间。

表 14 - 1　　　　适用于一般情况下已成为公众利益实体的审计客户　　　　单位：年

关键审计合伙人	任职期	冷却期
项目合伙人或其他签字注册会计师	5	5
项目质量复核人员	5	3
其他关键审计合伙人	5	2

表 14 - 2　　　　适用于客户成为公众利益实体后的轮换时间　　　　单位：年

在审计客户成为公众利益实体前的服务年限（X 年）	成为公众利益实体后继续提供服务的年限	冷却期		
		项目合伙人	项目质量复核人员	其他关键审计合伙人
X≤3 年	5 ~ X	5	3	2
X≥4 年	2	5	3	2
客户首次公开发行证券	2	5	3	2

如果某人员相继担任多项关键审计合伙人职责，并担任项目合伙人累计达到3年或以上，冷却期应当为连续5年。如果某人员相继担任多项关键审计合伙人职责，并担任项目质量复核人员累计达到3年或以上，冷却期应为连续3年。如果某人员担任项目合伙人和项目质量复核人员累计达到3年或以上，但累计担任项目合伙人未达到3年，冷却期应当为连续3年。如果某人员担任多项关键审计合伙人职责，但不符合上述各项情况，冷却期应当为连续两年。

在确定某人员担任关键审计合伙人的年限时，服务年限应当包括该人员在之前任职的会计师事务所工作时针对同一审计业务担任关键审计合伙人的年限（如适用）。

在冷却期内，关键审计合伙人不得成为审计项目组成员或为审计项目提供项目质量管理；不得就有关技术或行业特定问题、交易或事项向审计项目组或审计客户提供咨询；不得负责领导或协调会计师事务所向审计客户提供的专业服务，或者监控会计师事务所与审计客户的关系；不得与审计客户高级管理层或治理层进行重大或频繁的互动；不得对审计业务的结果施加直接影响。

冷 却 期 内 提 供 项 目 质 量 管 理

上市公司甲公司是ABC会计师事务所的常年审计客户。A注册会计师作为项目合伙人签署了甲公司2019年度至2023年度审计报告。之后，A注册会计师调离甲公司审计项目组，加入事务所质量管理部，负责会计师事务所对所有上市公司审计的项目质量复核。

违反了独立性的要求。A注册会计师在5年的冷却期内不得为甲公司的审计业务提供项目质量管理，否则将因自身利益或密切关系对独立性产生严重不利影响。

十二、为审计客户提供非鉴证服务

（一）一般规定

会计师事务所可能向其审计客户提供与其技能和专长相符的非鉴证服务。向审计客户提供非鉴证服务，可能对多项职业道德基本原则产生不利影响。本部分并未涵盖会计师事务所向审计客户提供的所有非鉴证服务。当遇到本部分未列举的非鉴证服务时，注册会计师应当运用职业道德概念框架予以应对。

在接受委托向审计客户提供非鉴证服务之前，会计师事务所应当确定提供该服务是否将对独立性产生不利影响。在评价不利影响存在与否及严重程度时，注册会计师通常需要考虑下列因素：（1）非鉴证服务的性质、范围和目的；（2）审计业务对该非鉴证服务结果的依赖程度；（3）与提供该非鉴证服务相关的法律和监管环境；（4）非鉴证服务的结果是否影响会计师事务所将发表意见的财务报表中的相关事项，如果影响，影响的程度以及在确定这些事项的金额或会计处理方法时涉及的主观程度；（5）客户管理层和员工在该非鉴证服务方面的专长水平；（6）客户针对重大判断事项的参与程度；（7）非鉴证服务对与客户会计记录、财务报表、财务报告内部控制相关的系统所产生影响的性质和程度（如有）；（8）客户是否属于公众利益实体，如果客户属于公众利益实体，通常认为会产生更为严重的不利影响。

会计师事务所可能向同一审计客户提供多种非鉴证服务。在这种情况下，会计师事务所应当综合考虑因提供这些服务可能产生的不利影响。

如果职业道德守则不允许会计师事务所为其审计客户提供某项服务，则会计师事务所不得以任何形式参与提供该服务。

（二）承担管理层职责

审计客户的管理层职责涉及控制和领导该客户的各项工作，包括针对人力资源、财务资源、技术资源、有形或无形资源的取得、配置和控制作出重大决策。会计师事务所应当根据具体情况并运用职业判断确定某项活动是否属于管理层职责。下列活动通常视为管理层职责：（1）制定政策和战略方针；（2）招聘或解雇员工；（3）指导员工与工作有关的行动并对其行动负责；（4）对交易进行授权；（5）控制或管理银行账户或投资；（6）确定采纳会计师事务所或其他第三方提出的建议；（7）代表管理层向治理层报告；（8）负责按照适用的财务报告编制基础编制财务报表；（9）负责设计、执行、监督和维护内部控制。

如果会计师事务所仅向审计客户提供意见和建议以协助其管理层履行职责，通常不视为承担管理层职责。

会计师事务所承担审计客户的管理层职责，将因自身利益、自我评价、密切关系、过度推介对独立性产生非常严重的不利影响，导致没有防范措施能够将其降低至可接受的水平。会计师事务所不得承担审计客户的管理层职责。

（三）会计和记账服务

会计和记账服务主要包括编制会计记录和财务报表，记录交易，工资服务。会计师事务所向审计客户提供会计和记账服务，可能因自我评价对独立性产生不利影响。

1. 编制财务报表是管理层的职责

按照适用的财务报告编制基础编制财务报表是管理层的职责，这种职责包括但不限于：

（1）设计、执行和维护必要的内部控制，以使财务报表不存在由于舞弊或错误导致的重大错报；

（2）评估被审计单位的持续经营能力和运用持续经营假设是否适当，并披露与持续经营相关的事项（如适用）；

（3）确定会计政策并运用该政策确定会计处理方法，并作出恰当的会计估计；

（4）编制或更改会计分录，确定或批准交易的账户分类；

（5）编制或更改以电子形式或其他形式存在的、用以证明交易发生的相关凭证或数据。

2. 不对独立性产生不利影响

（1）与管理层沟通审计相关事项。

在审计过程中，会计师事务所可能就下列事项与审计客户管理层进行沟通：①对会计准则或会计政策，以及财务报表披露要求的运用；②财务报告内部控制的有效性，以及资产、负债计量方法的适当性；③审计调整建议。这些活动通常被视为审计过程的正常组成部分，只要审计客户负责就会计记录及财务报表的编制作出决策，通常不对独立性产生不利影响。

（2）提供会计咨询服务。

审计客户可能要求会计师事务所在下列方面提供技术支持或建议等会计咨询服务：①解决账户调节问题；②分析和收集监管机构要求提供的信息；③为会计准则转换（如为了遵守集团会计政策从企业会计准则转换为国际财务报告准则）提供咨询服务；④协助了解相关会计准则、原则和解释，分享领先的行业最佳实践。如果会计师事务所不承担审计客户的管理层职责，通常不会对独立性产生不利影响。

3. 向不属于公众利益实体的审计客户提供会计和记账服务

除非同时满足下列条件，否则会计师事务所不得向不属于公众利益实体的审计客户提供会计和记账服务：（1）该服务是日常性或机械性的[①]。（2）会计师事务所能够采取防范措施应对因提供此类服务产生的超出可接受水平的不利影响。举例来说，防范措施可能包括：（1）由审计项目团队以外的专业人员提供此类服务。（2）由未参与提供此类服务的适当复核人员复核已执行的审计工作或所提供的此类服务。

4. 向属于公众利益实体的审计客户提供会计和记账服务

会计师事务所不得向属于公众利益实体的审计客户提供会计和记账服务，除非同时满足下列条件：（1）该服务是日常性或机械性的；（2）提供服务的人员不是审计项目团队成员；（3）接受该服务的分支机构或关联实体从整体上对会计师事务所将发表意见的财务报表不具有重要性，或者该服务所涉及的事项从整体上对该分支机构或关联实体的财务报表不具有重要性。

（四）行政事务性服务

行政事务性服务包括协助客户执行正常经营过程中的日常性或机械性任务。此类服务通常不需要很多职业判断，且属于文书性质的工作。行政事务性服务的例子包括：（1）文字处理服务；（2）编制行政或法定表格供客户审批；（3）按照客户的指示将该表格提交给各级监管机构；（4）跟踪法定报备日期，并告知审计客户该日期。

向审计客户提供上述行政事务性服务通常不会对独立性产生不利影响。

（五）评估服务

评估包括对未来发展趋势提出相关假设，运用适当的方法和技术，以确定资

---

① 日常性或机械性的会计和记账服务通常不需要很多职业判断。这类服务的例子包括：（1）根据来源于客户的数据编制工资计算表或工资报告，供客户批准并支付；（2）在客户已确定或批准账户分类的前提下，以原始凭证（如水电费单据）或原始数据为基础，记录易于确定其金额并且重复发生的交易；（3）根据客户确定的折旧政策、预计使用寿命和净残值计算固定资产折旧；（4）将客户已记录的交易过入总分类账；（5）将客户批准的分录过入试算平衡表；（6）根据客户批准的试算平衡表中的信息编制财务报表，根据客户批准的记录编制相关财务报表附注。

产、负债或企业整体的价值或价值区间。向审计客户提供评估服务可能因自我评价或过度推介对独立性产生不利影响。

会计师事务所应当评价不利影响的严重程度，并在必要时采取防范措施消除不利影响或将其降低至可接受的水平。举例来说，防范措施可能包括：（1）由审计项目团队以外的专业人员提供评估服务，可能能够应对因自我评价或过度推介产生的不利影响；（2）由未参与评估服务的适当复核人员复核所执行的审计工作或提供的服务，可能能够应对因自我评价产生的不利影响。

如果评估结果涉及高度主观性，并且评估服务对会计师事务所对发表意见的财务报表具有重大影响，会计师事务所不得向审计客户提供评估服务。

在审计客户属于公众利益实体的情况下，如果评估结果单独或累积起来对会计师事务所将发表意见的财务报表具有重大影响，则会计师事务所不得向该审计客户提供这种评估服务。

提供对标的资产的评估服务

上市公司甲公司是 ABC 会计师事务所的常年审计客户。XYZ 公司与 ABC 会计师事务所处于同一网络。在审计甲公司 20×4 年年度财务报表时，ABC 会计师事务所发现，20×4 年 9 月，XYZ 公司接受丁公司委托对其拟投资的标的公司进行评估，作为丁公司的参考定价。丁公司是甲公司的联营企业，但不是 ABC 会计师事务所的审计客户。

不违反独立性的要求。对丁公司投资标的的评估结果不会对甲公司财务报表产生影响，因此不会对独立性产生不利影响。

（六）税务服务

税务服务通常包括：编制纳税申报表、为进行会计处理计算税额、税务筹划和其他税务咨询服务、与评估有关的税务服务、协助解决税务纠纷。实务中，上述各类税务服务通常是相互关联的。

会计师事务所向审计客户提供某种税务服务，可能因自我评价或过度推介对独立性产生不利影响。

1. 编制纳税申报表的服务

编制纳税申报表的服务包括：（1）编制信息，以协助客户履行纳税申报义务，例如计算应向税务机关缴纳的税额（通常采用标准化的表格）；（2）对已发生交易的纳税申报处理方法提供建议；（3）代表审计客户向税务机关提供所要求的附加信息和分析（例如，对所采用的方法提供解释和技术支持）。

由于编制纳税申报表的服务通常以历史信息为基础，主要按照现行的税收法律法规或惯例对该历史信息进行分析和列报，并且纳税申报表须经税务机关审查或批准，如果管理层对纳税申报表承担责任，会计师事务所提供此类服务通常不会对独立性产生不利影响。

2. 计算当期所得税或递延所得税负债（或资产）

注册会计师基于进行会计处理的目的，为审计客户计算当期所得税或递延所得税负债（或资产），且该会计处理随后由本会计师事务所审计，将因自我评价产生不利影响。

如果审计客户不属于公众利益实体，举例来说，下列防范措施可能能够应对上述因自我评价产生的不利影响：（1）由审计项目团队以外的专业人员提供此类服务；（2）由未参与提供此类服务的适当复核人员复核所执行的审计工作或提供的此类服务。

在审计客户属于公众利益实体的情况下，会计师事务所不得计算当期所得税或递延所得税，以用于编制对会计师事务所将发表意见的财务报表具有重大影响的会计分录。如果为属于公众利益实体的审计客户计算对会计师事务所将发表意见的财务报表不重要的当期所得税或递延所得税，前段针对非公众利益实体的防范措施同样适用。

3. 税务筹划或其他税务咨询服务

税务筹划或其他税务咨询服务有多种类型，例如，向审计客户提供如何节税，或如何运用新的税收法律法规的建议。

提供税务筹划或其他税务咨询服务可能因自我评价或过度推介对独立性产生不利影响。举例来说，防范措施可能包括：（1）由审计项目团队以外的专业人员提供此类服务，可能能够应对因自我评价或过度推介产生的不利影响；（2）由未参与提供此类服务的适当复核人员复核所执行的审计工作或提供的此类服务，可能能够应对因自我评价产生的不利影响；（3）获得税务机关的预先批准或建议，可能能够应对因自我评价或过度推介产生的不利影响。

如果税务建议的有效性取决于某项特定会计处理或财务报表列报，并且同时存在下列情况，会计师事务所不得为审计客户提供税务筹划及其他税务咨询服务：（1）审计项目团队对于相关会计处理或财务报表列报的适当性存有疑问；（2）税务建议的结果或执行后果将对会计师事务所将发表意见的财务报表产生重大影响。

4. 与评估有关的税务服务

在向审计客户提供税务服务时，会计师事务所可能应审计客户的要求提供评估服务，以协助客户进行纳税申报或税务筹划。向审计客户提供税务评估服务可能因自我评价或过度推介产生不利影响。如果评估结果将对财务报表产生直接影响，会计师事务所应当按照本节"（五）评估服务"的规定处理。如果评估服务仅为满足税务目的，其结果对财务报表没有直接影响（财务报表仅受有关涉税会计分录的影响），且间接影响并不重大，或者评估服务经税务机关或类似监管机构外部复核，则通常不对独立性产生不利影响。

如果仅为满足税务目的而提供的评估服务无须进行外部复核，但其对财务报表的影响重大，会计师事务所应当评价所产生不利因素的严重程度，并在必要时采取相应防范措施消除不利影响或将其降低至可接受的水平。举例来说，防范措施可能包括：（1）由审计项目团队以外的专业人员提供该服务，可能能够应对因自我评价或过度推介产生的不利影响；（2）由未参与提供该服务的适当复核人员复核所执行的审计工作或提供的服务，可能能够应对因自我评价产生的不利影响；（3）获得税务机关的预先批准或建议，可能能够应对因自我评价或过度推介产生的不利影响。

5. 协助解决税务纠纷

如果会计师事务所协助审计客户解决税务纠纷，一旦税务机关通知审计客户已经拒绝接受其对某项具体问题的主张，并且税务机关或审计客户已将该问题纳入正式的法律程序（例如诉讼或仲裁），则可能因自我评价或过度推介对独立性产生不利影响。

会计师事务所应当评价所产生不利因素的严重程度，并在必要时采取相应防范措施消除不利影响或将其降低至可接受的水平。举例来说，防范措施可能包括：（1）由审计项目团队以外的专业人员提供该税务服务，可能能够应对因自我评价或过度推介产生的不利影响；（2）由未参与提供该税务服务的适当复核人员复核所执行的审计工作或提供的服务，可能能够应对因自我评价产生的不利影响。

在提供税务服务时，如果该服务涉及在公开审理或仲裁的税务纠纷中担任审计客户的辩护人，并且所涉金额对会计师事务所将发表意见的财务报表具有重大影响，会计师事务所不得向审计客户提供涉及协助解决税务纠纷的税务服务。但是这并不禁止会计师事务所就公开审理或仲裁的事项持续提供有关法庭裁决事项的咨询，例如协助客户对特定信息要求作出回应，就所执行的工作提供背景材料或证词，或者协助客户分析相关的税务问题。

（七）内部审计服务

协助审计客户执行内部审计活动属于内部审计服务。内部审计活动包括：

（1）监督内部控制，包括对控制进行复核，对其运行情况进行监控，并提供改进建议。

（2）通过下列方式检查财务信息和经营信息：①复核用以确认、计量、分类和列报财务信息和经营信息的方法；②对个别项目实施专项调查。专项调查包括对交易、账户余额和程序实施细节测试。

（3）评价被审计单位的经营活动，包括非财务活动的经济性、效率和效果。

（4）评价对法律法规、其他外部要求以及管理层政策、指令和其他内部规定的遵守情况。

1. 不得提供涉及承担管理层职责的内部审计服务

如果会计师事务所人员在为审计客户提供内部审计服务时承担管理层职责，将产生非常严重的不利影响，导致没有防范措施能够将其降低至可接受的水平。会计师事务所人员在向审计客户提供内部审计服务时不得承担管理层职责。涉及承担管理层职责的内部审计服务主要包括：（1）制定内部审计政策或内部审计活动的战略方针；（2）指导该客户内部审计人员的工作并对其负责；（3）决定应执行来源于内部审计活动的哪些建议；（4）代表管理层向治理层报告内部审计活动的结果；（5）执行构成内部控制组成部分的程序，如复核并批准员工数据访问权限的变更；（6）负责设计、执行、监督和维护内部控制；（7）实施企业内部控制评价工作，包括对内部控制的设计与运行情况的全面评估；（8）提供内部审计外包服务，包括全部内部审计外包服务和重要组成部分的内部审计外包服务，负责确定内部审计工作的范围，并且还可能负责执行上述第（1）项至第（7）项中的某项工作。

2. 允许提供内部审计服务的情况

为避免承担管理层职责，只有在同时满足下列条件时，会计师事务所才能为审计客户提供内部审计服务：（1）审计客户委派合适的具有胜任能力的员工（最好是高级管理人员），始终负责内部审计活动，并承担设计、执行、监督与维护内部控制的责任；（2）客户治理层或管理层复核、评估并批准内部审计服务的工作范围、风险和频率；（3）客户管理层评价内部审计服务的适当性，以及执行内部审计发现的事项；（4）客户管理层评价并确定应当实施内部审计服务提出的哪些建议，并对实施过程进行管理；（5）客户管理层向治理层报告注册会计师在内部审计服务中发现的重大问题和提出的建议。

3. 内部审计服务对独立性的不利影响

如果在审计中利用内部审计人员的工作，按照《中国注册会计师审计准则第1411号——利用内部审计人员的工作》的要求，注册会计师应当执行相应的程序，以评价内部审计工作的适当性。如果会计师事务所向审计客户提供内部审计服务，并且在审计中利用该服务的结果，可能导致审计项目团队不能恰当评价内部审计工作，或不会运用与会计师事务所以外的人员执行内部审计工作时相同水平的职业怀疑，这可能因自我评价对独立性产生不利影响。

会计师事务所应当评价所产生不利因素的严重程度，并在必要时采取相应防范措施消除不利影响或将其降低至可接受的水平。举例来说，由审计项目团队以外的专业人员提供该内部审计服务，可能能够应对因自我评价产生的不利影响。

4. 审计客户属于公众利益实体情况下的特殊考虑

在审计客户属于公众利益实体的情况下，会计师事务所不得提供与下列方面有关的内部审计服务：（1）财务报告内部控制的组成部分；（2）财务会计系统；（3）单独或累积起来对会计师事务所将发表意见的财务报表具有重大影响的金额或披露。

向公众利益实体提供内部审计服务

上市公司甲公司是 ABC 会计师事务所的常年审计客户。XYZ 公司与

ABC 会计师事务所处于同一网络。甲公司内部审计部计划对新并购的子公司执行内部控制有效性评价。因缺乏人手，甲公司聘请 XYZ 公司协助该项工作，但 XYZ 公司不参与制定内部审计计划或管理层决策。

违反独立性的要求。该内部审计服务涉及公众利益实体甲公司的财务报告内部控制，将因自我评价对独立性产生严重不利影响。

（八）信息技术系统服务

信息技术系统可以帮助审计客户积累原始数据、构成财务报告内部控制的组成组分，生成影响会计记录或财务报表的信息。信息技术系统还可能包括与审计客户的会计记录、财务报告内部控制或财务报表无关的事项。向审计客户提供信息技术系统服务可能因自我评价对独立性产生不利影响。

1. 不对独立性产生不利影响的信息技术系统服务

如果会计师事务所人员不承担管理层职责，则向审计客户提供下列信息技术系统服务不视为对独立性产生不利影响：（1）设计或实施与财务报告内部控制无关的信息技术系统；（2）设计或实施信息技术系统，其生成的信息不构成会计记录或财务报表的重要组成部分；（3）实施由第三方开发的会计或财务信息报告软件；（4）对由其他服务提供商或审计客户自行设计并实施的系统进行评价和提出建议。

如果向审计客户提供信息技术系统服务，会计师事务所应当确保同时满足下列条件：（1）审计客户认可其建立和监督内部控制的责任；（2）审计客户委派具有胜任能力的员工（最好是高级管理人员）负责作出有关系统设计和实施的所有管理决策；（3）审计客户作出与系统设计和实施过程有关的所有管理决策；（4）审计客户评价系统设计和实施的适当性及结果；（5）审计客户对系统运行以及系统使用或生成的数据负责。

会计师事务所应当评价所产生不利因素的严重程度，并在必要时采取相应防范措施消除不利影响或将其降低至可接受的水平。举例来说，由审计项目团队以外的专业人员提供该服务，可能能够应对因自我评价产生的不利影响。

2. 审计客户属于公众利益实体情况下的特殊考虑

如果存在下列情形之一时，会计师事务所不得向属于公众利益实体的审计客户提供与设计或实施信息技术系统相关的服务：

（1）信息技术系统构成财务报告内部控制的重要组成部分；

（2）信息技术系统生成的信息对会计记录或会计师事务所未发表意见的财务报表影响重大。

提供人力资源系统的设计和实施服务

上市公司甲公司是 ABC 会计师事务所的常年审计客户。XYZ 公司与 ABC 会计师事务所处于同一网络。在审计甲公司 20×4 年年度财务报表时，ABC 事务所发现甲公司聘请 XYZ 公司提供人力资源系统的设计和实施服务，该系统包括对甲公司所有员工的考勤管理和薪酬计算等功能。

违反独立性的要求。人力资源系统包括薪酬计算功能，生成的信息对甲公司会计记录或财务报表影响重大，向属于公众利益实体的甲公司提供与设计或实施该系统相关的服务，将因自我评价对独立性产生严重不利影响。

（九）诉讼支持服务

诉讼支持服务可能包括下列活动：（1）协助管理和检索文件；（2）担任证人，包括专家证人；（3）计算诉讼或其他法律纠纷涉及的估计损失或其他应收、应付金额。会计师事务所向审计客户提供诉讼支持服务，可能因自我评价或过度推介产生不利影响。

会计师事务所应当评价所产生不利因素的严重程度，并在必要时采取相应防范措施消除不利影响或将其降低至可接受的水平。举例来说，由审计项目团队以外的专业人员提供此类服务，可能能够应对因自我评价或过度推介产生的不利影响。

如果会计师事务所向审计客户提供诉讼支持服务涉及对损失或其他金额的估计，并且这些损失或其他金额影响会计师事务所将发表意见的财务报表，会计师事务所应当遵守本节"（五）评估服务"的规定。

为审计客户担任诉讼代理人

上市公司甲公司是 ABC 会计师事务所的常年审计客户。XYZ 公司与

ABC 会计师事务所处于同一网络。在审计甲公司 20×4 年年度财务报表时，ABC 事务所发现甲公司聘请 XYZ 公司担任其某合同纠纷的诉讼代理人，诉讼结果将对甲公司财务报表产生重大影响。

违反独立性的要求。为审计客户担任诉讼代理人，且诉讼结果对甲公司财务报表产生重大影响，将因自我评价或过度推介对独立性产生严重不利影响。

（十）法律服务

法律咨询服务可能包含多种类型，包括为审计客户提供与公司事务或商业有关的法律服务，例如合同支持服务、为审计客户执行一项交易提供支持、合并与收购、向客户内部法律部门提供帮助、法律尽职调查及重组。会计师事务所向审计客户提供法律咨询服务，可能因自我评价或过度推介对独立性产生不利影响。

会计师事务所应当评价所产生不利因素的严重程度，并在必要时采取相应防范措施消除不利影响或将其降低至可接受的水平。举例来说，防范措施可能包括：（1）由审计项目团队以外的专业人员提供该服务，可能能够应对因自我评价或过度推介产生的不利影响；（2）由未参与提供法律服务的适当复核人员复核所执行的审计工作或提供的服务，可能能够应对因自我评价产生的不利影响。

1. 担任审计客户首席法律顾问

会计师事务所的合伙人或员工担任审计客户首席法律顾问，将对独立性产生非常严重的不利影响，导致没有防范措施能够将其降低至可接受的水平。会计师事务所的合伙人或员工不得担任审计客户的首席法律顾问。

2. 担任审计客户的辩护人

（1）纠纷或诉讼所涉金额对财务报表具有重大影响。

在审计客户解决纠纷或应对诉讼时，如果会计师事务所人员担任辩护人，并且纠纷或诉讼所涉金额对会计师事务所将发表意见的财务报表具有重大影响，将产生非常严重的不利影响，导致没有防范措施能够将其降低至可接受的水平。会计师事务所不得为审计客户提供此类服务。

（2）纠纷或诉讼所涉金额对财务报表无重大影响。

在审计客户解决纠纷或应对诉讼时，如果会计师事务所人员担任辩护人，并且纠纷或诉讼所涉金额对会计师事务所将发表意见的财务报表无重大影响，采取下列防范措施可能能够应对因自我评价产生的不利影响：①由审计项目团队以外的专业人员提供该服务；②由未参与提供法律服务的适当复核人员复核所执行的审计工作或提供的服务。

（十一）招聘服务

当向审计客户提供下列招聘服务时，只要会计师事务所人员不承担管理层职责，通常不会对独立性产生不利影响：（1）对多名候选人的专业资格进行审核，并就其是否适合该职位提供咨询意见；（2）对候选人进行面试，并对候选人在财务会计、行政管理或内部控制等职位上的胜任能力提供咨询意见。

当向审计客户提供招聘服务时，为避免承担管理层职责，会计师事务所应当确保同时满足下列条件：（1）客户委派具有胜任能力的员工（最好是高级管理人员），负责作出有关聘用该职位候选人的所有管理决策；（2）客户就聘用程序作出所有管理决策，包括：①确定准候选人是否合适并选择适合该职位的候选人；②确定雇佣条款并协商如工资、工时及其他报酬等具体条件。

向审计客户提供招聘服务，可能因自身利益、密切关系或外在压力对独立性产生不利影响。举例来说，由审计项目团队以外的专业人员提供该服务，可能能够消除因自身利益、密切关系或外在压力产生的不利影响。

在向审计客户提供招聘服务时，会计师事务所不得代表客户与应聘者进行谈判。如果审计客户拟招聘董事、高级管理人员或特定员工，会计师事务所不得向审计客户提供下列招聘服务：（1）寻找或筛选候选人；（2）对候选人实施背景调查。

（十二）公司财务服务

向审计客户提供公司财务服务可能因自我评价或过度推介对独立性产生不利影响。例如，下列事项可能对独立性产生不利影响：（1）协助审计客户制定公司战略；（2）为审计客户的并购识别可能的目标；（3）对资产处置交易提供建议；（4）协助实施融资交易；（5）对合理安排资本结构提供建议；（6）对直接影响会计师事务所将发表意见的财务报表金额的资本结构或融资安排提供建议。

不利影响存在与否及严重程度主要取决于下列因素：（1）在确定如何恰当处理财务建议对财务报表的影响时涉及的主观程度；（2）财务建议的结果对在财务

报表中记录金额的直接影响程度，以及记录的金额对财务报表整体影响的重大程度；（3）财务建议的有效性是否取决于某项特定会计处理或财务报表列报，并且根据相关财务报告编制基础，对该会计处理或列报的适当性是否存有疑问。

举例来说，防范措施可能包括：（1）由审计项目团队以外的专业人员提供该服务，可能能够应对因自我评价或过度推介产生的不利影响；（2）由未参与提供该服务的适当复核人员复核已执行的审计工作或提供的服务，可能能够应对因自我评价产生的不利影响。

会计师事务所不得提供涉及推荐、交易或承销审计客户股票的公司财务服务。如果财务建议的有效性取决于某项特定会计处理或财务报表列报，并且同时存在下列情形，会计师事务所不得向审计客户提供此类财务建议：（1）根据相关财务报告编制基础，审计项目团队对相关会计处理或列报的适当性存有疑问；（2）公司财务建议的结果将对会计师事务所将发表意见的财务报表产生重大影响。

第十五章

数智时代审计

【教学内容与思政目标】

➡] 教学内容

·了解数智时代的审计革新，理解大数据、AI算法等新技术影响审计的路径。

·理解信息系统审计概念与内容，熟悉信息系统审计的方法及其规范。

·理解数据分析的概念，掌握其方法，理解其作用于审计的机理与路径。

➡] 思政目标

·充分、全面认识数智时代新技术、新方法、新理念作用于审计工作的机理与路径，一方面拥抱变革、了解前沿新技术，另一方面脚踏实地、提高核心竞争力。

·基于新质生产力背景，深入学习习近平总书记关于大数据、人工智能等数智变革与发展的系列重要讲话精神，了解数智时代新技术对审计的影响。

·不断拓展知识结构，提升专业胜任能力，确保为客户提供具有专业水准的服务。

数智技术（如大数据、人工智能、机器学习）的广泛应用不可避免地导致社会经济数智化，同时引发审计技术、审计方法与模式的重大变革，显著提升审计的效率和精准度。例如，智能审计系统可将审计人员从烦琐的数据处理中解放出来，自动分析海量数据，识别异常模式和潜在风险，减少人为错误，使审计人员可以专注于复杂问题的分析与决策。AI算法能通过聚类分析、文本挖掘等技术快速定位财务舞弊或合同风险，提升审计的实时性和前瞻性。中共中央总书记、国家主席、中央军委主席、中央审计委员会主任习近平 2018 年 5 月 23 日在主持中央审计委员会第一次会议上明确指出"坚持科技强审，加强审计信息化建设"，这为审计的发展指明了方向。

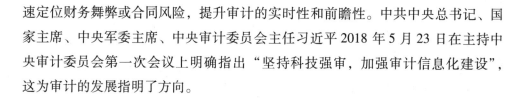

第一节　数智时代的审计革新

如前所述，数智技术的广泛运用，使审计人员面临一个功能复杂、高度集成的大型信息系统以及海量电子数据，这对审计人员在审计过程中了解被审计单位及其环境、识别和评估重大错报风险、确定风险应对措施带来了基于数智化环境的众多挑战与革新。

一、审计取证模式的改变

面对数智时代的海量电子数据，传统审计抽样技术的局限性尤为突出。比如海量电子数据导致传统抽样技术因抽取的样本量少而难以覆盖大量的数据。同时，数智技术的运用改变了一部分企业的商业模式，出现了类似于互联网电子商务的新模式，这使得针对传统制造业的审计技术问题特征可能在新商业模式企业中已经消失，或者发生了较大改变，从而导致审计人员无法简单复制传统制造业的审计经验，需要变革审计取证模式以适应数智时代环境。

二、审计整体流程的改变

传统审计环境下，被审计单位业务流程的开展和内部控制的运作主要依赖人工处理。数智时代，相当部分的内部控制环节转移到信息系统中自动执行，或者以人工与信息系统相结合的方式执行。因此，审计人员审计过程中一个必经的审计环节是信息系统审计。信息系统在改进企业内部控制，提升企业经营效率的同时，也产生了各种由于技术导致的风险。被审计单位的运营信息及财务信息越依赖信息系统，审计人员在执行财务报表审计时越需要充分识别并评估与会计核算和财务报告编制相关的数智技术运用相伴而生的各种信息系统风险。对相关控制风险缺乏认识，可能导致审计工作缺少针对性，难以有效识别财务报表重大错报。例如，在针对存货计价不准确的重大错报风险执行审计程序时，由于被审计单位存货的计价依赖于高度自动化处理，不存在或存在很少人工干预，针对该风险仅实施实质性程序可能不可行。获取的审计证据，即存货的库龄分析仅以电子形式存在，审计人员必须测试与存货计价相关的内部控制的有效性，以及存货库龄计算的准确性。

另外，针对被审计单位数智时代的海量电子数据，审计人员在对信息系统进行审计的基础上，需要运用云计算、人工智能等技术进行数据查询分析、多维分析、数据挖掘等，以发现相关趋势、异常和错误。因此数据分析必然成为数智时代审计的关键环节。

由此可见，数智时代，信息系统审计和数据分析是审计整体流程中的关键环节。在信息系统审计和数据分析的基础上进行延伸取证并出具审计报告是数智时代审计的主要流程。数智时代审计流程的变化如图 15-1 所示。

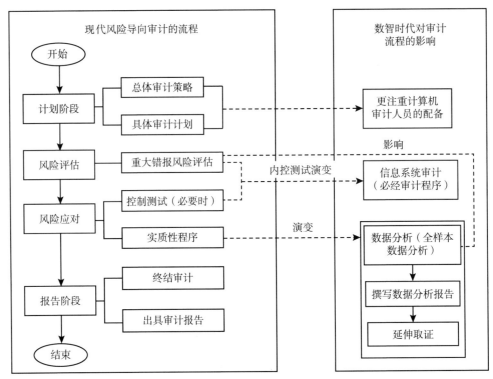

图 15-1　数智时代审计流程的变化

资料来源：陈汉文，等. 审计理论与实务［M］. 北京：中国人民大学出版社，2024.

三、审计作业模式的改变

数智时代的审计并不改变审计本质与审计目标，审计依然是鉴证信息的可信性，增强使用者对信息的信任程度。因此，数智时代的审计，在理论上继承了传统审计的合理内核，但在审计方法与作业模式上将产生重大改变。在数智时代，为提高审计的效率与效果，审计人员必将引入现代数智技术以改进审计作业模式。

审计的思考：证监会运用现代数智技术查证獐子岛财务造假

中国证券监督管理委员会（以下简称"证监会"）2020年6月24日公布的信息显示，獐子岛集团股份有限公司（以下简称"獐子岛公司"）在2014年、2015年已连续两年亏损的情况下，客观上利用海底库存及采捕情况难发现、难调查、难核实的特点，不以实际采捕海域为依据进行成本结转，导致财务报告严重失真。2016年通过少记录成本、营业外支出的方法将利润由亏损披露为盈利。2017年将以前年度已采捕海域列入核销海域或减值海域，夸大亏损幅度。此外，公司还涉及《年终盘点报告》和《核销公告》披露不真实、秋测披露不真实、不及时披露业绩变化情况等多项违法事实，违法情节特别严重，严重扰乱证券市场秩序、严重损害投资者利益，社会影响极其恶劣。

证监会对獐子岛公司案的查证涉及对深海养殖水产品底播、捕捞、运输和销售记录的全过程追溯。证监会统筹协调执法力量，走访渔政监督、水产科研等部门寻求专业支持，依托科技执法手段开展全面深入调查。獐子岛公司每月虾夷扇贝成本结转的依据为当月捕捞区域，在无逐日采捕区域记录可以核验的情况下，证监会借助卫星定位数据，对公司27条采捕船只数百余万条海上航行定位数据进行分析，委托两家第三方专业机构运用计算机技术还原了采捕船只的真实航行轨迹，复原了公司最近两年真实的采捕海域，进而确定实际采捕面积，并据此认定獐子岛公司成本、营业外支出、利润等存在虚假。

证监会一贯重视科技执法工作，在案件查办过程中充分利用现代数智技术优势，对相关数据进行深入分析，运用新技术、新手段查办了包括信息披露案、操纵市场案、老鼠仓案等多起大案要案,有力地打击了证券市场违法行为。随着大数据、云计算等技术的广泛应用,证监会稽查执法工作将更加智慧、更加高效、更加精准,证券市场违法违规行为必将无处遁形。

资料来源:中国证监会网站,http://www.csrc.gov.cn。

案例中,在审计獐子岛的会计师事务所审计失败的情况下,证监会运用现代数智技术查证了獐子岛公司多年的财务造假。这从另一角度说明了审计中运用现代数智技术的重要性。

四、审计线索的隐性化

审计线索对审计来说非常重要。对于传统的手工会计系统而言,审计线索包括会计凭证、会计账簿和财务报表,审计人员通过顺查和逆查的方法审查各种记录,检查和确定其是否正确地反映了被审计单位的经济业务,检查企业的会计处理是否合法合规。但是在数智时代,包括会计信息在内的企业信息已实现数字化,从业务数据的具体处理过程到财务报表的输出都由计算机按照程序指令完成,数据均保存在磁性介质上,传统的审计线索已经发生了变化。例如在信息加工处理方面,信息系统封装了信息处理的过程,其内部处理逻辑、运算的中间过程,往往对包括审计人员在内的系统用户而言是独立的,这导致传统的审计线索全面隐性化。

五、审计人员知识结构有待优化

大数据、人工智能、机器学习等数智技术的广泛运用,要求审计人员不仅要具备丰富的会计、审计、经济、管理、法律方面的知识和技能,而且必须相当了解数智技术,熟悉信息系统的架构、信息处理的内在逻辑、系统运行的基本原理以及与数智技术运用相伴而生的各种风险。同时为应对数智时代的新环境,审计人员应该有针对性地对审计策略、审计范围、审计内容、审计方法和手段作出调整,以获取充分、适当的审计证据,发表恰当的审计意见。新兴技术的日新月异,使财务报表审计对相关专业知识的需求日益迫切。审计人员在优化自身的知识结构的同时,引入具备计算机知识的专业人员参与审计工作是一种有效的审计手段。因此，在审计过程中如何整合各方资源，发挥专业团队的充分协同进行有效的审计成为审计过程中一个重要的议题。当然，审计人员在引入计算机专业人员进行审计时，专业人员应参与包括审计计划、审计实施到审计报告的全过程，以确保审计过程的有效执行和审计质量的提升。

第二节　信息系统审计

现代企业运营越来越依赖信息系统，出现了大量类似于瑞幸咖啡（北京）有限公司（简称"瑞幸咖啡"）的互联网电子商务企业，其商业模式完全依赖于安全稳定的网络信息系统。没有信息系统，这些企业将彻底失去生存空间。即使并非互联网电子商务企业，往往也依赖信息系统，比如中国国家铁路集团有限公司的 12306 网上订票系统、各家银行的资金实时结算系统等等。一旦信息系统瘫痪，这些公司的业务开展往往难以为继。因此，信息系统越来越受到重视。信息系统的特点及固有风险决定了信息化环境下审计的内容，包括对信息化系统的处理和相关控制功能的审查。

一、信息系统审计概念与内容

1994 年，为适应信息系统审计发展的需要，美国电子数据处理审计师协会（Electronic Data Processing Auditor Association）更名为信息系统审计与控制协会（Information System Audit and Control Association，ISACA），该协会是影响最大的信息系统审计方面的国际性组织。ISACA（2009）认为信息系统审计是一个通过收集与评价证据，以判断信息系统与相关资源是否能够保证资产安全、维护数据完整以及高效率地利用组织资源并有效地实现组织目标，并在发生非期望时间的情况下，能够及时地阻止、见得或者更正的过程。

国内外学者或机构对信息系统审计的基本内容持不同观点，ISACA 认为信息系统审计主要内容包括 6 个方面：

（1）信息系统专项审计：依据信息系统审计标准准则和最佳实务等提供信息系统审计服务，以帮助组织确保其数智技术和运营系统得到保护并受控。

（2）IT 治理（数智技术治理）：确保组织有适当的结构、政策、工作职责、运营管理机制和监督实务，以达到公司治理中对 IT 的要求。

（3）系统和基础建设生命周期管理：系统的开发、采购、测试、实施、维护和使用，确保实现组织的目标。

（4）IT 服务的交付与支持：IT 服务管理实务可确保提供所要求的等级、类别的服务以满足组织的目标。

（5）信息资产的保护：通过适当的安全体系保证信息资产的机密性、完整性和有效性。

（6）灾难恢复和业务连续性计划：一旦连续的业务被意外中断或破坏，灾难恢复计划在确保灾难对业务影响最小化的同时，及时恢复中断的 IT 服务。

信息系统审计领域的著名专家威伯（Ron Weber）教授（1999 年）认为，信息系统审计是收集并评估证据，以判断一个计算机系统（信息系统）是否有效做到保护资产，维护数据完整、完成组织目标，同时最经济地使用资源。

综上，信息系统审计紧紧围绕信息系统展开审计工作，其核心是对信息系统安全性，信息资产的真实性等进行审计。

信息系统审计促公积金管理部门出实效

审计署网站 2019 年 3 月 8 日发布的信息显示，湖北省随州市审计局在开展全市住房公积金审计中，重点关注住房公积金信息系统运行的稳定性、有效性、安全性及系统产生数据的真实性、完整性、可靠性，揭示了系统建设、使用、管理中存在的缺陷和薄弱环节，提出了建立审核控制机制、优化后台数据库设计、提升服务质效等建议。该市住房公积金管理中心积极采纳审计建议，采取切实措施，有效推进住房公积金信息化建设。

一是精准完善系统漏洞。为完善审核控制机制，避免出现人员信息、贷款信息等内容不真实的问题，该中心在对错误信息进行更正、补录的同时，建立身份证信息验证和流程控制机制，确保信息真实、准确。针对后台数据库设计不够精简，冗余数据较多的问题，邀请专业公司建立了标准数据体系，进一步规范和简化了业务档案电子成像资料。

二是大力推行简证便民。深化"不见面审批服务"改革，在全省率先实行业务办理材料"零复印件"，职工办理 16 类提取、9 类贷款业务，均只需提供身份证等证明材料原件；缴存、提取、贷款等三大类 51 项业务实现网上申请全覆盖，23 项实现网上一步办结，65% 的缴存、还贷类业务均在线上办结。

三是全面提升服务质效。大力推行"互联网＋公积金"的服务模式，不断完善公积金业务系统、拓宽服务渠道，更好地满足缴存单位和缴存职工多元化、个性化服务需求，初步形成了类型多样、互为补充的一体化服务体系，使缴存职工"足不出户"就可以实现公积金信息查询、业务办理、信息发布、互动交流等服务功能，网上平台对柜面业务覆盖率达到 90% 以上，部分业务实现"零跑路"，服务质量大幅提升。

资料来源：审计署网站，https：//www. audit. gov. cn/n4/n20/n524/c130450/content. html。

二、信息系统审计方法

IBM 公司在 1956 年出版的 *The Auditor Encounters Electronic Data Processing* 手册中制定了电子数据环境下的内部审计规则和组织方法，介绍了诸如测试数据、并行模拟等审计技术。这说明早在 20 世纪 50 年代学者们就已经开始研究信息系统审计技术。美国内部审计师协会在 1977 年发表了著名的《系统可审计性及控制制度的研究》，首次提出了利用计算机对计算机信息系统直接进行审核检查。ISACA 分别在 1998 年和 2008 年对计算机辅助审计技术（以下简称"CAATs"）运用的范围，采用 CAATs 需要考虑的因素以及 CAATs 运用的步骤及范围等进行了详细的论述，认为 CAATs 可运用于交易的详细测试、分析程序、一般控制与应用控制测试以及穿透性测试之中。ISACA（2010）进一步对 CAATs 与持续审计、持续认证进行了区别，提出 CAATs 是各种各样的自动化审计技术，而持续审计、持续认证是一种审计方法。

总体来看，收集信息系统审计证据的方法除了包括检查、观察、询问、函证等传统审计方法外，同时也包括信息系统审计环境中所特有的审计技术与方法，比如数字取证法、数据库查询法和软件测试法等。软件测试法是信息系统审计的重要方法，黑箱法与白箱法又是软件测试方法中两种经典方法。

1. 黑箱法

黑箱法（black box testing）也称为功能测试。审计人员通过测试以检查系统的每个功能是否都能正常使用。审计人员在采用黑箱法进行审计时，不依赖于有关信息系统应用程序内部逻辑的具体知识，而是把被审计单位计算机信息系统视为一个黑箱，完全不探究信息系统的应用程序和内在逻辑，只对该系统的输入和输出进行审查核对，评价系统能否适当地接收输入并产生正确的输出信息，从而间接评价被审计单位信息系统的应用程序和内在逻辑的正确性。因此黑箱法是指一个系统内部结构不清楚或根本无法弄清楚时，先从外部输入控制信息，使系统内部发生反应后输出信息，再根据其输出信息研究其功能和特性的一种方法。

2. 白箱法

白箱法（white box testing）也称结构测试或逻辑驱动测试，该方法了解系统内部的应用程序与内在逻辑，通过测试以检测系统内部运作是否按照应用程序和内在逻辑的规定正常进行。在信息系统审计中，白箱法是指审计人员通过对信息系统程序内部逻辑的深刻理解，利用已知的变量进行详细测试，并将获得的结果与计算机结果进行客观比较的技术方法。这种方法对审计人员的计算机处理能力有较高的要求，因为运用白箱法不仅要审计人员对信息系统的内部逻辑有深刻理解，而且要对信息系统内部控制功能加以直接测试。

三、信息系统审计规范

1. 与信息系统审计规范相关的组织

总体而言，信息系统相关准则制定处于初级阶段，与信息系统审计相关的规定、准则和标准制定相关的组织如下。

（1）国际组织：最高审计机关国际组织（International Organization of Supreme Audie Institutions，INTOSAI）、国际会计联盟（International Federation of Accountants，IFAC）、信息系统审计与控制协会（The Information System Audit and Control Association，ISACA）、国际内部审计师协会（The Institute of Internal Auditors，IIA）等。

（2）国内组织：审计署、财政部、证券监督管理委员会（证监会）、国家金融监督管理总局①、国务院国有资产监督管理委员会（国资委）、中国审计学会、

---

① 2023 年，在中国银保监会基础上组建了国家金融监督管理总局，统一负责除证券业之外的金融业监管。中国银保监会不再保留。

中国会计学会、中国内部审计协会、中国注册会计师协会等。

在这些组织中，专门从事信息系统审计的机构有最高审计机构国际组织的 IT 审计委员会、信息系统审计与控制协会、中国审计学会计算机审计分会等。

信息系统审计与控制协会（ISACA）在制定信息系统审计规范方面影响最大，它推出了一系列计算机审计准则、职业道德准则等规范性文件。

2. ISACA 的准则体系

信息系统审计与控制协会（ISACA）对信息系统审计规范的贡献最大，影响也最广泛。因此本部分主要介绍 ISACA 的信息系统审计准则体系。

信息系统审计准则由 ISACA 协会下的准则部（standard board）制定。信息系统审计准则体系由审计职业道德、审计执行和其他三个方面构成，每一个方面又由标准（standard）、指南（guideline）和程序（process）三个层次组成。标准是信息系统审计的纲领性文件，它规定了信息系统审计师执业时应达到的最低要求。指南是标准的具体化，为信息系统审计师在执行审计业务时如何遵守标准提供指导。程序为信息系统审计师提供工作范例，规定了信息系统审计师在项目审计中应该遵循的步骤。

ISACA 信息系统审计准则体系结构如图 15 - 2 所示。

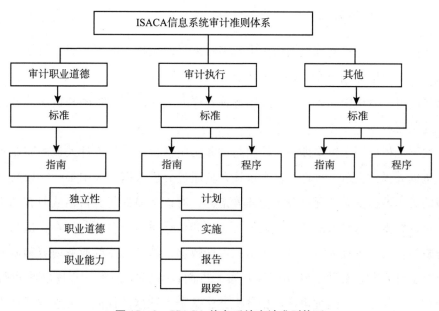

图 15 - 2　ISACA 信息系统审计准则体系

第三节　数 据 分 析

一、数据分析的概念

前文提到，面对数智时代的海量电子数据，传统审计抽样技术的局限性尤为突出。因此审计人员必然需引进适应数智技术环境的新审计技术以降低审计风险。数据分析是数智时代审计人员获取审计证据的一种重要手段，它是指审计人员在计划和执行审计工作时，通过对被审计单位内部或外部数据进行分析、建模或可视化处理，以发现其中隐藏的模式、偏差或不一致，从而收集审计证据的方法。

借助信息技术，数据分析能够帮助审计人员快速、低成本实现对被审计单位相关数据进行检查分析，其数据处理量远大于传统审计技术下的数据处理量。这不仅能够在很大程度上提高审计的效率和效果，也有助于审计人员从全局角度把握被审计单位交易和事项的经济实质，从而提高审计质量。但是数据分析对会计师事务所和审计人员来说是一门新学科，需要在硬件、软件、技能和质量控制等方面进行大量的投入。

二、数据分析方法

数据分析是通过基础数据结构中的字段来提取数据，而不是通过数据记录的格式。一个简单的例子是 Excel 工具中的 Power View，它可以过滤、排序、切分和凸显出电子表格中的数据，然后用各种各样的气泡图、柱状图和饼图等方式可视化地呈现数据。

数据分析可用于风险评估、控制测试和实质性程序，为审计人员的职业判断提供依据并提供见解。审计过程中审计人员通过分析数据记录中某一字段或某些字段的具体数据分布情况、分布特征等指标，对该字段进行分析，从而有助于其发现审计线索。这种方法从"微观"层面对审计数据进行分析，当在完成初步数值分析步骤后，审计人员针对分析出的可疑数据，结合具体的业务内容和业务逻辑进行审计判断，有助于发现审计线索，进而设计恰当的审计程序收集审计证据。相对其他方法，这种审计数据分析方法基于大数据的性质，易于发现被审计单位的隐藏信息。

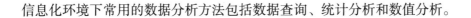

信息化环境下常用的数据分析方法包括数据查询、统计分析和数值分析。

（一）数据查询

数据查询是指审计人员按照一定的审计分析模型，运用审计相关软件，以某些预定义的格式运行各种查询命令，检测被审计单位电子数据的方法。这种方法是目前数据分析中最常用的方法，它可以大幅度提高审计效率，使审计人员从冗长烦琐的手工处理数据中解脱。常用的审计软件如电子数据审计模拟实验室软件、IDEA（interactive data extraction and analysis）和 ACL（audit command language）都可以实现该功能。

（二）统计分析

统计分析往往与其他审计数据分析方法配合使用，其目的是寻求被审计单位相关数据之间的内在规律性以发现异常波动。常用的统计分析方法包括：

（1）用于检查数值型字段的平均值、方差、最大值、最小值等，以便快速发现异常数据。

（2）将总体划分为多个子总体进行分层分析，每个子总体作为一层，它由一组具有相同特征（通常是货币金额）的抽样单元组成，通过观察各个子总体的区间分布情况来确定重点检查范围。

（3）选择某一字段作为分类字段进行分类分析，通过观察其他对应字段在分类字段各个取值点上的分布情况确定重点检查范围。它与分层分析不同的是，分类分析中作为分类依据的某一字段不一定是数值型，可以是其他类型的数据，而分层分析中作为分层依据的一定是数值型数据，如前所述，通常是货币金额。

（三）数值分析

数值分析是根据被审计数据记录中某一字段具体数据值的分布情况、出现频率等，对该字段进行分析，从而发现审计线索的一种审计数据分析方法。常用的数值分析方法主要有查询断号、查询重复和基于 Benford 定律的数值分析法。

1. 查询断号

查询断号主要是分析被审计数据中的某字段在数据记录中是否连续以检索出记录缺失的文档记录。

会 "说话" 的指纹签到机

  2018 年 3 至 5 月，某市审计局在该省审计厅统一安排下，对市下辖六县 2016 年至 2017 年基础教育政策落实和资金绩效情况实施了审计调查。审计中，审计人员通过导出学校的教师指纹签到机数据，运用统计分析和查询断号分析发现该校两名支教教师严重脱岗，其中：2017 年 9 月至 2018 年 5 月 8 日，某教师工作日应出勤 128 天，而未出勤共 81 天；2017 年 9 月至 2018 年 5 月 8 日，某教师工作日应出勤 114 天，而未出勤共 73 天。

  资料来源：会 "说话" 的指纹签到机，https：//www. audit. gov. cn/n6/n1560/c125959/content. html。

2. 查询重号

  查询重号用于检查被审计数据某个字段（或者某些字段）中重复的数据，包含字符数据与数字数据的重复检查以检索某个字段或者某些字段是否存在重复现象。以检查某单位是否存在相同的发票被重复记账为例，基于 R 语言运用 RStudio 软件对其进行重号分析的步骤如下。

  第一步，打开 RStudio 软件界面，如图 15 - 3 所示。

图 15 - 3 RStudio 加载界面

第二步，导入从企业获取的发票号码 Excel 文件 Invoice. xlsx，在 RStudio 软件中打开右上角的"Import Dataset"导入数据，或者输入代码：

Invoice <- read_excel (" C: /Users/Desktop/Audit-Case/Invoice. xlsx")

加载发票数据界面如图 15 – 4 所示。

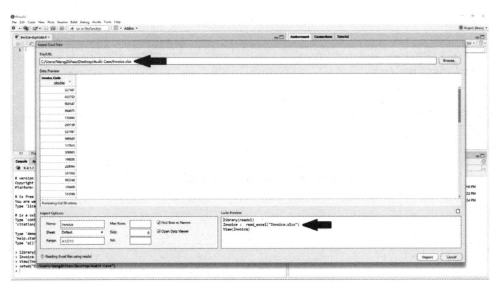

图 15 – 4　RStudio 加载发票数据

第三步，打开导入的 Invoice 文件，Invoice 的指标名称在 RStudio 软件中为 Invoice_Code，从 RStudio 右上侧的数据环境中可以预览发票数据，发现 300 个观测样本，如图 15 – 5 所示。

第四步，对 Invoice 数据进行分析，查找是否存在重复发票的号码。在终端 Console 中输入以下代码，进而分析其中是否有重复的发票号码。

```
> duplicated (Invoice$Invoice_Code)
```

输入代码后，显示结果如图 15 – 6 所示，发现在结果中显示存在为"TRUE"的结果。

为了统计发票代码中重复值的个数，需要在终端 Console 中输入以下代码，进而计算其中有多少重复发票号码的样本，以帮助审计人员计算重复发票的占比。

图 15 – 5　RStudio 中预览发票数据

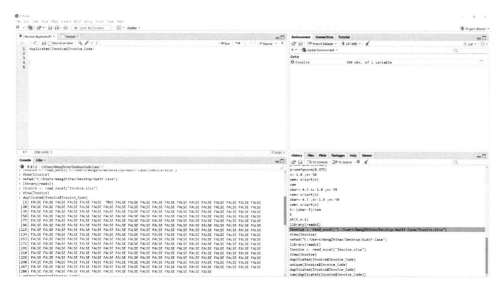

图 15 – 6　检验发票是否存在重号现象

```
> sum(duplicated(Invoice$Invoice_Code))
[1] 1
```

输入代码后，显示结果如图 15 – 7 所示。

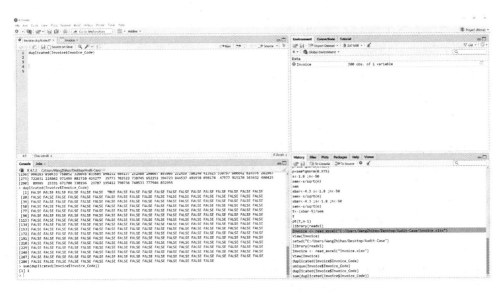

图 15 – 7　计算发票存在重号的样本数量

结果显示，300 个样本中存在一个重复发票号码样本。

以上例子可见，运用相关软件可以轻松实现重号查询，提高审计效率及准确程度。

（四）基于 Benford 定律的数值分析法

1881 年，美国天文学家西蒙·纽康（Simon Newcomb）发现了一种奇异的数字分布规律，图书馆对数表手册中，包含较小数字的页码比包含较大数字的页码明显磨损严重，而且磨损的程度和数字大小呈递减关系。因此，他推断研究人员在查阅对数表时，查阅以数字"1"开头的数字的机会比以"2"开头的数字多，以"2"开头的比"3"开头的多，并以此类推。在该推断基础上，他得出结论：以"1"开头的数字比以其他数字开头的多。1938 年，美国通用电气公司的科学家弗兰克·本福德（Frank Benford）研究得出了同样的结论：人们处理较低数字开头的数值的频率较大。本福德通过收集 20 229 类包括河流的面积、不同元素的原子质量、杂志和报纸中出现的数字等不同的数据集合，发现首位数字出现较小数字的可能性比出现较大数字的可能性大，这就是 Benford 定律（Benford's law）。根据美国国家标准和技术学院（National Institute of Standards and Technology，NIST）的界定，Benford 定律是指数字及数字序列在一个数据集中遵循一个可预测的规律。

基于 Benford 定律，当数字来自真实、随机的数据源时，首位数字是数字 d 的概率为 $\log_{10}(1+1/d)$。其中，数据的首位数字是指左边第一位非零数字。例如，数据 3678、3.678、0.3678 的首位数字均为 3。

根据 Benford 定律，可以计算数据各位上数字出现的概率。将 Benford 定律应用于审计，如果审计过程中被分析的审计数据不符合 Benford 定律的标准概率分布曲线，则表明在被分析的审计数据中可能含有"异常"数据，从而获得审计线索。同时，审计人员可以对"异常"数据进行细化分析以获取可视化分析结果，并针对可视化分析结果进行延伸取证，最终获得审计证据。

Benford 定律尤其适用于对数智时代的海量电子数据进行全样本审计，且进行分析的数据集规模越大，分析结果越精确。

运用 RStudio 软件对审计数据进行 Benford 检验的步骤如下。

第一步，打开 RStudio 软件界面，如图 15-8 所示。

图 15-8　RStudio 计算 Benford 定律加载界面

第二步，打开 rattle 程序，通过此程序对原始数据进行 Benford 分析。输入如下程序：

```
>rattle()
```

输入代码后，显示结果如图 15-9 所示。

图 15 - 9　启动 rattle 函数后的程序界面

第三步，将需要分析的 benford. csv 数据导入 rattle 程序中。操作如图 15 - 10 所示。

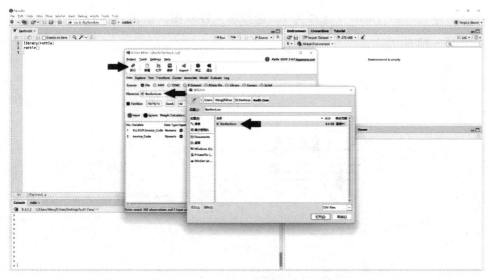

图 15 - 10　rattle 函数程序中加载数据

点击"打开"，再点击"执行"后导入数据，如图 15 - 11 所示。

图 15 - 11　rattle 函数程序中导入数据的所有列向量数据

第四步，点击"Explore"后，选择"Type"选项中"Distribution"，Benford 选项中选择"Bars"。

依据分析需要，设定对第一位非 0 数字进行 Benford 分析，则选择"Starting Digit"为 1，而"Digits"选择为 1。选择输入柱状图，点击"执行"。具体操作如图 15 - 12 所示。

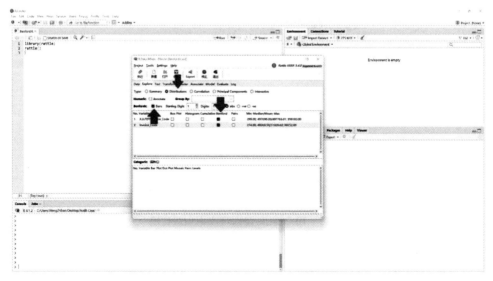

图 15 - 12　启动 Benford 函数对数据进行分析

第五步,输出结果如图15-13所示。圆形标志曲线显示了Benford标准曲线,三角形标志曲线显示的是审计工作底稿的原始数据。可以发现,三角形标志曲线与Benford标准曲线存在较大差距,因此认为该底稿数据可能不服从Benford经验曲线。这一结果值得审计人员进一步收集证据与分析结果。

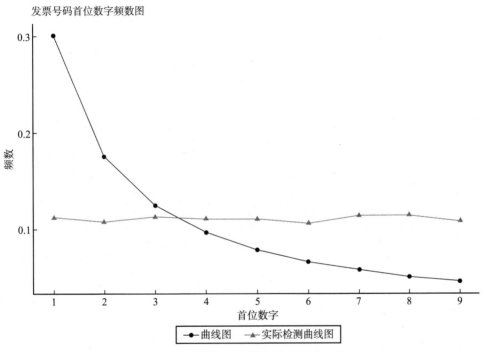

图15-13 原始数据的Benford分析示意

Benford定律的数值分析可用于审计中的风险评估程序和实质性程序以便发现审计问题,而更详细的分析可用来明确重点审计领域,从而有助于收集充分、适当的审计证据来支持恰当的审计结论。

综上,数据分析可以提高审计效率和审计质量。当然,审计质量的提高不在于数据分析本身,而在于数据分析提高了审计人员职业判断的质量,在于从数据分析发现的线索是注册会计师收集更具有针对性的审计证据的前提。

在数智技术推动下,面向结构化数据的数据挖掘等分析方法将在审计领域中进一步深化,数据可视化分析、文本挖掘分析等面向非结构化数据的分析方法也将在审计领域中得到广泛使用。

综上，数智时代对审计产生的影响是深远的、多维度的、系统性的，它既带来审计效率提升与模式创新，也提出了数据安全、技术适配、知识结构拓展等挑战。审计机构与审计人员要主动适应数智审计体系，实现专业胜任能力的不断提升。

参 考 文 献

［1］阿尔文·阿伦斯，兰德尔·埃尔德，马克．审计学：一种整合方法［M］．北京：中国人民大学出版社，2021．

［2］财政部会计司．企业内部控制讲解［M］．北京：经济科学出版社，2010．

［3］陈汉文，韩洪灵，刘思义．审计理论与实务［M］．北京：中国人民大学出版社，2024．

［4］陈汉文，杨道广，董望．审计［M］．北京：中国人民大学出版社，2022．

［5］陈伟．大数据审计［M］．北京：中国人民大学出版社，2021．

［6］陈伟．大数据审计理论、方法与应用［M］．北京：科学出版社，2023．

［7］秦荣生，卢春泉．审计学［M］．北京：中国人民大学出版社，2022．

［8］宋常，王玉涛．审计学［M］．北京：中国人民大学出版社，2022．

［9］中国注册会计师协会．审计［M］．北京：中国财政经济出版社，2024．

［10］中国注册会计师协会．中国注册会计师执业准则及应用指南［M］．北京：中国财政经济出版社，2023．